Uwe Böning, Frank Strikker (Hrsg.)

Zur Zukunft des Business Coachings

Uwe Böning, Frank Strikker (Hrsg.)

ZUR ZUKUNFT DES BUSINESS COACHINGS

Bibliografische Information der Deutschen Nationalbibliothek

Die Deutsche Nationalbibliothek verzeichnet diese Publikation in der Deutschen Nationalbibliografie; detaillierte bibliografische Daten sind im Internet über http://dnb.d-nb.de abrufbar.

Bibliographic information published by the Deutsche Nationalbibliothek
Die Deutsche Nationalbibliothek lists this publication in the Deutsche Nationalbibliografie; detailed bibliographic data are available in the Internet at http://dnb.d-nb.de.

Coverbild: Heidrun Strikker.

ISBN-13: 978-3-8382-1705-5
© *ibidem*-Verlag, Stuttgart 2022
Alle Rechte vorbehalten

Das Werk einschließlich aller seiner Teile ist urheberrechtlich geschützt. Jede Verwertung außerhalb der engen Grenzen des Urheberrechtsgesetzes ist ohne Zustimmung des Verlages unzulässig und strafbar. Dies gilt insbesondere für Vervielfältigungen, Übersetzungen, Mikroverfilmungen und elektronische Speicherformen sowie die Einspeicherung und Verarbeitung in elektronischen Systemen.

All rights reserved. No part of this publication may be reproduced, stored in or introduced into a retrieval system, or transmitted, in any form, or by any means (electronical, mechanical, photocopying, recording or otherwise) without the prior written permission of the publisher. Any person who does any unauthorized act in relation to this publication may be liable to criminal prosecution and civil claims for damages.

Printed in the EU

Inhaltsverzeichnis

Vorwort 9

Kapitel 1 Eine kurze Geschichte des Coachings in der Moderne 17

Uwe Böning (Böning-Consult) & *Frank Strikker* (Euro-FH)
Coaching als ikonografische Figur der Werte-Entwicklung im Westen 17

Kapitel 2. Perspektive: Unternehmen und Organisationen 37

Stefan Stenzel (SAP)
Digital Coaching Provider (DCP) als Bezugsquelle von Coaches für Einzel- und Großkunden 38

Interview mit *Heike Schneeweis* (BMW), geführt von *Uwe Böning*
Coaching nicht nur für die Person, sondern auch für das Unternehmen 50

Martin Krimphove (Uniper SE)
Eine Stimme aus Sicht der Mitbestimmung 68

Sylvia Borcherding (50Hertz)
Coaching als Booster für C-Level Hochleistungsteams 71

Rainer Radloff (Jobcenter Arbeitplus Bielefeld)
Der unbekannte Erfolg des Coachings – eine Stimme zur Zukunft des Coachings aus der Perspektive der Arbeitsmarktpolitik 78

Christian Piehler (DLR)
Zur Zukunft des Coachings in deutschen Forschungszentren – ein Standpunkt 84

Ute Symanski (Hochschulcoaching)
In Zukunft politischer: Leitungscoaching in Wissenschaft, Politik und Verwaltung 96

Kapitel 3 Perspektive: Verbände 105

Jean-Paul Munsch (bso Schweiz)
Systemisches Coaching als Freiraum für Entwicklung und Kreativität 106

Isabel Hammermann-Merker (QRC)
Business Coaching in einem digitalisierten Deutschland 112

Margret Fischer (DCG)
Anregungen zur zukünftigen Entwicklung des Coaching-
Marktes 118

Peter van Eyk, Susanne Klein & Evelyn Albrecht (EMCC)
EMCC zur Zukunft des Business-Coachings 130

Susanne Rieger (EASC)
2040 – Ein Blick in die Zukunft des (Business-)Coachings –
Von utopischen Sehnsüchten und konkreten Bodenankern 139

Lutz Salamon (Roundtable Coaching)
Die Zukunft des Coachings: gestalten, oder bewältigen? 146

Kapitel 4 Perspektive: Wissenschaft, Hochschule und Ausbildung 151

Carsten C. Schermuly (SRH Berlin) & *Carolin Graßmann*
(VICTORIA Internationale Hochschule Berlin)
Die digitalen Zukünfte des Coaching 152

Reinhard Stelter (Universität Kopenhagen)
Die Zukunft des Coachings 160

Thomas Bachmann (artop)
Coaching als Kompetenz der Zukunft 174

Erich Schäfer (Ernst-Abbe-Hochschule Jena)
Transformationscoaching mittels Transflexing 183

Heidrun Strikker (SHS CONSULT)
Den schlafenden Riesen wecken – Zur Didaktik bei Coaching-
Ausbildungen 196

Michael Stephan (Philipps-Universität Marburg)
Die Sicht eines Ökonomen auf das Coaching und seine
Zukunft 209

Kapitel 5 Perspektive: Digitale Coaching Plattformen 227

Elke Berninger-Schäfer (CAI Karlsruhe)
Von der Digitalisierung, Künstlichen Intelligenz und
Unverfügbarkeit 228

Tina Deutsch (CoachHub)
Den Herausforderungen der VUCA-Welt mit einer (digitalen)
Coaching-Kultur erfolgreich begegnen 236

Lukas Mundelsee (coachingspace)
Die Zukunft des Coachings? Sehr wahrscheinlich wird sie
blende(n)d! 244

Simone Mählmann (evelop_me)
Wenn nichts mehr einen Sinn ergibt: Coaching als Vehikel in der
VUCA-Welt – eine Erkundung 251

**Kapitel 6 Innovationen: Eine schöne neue Coaching-
Welt?** **267**

Anna Schnell & *Nils Schnell* (MOWOMIND)
Digitales Coaching stärken. Coaching bei einer Modern Work Tour 268

Dominique Stroh (Futurework Consulting)
Coaching Hype – Fluch und Segen im agilen Kontext 276

Uwe Böning (Böning-Consult) & *Swen Schneider* (Frankfurt
University of Applied Sciences)
Übergang vom f-2-f Coaching zum Digitalen Coach mit
Avataren und Bots 281

Timon Dürr (Coach)
Business Coaching mit Virtual und Mixed Reality. Ein Ausblick
über den Lerntransfer von Morgen 299

**Kapitel 7 Denken in Szenarien: Perspektiven einer neuen
Coaching-Welt** **309**

Uwe Böning (Böning-Consult) & *Frank Strikker* (Euro-FH)
Zukunft des Coachings: Glaskugel, Spekulation oder realistische
Szenarien? 309

Schlusswort: Aufforderung zur Diskussion 321

Autorinnen- und Autorenliste 331

Uwe Böning & Frank Strikker

Vorwort

Der Zusammenhang, die wechselseitigen Beziehungen und Beeinflussungen zwischen gesellschaftlicher Entwicklung und Coaching beschäftigen und faszinieren uns schon seit geraumer Zeit (Böning & Strikker 2014). Im November 2020 veröffentlichten wir schließlich in der Reihe „essentials" bei Springer den schmalen Band mit dem Titel „Coaching in der zweiten Romantik: Abstieg oder Aufstieg?".

Dort sprachen wir nicht über die neuesten Methoden oder die Wirkungsgrade von Coaching, speziell Business Coaching. Auch nicht über den aktuellen Forschungsstand zu Coaching.

Vielmehr sprachen wir über Fragen der Zukunftsentwicklung von Coaching und lenkten unseren Blick auf die das Coaching mitbestimmenden externen Rahmenbedingungen.

Wir schrieben über die wirtschaftlichen, politischen und gesellschaftlichen Entwicklungen sowie über die Klima- und Umweltbelastungen – und nicht zuletzt über die fundamentale Digitalisierung, die neben allen Vorzügen, z.B. den medizinischen, auch zu gravierenden Gefährdungen unserer Lebens- und unserer Arbeitsverhältnisse würde führen können.

Wir stellten eine „steile" Hypothese auf: Coaching sei eine ikonografische Kulturfigur unserer westlichen Selbstverwirklichungsgesellschaft. D.h., sie sei ein Produkt unserer politisch-gesellschaftlichen Werteentwicklung der letzten 40-50 Jahre und spiegele unser Welt-Erleben in der Postmoderne wider:

Erstens das *Selbstverständnis* der heute im Westen lebenden Individuen.

Zweitens ihre *Orientierungsschwierigkeiten* wie ihre *Unterstützungsbedürfnisse* in einer überkomplexen wie hochvolatilen Welt.

Und drittens ihre persönlichkeitsbezogenen *Selbstverwirklichungsideale* wie auch ihre *Entwicklungshoffnungen* als Menschen.

Für diese Einschätzung sprechen verschiedene Rahmenbedingungen: Der wirtschaftliche Lebensstandard und Wohlstand im Westen sind (noch?) historisch hoch. Den Menschen geht es in vielerlei Hinsicht außerordentlich gut: Die Freiheitsrechte und (Mit-)Gestaltungsmöglichkeiten sind groß, was auch den amerikanischen

Starpsychologen Steven Pinker (2018: *Aufklärung jetzt*) dazu veranlasste, anhand von vielen Statistiken in seinem Buch beweisen zu wollen, dass eine aufkommende Skepsis und eine sich ausbreitende negative Stimmung in vielen Ländern des Westens unbegründet und überflüssig seien.

Die Menschen dürstet es gegenwärtig fast unstillbar nach Freiheit und individueller Entfaltung der eigenen Potentiale, die nur durch die langsam vorübergehende Corona-Pandemie der Jahre 2020/2022 inakzeptabel eingeschränkt gewesen zu sein schien.

Zwar waren wir als Autoren weder enttäuscht noch depressiv, als wir die „essentials" schrieben. Auch wollten wir keinesfalls die von uns gesehenen Probleme als unlösbar und das Leben verdüsternd beschreiben, als wir über eine der von uns genannten Rahmenbedingung sprachen, nämlich die Zunahme der autokratischen Entwicklungen in verschiedenen Ländern in den letzten Jahren. Heute könnten wir aufführen: Iran, Türkei, Polen, Ungarn, USA (zumindest bis zur Wahl von Präsident Biden) sowie einige Länder in Südamerika, dem Nahen Osten und in Asien.

Und selbstverständlich sehen wir im Coaching immer noch eine vielversprechende positive Unterstützung der Menschen, die sich als Individuen weiterentwickeln und ihre beruflichen, wie persönlichen Potentiale entfalten wollen und sollen.

Aber die Lage hat sich seit dem 24. Februar des Jahres 2022, also wenige Wochen vor Fertigstellung des Manuskripts des nun vorliegenden Buches radikal verändert: durch den Angriff Russlands auf die Ukraine.

Sprachen wir in den „essentials" noch von „kritischen Entwicklungen" der Rahmenbedingungen, die unsere politische Ordnung der Welt und unsere Lebensweise der vergangenen 75 Jahre bedrohen könnten, so müssen wir heute feststellen, dass sich die Lage schon wieder radikal verändert hat:

Nein, wir meinen jetzt nicht die Digitalisierung als 4. Technologische Revolution, die unsere Arbeits- und Lebensverhältnisse disruptiv verändert. Wir zielen auch nicht auf die aktuell noch anhaltenden Corona-Pandemie, die weltweit zu massiven Eingriffen in das Arbeits- und Sozialleben geführt hatte.

Wir wollen auf die Zerreißproben und Erschütterungen der internationalen Ordnung und Beziehungen zwischen den Ländern zurückkommen, die die acht Jahrzehnte nach dem 2. Weltkrieg in der westlichen Hemisphäre geprägt hatten. Und auf die Flüchtlingskrise des Jahres 2015, die nicht nur in der Bundesrepublik Deutschland ihre gesellschaftlichen Belastungen hinterlassen hat.

Auch die Corona-Pandemie hat ihre erheblichen Changes in den Jahren 2020-2022 in den Jahresergebnissen, in der Zusammenarbeit wie im Führungsverhalten nach sich gezogen.

Um es kurz zusammenzufassen: New Work heißt eines der neuen Stichworte, das in der Zwischenzeit die Arbeitswelt eroberte und mit Home-Office und anderen Entwicklungen wie z.B. New Leadership die Arbeitswelt verändert. Die VUCA-Welt wurde zum Boden für eine Vielzahl von nicht in dieser Massivität und Konsequenz erwarteten Veränderungen der Arbeits- und der sozialen Verhältnisse.

Auch über die Arbeitswelt hinaus veränderte sich die soziale Wirklichkeit im Ganzen: „Social Distancing" war nicht nur eine Maßnahme zur Bekämpfung der Corona-Pandemie, sondern bekam eine viel weitere Bedeutung: Für „die Alten", denen in der Einsamkeit vieler Pflegeheime das Ableben nur in würdeloser Einsamkeit übrig blieb.

Für die „jungen und mittelalten Erwachsenen" schuf das Social Distancing eine neue Realität, weil Sie ihre Partner:innen nun in der digitalen Welt suchen und finden mussten. Und für „die Kinder", die in ihrer Welt des Spielens und Ausprobierens von neuen Rollenerfahrungen nun auf Filme und das Handy angewiesen waren, weil sie ihre prägenden Kinder- und Jugendjahre im Home-Office in quälender Abstinenz von Gleichaltrigen verbringen mussten. Die Welt schien aus den Fugen geraten und war am Ende für viele nur noch schwer zu ertragen.

Alle diese Entwicklungen und Herausforderungen bewegten die Menschen heftig. Es gab darüber Proteste, Demonstrationen, Artikel, Podcasts, TV-Auseinandersetzungen, Bücher und heftige Diskussionen. Auch umkämpfte Positionen.

Aber wir ahnten nicht, wie schnell, dramatisch und unmittelbar sich die Bedeutung der Worte „umkämpfte Positionen" fundamental änderte – und die Lage in der realen Welt sich tatsächlich zuspitzen würde – geradezu surreal:

Die Flutkatastrophe des Jahres 2021 mit ihren politischen Folgewirkungen in Deutschland sahen wir natürlich nicht voraus. Und vor allem sahen wir nicht den Ukraine-Krieg des Jahres 2022 voraus, der viele Opfer und große Verluste erzeugt – und eine geradezu umstürzende Wirkung der internationalen politischen Ordnung und der wirtschaftlichen Folgen mit sich bringt. In einer Massivität, die wir nicht ahnten: Die Vielzahl der Toten. Die riesigen Flüchtlingsströme aus der Ukraine. Die bedrohliche Lage der Wirtschaft und auch des gesellschaftlichen wie politischen Lebens nicht nur in Deutschland: Eine „Zeitenwende" wie Bundeskanzler Scholz bilanzierte. Ein „Epochenbruch" wie der „SPIEGEL" schrieb, nicht an die maßvolle Sprache der Diplomatie gebunden.

Der Konflikt hat weltweite Auswirkungen, die die Wirtschaft und die Gesellschaft vieler Länder genauso betreffen wie die internationalen Beziehungen. Aber die Beteiligten in den internationalen Beziehungen haben ihren Job gemacht – und dieses Zeichen des Lebens sollten wir gerade angesichts dieses menschengemachten Unglücks auf keinen Fall vernachlässigen, auch wenn viele andere Dinge dadurch anders werden.

Auf unser Buchprojekt hat dieser Krieg nur eine Auswirkung. Wir als Herausgeber konnten die Entstehung des Krieges noch in unseren Beiträgen einarbeiten. Wir bitten Sie als Leserinnen und Leser zu berücksichtigen, dass alle anderen Beiträge bereits vor dem Angriff auf die Ukraine entstanden sind und wir nicht beurteilen können, in wie weit der Krieg die Stellungnahmen der Autor:innen verändern würde.

Aber so sehr diese militärische, politische, wirtschaftliche und gesellschaftliche Realität die Rahmenbedingungen unseres Lebens beeinflusst und wir dabei sind, diese zu begreifen, wollen wir uns auf unsere Reichweite konzentrieren, die wir haben und die wir auch gestalten können wie wollen: Es geht uns um die Zukunft des Coachings. Das ist das Thema des vorliegenden Buches.

Das moderne Coaching ist in den vergangenen 40 – 50 Jahren im Westen entstanden. Deshalb beginnen wir auch mit dieser Zeit am Anfang des inhaltlichen Teils des Buches und schließen mit einer zentralen These unserer Position an: dass nämlich Coaching eine ikonografische Kulturfigur unserer uns bisher prägenden Wertewelt der späten Moderne darstellt, die oft Postmoderne genannt wird, wie Böning in einem Artikel in der Zeitschrift OSC (4/2021) ausführlich dargelegt hat. Bezugnehmend auf die Ausführungen und Gedankengänge des Soziologen Andreas Reckwitz (*Die Gesellschaft der Singularitäten*, 2017; *Das Ende der Illusionen*, 2019) und des Historikers Philipp Sarasin (*1977*, 2021) wird ausgeführt, wie der durch die äußeren Rahmenbedingungen gebildete Werte-Horizont die Weltwahrnehmung und die Handlungsmaximen des westlichen Coachings seine Axiome, seine Konzeptvorstellungen, seine Handlungsregeln und seine Ziele wiederspiegelt.

So erklärt sich auch der rasante Siegeszug des Begriffs, der aus einem Methodenmix für eine bis in die 80-er Jahre hinein unbekannte Beratungsform in der Zwischenzeit zu einem Container-Begriff für ein aktives Allerlei für alles Mögliche geworden ist, was sich um das sich selbst optimierende, das lernende, vielleicht sich sogar vervollkommnende Individuum dreht. Die weltweite Verwendung des Begriffs zeigt, dass er nicht mehr einzufangen bzw. auf eine einzige Bedeutung, Leistung, Beratungsform oder Qualifikation einzugrenzen ist. So nennt z.b. der SPIEGEL-Verlag eine seiner spezifischen Zeitschriften einfach „Coaching" und kümmert sich rührend um sechs Themen, die er nach Kochbuchmanier seinen Leser:innen empfiehlt: Es geht um „Jung bleiben, Richtig essen, Souverän sein, Mehr Bewegen, Fair streiten und Erfolgreich Fasten". Das Deckblatt beschreibt die dargebotene Leistung wie folgt: „Sechs Trainingsprogramme, mit denen Sie ihr Leben managen können". Na also: So einfach ist das!

Der Begriff „Coach" gilt heute z.b. nicht nur für Sporttrainer, sondern ist auch der Name einer gehobenen Modemarke für Kleidung, Taschen und andere Accessoires. Und fast überall scheint man dem Wort „Coaching" oder wenigstens „Coach" begegnen zu können: In England und den USA heißen so schon seit langem die Busse – und erinnern den Kundigen an die Herkunft des Begriffs, nämlich seinen Ursprung in dem ungarischen Dorf Kocza, der dort im 19. Jahrhundert eine Kutsche bezeichnete. Auf Umwegen in die USA gelangt, wurde daraus die amerikanisierte Bezeichnung zuerst für die Kutsche und später für den Kutscher.

Kommen wir zum Kern unserer Überlegungen zurück. Wir sagten schon: Wir erleben heute einen Epochenbruch, eine Zeitenwende durch den Krieg, der die angesprochene Entwicklung der Rahmenbedingung des schleichenden Aufkommens autoritärer Regierungen weltweit jetzt ins Radikale und physisch Bedrohliche steigert. Und wir erleben eine vierte technologische – oder industrielle – Revolution, die in Verbindung mit der hoffentlich vorübergehenden Corona-Pandemie zu weitreichenden Veränderungen der Wirtschaft und des Soziallebens zwingt. Wir vermuten, dass sie nicht ohne Auswirkungen auch auf „Coaching" bleiben werden. Die Einwirkungen mögen direkt oder indirekt, offensichtlich oder subtil, sanft oder heftig ausfallen: In jedem Fall wird „das Coaching" nach unserer Meinung ein anderes werden, als wir es bisher kannten! Und die Frage ist: Wie wird es in Zukunft möglicherweise aussehen?

Nachdem wir uns schon vor einiger Zeit mit dieser Thematik befasst hatten (Böning & Strikker 2014 und 2020), wollen wir in diesem Band vor allem Andere zu Wort kommen lassen. Wir möchte mit ihnen den Blick in die Zukunft werfen, um aus unterschiedlichen Perspektiven erfahren zu können, was denken, schreiben, überlegen und sagen Expert:innen zur Zukunft unserer Branche.

Im Anschluss an eine *kurze Geschichte des Coachings* (Kapitel 1) möchten wir *sechs große Perspektiven* präsentieren: die

1. *Kunden-Perspektive*, d.h. verschiedene Unternehmen und Organisationen (Kapitel 2)
2. *Verbands-Perspektive*, d.h. Coachingverbände aus dem deutschsprachigen Raum (Kapitel 3)
3. *Wissenschafts-Perspektive*, d.h. Aussagen aus Wissenschaft, Hochschulen und Ausbildung (Kapitel 4)
4. *Digitale Perspektive*, d.h. Digitale Coaching Plattformen/Provider (Kapitel 5)
5. *Innovations-Perspektive*, d.h. wo kündigt sich ein innovatives Verständnis von Coaching ganz praktisch an? (Kapitel 6)
6. Den Abschluss bildet ein *Denken in Szenarien* über mögliche neue Coaching-Welten (Kapitel 7)

Zwei Hinweise sind uns wichtig: Zum einen kann zurecht gefragt werden, warum wir keine internationale Perspektive aufgreifen, zumal sich Coaching auch international etabliert hat? Wir haben uns aus zwei Gründen dafür entschieden, den Fokus derzeit auf den deutschsprachigen Raum zu konzentrieren, um die Diskussionen und Beiträge überschaubar zu halten, zumal Coaching im internationalen Raum ganz verschiedene Gesichter hat, was folglich besser in einem eigenständigen Band zu behandeln wäre. Zum anderen werden aufmerksame Leserinnen und Leser bekannte Coachingverbände aus dem deutschsprachigen Raum vermissen. Auch wir finden die Tatsache bedauerlich, dass einige Coachingverbände (wir hatten 15 Verbände in und außerhalb des Roundtable Coaching in der DACH Region angefragt) aus unterschiedlichen Gründen keinen Beitrag verfasst haben, klarer gesagt: keinen leisten wollten. Das mag verschiedene Gründe gehabt haben, über die man natürlich nachdenken und spekulieren kann – was wir aber an dieser Stelle nicht tun wollen.

Bei Start des Projektes haben wir allen Autorinnen und Autoren einen Fragebogen geschickt, den sie als eine Orientierung für den eigenen Beitrag nutzen konnten. Wir haben mit Absicht allen Beteiligten die Freiheit gelassen, ob sie sich auf unsere ausgesprochenen Fragen beziehen wollten oder nicht. Bekanntlich kann man über Zukunft sehr unterschiedlich ‚nach'-oder „voraus"-denken.

Ob wir mit den geäußerten Meinungen und Positionen übereinstimmen oder nicht: Wir bedanken uns bei allen Autor:innen für ihre Bereitschaft, ihre aufgewendete Zeit und ihren Mut, sich mit bestreitbaren Positionen einer Debatte zu stellen, die bisher zu wenig in der Coaching-Szene geführt wird. Es geht uns um den anregenden, kreativen Gedankenaustausch, um unsere Profession weiterzuentwickeln und bewusst auf die Zukunft vorzubereiten. Coaches, männliche wie weibliche, sollen davon einen Nutzen haben. Genauso wie Ihre Kund:innen – und damit die Menschen in unserer Gesellschaft.

Wir werden die Menschen nicht mit glückseligen Versprechungen ins Paradies führen können. Und nicht alles, was wir als Herausgeber sagen oder nicht sagen, wird Zustimmung finden. Genauso wenig wie dasjenige, was die Autor:innen schreiben und behaupten. Doch über Zustimmung oder Widerspruch hinaus wollen wir die kooperative Auseinandersetzung so anregen, dass wir Coaches und dem Coaching Impulse für eine positive Gestaltung der Zukunft liefern.

Dann hätte sich der Beitrag von allen gelohnt.

Literatur:

Böning, U. (2021): *Ist Coaching eine ikonografische Figur der gegenwärtigen Werteausrichtung unserer Gesellschaft?* In: Organisationsberatung, Supervision, Coaching, Nr. 4/2021, Wiesbaden, S. 581-590

Böning. U. & Strikker, F. (2014): *Ist Coaching nur Reaktion auf gesellschaftliche Entwicklungen oder auch Impulsgeber?* In: Organisationsberatung, Supervision, Coaching, Nr.3/2014, Wiesbaden, S. 483-496

Böning. U. & Strikker, F. (2020): *Coaching in der zweiten Romantik: Abstieg oder Aufstieg? Zwischen individuellem Glücksversprechen und gesellschaftlicher Verantwortung*, Springer essentials Fachmedien, Wiesbaden

Pinker, S. (2018): Aufklärung jetzt. Frankfurt a. M. S. Fischer

Reckwitz, A. (2017): Die Gesellschaft der Singularitäten. Berlin. Suhrkamp

Reckwitz, A. (2019): Das Ende der Illusionen. Berlin. Suhrkamp

Sarasin, PH. (2021): 1977. Berlin. Suhrkamp

Hinweise: In diesem Band verzichten wir als Herausgeber auf eine einheitliche gendergerechte Schreibweise, um den Autorinnen und Autoren ihren persönlichen Schreibstil überlassen zu können. Wir selbst sprechen beispielsweise verschiedentlich von Leserinnen und Lesern, Autorinnen und Autoren oder Autor:innen und wollen damit alle Geschlechter angesprochen wissen.

Mit DCP meinen wir Digitale Coaching Plattformen bzw. Provider.

Kapitel 1
Eine kurze Geschichte des Coachings in der Moderne

Uwe Böning & Frank Strikker

Coaching als ikonografische Figur der Werte-Entwicklung im Westen

1. Die Anfangszeit des modernen Coachings

Mit Coaching, speziell dem Business Coaching haben wir uns schon lange beschäftigt und auch darüber publiziert: Über seine Inhalte, Methoden, seiner Wirksamkeit, seinen Zielgruppen – und natürlich mit seiner Entwicklung als Profession. Die letzten 2-3 Jahre hatten immer wieder einen besonderen Schwerpunkt, über den wir mit vielen Kolleg:innen aus der Branche diskutiert haben. Die Frage lautete oft ganz einfach:

Ist Coaching am Ende oder am Beginn einer glänzenden Zukunft?

Das war der Ausgangspunkt für das vorliegende Buch.

Über die Zukunft zu sprechen, ohne die Vergangenheit im Blick zu haben, wäre ein wagemutiges Unterfangen. Denn wie soll man über die Zukunft von Coaching denken, wenn man seine Vergangenheit, seine Wurzeln und vor allem seine Rahmenbedingungen nicht im Blick hat, die seine zukünftige Entwicklung bisher bedingt haben und auch künftig prägen können?

Deshalb ein schneller, wenn auch verkürzender Bick zurück, der eine der folgenden Hauptaussagen vorbereiten und nachvollziehbar machen soll:

Coaching ist nach unserer Auffassung eine ikonografische Figur der Werte-Entwicklung der vergangenen 40 – 50 Jahre der wirtschaftlichen, gesellschaftlichen und auch politischen Rahmenbedingungen im Westen (Böning & Strikker 2014 und 2020).

Warum das Wort „ikonografisch", wenn man bisher nur das Wort „ikonisch" im Lexikon findet? Es steht für die Tatsache, dass Coaching nicht einfach für eine Entsprechung, Ähnlichkeit und wesensmäßige Abbildung der zugrunde liegenden Wertestruktur der

Entwicklung der genannten Rahmenbedingungen steht, sondern vielmehr für die Tatsache, dass Coaching eine der typischsten, wenn auch unterschätzten, Kernaspekte unserer entwickelten Moderne, Spätmoderne – oder wie manch andere Forscher und Soziologen sagen: Postmoderne darstellt (siehe z.B. Reckwitz 2019): Im Coaching bilden sich wesentliche Grundbedingungen unserer Gegenwart als Voraussetzungen ab: Wohlstand, Demokratie, Freiheit, Menschenrechte, Selbstbestimmung. Im Begriff des Coachings verdichten sich auch zwei zentrale Ziele und Werte der politischen, wirtschaftlichen und gesellschaftlichen Entwicklung: Fortschritt und Wachstum. Und es steht dabei weiterhin der als zentral gedachte Ausgangspunkt aller im Westen beobachtbaren Entwicklung im Vordergrund: Das Individuum und seine persönliche Entwicklung! Was will man mehr in einer säkularisierten Gesellschaft des Westens als das? Diese genau das Besondere und Einmalige verehrende Wohlstandsgesellschaft bezeichnet Reckwitz kurzerhand als „Gesellschaft der Singularitäten" (2017).

Betrachten wir den Zeitpunkt des ersten Auftretens von Coaching im modernen Verständnis, so lässt sich als Zeitpunkt das Ende der 70-er Jahre in den USA und etwa die Mitte der 80-er Jahre in Deutschland festhalten (siehe Abb.1):

Abb. 1: Auftauchen des modernen Coachings

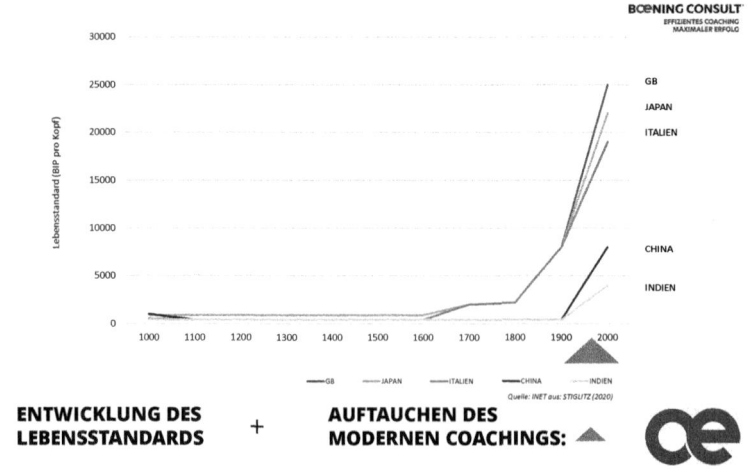

Es wird deutlich, dass es sich hier um eine historisch einmalige Wirtschafts- und Wohlstands-Situation handelt, die mit ausgeprägten emotionalen Wachstums- und Selbstentfaltungs-Werten der Individuen im Westen einherging.

Coaching entstand, so könnte man vereinfacht sagen, als Ausdruck eines Qualifizierungszieles von Arbeiter:innen bzw. Führungskräften in den USA im High-Tech-Bereich, die von ihren Vorgesetzten weiterentwickelt werden sollten (Böning & Fritschle 2005). Beim Sprung über den großen Teich nach Europa, speziell nach Deutschland, mutierte das Konzept sozusagen in einen völlig anderen Ansatz, nämlich in das Beraten von Top-Managern durch externe Berater:innen. Populär auffällig wurde das an einigen Stellen in Deutschland nahezu gleichzeitig und unabhängig voneinander entstandene neue Verständnis der Beratung von Führungskräften durch einen Artikel im Manager Magazin mit dem Titel „Ein Ohr für alle Fälle", in dem über den Kollegen Wolfgang Loos und seine diesbezügliche Arbeit berichtet wurde. Einige Zeit später traf sich eine kleine Gruppe von Berater:innen in Frankfurt zu einem ersten Austausch dieser neuen Bewegung, zu dem neben Wolfgang Loos auch Uwe Böning und einige andere in diesem Feld tätige Berater:innen gehörten.

Festhalten kann man aus diesem Anfang, dass die Gruppe sich aus Berater:innen verschiedener Herkunft und mit unterschiedlichen Schwerpunkten zusammensetzte: Psychologie, Betriebswirtschaft, Weiterbildung und Gruppendynamik.

Wie ersichtlich stand bei diesem Anfang nicht eine bestimmte theoretische Konzeption allein Pate für den neuen Ansatz, sondern es handelte sich um eine kreative Mischung und Neukombination von verschiedenen Ansätzen, Tätigkeiten und Erfahrungen, die als Gemeinsamkeit die Führungskräfte aus dem Wirtschaftsbereich als zentrale Zielgruppe im Fokus hatten. Diese Zielgruppe, die lange Zeit „Führungs-Weiterbildung" im Wesentlichen fast nur durch stark kognitiv ausgerichtete Seminare erfahren hatte, wurde nun zeitgeistgeprägt stärker mit den aus dem Amerikanischen stammenden Selbsterfahrungsgruppen sowie dortigen wie hiesigen Therapie-Ansätzen konfrontiert.

Die sich anschließende inhaltliche Entwicklung wurde von Böning und Fritschle (2005) als eine Abfolge von 7 Phasen charakterisiert, die die Vielgestaltigkeit des neuen Phänomens „Coaching" in der nachfolgenden Abbildung einzufangen versuchte.

Abb. 2: Beginn des Coachings: Die ersten 7 Phasen

BOENING CONSULT
EFFIZIENTES COACHING
MAXIMALER ERFOLG

	1. Phase	2. Phase	3. Phase	4. Phase	5. Phase	6. Phase	7. Phase
	DER URSPRUNG	**ERWEITERUNG**	**DER "KICK"**	**SYSTEMISCHE PERSONAL-ENTWICKLUNG**	**DIFFEREN-ZIERUNG**	**POPULISMUS**	**VERTIEFTE PROFESSIONA-LISIERUNG**
	Entwicklungsorientiertes Führen durch den Vorgesetzten	Karrierebezogene Betreuung	Einzelbetreuung von Top-Managern durch externe Berater	Interne Beratung von mittleren und unteren Führungskräften Entwicklungsorientiertes Führen durch die Vorgesetzten	• Gruppen-Coaching • Coaching im Führungskräfte-Training • Coaching als intensives Selbstsfahr-ungstraining • Team-Coaching zu einer verbesserten Zusammenarbeit • Projekt-Coaching • EDV-Coaching	• Vorstands-Coach • Jeder Berater ist ein Coach • TV-Coaching • Konflikt-Coaching	• Zielgruppenspezifische und methodisch differenzierte Anwendungen • Erhöhung der Quali-tätsanforderungen • Beginnende Markttransparenz • Standardisierungen in Praxis und Ausbildung • Intensivierung der Forschung • Kontakte nehmen zu • Spätphase der 1. Coaching-Generation, junge Coaches rücken nach
	70er bis Mitte der 80er Jahre in den USA	Mitte der 80er Jahre in den USA	Mitte der 80er Jahre in Deutschland	Ende der 80er Jahre in Deutschland	Anfang der 90er Jahre	Mitte / Ende der 90er Jahre	Nach 2000

BEGINN DES COACHINGS: DIE ERSTEN 7 PHASEN

Abb. 3: 8. Phase: Zunahme der Forschung ab 2004 nach A. Grant

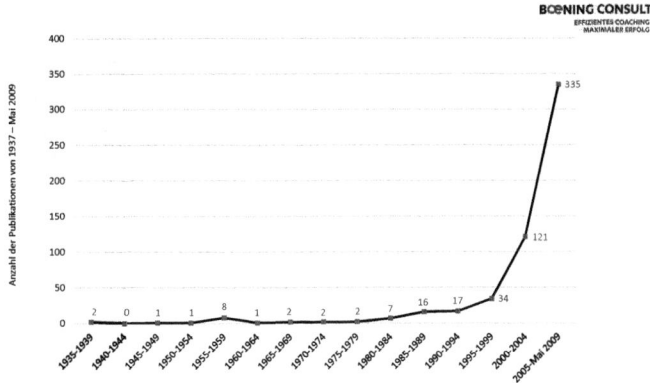

**8. PHASE:
ZUNAHME DER COACHING-FORSCHUNG AB 2004**

Wie die Abb. 4 zeigt, wurde dieser aus der Praxis herkommende neue und noch nicht konsolidierte Ansatz erst zeitversetzt von der psychologischen Forschung aufgenommen.

Insgesamt nahm die Anzahl der international registrierten (überwiegend englischsprachigen) Publikationen, die sich mit Coaching überhaupt beschäftigten erst am Beginn der 2000-er Jahre zu – wie das nachfolgende Schaubild zeigt:

Abb. 4: Publikationen insgesamt zu „Coaching" zw. 1980 – 2013 (eigenen Recherche)

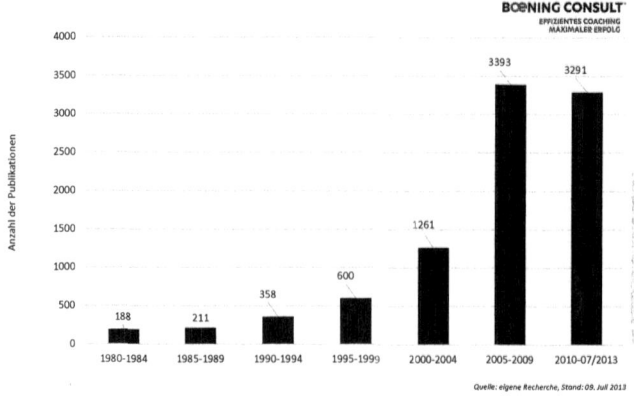

PUBLIKATIONEN INSGESAMT ZUM THEMA „COACHING" VON 1980 – JULI 2013

Mit diesen Darstellungen und den damit angesprochenen Zeiträumen wird eine „Kernzeit" der Werteausprägungen des neuen Konzeptes verstehbar, die man – zumindest im deutschsprachigen Raum – als die Geburtszeit des modernen Coachings bezeichnen kann.

(Ein Hinweis für Interessierte: Eine sehr umfangreiche Studie zur Entwicklung von Coaching insbesondere im angelsächsischen Bereich ab 1911 ist zu finden bei Steinke und Steinke 2019.)

Zentrale Inhalte des sich rasend schnell ausbreitenden Ansatzes sind aus der nachfolgenden Abbildung ersichtlich.

COACHING ALS IKONOGRAFISCHE FIGUR 23

Abb. 5: Inhaltliche Differenzierung der Coaching-Arbeitsfelder

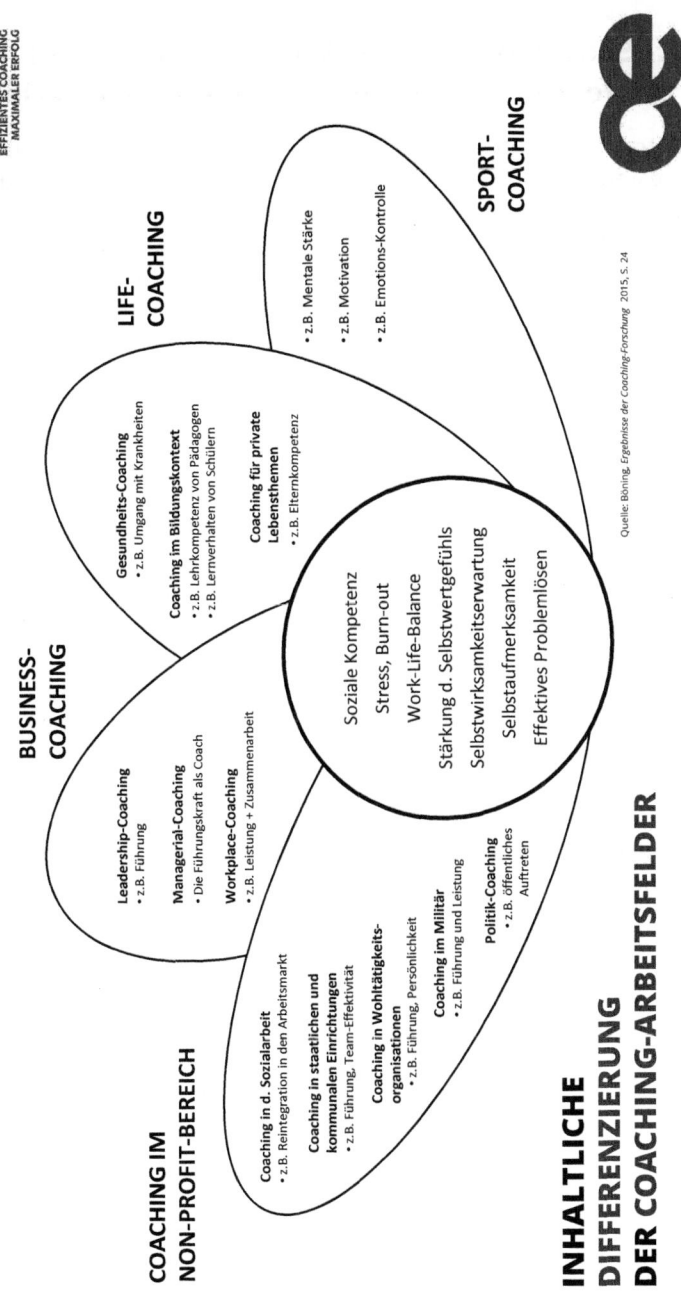

Quelle: Boning, *Ergebnisse der Coaching-Forschung* 2015, S. 24

2. Schwerpunkte der Werte-Entwicklung im Westen nach dem Ende des II. Weltkrieges

Betrachtet man die politisch-gesellschaftliche Entwicklung des Westens – und gerade die in Deutschland – in den vergangenen 60-70 Jahren sowie die des Coachings in den letzten 40-50 Jahren, dann fallen eine Reihe von Parallelen und Zusammenhängen auf.

Im Folgenden werden deshalb schwerpunktmäßig einige der zentralen und für Coaching relevanten Aspekte und Werte der politisch -gesellschaftlichen Entwicklung der vergangenen 70 Jahre im Westen bzw. gerade in Deutschland dargestellt.

Diese Überlegungen führen schließlich zur Aufstellung einer unserer zentralen Thesen: Coaching gilt als eine ikonografische Figur der politisch-gesellschaftlichen Entwicklung der letzten 40-50 Jahre. Das bedeutet, dass Coaching in besonders klarer und verdichteter Weise zentrale Werte, das fundamentale Lebensgefühl der hier lebenden Menschen und ihrer gewachsenen Bedürfnisse zur Bewältigung einer historisch spezifischen Arbeits- und Lebenssituation widerspiegelt – und ein Setting zur besseren Bewältigung der aktuellen Herausforderungen bereitstellt.

Dabei wird auch deutlich, dass einige mit Coaching verbundene oder zumindest in Verbindung gebrachte frühere Rollen wie die des Erziehers, des Priesters und Beichtvaters oder sogar des Hofnarren bei allen Ähnlichkeiten deutliche inhaltliche wie methodische Unterschiede aufweisen, die mit den anderen Aufgaben und gesellschaftlichen Lebensbedingungen früherer Zeiten zusammenhängen. (Zur Aufstellung siehe Böning & Strikker 2020 und Böning 2021a)

Ende WW 2 und Nachkriegszeit >>> Wiederaufbau und Wirtschaftswachstum

Die 40er 50er Jahre
> Wiederaufbau, Wirtschaftliches Leben + Wachstum in vielen Ländern
> Begrenzte Souveränität Deutschlands
> Neue demokratische Strukturen
> Neue gesellschaftliche + politische Spielregeln in Deutschland
> Stumme Verarbeitung der Kriegskatastrophe

Umbruchzeit

Die 60er Jahre
> Bürgerrechtsbewegung in USA
> Studenten-Unruhen im Westen: USA, Europa, Deutschland
> Politischer Aufruhr + Widerstand
> Politische Auseinandersetzungen: Aufbruch + politische Utopien,
> Musik als Ausdruck eines neuen Lebensgefühls: Beatles + Rolling Stones...
> Humanistische Psychologie, Selbsterfahrungsgruppen
> „Skeptische Generation" (Schelsky)

Politisch-gesellschaftliche Einflüsse der USA

Die 60er 70er Jahre
> Infragestellungen von Autoritäten + Institutionen
> Counter culture
> Sexuelle Revolution
> Emanzipation + Feminismus
> Veränderung der Geschlechterrollen
> Neue Lebensstile und Lebensziele, New Age
> Beginn des Informationszeitalters
> Neues Tanzen: Alleine!

Konsumentfaltung, Freiheit, Selbstverwirklichung + massiver Wertewandel

Ende der 70er /	> Entfaltung der Moderne > Selbstentfaltung, Selbstverwirklichung > Esoterik + Spiritualität, Psychoboom > Jimmy Carter + die Menschenrechte > Neue Führungskonzepte: z.B. situatives Führen nach Hersey/Blanchard
Anfang der 80er Jahre	> „Coaching" als neue Vorgesetzen-Rolle: Entwicklung von Mitarbeitern (USA) > „Coaching" als Topmanager-Beratung von externen Experten (D) > Massiver Wertewandel: Traditionelle Disziplin-, Pflicht-Akzeptanzwerte verlieren an Wert > Club of Rome: „Grenzen des Wachstums"

Sieg der westlichen Werte

Ende der 80er	> Mitte der **80er: COACHING in Deutschland** > Zusammenbruch der DDR und Wiedervereinigung Deutschlands > Zusammenbruch des Ostblocks
2000er	> Sieg des demokratischen Systems + „Ende der Geschichte" (Fukuyama 1992) > New Economy, Merger & Aquisition-Hype + ihre Blasen > Weltweite Finanzkrise 2008/09
Jahre	> Klimawandel und der neue Blick auf die natürliche Umwelt > „Gesellschaft der Singularitäten" (Reckwitz, 2017)

Das zweite Jahrzehnt der 2000er Jahre in Deutschland war dabei, zu den „neuen goldenen Zwanzigern" des jetzigen Jahrhunderts zu werden, weil der allgemeine Wohlstand historische Ausmaße angenommen hatte und auch viele andere Lebensaspekte die gewonnene Freiheit fast grenzenlos erscheinen ließen. Hervorheben lassen sich die folgenden Ereignisse und Entwicklungen:

- Die Weltwirtschaftskrise der Jahre 2008/2009 schienen die betroffenen Staaten im Westen und gerade in Deutschland erstaunlich gut wegzustecken, auch wenn hinter den Kulissen mehr Schwierigkeiten zu bewältigen waren als der Öffentlichkeit bekannt wurde. Die Problemlösefähigkeit des Wirtschaftssystems vermittelte den überbleibenden Eindruck: Unser System hat Vollkasko-Charakter!
- Die Freiheit der sexuellen Orientierung war so groß wie noch nie: Schwule, Lesben, Bisexuelle, trans- und intergeschlechtliche Persönlichkeiten konnten sich frei wie nie bewegen und um ihre gesellschaftliche Anerkennung kämpfen. Die nur zweigeschlechtliche Identität der Menschen wurde erweitert und „Divers" kam selbst auf offiziellen Verwaltungspapieren vor, auch wenn die Vertreter:innen dieser Gruppen noch keine volle Gleichberechtigung erhielten. Regenbogen- und Mehreltern-Familien wurden zunehmend wahrnehmbar als gesellschaftliche Realität, die bedeutende strukturelle Veränderungen der lange als Keimzelle der Gesellschaft gedachten „Familie" darstellen.
- Die Inklusion im Berufs- und allgemeinen Gesellschaftsleben wurde immer sichtbarer und konsequent umgesetzt.
- Die „Fridays for Future"-Bewegung legte den Finger in die Wunde und zeigte medienwirksam auf, dass das kapitalistische Wirtschaften, der ungehemmte Konsum der Wohlstandgesellschaft vor allem in den westlichen Ländern, unser Freizeitverhalten und die wirtschaftliche Prosperität in China, Brasilien und einigen anderen Ländern die Hauptursachen für die drohende Klimakatastrophe sind.
- Das bedingungslose Grundeinkommen rückte immer stärker in den politischen Vordergrund der Gesetzgebungsüberlegungen und mündete Ende 2022 in das Bürgergeld.
- Die Frauenquote wurde in den Führungsetagen von Unternehmen und anderen Organisationen eingeführt.

Das gesellschaftliche Leben hatte nicht nur einen soliden wirtschaftlichen und liberalen Hintergrund, sondern erlaubte eine unerhörte Freiheit, sich der individuellen Entwicklung und seiner körperlichen wie seelischen Gesundheit zu widmen. Balance, Selbstoptimierung und Selbstverwirklichung, Authentizität, Individualität wurden zu kaum hinterfragten Schlüssel-Zielen des gesellschaftlichen Lebens und Strebens (Röcke 2021).

Nur die Flüchtlingskrise der Jahre 2015 ff. und die auffallenden egomanischen Entwicklungen in einigen immer autoritärer werdenden Staaten warfen zunehmende Schatten auf die internationale Ordnung. Und auch die politische Konkurrenz zwischen den demokratischen Staaten einerseits und autoritären Systemen verschiedener Herkunft warf erste Schatten auf diese Entwicklung – Veränderungen im östlichen Bereich um China und Russland herum ließen einige Sorgen um die Zukunft entstehen.

3. Zentrale Werte der westlichen Wohlstandsgesellschaft und COACHING

Uwe Böning befragte in einer zufälligen Interview-Reihe von 10 Personen aus dem beruflichen und privaten Umfeld, die im psychologischen, sozialen, wirtschaftlichen und beruflichen Umfeld aktiv tätig waren und als inhaltlich aussagefähig eingeschätzt worden waren. Daraus stellte er eine Liste von 44 Begriffen zusammen, die die charakteristischen Wertvorstellungen, Spielregeln und wichtige Handlungskonzepte unserer Lebens- und Werte-Ordnung widerspiegeln sollten. Aus dieser Liste wurden in einer wieder zufälligen Auswahl 16 Werte, Themen, Spielregeln und Handlungskonzepte bzw. Grundvorstellungen herausgezogen (siehe linke Spalte in der folgenden Tabelle), die von Böning nach charakteristischen Entsprechungen im Coaching überprüft wurden (Böning 2021b).

Diese Analyse ist selbstverständlich nach wissenschaftlichen Kriterien weder vollständig noch 100%ig repräsentativ. Sie hat nach unserem Verständnis aber einen heuristischen Wert und kann prinzipiell empirisch überprüft werden.

COACHING ALS IKONOGRAFISCHE FIGUR 29

Abb. 6: Zentrale Werte im Westen und ihre Entsprechung im Coaching

BOENING CONSULT
EFFIZIENTES COACHING
MAXIMALER ERFOLG

ÖFFENTLICHE GESELLSCHAFTLICH-POLITISCHE WERTE	COACHING-ENTSPRECHUNG
INDIVIDUUM	Starke Konzentration auf Einzelcoaching: Individualisierung als Kernaspekt der Methoden zur Veränderung
ICH	Konzentration auf individuelles Erleben, Verhalten und Entscheiden, „Du bist das Maß der Dinge!" (Werbebotschaft eines Möbelhauses in FRA)
SELBSTVERWIRKLICHUNG	Herausfinden der eigenen Ziele, Bedürfnisse und Werte in Arbeit und Leben; Letzte Entscheidung über Coaching-Ziele, Vorgehen und Erreichtes beim Coaching-Partner
EINZIGARTIGKEIT	Individuelles Prozess-Design des Coachings
KOMMUNIKATION	Wertschätzung, Fragen, Verständigen, Verstehen, Klären, konfliktreduzierende Kommunikationsstile, Bewusstmachen, Feedback
GEFÜHLE	Zentrales Stellglied für die Realitäts-Einschätzung und für die Veränderungen im Verhalten, bei Einstellungen und Beziehungen zu anderen wie auch zu sich selbst
AUTHENTIZITÄT	Ziel im Coaching: das „echte" innere Selbst erfahren, zeigen und verwirklichen
AUTONOMIE	Verantwortung für Ziele und Maßstäbe, Reduktion von direkten Anweisungen des Coachs („Keine"!)
EMPATHIE	Einfühlungsvermögen in Andere als zentrale soziale Fähigkeit – gerade von Führungskräften
WERTSCHÄTZUNG	Wichtiger Entwicklungsfaktor im Coaching, Art der angestrebten „Problemlöse" – Kommunikation im Coaching; sichtbar im alltagsaversen Sprachstil und Aufwand für Coaching
RESSOURCENAKTIVIERUNG	Suche nach + Betonung von Stärken und Selbstlösungsfähigkeiten, Selbstinstruktionen, Motto: Stärken stärken!
PERSPEKTIVWECHSEL	Methode zur realistischen Problemlösung, Selbstrelativierung und emotionalen Druckregulation
SELBSTWIRKSAMKEITSERWARTUNG	Wichtiges Zielkriterium im Coaching sowie aktiver Veränderungsfaktor
SELBSTMITGEFÜHL	Lern- und Aktivierungsfaktor, Hauptfokus gerade bei Überlastung und fehlenden Grenzsetzungen
PARTIZIPATION/KOOPERATION	Gemeinsames Lösungsfinden durch Coach und Coaching-Partner
DEMOKRATIE	Keine direktive Hierarchie, sondern verschiedene Rollen im Prozess: Coach als Prozess-Verantwortlicher sowie Coaching-Partner als Zielsubjekt und Entscheider

4. 8. Phase der Coaching-Entwicklung. Das zweite Jahrzehnt des neuen Jahrhunderts: Das leise Aufkommen des Digitalen Coachings

Etwa seit Beginn bzw. der Mitte des vergangenen Jahrzehnts ist ein leises und langsames Aufkommen von digitalen Möglichkeiten zu beobachten, das unter echten Nerds schon Aufmerksamkeit fand, aber im allgemeinen Coaching-Markt keinen bahnbrechenden Widerhall auslöste. Eine weitreichende Akzeptanz unter Coaches oder unter den Coaching-Suchenden konnte kaum registriert werden. Vielmehr wurde das neue Phänomen in den vergangenen 5-7 Jahre von vielen Praktiker:innen als eine randständige Erscheinung betrachtet, deren Zukunfts-Wert noch klar umstritten war.

Erst in den letzten 2-3 Jahren haben die Corona-Krise und die mit den Lockdowns weltweit verbundenen „Notlösungen" im sozialen wie beruflichen Kontakt zu einer fundamental anderen Situation geführt – weswegen diese Zeit mit völlig veränderten Verhältnissen von uns als eigenständige Phase behandelt wird:
Eben als 8. Phase der Coaching-Entwicklung.

Die am Beginn der achte Phase festzuhaltenden Charakteristika lassen sich mit den folgenden Stichworten prägnant skizzieren.

Wichtige interne Coaching-Entwicklungen:

- Etwa 20 - 24 Coaching-Verbände im deutschsprachigen Raum
- 2018/19: Auseinanderbrechen des lange Zeit bemühten RTC (Round Table Coaching), dem aber keine hinreichende Gemeinsamkeit der Zielsetzungen und des Vorgehens gelang. Ausscheiden des DBVC (Deutscher Bundesverband Coaching, gegr. 2004) und des ICF (International Coaching Federation, gegr. 1995 in den USA) aus dem RTC
- Keine Verständigung über einen Titelschutz und die Voraussetzungen zur allgemein anerkannten Ausübung von Coaching
- Allmähliches Entwickeln digitaler Varianten des Coachings und Auftauchen einzelner Coaching-Plattformen mit begrenztem Bekanntheitsgrad:
Geißler & Metz (2012) und Berninger-Schäfer (2018) entwickelten je eigene Ansätze des „virtuell" oder „digital"

oder „online" genannten Coachings, das im Wesentlichen ein ins Digitale bzw. Virtuelle verlagertes Coaching darstellte

Änderung der Rahmenfaktoren:

- Corona-Pandemie mit Beginn des Jahres 2020 mit schwerwiegendsten Folgen:
  Dramatische Lockdowns während der fast zweijährigen Pandemie und ein sprunghaftes Auftauchen sowie ein plötzlicher Einsatz von Home-Office sowie Home-Schooling, der zum massiven Auftauchen besonders amerikanischer Plattformen (Zoom, Teams etc.) führte, ohne die das Aufrechterhalten der Wirtschaft und der staatlichen Organisation kaum möglich gewesen wäre
- New Work als verheißungsvolle Neuorganisation vieler Arbeitsabläufe bzw. einer völligen Neuausrichtung der Wirtschaft
- Deutlicher Rückgang der Durchführungen des F2F (Face to Face)-Coachings
- Disruptiver Einsatz von digitalen Durchführungen des Coachings („Alternativlos!")
- Massives Auftauchen und Wachstum neuer Coaching-Plattformen

5. Die aktuelle VUCA-Welt und ihre Folgen für das Coaching

VUCA: Was lange Zeit zu den Buzz-Words von Berater:innen gehörte, drang spätestens seit Corona und der Digitalisierung in das Bewusstsein vieler, wenn nicht aller Menschen:

Wer hätte bis zum Februar 2020 gedacht, dass die Corona-Pandemie weit über 2 Millionen Menschenleben kosten, die Welt so total verändern würde und dass Lockdowns in Millionenstädten umsetzbar sind? Wer hat vorausgesehen, dass die Digitalisierung eine solche Bedeutung bekommen würde in den Lockdowns fast aller industrialisierten Ländern, um die Wirtschaft und die sozialen Kontakte in dieser Zeit überhaupt aufrecht zu erhalten?

Aktuelle Rahmenbedingungen:

- Krieg von Russland gegen die Ukraine! Echter Krieg in Europa seit dem 24.2.2022! Der Krieg wird von Bundeskanzler Scholz fast dezent als „Zeitenwende" benannt! Vom SPIEGEL wird der Krieg in Europa drastisch als „Epochenbruch" bezeichnet (SPIEGEL, Nr.9, 26.2.22, S.4).
- Die Bundeswehr erhält innerhalb von 3 Tagen eine Zusage über 100 Milliarden € zur Erneuerung und zum Materialaufbau – was jahrzehntelang nicht möglich war!
- Die NATO und die EU bringen innerhalb weniger Tage und Wochen eine neue Kooperation und Abstimmung des politisch-wirtschaftlichen Vorgehens gegen den Aggressor Russland zuwege, die bis vor kurzem für völlig unmöglich gehalten worden waren.
- Jeden Tag die Berichte im TV. Mehrmals am Tag. In allen Tageszeitungen. In allen Wochenzeitschriften. Überall kam der Krieg ins Bewusstsein…
- Energiesicherheit wird als ein außenpolitisch zentrales Thema fixiert, da die Wirtschaft und das organisierte wie gesellschaftliche Leben ohne Gas, Öl und Kohle aus Russland völlig zu erliegen droht! Was den Zwang auslöst, schnellstmöglich Beschaffungsalternativen zu finden. Schwere Einbußen sind in vielerlei Hinsichten, nicht nur den wirtschaftlichen, in ganz Europa zu befürchten.
- Im schlimmsten Fall könnte ein 3.Weltkrieg entstehen – den niemand will und der sich doch fast automatisch entwickeln könnte.
- Der Klimawandel rückt durch die anhaltenden Veränderungen immer stärker in das Bewusstsein der Bevölkerung und wird zunehmend als bedrohliche Klimakrise wahrgenommen.
- Engpässe bei Lieferketten und bei der Energiezufuhr zeigen auf, wie anfällig die globale Vernetzung ist und welche dramatischen Auswirkungen in nächster Zeit bei der Sicherung des Lebensunterhalts und des sozialen Friedens zu befürchten sind.

Abb. 7: Bedeutung VUCA im Kern

6. Die 9. Phase von Coaching als disruptive Veränderung

Die 9. Phase von Coaching ist wieder eine radikal disruptive Phase voller gewaltiger und schneller – und auch so nicht vorhergesehener – Veränderungen, die nochmals die Bedeutung jener Einflussgrößen auf das Coaching offenbart:

- Die Corona-Pandemie der Jahre 2020/2021 hatte wegen ihrer Ansteckungsgefahren dramatische Veränderungen im Sozialleben der Menschen zur Folge: Distanz war angesagt – im öffentlichen, im beruflichen und privaten Raum: Umarmungen wurden problematisch oder gingen nicht mehr. Distanz wurde verordnet, anfangs nur schwer ertragen, dann widerwillig zunehmend praktiziert und schließlich von der Mehrheit schulterzuckend hingenommen – bis schließlich die Proteste im Jahr 2021 in den Städten allmählich immer stärker wurden.
„Masken-Tragen" und „Social Distancing" wurden zu Synonymen nicht nur des äußerlich sichtbaren Sozialverhaltens, sondern vermutlich auch – wie zu befürchten ist – der mentalen und emotionalen Veränderungen des Innenlebens vieler Menschen: Distanz ist zur unfreiwilligen Ankündigung des neuen inneren Verhältnisses vieler Menschen untereinander geworden, was nicht ohne Folgen für das „Neue Coaching" bleiben dürfte.

- Die bereitstehende, aber in Deutschland nur begrenzt verbreitete Digitalisierung, die Deutschland eine schlechte Platzierung im internationalen Ranking eingebracht hatte, wurde fast über Nacht zur rettenden Formel, um Arbeitsbezüge und persönliche Beziehungen in Zeiten der Pandemie konstruktiv zu überbrücken oder gar neu zu ordnen. Der Rückstand der Digitalisierung selbst sowie ihre gesellschaftliche Akzeptanz wurde in der Not der Umstände zu einem die positive Veränderung erzwingenden Faktor. Die Pandemie erforderte beim Coaching radikale Umstellungen, die bei vielen Coaches zu unterschiedlichen Anpassungseffekten, d.h. zur Übernahme von digitalen Techniken und Tools führte. Selbst jene Coaches, die lieber bei der F2F-Variante des Coachings geblieben wären, konnten sich den neuen Anforderungen nicht entziehen.
- Home-Office heißt die neue Formel der Arbeitsverhältnisse. Was im Lockdown anfangs nur ein Notbehelf war, wurde in kürzester Zeit zum „New Normal", dessen zukünftiger Verlauf nur schwer abzuschätzen ist. Aber viele Coaches scheinen sich nach großen Bedenken in der Zwischenzeit schon auf die künftige Dominanz der digitalen Coaching-Variante eingestellt zu haben, was nicht nur an dem zunehmend freizeitorientierten Outfit vieler Berater:innen abzulesen ist – zumindest im Video-Call.
- Was vor wenigen Jahren wie auf leisen Sohlen daherkam und dennoch zu starken Abwehrdiskussionen unter Coaches geführt hatte, ist in der Zwischenzeit offenbar schon in eine leise Revolution des Coachings übergegangen: Digitale Coaching Plattformen expandieren erheblich seit der Corona-Pandemie und verzeichnen sowohl auf der Kunden- wie auf der Coaches-Seite erhebliche Zuwächse.

Der vehemente Aufstieg der Coaching-Plattformen zeigt glasklar ihre strategische Vorgehensweise und kommende Bedeutung: Sie sind die vorauszusehenden Game Changer, die die bisherige Coaching-Szene in kurzer Zeit völlig verändern werden. Es bleibt nur offen, was mit „Kurze Zeit" genau gemeint sein wird: in zwei, fünf oder in zehn Jahren...?

Immerhin ist schon aufregend, wie die Zahl der Digitalen Coaching Plattformen massiv gewachsen ist und welche Wirtschaftskraft hinter einigen der Big Player in diesem Bereich schon heute steckt, wie die Nachricht in der folgenden Abbildung erahnen lässt:

Abb. 8: Milliarden-Wert der DCP BetterUp

Abb. 8: Es geht nicht nur um Coaching, sondern um den globalen digitalen Wellnesssmarkt

BetterUp Employee Wellness Startup Valued at $1.73 Billion
- $125 million Series D funding round led by Iconiq Growth
- BetterUp offers coaching, counseling as well as mentorship

By Katie Roof 25., Februar 2021

Bloomberg

Employee wellness startup BetterUp Inc. has raised $125 million at a $1.73 billion valuation.

The business works with clients such as NASA and Snap Inc. to help employees with a network of performance coaches, mentors and mental health counseling. BetterUp also has offerings to help companies improve their diversity and inclusion efforts.

For mental health, San Francisco-based BetterUp is part of a large category which includes an array of startups from Modern Health to Lyra Therapeutics Inc.

Emily Melton, a managing partner at Threshold, said that there's room for several multibillion-dollar businesses in the space. People are increasingly recognizing the importance of mental health fitness, "the same way exercise makes you feel better," she said.

https://www.bloomberg.com/news/articles/2021-02-25/betterup-employee-wellness-startup-valued-at-1-73-billion

Angesichts der dramatischen Veränderungen in Technik, Politik, Gesellschaft, Wirtschaft, Ökologie, Medizin und Kultur stellt sich die einfache Frage, die nur schwer und leicht zugleich – also paradox – beantwortbar zu sein scheint:

Kann Coaching von diesen Entwicklungen der Rahmenbedingungen unbeeinträchtigt bleiben, von denen wir zudem noch nicht wissen, wie es damit aktuell und künftig weitergehen wird?

Dieser Frage haben sich auch unsere Kollegen:innen und Mitstreiter:innen im vorliegenden Buch gestellt. Dafür danken wir ihnen allen. Sie sind das Risiko eingegangen, dass jede Antwort bezweifelt, bestritten oder auch widerlegt werden könnte. Aber Sie haben sich in einen Dialog begeben, der ja auch anregend und aufmerksam machen kann. In jedem Fall kann er Anstöße geben und ein gemeinsames Lernen ermöglichen – wie immer man auch zu den einzelnen Antworten stehen mag. Widersprüche und Widerlegungen können nützlich sein ebenso Leerstellen, die als Impulse gelten können, zu weiteren Antworten zu finden.

In jedem Fall sind es Beiträge in dem Versuch, die Zukunft des Coachings fassbarer zu machen und damit einen Beitrag zur Professionalisierung des Coachings zu leisten. Uns als Herausgeber jedenfalls hat die Bereitschaft der Autor:innen Mut gemacht, den Dialog über die Zukunft des Coachings fortzusetzen und uns in der Hoffnung bestärkt, dass Coaching eine Zukunft hat. Nicht in den fertigen Antworten dürfte die Zukunft liegen, sondern in der Bereitschaft, immer noch bessere Antworten auf neue Fragen zu finden, die wir uns heute noch nicht stellen.

Literatur:

Berninger-Schäfer, E. (2018): Online-Coaching. Heidelberg: Springer.

Böning, U. (2021a): COACHING-RELOADED: Coaching am Ende oder am Beginn einer glänzenden Zukunft? In: Fachhochschule Nordwestschweiz-Olten 18.11.2021, 6. Int. Coachingkongress 'Coaching meets Research' Coaching Essentials 1980 – 2050.

Böning, U. (2021b): Ist Coaching eine ikonografische Figur der gegenwärtigen Werteausrichtung unserer Gesellschaft? In: Organisationsberatung, Supervision, Coaching, Nr. 4/2021, Wiesbaden, S. 581-590.

Böning, U. & Fritschle, B. (2005 und 2008): Coaching fürs Business. Bonn: managerSeminare Verlag.

Böning, U. & Strikker, F. (2014): Ist Coaching nur Reaktion auf gesellschaftliche Entwicklungen oder auch Impulsgeber? In: Organisationsberatung, Supervision, Coaching, Nr.3/2014, Wiesbaden, S. 483-496.

Böning, U. & Strikker, F. (2020): Coaching in der zweiten Romantik: Abstieg oder Aufstieg? Zwischen individuellem Glücksversprechen und gesellschaftlicher Verantwortung. Wiesbaden: Springer.

Fukuyama, F. (1992): Das Ende der Geschichte. München: Kindler.

Geißler, H. & Metz, M. (Hrsg.) (2012). E-Coaching und Online-Beratung. Wiesbaden: Springer.

Reckwitz, A. (2017): Die Gesellschaft der Singularitäten. Berlin: Suhrkamp

Reckwitz, A. (2019): Das Ende der Illusionen. Politik, Ökonomie und Kultur in der Spätmoderne. Berlin: Suhrkamp

Röcke, A. (2021): Soziologie der Selbstoptimierung. Berlin: Suhrkamp

SPIEGEL (2022): Nr.9, 26.2.2022

Steinke, J.M. & Steinke, I. (2019): Was ist Coaching? Die Ursprünge von Coaching als Methode. Hamburg: COATRAIN

Kapitel 2
Perspektive: Unternehmen und Organisationen

Uwe Böning & Frank Strikker

Einführung

Unternehmen und andere Organisationen gehören voraussichtlich zu den großen Kunden für Coaching, zumindest Business Coaching. Folglich sind Ihre Perspektiven und Bedarfe mit maßgebend für die Coaching-Praxis der Zukunft. Die alte Leitbranche „Automotive" gehört genauso dazu wie die neue Leitbranche „IT" und die zentrale Branche für die meisten Industriezweige, nämlich „Energie". Weitere Vertreter anderer Organisationen – auch aus dem Mittelstand – runden mit ihren Beiträgen diese Marktperspektive ab. Dabei gibt es Interessantes zu den Bedarfen des Topmanagements wie des Mittelmanagement zu lesen.

Hier geht es nicht nur um die Weiterentwicklung der eigenen Persönlichkeit, sondern auch um die eigene Rollenwahrnehmung in der Organisation.

Stefan Stenzel

Digital Coaching Provider (DCP) als Bezugsquelle von Coaches für Einzel- und Großkunden.

Der Plattformkauf:
seine echten und vermeintlichen Vorteile, seine kognitiven Dissonanzen und Transformation durch mehr „Purpose".

Wir fahren nur noch zu besonderen Anlässen mit der Kutsche, telefonieren nur noch selten von unserem Festnetztelefon in der Diele, trinken heute unseren Kaffee auch im Gehen auf der Straße, bestellen ein komplettes Menü über einen Lieferservice verzehrfertig nach Hause oder lassen uns die Ingredienzien als Naturalien in einem Paket samt Rezept schicken oder, oder, oder. Und ja, das hätte es vor 10, 20, 30, 150 Jahren nicht gegeben! Die Zeiten haben sich durch technische Neuentwicklungen, neue Lebens- und Arbeitsumstände etc. geändert und werden es auch weiterhin tun. Denn wie erkannte schon der Vorsokratiker Heraklit (um 520 v. Chr. bis ca. 460 v. Chr.): *„Nichts ist so verlässlich wie der Wandel"*. Und auch wenn es viele nicht wahrhaben wollen, trifft dies nun auch auf den seit langem (sehr) beständigen Bereich des Coachings zu. So scheint es jedoch auch in diesem Geschäftsfeld ähnlich wie einst bei Henry Ford zu sein, als er seine Kunden fragte, was ihnen zu einer verbesserten Mobilität einfallen würde und ihre Antwort in „schnellere Pferde!" bestand.

Die bislang bevorzugten „Zugpferde" zur **Distribution bzw. Promotion von Coaching-Services** waren und sind (bis dato noch) die individuellen Homepages der oft soloselbständigen Coaches. Meist sehr aufwändig und liebevoll gestaltet. Oft auch mit viel Text. Leider wurde bei diesen Selbstdarstellungen bzw. aller Begeisterung über die vielen erworbenen Qualifikationen oder Fachbegriffe (insbesondere bei Neueinsteigern) oft vergessen, dass – sofern die Interessent:in keine HR- oder PR-Fachfrau ist – der „naive Kunde" meist wohl nicht wirklich versteht, was dies alles bedeutet und wie die Qualifikationen zu bewerten sind. Von einem

„objektiven" bzw. direkten, parallelen Vergleich verschiedener Homepages einmal ganz abgesehen. Obwohl die Kund:innen im Idealfall zumindest eine vage Vorstellung davon hatten, wen und wonach sie suchen und was eigentlich das Thema oder Anliegen ist, war es wahrscheinlich nicht selten der Fall, dass diese nach der berühmten „Nadel im Heuhaufen" Ausschau hielten – letzten Endes jedoch den „Wald vor lauter Bäumen" nicht sahen. Den passenden Coach für das eigene Anliegen zu finden, stellte daher für viele Kund:innen eine nicht zu unterschätzende Einstiegsbarriere dar. So landeten vermutlich nicht wenige letzten Endes bei dem Coach, der auf dem Bild am sympathischsten erschien, besonders viele (für Laien unverständliche) Qualifikationen auflistete, oder im Werdegang oder in der Selbstbeschreibung Ähnlichkeiten zur eigenen Person aufwies. Dass sich Kund:innen (zusätzlich) auf „Mund-zu-Mund-Propaganda" von Kolleg:innen verließen, war eher kennzeichnend für die „inner Circles" von Managern oder sonstigen Personenkreisen, für welche diese Art der Eigenqualifikation (z.B. aus dem Unternehmenskontext) nicht fremd war. Natürlich sagt einem der gesunde Menschenverstand, dass persönliche Empfehlungen immer stark von subjektiven Wertemaßstäben geprägt sind. Dennoch vertrauen auch in diesem Fall viele der Personenähnlichkeit der Gesprächspartnerin, die sie auf dieses sehr spezielle Thema „Coaching" gebracht hat. Hunderttausende, in den Augen der Coachees erfolgreich durchgeführten Coachings sprechen überdies auch dafür, dass offensichtlich viele „Töpfchen die passenden Deckelchen" gefunden haben. Doch was ist dann die (vordergründige?) Fragestellung des dahinterstehenden Handels bzw. Geschäftes?

Ein Aspekt des **Problems** ist die Auswahl eines unbekannten Produktes oder einer Dienstleistung (den besten, passendsten Coach) aus einem Überangebot mit uneinheitlichen und/oder weichen Unterscheidungskriterien. Ein weiterer Aspekt ist der damit für den Konsumenten verbundene, zeitliche und/oder physischen Suchaufwand. Obwohl von unterschiedlicher Tragweite, handelt es sich dabei um eine ähnliche Herausforderung, wie „die beste, passendste Frau/ den besten, passendsten Mann fürs Leben" zu finden. Womöglich inspiriert vom Amazon-Begründer, Jeff Bezos, sahen daher einige findige Unternehmer im Geschäftsmodell der Plattformen die Lösung für derartige Probleme bzw. eine Möglichkeit ihr Geld ohne tiefere Kenntnisse der vertriebenen Services bzw. Ware zu verdienen. So entstammte Jeff Bezos keiner Buchhändler-, Verlags- oder Kaufhausdynastie, sondern war Analyst in der Wall-Street. Also ließ ihn wahrscheinlich nicht die große Liebe oder Leidenschaft fürs Produkt, sondern eher Erfolgs- und Gewinnstreben 1994 das Unternehmen „Amazon" gründen. Ob Ähnliches im übertragenen Sinne für die Begründer der deutschen Coaching-Plattformen gilt, ist nicht bekannt. Der Zukauf von „großen Namen" (z.b. John Passmore) in der Branche könnte jedoch auch als Indikator gesehen werden, das Manko an „Stallgeruch", an Glaub- und Vertrauenswürdigkeit sowie *eigener* Expertise auszugleichen. Generell sind wahrscheinlich die sich beim Autor damit verbindenden, idealistischen bzw. romantisch-verklärten Vorstellungen hinsichtlich eines beruflichen Werdegangs oder Entwicklung eines Business heute nicht mehr zeitgemäß. So ist das anfangs angesprochene Problem wohl eher in dem Geschäftsmodell und dessen Eigenschaften selbst – vor allem aber in dessen spezieller Nutzung zu suchen. Was hat es also damit auf sich?

Einfach gesagt, schiebt sich bei dem **Geschäftsmodell „Plattform"** immer ein (oft auch branchenfremdes) Unternehmen zwischen Kund:in und Erzeuger:in und will an dem Handel auf dem „Marktplatz" über „Standgebühren" bzw. den Verkauf realer Güter oder Dienstleistungen mitverdienen. Die 2014 nobelpreisgekrönte Theorie des Wirtschaftsprofessors der Universität Toulouse, Jean Tirole, beschreibt die dahinterstehenden Wechsel von der sogenannten Pipeline-Strategie bzw. One-Side-Market zu den sogenannten „Two-Sided-Markets" (Rochet & Tirole, 2014). Besteht der erstere in der *direkten* Austauschbeziehung zwischen Unternehmen (Business: B) und Endkunden (Customer: C) i.S. von B-2-C, wird diese über die Plattform als „Zwischenhändler" um ein B-2-B (Plattform-Unternehmen und Coach als Unternehmer:in) erweitert. Dabei kann das Plattform-Unternehmen potenziell dreifach verdienen. Zum einen *direkt* über die Vermittlungs- und /oder „Standgebühr", zum anderen *indirekt* durch eine Art Erfolgsbeteiligung bei stark frequentierten „Ständen" und drittens durch die bei diesen umfangreichen Transaktionsprozessen anfallenden Daten, die entweder selbst zur Prozessoptimierung oder Produktinnovation genutzt oder aber (hoffentlich unter Beachtung der GDPR bzw. mit Wissen und Zustimmung der „Datenlieferanten"!) verkauft werden können.

Doch was sind eigentlich die **Merkmale des Geschäftsmodells** „Plattform"? Zunächst ist da die Zurverfügungstellung (1) eines Online-Marktplatzes, der auf einer **IT-Plattform** betrieben wird und einen (2) wertschöpfenden **(Waren- oder) Dienstleistungsaustausch** zwischen mehreren Anbieter:innen (Coaches) und mehreren Kunden:innen (private Coaching-Interessierte, Einkäufer von Coaching-Services in Unternehmen) ermöglicht. Der Wert der Plattformen besteht jedoch *nicht* in der dahinterstehenden Software(-entwicklung), sondern in den ermöglichten Interaktionen. Das Plattformbusiness sollte daher nicht mit dem Softwareentwicklungsbusiness verwechselt werden. Die Möglichkeit beider Parteien im sogenannten (3) „**Matching**" zusammen kommen zu lassen, ist daher der eigentliche Mehrwert dieses Modells. Wie bei der klassischen Definition von Dienstleistungen entsteht das „Produkt" erst in der *Interaktion* von Kund:in und Anbieter:in. Je marktbeherrschender die Plattformen (i.S. von Monopolisten) werden, desto mehr können sie auch die Regeln für das Produkt oder die Dienstleistung, den Preis sowie den Zugang als (4) **Gatekeeper** und auch die Spielregeln des Handels i.s. einer (5) „**Governance**" bestimmen. Kern ihres potenziell großen Erfolges ist jedoch der (6) **Skalen- oder Netzwerkeffekt.** D.h. je mehr Kunden die Plattform nutzen, desto attraktiver wird es auch für Coaches für eine Plattform zu arbeiten. Und je mehr Dienstleistende/Coaches daraufhin ihren Service auf der Plattform anbieten, desto stärker wächst wiederum die Attraktivität für die Kund:innen. Die Kunst für die Plattformbetreiber dabei ist es daher, bis zu diesem sich selbst verstärkenden „Engelskreis" finanziell durchzuhalten. Amazon in den USA und Zalando in Deutschland sind dabei gute Beispiele. Amazon wurde 1994 gegründet und machte erste Gewinne 2001. Das Gründungsjahr von Zalando war 2008, erste Gewinne stellten sich jedoch erst 2014 ein. Ohne von außen kommendes Venture Capital renditehungriger Investoren (wie z.B. Holtzbrinck Ventures und drei weitere Investoren im Jahr 2019 im Falle von) in den Anfangsjahren, ist dies für Unternehmen wie CoachHub (CoachHub, 2019) oder bei dem Coaching-Start-Up „Greator Coach" in 2020 mit einem Betrag im mittleren siebenstelligen Euro-Bereich, wie es heißt (Greator, 2020), zumeist nur schwer möglich. Denn die unternehmerische Behauptung in den „Red Oceans" (Kim & Mauborgne, 2005) der jeweiligen Branchen ist meist infolge der notwendigen Investitionen insbesondere ins Marketing und den Aufbau der IT-Infrastruktur zunächst sehr kräfte- bzw. kapitalzehrend.

Doch haben sie diesen Rubikon erst einmal überschritten, können die Plattformen durch die sehr hohe Produktivität einer meist verhältnismäßig kleinen, fest angestellten Belegschaft (und damit verhältnismäßigen geringen Personalkosten) im besten Fall zu einer „**Gelddruckmaschine**" (für die Investoren) mutieren.

Und diese Aussicht ist wohl der Grund für die aktuell weite Verbreitung dieses Geschäftsmodells. Um letzteres mit (leider etwas veralteten, aber das Erfolgsprinzip dahinter verdeutlichenden) Zahlen zu belegen, sei eine Aufstellung von Statista (Statista, 2018) herangezogen, die zeigt, dass z.B. bei Google im Jahr 2017 jeder der damals 80.000 Mitarbeiter €140.000.-, bei Daimler jeder der 289.000 Unternehmensangehörigen jedoch nur €36.000.- Gewinn erbrachte. Bei dem US Tech-Giganten Facebook erwirtschaftete jeder der nur 25.000 Mitarbeiter über eine halbe Million, nämlich €562.000.-!

Doch kommen wir zur Kundenseite. Obwohl diese Zahlenrelationen etwas Befremdliches an sich haben, stellt sich dennoch die Frage, welchen Mehrwert „die Kaufhäuser von heute" – die Plattformen – wirklich bieten? Ihr Siegeszug in vielen Lebens- und Konsumbereichen kommt natürlich nicht von ungefähr! Wie schon der Marktplatz vor einigen Jahrtausenden und die Kaufhäuser vor einigen Jahrhunderten, punkteten diese gegenüber dem Einzelhandel mit relativ hoher Sortimentsbreite und -tiefe an *einem* Platz. In späteren Jahren gesellte sich das vermeintlich alle Sinne berauschende „Kauferlebnis" (an Weihnachten!) hinzu. Was am Anfang des Jahrhunderts überall auf der Welt die traditionsreichen Kaufhäuser (wie z.B. Karstadt, Hertie, Woolworth, Macys, Sears, Galerie Lafayette, Harrods etc.) *der* „One-Stop-Shop" waren, sind heute die Plattformen. War dies das Erfolgsmodell der Kaufhäuser für über 100 Jahre, wurden diese Vorteile durch die Digitalisierung und die damit einhergehenden Änderungen des (Kauf-)Verhaltens spätestens ab 2015 zusehends untergraben. Denn sie boten (nicht nur den jungen) Käufern viele neue Vorteile, d.h. Mehrwert: (1.) *Sofortige* **Bedürfnisbefriedigung**, d.h. jederzeit und überall, (2) maximale Bequemlichkeit und/oder **minimaler Zeitaufwand** als „Couch Shopper" durch keinerlei Wegezeiten, die ansonsten infolge von verschiedenen und/oder langen Wegen zu verschiedenen Einzelhändlern entstanden wären, sowie (3.) eine maximale Vereinfachung des **Bestell- und Bezahlprozesses**. Zudem sind oft (4) die **subjektiven Bewertungen** der Produkte durch zahlreiche andere Käufer *vor* oder *parallel* zum Kaufprozess einsehbar. Dass diese Bewertungen auch bereits bei speziellen Agenturen als 100 oder 1000-Pack gekauft werden können, schmälert deren Wert jedoch drastisch. Weiterhin ist (5) ein faktenbasierter, **paralleler Vergleich** von möglichst vielen Eigenschaften vieler Varianten eines physischen (!) Produktes oder einer Dienstleistung verschiedener Anbieter möglich.

Sind die oben genannten Vorteile 1-4 – je nach Wertemaßstab – Vorteile, signalisiert das Ausrufezeichen hinter den physischen Eigenschaften von Produkten oder einer Dienstleistung (5), wo ein Trugschluss bestehen könnte. Unbestritten ist der tabellarische Vergleich ingenieurwissenschaftlich messbarer Produktmerkmale oder -eigenschaften von physischen **Produkten** ein echter Vorteil. Im Rahmen der um Objektivität bemühten Bewertungen von z.B. der Stiftung Warentest, erhalten die Verbraucher:innen letztlich eine solide Orientierung für die Kaufentscheidung.

Schwieriger wird es jedoch schon bei so populären **Dienstleistungen** wie z.b. Urlaubsreisen. Ebenfalls um Objektivität bemüht, können hier die objektiv feststellbaren, baulichen (Baujahr, Zimmeranzahl, Poolanzahl etc.) und örtlichen Hotelmerkmale (z.B. Strand- oder Straßennähe, innerhalb oder außerhalb des Touristenzentrums etc.) verglichen werden. Bei sehr subjektiv geprägten Merkmalen wie Service- oder Essensqualität, Erholungswert oder gar baulicher Ästhetik scheiden sich jedoch – je nach Wertmaßstab – die Geister. Ist der Beruf des Kellners (als Teil des Servicepersonals im Hotel) zumindest in Deutschland noch ein offiziell anerkannter Ausbildungsberuf, wird es in dieser Hinsicht bei der Dienstleistung „Coaching" bereits sehr vage. Denn die Qualitätskriterien des **Coachingprozesses und der Coachingergebnisse** entstehen in der situativen Interaktion, im Prozess des Coachings. Sie sind weder prognostizier- noch replizierbar und daher „weich". Will heißen: Sie weisen Schwächen hinsichtlich der folgenden drei zentralen psychologischen (Mess-)Gütekriterien auf: Reliabilität (= Verlässlichkeit des Messergebnisses), Validität (= inhaltliche Stimmigkeit des Messergebnisses) und Objektivität (= Wiederholbarkeit). Gleiches gilt auch für die Ausbildung bzw. **Qualifikation zum Coach**. Unzählige Schulen und Methoden nehmen für sich in Anspruch, den „Stein der Weisen" zu besitzen und wissenschaftlich oder zumindest empirisch fundiert zu sein und dem Coach deshalb die wirksamsten psychischen (und/ oder physischen) Ansatzpunkte und Tools für das Coachen zur Verfügung zu stellen. Außer z.B. für die Verhaltenstherapie trifft dies jedoch auf fast keine der existierenden Theoriegebäude bzw. die sich darauf stützenden Interventionsmaßnahmen zu. Womit wir bei des berühmten „Pudels Kern" des damit verbundenen Problems sind: der Beruf „Coach" ist keine rechtlich [nach § 132a StGB; Missbrauch von Titeln, Berufsbezeichnungen und Abzeichen (Wikipedia, 2021)], geschützte Berufsbezeichnung – er hat **keinen Titelschutz**. Im Gegensatz zum Dipl.-Psychologen kann sich jede(r) „Coach" (oder eben auch Dozent,

Journalist, Designer, Pilot etc.) nennen. Gleich, ob es sich dabei um einen IT-, Tanz-, Erweckungs- oder Pferde-Coach etc. handelt. So hat es keiner der zahlreichen Berufsverbände für Coaches bis dato geschafft oder genügend Energie investiert, dies politisch durchzusetzen. Warum dies auch nach nahezu 20 Jahren so ist, darüber kann nur spekuliert werden. Die Gründe dafür sind sicher vielfältig. Und da die Distribution des Service „Coaching" über eine Plattform an diesem Kernproblem logischerweise nichts ändert, bieten diese dem „naiven" Coaching-Interessenten in diesen Zusammenhang keinen neuen, *objektiven* Zusatznutzen. *Subjektiv* könnten sie jedoch dem von der Vielzahl der (individuellen) Angeboten verwirrten Endkunden durch ihre strukturierte und integrierte Darbietung bzw. die positiven Assoziationen bei den sonstigen Online-Einkäufen physischer Waren im Internet dies aber vorgaukeln. Man könnte von einem **„Halo-Effekt des Plattformeinkaufs"** sprechen. Dabei überstrahlt das bisherige, Transparenz und Kontrolle vermittelnde Kauferlebnis von Realgütern im Internet das tiefergehende Problem des Kaufs einer (Coaching-) Dienstleistung. Diesbezüglich ist der Vorteil von Plattformen als Distributionskanal bzw. Bezugsquelle eigentlich nur ein Vermeintlicher.

Aber auch diese nur vermeintlichen **Vorteile der Coaching-Plattformen** sind psychologisch höchst relevant. Denn zum einen finden Kund:innen viele Coaches an *einem* Platz, in einer Darstellung, der einen direkten Vergleich ermöglicht. Zum anderen vermittelt sie in einem sehr intransparenten Markt eine *vermeintliche* Sicherheit durch angeblich rigide Auswahlverfahren oder aber den Beginn sogar inhäusiger (!) Zertifizierungen. Ferner, dass es bei auftretenden Fragen eine unverbindliche Kontaktadresse für E-Mails, Chat oder sogar ein Telefonat gibt. Dass diese oft noch geheimnisvoll anmutende Dienstleistung daher ggf. spontan und ohne hohe Eintrittsschwelle (i.S. „to-go") eingekauft werden kann, kommt dem sich spätestens seit der Generationen Y und Z gewandelten, bereits oben beschriebenen Kaufverhalten sehr entgegen. Und diese Vorteile wirken umso stärker, desto besser die Reputation, der Brand bzw. die Marktmacht des Anbieters ist. Beides wird dabei u.a. auch maßgeblich von der Höhe des Marketingbudgets bestimmt. Eine ausführliche und kontroverse Darstellung der Vor- und Nachteile für **Coachees** findet sich in der Darstellung der Zukunft des Coaching-Business von Stenzel (Stenzel, 2022). So ist auch zu vermuten, dass die von den DCPs zuweilen proklamierte „Demokratisierung" des Coachings wahrschlich nicht selbstlos oder idealistisch motiviert ist, sondern der Massenmarkt angestrebt wird. Ganz wie im Einzelhandel werden Einzelanbieter oder kleinere Konsortien hier über kurz oder lang nur in sehr speziellen bzw. exklusiven Nischen (z.B. bzgl. Zielgruppen, Thema oder Qualität der Kundeninteraktion) überleben können.

Vorteile bieten DCPs auch für Einkäufer von Coaching-Dienstleistungen in Unternehmen, z.B. einen themenverantwortlichen Personalentwickler in der **HR-Abteilung**. So sind die zentralen Argumente für den Bezug über DCPs zum einen die sich durch die komplette IT-Basierung „automatisch" ergebenden Daten über den Prozess- und das Ergebnis des Coachings. Getreu dem Motto „what you can't measure, you can't manage", können diese dann potenziell für Kosten-Nutzenüberlegungen oder als Ansatzpunkte für die Verbesserung des Service herangezogen werden. Zum anderen vereinfachen sie den (administrativen) Einkaufsprozess für den internen Kunden des Themenverantwortlichen innerhalb des Unternehmens drastisch bzw. knüpfen an den heutigen Konsumgewohnheiten des schnellen und unkomplizierten Online-Shoppings nicht nur der jungen Generation an. Der zuweilen sehr große (und ggf. sogar globale) Pool der Endkund:innen zur Auswahl stehenden Coaches, ist ein weiterer Vorteil; insbesondere für die persönliche Passung, die ja *ein* entscheidendes Kriterium für den Erfolg des Coachings ist. Die oft sehr großen Pools mit verschiedensten Coache-Profilen ermöglichen den Personalentwicklern zudem eine flexiblere Reaktion auf (unvorhergesehene,) größere Bedarfe im Unternehmen, wie z.B. im Falle eines Entwicklungsprogrammes oder einer Reorganisation.

Alles bestens – sollte man meinen – zumindest oberflächlich betrachtet! Wären da nicht zwei gravierende **Nachteile**, die sich *indirekt* aus den oben bereits angeführten Merkmalen des Geschäftsmodells (→ Gatekeeper- und Governancefunktion, Skalen- oder Netzwerkeffekt) mittel- bis langfristig für den Kunden ergeben könnten. Erste Nachkauf-**Dissonanzen** dieses Bezugsweges ergeben sich potenziell durch die sukzessive Reduzierung der Vielfalt bei der Auswahl bzw. dem Erstarken potenziell monopolistischer Strukturen (z.B. Preisdiktat, Produktdefinition, Standardisierung etc.) mit jedem Kauf. Ein weiterer, bitterer Nachgeschmack für die Einkäufer unter den Personalentwickler:innen könnte sich einstellen, wenn man sich bewusst macht, dass bei vollständiger Digitalisierung des Kaufprozesses – d.h. vom Suchprozess des Endkunden nach einem passenden Coach bis hin zur Abrechnung des Service –die Rolle eines Themenverantwortlichen für Coaching-Services im Unternehmen überflüssig wird, sie oder er sich durch die

DCPs weitgehend selbst wegrationalisiert. Denn außer für die initiale Auswahl bzw. die Implementierung des DCPs und womöglich für hoffentlich eher seltene Beschwerdefälle von Seite der Kund:innen, bedarf es keines menschlichen Zutuns mehr, dass z.b. die Führungskraft einen Coach findet.

Dissonanzen könnten sich auch im Hinblick auf die **Datensicherheit und -transparenz** einstellen. So klicken – der Ehrlichkeit des Anbieters vertrauend – wohl die meisten von uns relativ zügig bei der Cookie-Nachfrage und den Bestimmungen zur Datensicherheit auf „o.k.". Und „ehrlich" sind die meisten Anbieter wahrscheinlich schon – aber eben auf der Seite 14, § 12.6.2.1, Absatz 7c ihrer Datenschutzbestimmungen. Ist der DCP zumindest in Europa beheimatet, können Coaching-Interessenten seit Mai 2018 sogar davon ausgehen, dass selbst diese Unterparagrafen und Absätze der europäischen Datenschutzgrundverordnung (DSGVO) entsprechen (Bundesministerium für Wirtschaft und Energie, 2021). Ob dieses Vertrauen jedoch *immer* gerechtfertigt ist, daran lassen gegenläufige Studien bzw. Presseberichte (Die Zeit, 2019) immer wieder zweifeln. Nehmen viele von uns die mit den meisten Onlineaktivitäten verbundene Datenübertragung, -verarbeitung, -speicherung oder sogar -weitergabe beim normalen Wareneinkauf im Netz dennoch achselzuckend hin, wäre eigentlich größere Sorgfalt dann angebracht, wenn es wie bei den DCPs potenziell um sehr sensible Verhaltensdaten zu „Problemthemen" oder sogar um die Ergebnisse eines Persönlichkeitstestes geht. So lange aber die entsprechenden Datenschutzinformationen nicht einfach und schnell auffindbar bzw. herausgehoben und auch für den juristischen Laien – was die meisten Nutzer wohl sind – verständlich ist, ist eine gesunde Skepsis bzw. Vorsicht für die DCP-Kund:innen ratsam. Ausgewogener ist das juristische Kräfteverhältnis wahrscheinlich im Falle der Einkäufer von Coaching-Services in Unternehmen. Hier stehen sich u.U. ganze Rechtsabteilungen gegenüber.

Zweischneidig ist die komplette Digitalisierung des Coaching-Prozesses auch deshalb, da die dabei anfallenden Daten zur Entwicklung eines nach Kunden- bzw. Markterfordernissen „**Bestseller-Coaching**" (Stenzel, 2022) genutzt werden könnten. Dies ist sicher sehr erstrebenswert für die Bilanz des DCPs. Die Folgen dieses eher von wirtschaftlichen Interessen getragenen Effektivitäts- und Effizienzbestrebens für Innovation und Vielfalt des Konzepts „Coaching" sind heute jedoch noch nicht abzusehen. Dass diese Überlegungen nicht völlig abwegig sind, zeigen womöglich die heutigen Entwicklungen im Bereich der Literatur bzw. des

Verlagswesens. So ist heute bereits Fakt, dass das Kindle E-Book von Amazon seinen Nutzer „liest" (Fritzsche, 2013) und ersten Versuche gemacht werden, wie mit einer speziellen KI (Beuth, 2020) die gewonnenen Daten bzgl. der Lesepräferenzen verschiedenster Lesergruppen, Markierungen, Leseunterbrechungen bzw. Lesedauer und weitere Indikatoren zur Erstellung von möglichst verkaufsstarken Romanen oder Fachbüchern. (Deutschlandfunk, 2019) genutzt werden. Bleibt abzuwarten, wann ein solches Machwerk (womöglich unter einem menschlichen Pseudonym) zum ersten Mal den ersten Platz einer Besteller-Liste einnimmt. Das Urteil der Kritiker wäre dann eine Version des Turing-Tests (Wikipedia, 2021) in einem ganz neuartigen Anwendungsfeld.

So ist auf lange Sicht zu vermuten, dass sich eine Coaching-Landschaft entwickeln wird, die Parallelen z.B. zum Verhältnis der privaten und öffentlich-rechtlichen TV-Sender, dem heraufziehenden KI-gestützten- vs. dem bezahlten (Qualitäts-) Journalismus oder in der Warenwelt dem Verhältnis von Massenware und (Kunst-)Handwerksprodukten aufweist. Die Tragik besteht jedoch darin, dass nicht nur im letzteren Falle allein derjenige, der einen Maßschuh getragen hat, einen Unterschied zur heutigen Konfektionsware bilden kann. Und wer überwiegend „die Privaten" sieht, muss Werbeunterbrechungen akzeptieren, Spielshows schätzen und das unvermeidliche Fremdschämen durch die (Bestseller-) Sendungen wie „Dschungelcamp", „Big Brother" oder Castingshows jeder Art lieben. Einen auch medial erfolgreichen „Hunde-Coach" gibt es ja schon bei VOX bzw. RTL.

Welche der DCPs auf welche Weise in diese Richtung gehen werden, ist heute noch nicht klar erkennbar. Die Versuchung der anfallenden Big Data bzw. des auf maximale Effizienz und Effektivität angelegten Geschäftsmodells würden diesen Tendenzen zumindest den Weg bereiten. Letztlich gilt wohl auch hier, was in allen Geschäftsbereichen mit Potenzial gilt: Es kommt auf die (wirtschafts- bzw. gesellschafts-) ethische Gesinnung aller Akteure an (Stenzel, 2022, S.391ff.), was im Rahmen des Strebens nach Innovation, Gewinn, Wachstum oder sogar monopolistischen Bestrebungen auf der Strecke bleibt bzw. *welcher* und *wieviel* Mehrwert sich für *welche* Beteiligten ergeben wird. Um dieses *neue* Business jedoch nicht schon zu Beginn von alter Wirtschaftsdenke korrumpieren zu lassen könnte eine Idee sein, DCPs mit auch *neuen* Eigentumsformen zu gründen (Stichwort **„purpose-driven Company"**) oder diese entsprechend zu transformieren. Die „Stiftung Verantwortungseigentum" (https://stiftungverantwortungseigentum.de/) liefert hier Anregungen durch zahlreiche, sehr erfolgreiche Beispiele. Auf diesem Weg mit Rat und Tat begleiten könnte z.B. ein Unternehmen wie „Purpose" (https://purpose-economy.org/de/), welches als Pionier bereits seit 2015 seine Expertise auf dem Weg hin zum Verantwortungseigentum anbietet. Ganz im Sinne der eher humanistischen Werte und des eigentlichen Kerngedankens des Coachings, würde dieser komplette Neuansatz für das „Digital Coaching Business" einen Unterschied einführen, der zukünftig einen *wirklichen* Unterschied machen könnte. Würde sich ein derartiges Unternehmen gründen, könnten Coaches wie Themenverantwortliche bzw. Einkäufer in den Unternehmen dann mit jeder Unterschrift unter einen entsprechenden Vertrag entscheiden, in welche Richtung sich das Coaching-Business entwickeln bzw. wie es mit der eigentlich genialen Plattformidee in diesem Bereich weitergehen soll.

Literaturverzeichnis

Beuth, P. (20. 7 2020). *Texte generieren mit GPT-3. Die eloquenteste KI der Welt*. Abgerufen am 11. 11. 2021 von Spiegel Netzwelt: https://www.spiegel.de/netzwelt/web/gpt-3-die-eloquenteste-kuenstliche-intelligenz-der-welt-a-dd3b3423-d214-4a2f-bc51-d51a2ae22074

Bundesministerium für Wirtschaft und Energie. (2021). *Europäische Datenschutz-Grundverordnung*. Abgerufen am 12. 11 2021 von https://www.bmwi.de/Redaktion/DE/Artikel/Digitale-Welt/europaeische-datenschutzgrundverordnung.html

CoachHub. (12. 11. 2019). *16 Millionen Euro für die europäische Expansion. CoachHub erhöht Finanzierung auf 16M*. Abgerufen am 12. 10 2021 von https://coachhub.io/de/blog/16-millionen-euro-fuer-die-europaeische-expansion/

Deutschlandfunk. (11. 4. 2019). *Erstes computergeneriertes Buch publiziert. Christian Chircos im Gespräch mit Monika Seynsche*. Abgerufen am 26. 10 2021 von Forschung aktuell: https://www.deutschlandfunk.de/kuenstliche-intelligenz-erstes-computergeneriertes-buch.676.de.html?dram:article_id=446126

Die Zeit. (28. 11. 2019). *Datenschutz-Mängel bei Online-Plattformen gravierend*. Abgerufen am 11. 11. 2021 von https://www.zeit.de/news/2019-11/28/datenschutz-maengel-bei-online-plattformen-gravierend

Fritzsche, L. (1. 8. 2013). *Dein Buch liest dich*. (S. Z. Magazin, Herausgeber) Abgerufen am 8. 8 2020 von https://sz-magazin.sueddeutsche.de/literatur/dein-buch-liest-dich-79835

Greator. (21. 8. 2020). *Zweite Finanzierungsrunde: HV Holtzbrinck Ventures und Thomas Ebeling investieren in Coaching-Start-up Greator ehem. GEDANKENtanken).* Abgerufen am 12. 10 2021 von https://greator.com/zweite-finanzierungsrunde-hv-holtzbrinck-ventures-und-thomas-ebeling-investieren-in-coaching-start-up-greator-ehem-gedankentanken/

Kim, C. & Mauborgne, R. (2005). *Blue Ocean Strategy, Expanded Edition: How to Create Uncontested Market Space and Make the Competition Irrelevant.* Boston: Harvard Business Review Press.

Rochet, J.-C. & Tirole, J. (Sept. 2014). Platform Competition in Two-Sided Markets. *Competition Policy International, 10*(2), S. 174-179.

Statista. (25. 7. 2018). *Der Gewinn je Mitarbeiter bei DAX- und US-Tech-Riesen 2017.* Abgerufen am 21. 10 2021 von https://de.statista.com/infografik/14844/dax-unternehmen-versus-us-tech-riesen/

Stenzel, S. (2022). *Die Zukunft des Coaching-Business. Neuausrichtung an der Lebens- und Arbeitswelt des Klienten von morgen.* Heidelberg: Springer Gabler.

Tremmel, M. (5. 7. 2012). *eBook: lesen oder gelesen werden?* Abgerufen am 28. 10 2021 von https://netzpolitik.org/2012/ebook-lesen-oder-gelesen-werden/

Wikipedia. (29. 5 2021). *Berufsbezeichnung.* Abgerufen am 24. 10 2021 von https://de.wikipedia.org/wiki/Berufsbezeichnung

Wikipedia. (11. 11 2021). *Turing-Test.* Abgerufen am 11. 11 2021 von https://de.wikipedia.org/wiki/Turing-Test

Interview mit Heike Schneeweis, geführt von Uwe Böning

Coaching nicht nur für die Person, sondern auch für das Unternehmen

Böning: Frau Schneeweis, zuerst einmal bedanke ich mich, dass es funktioniert hat mit unserem heutigen Gespräch. Ich würde gerne direkt an unser letztes Telefonat anknüpfen. Sie haben damals begonnen, über Ihre jüngsten Erfahrungen mit oberen bzw. Top-Führungskräften zu sprechen. Sie begannen zu beschreiben, welche Erfahrungen Manager im Unternehmen machen, wenn sie sich der Top-Etage nähern. Sie begannen mit der Frage an sich selbst: „Wie reflektieren solche Menschen ihr Leben? Kriegen Sie schnell und klar genug mit, dass – je höher sie in der Hierarchie kommen – desto anders >das Spiel< läuft?".

Schneeweis: Die Leute denken vielfach: Es geht einfach so weiter wie bisher. Je höher man in der Hierarchie kommt, desto anspruchsvoller wird die Führungsrolle, die weit über die eigene Organisationseinheit hinaus reicht. Position zu beziehen und zugleich dem Gesamtsystem zu dienen, bedeutet auch mal von seinem eigenen Vorschlag bewusst abzurücken und die Idee der Kollegen mitzutragen, da sie stärker das Unternehmensinteresse im Auge haben. Kollegen, die neu auf die Führungsebene 1 kommen unterstützen wir mit einem Peer Coaching, so werden Entscheidungsprozesse reflektiert, ausgetauscht und an praktischen Beispielen auch geübt, z.B. sie betrachten gemeinsam die System-Dynamik.

Böning: Es ist nicht unbekannt, dass oben Machtaspekte eine Rolle spielen. Trotzdem werden sie oft unterschätzt, wenn man nicht drinnen steckt. Man muss das erst erleben, um es in der Tragweite zu glauben.

Schneeweis: Es kommt schon mal vor, dass der eine oder andere Kollege unbewandert an die Sache herangeht, die Lernkurve ist dann erfahrungsgemäß sehr hoch!

Böning: Ich benutze gerne das Bild von der „geheimnisvollen Waschstraße". Die Mitarbeiter und Führungskräfte „unten" haben eine ganz andere Vorstellung von Hierarchie und Zusammenarbeit als die Führungskräfte oben: Sie sind viel partizipativer, kooperativer grundorientiert. Je höher sie aber kommen, desto mehr stellen sie fest, dass dort das Spiel anders läuft – aber keiner erklärt es ihnen im Vorfeld richtig. Wenn sie oben angekommen sind auf Bereichsleiterebene oder im Vorstand, dann merken sie: Das Spiel läuft anders. Viele können vorher nicht antizipieren, wo der Unterschied liegt.

Schneeweis: Kann sein, die Frage ist: Muss das anders laufen oder läuft es anders, weil sich alle in das System einfügen?

Böning: Natürlich könnte es vermeintlich anders laufen, aber dafür müsste man sich über diese Abläufe bewusst sein und sie lesen können. Man muss die Gründe kennen und verstehen, warum „das anders ist dort oben". Warum positioniert man sich anders? Warum sind die politischen Entscheidungen anders? Weil sie Konflikte auflösen müssen, die auf der unteren Ebene nicht gelöst werden können. Letztentscheider sind in einer anderen Situation. Sie machen das Ego-Positionierungs-Spiel anders. Das ist zum Teil ein altes hierarchisches Rollenverständnis, zum Teil aber auch eine andere Systemsituation und eine andere Positionierung in der daraus resultierenden System-Dynamik. Selbst wenn man anders „reingehen" will, fühlt man sich irgendwann vom System gedrückt, am Spiel teilzunehmen! Ansonsten fällt man durch das Akzeptanzraster.

Schneeweis: Ich finde es nur schade, weil auch viel Energie verloren geht. Das ist die Beobachtung, die wir machen: ein Peer Coaching auf Bereichsleiterebene geht auf diese Aspekte und Facetten ein. Das Feedback ist sehr positiv und die Kollegen empfinden diese Art von Coaching als sehr hilfreich.

Böning: Warum finden sie das hilfreich? Was wird ihnen da deutlich?

Schneeweis: Zum einen, weil Sie Ihre Erfahrungen in einem geschützten Raum teilen können und anhand konkret erlebter Situationen Muster erkennen, Mechanismen herausarbeiten und Rüstzeug an die Hand bekommen. Eine Situation aus dem eigenen Umfeld oder dem eines Kollegen wird herangezogen und zusammen mit professioneller Begleitung durch einen Coach beleuchtet: dies ist der beste „Eye Opener": Man erkennt dann oft erst, warum etwas schiefgelaufen ist, statt schwarz-weiß sieht man plötzlich auch Schattierungen! Eine weitere Bereicherung ist das Geben und Annehmen von kollegialem Feedback.

Böning: Wenn Sie Ihre Erfahrungen aus den letzten Jahren nehmen, um einzuschätzen, wie es heute läuft. Hat sich in den vergangenen Jahren etwas im Grundverständnis der oberen Führungskräfte oder Vorstände verändert?

Schneeweis: Der Dreh- und Angelpunkt neben einer Top-Führungsleistung ist die Haltung. Das wird das Differenzierungsmerkmal für exzellente Führungskräfte

Böning: Was sind das für Merkmale, an die Sie jetzt denken?

Schneeweis: In unserem Führungsverständnis sprechen wir u.a. über wirksames Führen in Spannungsfeldern und über die Fähigkeit, sich bewusst für eine Haltung entscheiden zu können, die für eine bestimmte Situation und Kontext für das Unternehmen am wirksamsten ist. Ich denke da z.B. an das Spannungsfeld: „bescheiden & selbstbewusst". Das bedeutet u.a. auch zu erkennen, dass man nicht alles wissen kann, sozusagen seine eigenen Grenzen kennt und sich gleichzeitig das Wissen und die Perspektiven Anderer herbeiholt, respektiert und zuhört, Dissens offen austrägt, abgleicht und letztendlich kontroverse Sichtweisen verbindet, um dann kraftvoll entscheiden zu können. Es gibt da eine notwendige Gratwanderung zwischen „Ich hau' einen Keil rein" und "Ich verbinde!" auf oberster Ebene! Das ist für mich ein Thema, weil man in der Lage sein muss zu verbinden, damit es im Unternehmen größtmögliche Wirksamkeit erzielt.

Böning: Absolut, weil das beobachtet wird. Ich bin oft scheinbar an Vorstandssitzungen beteiligt, aber nicht, weil ich tatsächlich beteiligt bin, sondern die Beobachter, die in den Vorstandssitzungen auftreten, das Verhalten der Vorstände so präzise bis in die Körpersprache hinein beschreiben, dass man das Gefühl hat, es werden Filmaufnahmen gemacht, im übertragenden Sinne. Weil das Modell oben wahrgenommen und nachgemacht wird.

Schneeweis: Ja, aus diesen Sitzungen werden all diese Beobachtungen detailliert kommuniziert. Ich glaube, dass das nicht jedem Vorstand immer in der jeweiligen Situation so bewusst ist und führt im Nachgang gerne auch mal zu Irritationen.

Böning: Ja, weil sie selbst zum Teil gar nicht die Aufmerksamkeit darauf haben, sondern in der sachlichen Betrachtungsperspektive unterschätzen, was alles beobachtet und untereinander geprüft wird.

Frau Schneeweis: Würden Sie sagen, dass sich heute insgesamt die Anforderungen an OFK's oder Vorstände verändert haben?

Schneeweis: Ja, ich glaube schon, die Dynamiken, Komplexitäten und die Geschwindigkeit haben deutlich zugenommen. Nach einer anstrengenden Phase, wo man mit viel Druck umgehen muss, braucht man auch wieder Zeit, um zu regenerieren.
Ich glaube auch, dass der Druck die Leute heute stärker persönlich trifft. Es gilt nicht mehr „Ich habe viel Arbeit.", Sondern: Ich muss bis dahin etwas bringen, was ich fast für unmöglich halte!"

Böning: Ja, das ist eine grenzwertige Aufenthaltszone, in der man zu Ergebnissen kommen muss und selbst am Anfang gar nicht weiß, wie man das schaffen soll.

Schneeweis: Ja, je höher in der Hierarchie, je stärker steht man auch im Blickfeld und unter Beobachtung -intern sowie extern. In solchen Situationen souverän den Druck nicht ungefiltert weiterzugeben und persönlich stabil und ausgeglichen zu bleiben, ist die große Kunst. Wir unterstützen unsere Führungskräfte mit einem sehr individuellen Trainingsmodul zur Selbstreflexion. Hier üben wir Meditation, Haltung und auch den Einbau eines kurzen täglichen Boxenstopps in den Alltag. Unsere Wahrnehmung und Erfahrung zeigen, dass das insbesondere auch für Führungskräfte einen sehr guten Impuls zur Selbstreflexion gibt, um Beruf, Familie und oftmals auch noch Leistungssport auszubalancieren.

Böning: Das finde ich interessant und kann Ihre Beobachtung voll teilen. Viele Topleute übertragen ihre Grundprinzipien der Arbeit auch auf das Privatleben. Das Motto lautet: Es muss viel passieren, weil viel Anstrengung viel Entspannung bringt. Sie können Ihren Grundmodus gar nicht mehr wechseln…

Schneeweis: Glauben Sie, dass sie Angst vor sich selbst haben, sich auszuhalten?

Böning: Ich glaube, dass das oft ein falsches Modell ist, das die Leute im Kopf haben. Ich würde es nicht so schwerwiegend interpretieren, dass sie Angst vor sich selbst haben. Diese Leistungsträger verschieben ihren Anspruchslevel von einem Lebensbereich – Beruf – auf den anderen und verstehen nicht, dass das gar nicht geht. Erst an den Langzeitfolgen kriegen sie es mit. Es fehlt bei ihnen an Achtsamkeit auf die Unmittelbarkeit ihrer Wirkung. Sie stellen die Wirkung leider erst dann fest, wenn sie schon überdeutlich wird. Das ist meine Erfahrung.

Schneeweis: Es ist also wie eine Flucht. Sie gehen aus einer Sitzung raus und rennen in das nächste Setting, wo sie sich wieder gegen Leistung messen.

Böning: Genau. Solange es noch nicht richtig knackt, wird es schon gehen.

Schneeweis: Es scheint bei vielen ein hohes berufliches Pensum kombiniert mit einem hohen privaten Pensum gut zu funktionieren. Manchmal kommt dauerhaft der Schlaf zu kurz, das ist unsere Erfahrung ...

Böning: Sie stehen um vier Uhr auf und glauben nicht, dass es die Lebenszeit verkürzt, weil man das eben erst etwas später merkt. Die unmittelbare Aufmerksamkeit fehlt: Was passiert mit meinem Körper und der Familie? Es wird zwar registriert, aber in der Tragweite nicht erfasst, – erst, wenn es schlimm wird.

Es gibt Studienergebnisse darüber, dass Topmanager, also die beiden obersten Ebenen in Großkonzerne – Vorstand und Bereichsleiter -, ein anderes Familienrollenmodel im Kopf haben: Ein klassisches. Sie haben in erster Linie kein partnerschaftliches Verhältnis, sondern ein traditionelles: Vater arbeitet, ist Ernährer der Familie, macht wichtige Sachen, trifft wichtige Leute – und verdient das Geld. Die Frau ist zuhause und regelt alles andere. Familie, Kinder, Einkauf, soziale Beziehungen. Mit diesem Rollenmodell fahren sie lange gut, weil die Frauen sich auch an das Rollenmodell anschließen – bis es ihnen nicht mehr passt! Männer übersehen das nicht selten – und kriegen dann Schwierigkeiten damit...

Schneeweis: Und wir haben das Thema, dass sie oft wenig Toleranz haben für andere Leute, die dieses Rollenmodel nicht leben.

Böning: Es sieht für mich schon so aus, dass BMW als Hochleistungsfirma in einer relativ „traditionellen" Branche genau das praktiziert: viel mehr Sachverstand auch oben. Das ist aber nicht mehr überall der Fall. Da trennen sich heute die Erwartungen und Schwerpunkte, dass Führung nämlich heute viel mehr mit der Steuerung von komplexen Prozessen und Organisationen und dem Umgang mit Menschen zu tun hat – nicht nur mit brillanter Sachkompetenz.

Schneeweis: Wir erwarten beides und fahren damit auch sehr gut!

Böning: Ja, das kann ich nachvollziehen. Da herrscht immer noch die Vorstellung, dass die Leute an der Spitze Car-Guys sein müssen und den technischen Bereich brillant vertreten können. Führung kommt sozusagen dazu. Aber Führung wird nicht als Primäraufgabe auf dem Background des Sachverständnisses gesehen ...

Schneeweis: ... so einfach ist es nicht, ich würde behaupten es gibt beide Fälle. Die wesentliche Frage lautet doch auf Top-Führungsebene, wie ich eine ganze Organisation weiterentwickeln kann. Dazu brauche ich zum einen eine hohe fachliche Beurteilungskompetenz, muss dafür punktuell auch an der ein oder anderen Stelle tiefbohren können. Zum anderen muss ich eine Organisation weiterentwickeln, um für die künftigen Herausforderungen im Business antizipativ richtig aufgestellt zu sein. Damit meine ich nicht die formale Organisationsstruktur, sondern die inhaltliche Weiterentwicklung. Wie kann ich Coaching so einsetzten, dass ich eine Organisation damit weiterentwickele?

Böning: Das klassische Coaching war ja früher überwiegend ein Einzelcoaching. Dass man Gruppencoaching macht, gab es früher nur in wenigen Fällen. Und jetzt kann ich mal angeben: Ich selbst habe hier relativ viel gemacht, weil ich mich darauf spezialisiert habe. Deswegen erlaube ich mir, Ihre Frage „Wie können Sie die Organisation beeinflussen durch einen gruppenorientierten oder organisationsbezogenen Coaching Ansatz?" so zu beantworten: 1. Ich glaube, wenn ein Einzelcoaching läuft, dann ist die Hauptwirkung in und an der unmittelbar beteiligten Person sowie im nahen Umfeld. Zweitens: Ein Gruppencoaching, bei dem sie mehrere Leute zusammennehmen, um gemeinsam auf eine neue Situation vorzubereiten, sensibilisiert dann schon mehr, aber es verändert die Organisation auch nur sehr begrenzt. Ich glaube, dass hier Coaching und Organisationsentwicklung oder Transformationsberatung oder Change Beratung notwendig sind. Da muss eine Verschmelzung der verschiedenen Ansätze her. Wenn Coaching aber auch konkret in Veränderungsprojekten oder in Tagesprojekten drinnen ist, die Sachthemen betreffen, dann können Sie die Organisation eher in einem gewissen Umfang verändern.

Schneeweis: Richtig, für uns ist Coaching erst dann wirksam, wenn es sich nicht ausschließlich auf Persönlichkeitsentwicklung konzentriert, sondern auch die Dimensionen Organisationsentwicklung und Transformation mit Fokus auf einen Fortschritt für das Gesamtsystem adressiert.

Böning: Das ist der Fall, aber wenn Sie Coaching in Projekten einsetzen, dann können Sie die Leute durch ein Shadowing und eine Reflexion des Tagesgeschehens sehr zeitnah und ergebnisorientiert unterstützen. Wenn sie Coaching nicht primär auf die Person, das Verhalten und die Kommunikation beziehen, sondern auf die Rolle und die Aufgabenstellungen ganz konkret im laufenden Geschäft, dann erreichen Sie in vielen Fällen den größten Effekt.

Schneeweis: Das ist also der nächste Hebel, denn das Einzelcoaching unterstützt Einzelpersonen – bei individuellen Themen, hat aber zu wenig Impuls für die Organisation als Gesamtsystem.

Böning: Genau. Es gibt Coaching-Ansätze, die wir vor 20 Jahren zuerst angefangen haben. Gremien an der Spitzenebene sind ein völlig politisches Geschäft. Da sind Veränderungen schwierig. Aber man kann die Bereichsleiter und die Hauptabteilungsleiterebene also die nächsten beiden Ebenen unterhalb der Vorstandsebene, im Tagesgeschäft schon viel mehr begleiten und deren Verhalten und deren Rollenverständnis weiterentwickeln. Wenn das sehr zeit- und inhaltsnah am Geschäft abläuft und die Beteiligten direkt den Nutzen sehen. Coaching ist dann nicht nur bezogen auf die Persönlichkeitsentwicklung, sondern auf die Problemlösung oder die Optimierungen, die man in einen Prozess reinbringen kann. Gesteuert über ein Team oder einzelne Beteiligte. Da entwickeln sich erst die kreativen Ansätze.

Schneeweis: Ja, das glaube ich. Es ist halt nicht üblich, aber früher war Coaching auch nicht üblich und wird jetzt als ein sehr positives Instrument gesehen. Organisationsentwicklung ist ein Themenblock, den wir auch aus einer systemischen Brille betrachten sollten. Letztendlich geht es uns darum die Unternehmensstrategie des geplanten und systemischen Wandels einer Organisation erfolgreich umzusetzen. Führung ist dabei das verbindende Element und orchestriert das Zusammenwirken von Strukturen, Prozessen, Technik, Information, Unternehmenskultur und Menschen.

Böning: Es ist schwierig, weil Sie hier Leute brauchen, die sowohl auf der Persönlichkeitsentwicklungs- als auch auf der Organisationsseite Kompetenzen und Erfahrungen haben sollten. Häufig geht es auch nicht mit einem Coach, unter Umständen muss man zwei oder drei haben, die unterschiedlichen Rollen in komplexen, schwierigen Situationen wahrnehmen.

Schneeweis: Sie haben schon die Frage gestellt, wie wir Coaches auswählen. Das ist eines der schwierigsten Themen bei uns. Meine Personalkollegen wählen Coaches aus und wir schauen uns diese Empfehlungen auch immer wieder an. Dafür nehmen wir uns die Zeit und gehen in einen intensiven Dialog mit dem Coach, der praktisch auf verschiedene Coaching-Cases eingeht. Aber einen Coach zu finden, der unsere Organisation gut versteht und im System agieren kann, das ist nicht einfach! Wir sind nicht bei Siemens, sondern bei BMW. Ein Coach muss auch den Kontext unseres Geschäftes verstehen. Das ist eine echte Herausforderung. Selbstverständlich suchen wir zertifizierte Coaches – allerdings verfügen fast alle Coaches über gute Ausbildungen. Das allein reicht nicht aus. Es wird u.a. immer schwieriger, wenn wir diese Coaches z.B. für das Ausland brauchen und wir sagen: Du musst in Englisch oder in einer anderen Sprache coachen. Das ist nicht einfach. Top-Coaches gibt es nicht sehr viele.

Die oftmals fehlende internationale Erfahrung bei Coaches ist das eine. Wie bereits erwähnt, stellen wir zunehmend fest, dass vor allem der ganzheitliche Coaching Ansatz im Sinne „Systems Thinking" sehr oft nicht ausreichend vorhanden sind. Dabei sind dies wichtige Grundlagen im Umgang mit Komplexität in einem hochdynamischen und volatilen Kontext.

Böning: Ja das stimmt. Das teile ich. Es liegt wohl daran, dass die meisten Coaches persönlichkeitsbezogene Arbeit machen und die Systemarbeit nicht integriert wird. Harte Aussage von mir. Deswegen haben viele Leute die falsche Vorstellung: Wenn man die Person ändert, ändert man auch das System. Das ist nicht der Fall. Wenn man das System verändern will, muss man andere Themen angehen. Dann geht es nicht nur um persönliche Themen wie: Wie fühle ich mich? Wie ist meine kommunikative Wirkung? Ich habe folgendes Problem... Man muss vielmehr über die kommunikative Wirkung in das Handeln der Organisation hineingehen. Man muss das Handeln von Vielen in der Organisation bearbeiten.

Schneeweis: Dann sagen Sie, dass ein Coach zwei Ausbildungen braucht?

Böning: Im Grunde genommen braucht man diese zwei verschiedenen Kompetenzen. Das haben die wenigstens Leute. Und dafür gibt es kaum hinreichenden Ausbildungen. Die meisten Coaching-Ausbildungen sind nur auf die Person ausgerichtet – und mit der Organisationsdynamik wie Organisationspolitik muss man sich allein herumschlagen. Hier ist also eigene konkrete Erfahrung notwendig...

Schneeweis: Dann werde ich aber nicht die Erste sein, die sowas feststellt. Warum gibt es dort keine Ausbildungen?

Böning: Weil die Ausbildungen zum Teil inhaltlich sehr verschieden laufen. Klassischerweise haben Organisationsentwicklung und Coaching inhaltlich verschiedene Schwerpunkte in den Ausbildungen. Nicht zu vergessen: Hinter allen Ausbildungen stecken immer auch ein bestimmtes Menschenbild und Organisationsmodell. Da kann z.b. die Vorstellung dahinterstehen: Man darf als Coach nicht zu viel steuern, sondern muss die Selbstentwicklung der Person oder der Organisation unterstützen. Das ist z.B. bei BMW und in vielen anderen DAX Unternehmen gar nicht möglich. Die meisten Führungskräfte in diesen Organisationen erwarten, dass gesteuert wird – und dass sie selbst steuern. Die Führungskräfte wollen, dass sie von einem Coach gesteuert werden. Das machen die meisten Coaches allerdings nicht, weil sie Selbstentwicklung erwarten und wollen – oft auch nur können. Das ist vom Grundansatz der Methodik her für sie etwas Selbstverständliches. Man gibt zwar Anregungen und stellt Fragen, aber man steuert nicht die Prozesse selbst.

Deswegen gehen wir nicht nur allein vom Begriff „Coachee" weg, indem wir „Coaching-Partner" sagen, weil die Leute keine Assistenten oder Trainees sind. Sie sind vielmehr verantwortliche Führungskräfte für Großorganisationen und große Einheiten, in denen es immer viel stärker um die Gesamtorganisation als um die Einzelperson geht. Und hier geht es um Sachthemen, weniger um die Personen und hier gelten andere Spielregeln. Diese verschiedenen Welten zu verknüpfen, darin besteht die Kunst eines Organisations- oder Transformationscoachings. Wer nur an die Einzelpersonen geht, verändert keine Organisationen, denn diese laufen fast immer nicht nur über Selbststeuerung. Ich teile nicht die Idylle mancher Theoretiker, Unternehmen und andere Organisationen seien überall erfüllt von selbstbestimmten, hochmotivierten, selbstständigen, kooperationsbereiten und selbstinitiativen Mitarbeitenden, in denen die Führungskräfte quasi überflüssig würden und die Führungskräfte nur die Aufgabe hätten, den Mitarbeitenden irgendwelche Hindernisse wegzuräumen.

Schneeweis: Dann frag ich mich, warum Ihr Coaching Verband die Notwendigkeit einer Weiterentwicklung der aktuellen Coaching-

Ausbildung nicht sieht. Es gibt bereits Erfahrungswerte im internationalen Coaching, indem über das Netzwerk die adäquaten Coaches gefunden werden. Wie sehr würden Sie sagen, dass das nicht super erfolgreich war? Empfehlen Sie nicht auch in Ihrem Coaching, an der Optimierung einer Organisation zu arbeiten? Ein Coachee kann dann ein entsprechendes Knowhow erlangen und wirksam an der Organisationsentwicklung arbeiten?

Böning: Ich bin nicht der Einzige, aber ich bin einer der wenigen Rufer in der Wüste, die diese beiden Perspektiven in einer systemischen Sichtweise verknüpfen, obwohl es selbstverständlich systemische Ausbildungen gibt. Das überwiegende Grundverständnis in der Branche scheint traditionell noch ein anderes.

Schneeweis: Das sehe ich auch so – es gibt immer wieder den Fall, dass jemand das Topmanagement coachen will, unabhängig davon, ob die Erfahrungswerte mit dieser Aufgabe übereinstimmen. Hier fehlt das von Ihnen angesprochene Grundverständnis.

Manche Coaches können z.B. durchaus bei Gruppenleitern, die noch nicht über alle Tools zur Führung verfügen, durchaus zu einer persönlichen Weiterentwicklung beitragen. Und wie auch von Ihnen angesprochen, für eine Top Führungsmannschaft braucht es jedoch einen Coachingansatz, der die Arbeit am System/Systemarbeit integriert.

Es wäre ein Wunsch von mir, dass der Coaching-Verband hier klar sagen und entscheiden muss: „Je nachdem auf welchem Level du coachen willst, brauchst Du eine andere Ausbildung und auch Kenntnisse darüber, dass die Spielregeln dort oben anders sind!"

Böning: Das haben viele Leute noch nicht verstanden. Ohne Selbststilisierung zum Helden: Ich kämpfe da seit 20 Jahren dagegen. Man darf nicht vergessen: Viele Coaches sind ehemalige Führungskräfte, die aus einer Organisation rausgegangen sind. Sie haben ein Grundverständnis von Organisation, aber lehnen bestimmte Abläufe des Systems oder die Enge eines Unternehmens einfach ab. Sie wollen Einzelverantwortung und lehnen die Werte – und Verhaltensdifferenzen in der Unternehmenshierarchie oft ab. Das heißt, sie gehen auf einen Reizpunkt: Coaching ist ein das Individuum veränderndes und entwickeltes Vorgehen. Das stimmt natürlich in Teilen – und ist auch der Ursprung des Coachings. In der Zwischenzeit haben sich aber viele Entwicklungen ergeben. Man muss festhalten: Die meisten Coaching Fälle laufen heute im mittleren und unteren Bereich der Hierarchie eines

Großunternehmens. Die Mitte und die nachfolgende Führungsebene haben andere Wertvorstellungen und Spielregeln als das Topmanagement. Die Mitte ist kooperativer, leistungsorientierter im Sinne der Erwartung, dass es immer und überall auf gute Sacharbeit ankommt. Aber diese Führungsebenen sind weniger system- und politisch orientiert. Sie lehnen die Politik dort oben überwiegend ab.

Dann treffen sich die klassischen Hierarchievorstellungen der Führungskräfte mit den individualistischen Idealisten im Coaching-Bereich, die das Individuum verändern wollen – in der Erwartung, dass das viele Individuen in der Organisation verändert. Genau das aber stimmt so nicht -meiner Auffassung nach. Ich glaube, da muss man sehr viel in Organisationseinheiten, Systemen, Prozessen und in Ergebnisdimension sowie in Milieu-Spielregeln denken, um die Handlungssituation der Topleute zu verstehen. Das begreifen viele Leute gar nicht – oder wollen es auch nicht akzeptieren, weil es ihren Grundeinstellungen widersprechen würde.

Schneeweis: Indem Sie das ausführen, wird mir noch klarer wie wichtig es für uns, die in einer HR Funktion sind, ist, Coaches mit einem ganzheitlichen/systemischen Coaching Ansatz zu finden, die nicht nur über ein Grundverständnis zur persönlichen Entwicklung verfügen, sondern auch Grundkenntnisse zu den unterschiedlichen Dynamiken innerhalb einer Organisation haben und verstehen „je höher sie in der Hierarchie kommen – desto anders läuft >das Spiel<".

Böning: Deswegen sage ich aus meiner Sicht: Personaler, die selbst nicht die Topmanagementerfahrungen haben, verstehen das Problem oft gar nicht. Sie haben ein idyllisches Grundverständnis von Organisation, die sich auch an Individuen ausrichtet, aber Organisationen ticken anders und das merken Sie oben. Das sehen die Verbände zum Teil auch nicht. Ich spreche das an und vertrete das. So wie wir arbeiten hat das einen viel stärkeren systemischen Bezug. Unser Vorgehen geht zwar auch über Personen, aber das Vorgehen muss einen Systembezug haben. Ich habe selbst im Topmanagement gearbeitet und kenne diese Abläufe einfach aufgrund meiner Erfahrungen. Die Perspektiven, Wertehaltungen und Spielregeln sind teilweise sehr anders als diejenigen, die in der „Mittelschicht" üblich sind. Das ist wie zwischen verschiedenen sozialen Gruppierungen in unserer Gesellschaft. Nehmen Sie die Elitemilieus: Sie haben in vielerlei Hinsichten völlig andere Vorstellungen als die Mittelschicht. Lehrer haben andere Vorstellungen wie etwa funktioniert als Leute, die ein großes Autounternehmen steuern, ein Kühlschrankunternehmen oder ein großes IT-Unternehmen. Die Wertehaltungen sind anders. Deswegen wählen die meisten Personaler auch jene Coaches aus, die nach ihrem Weltbild funktionieren.

Schneeweis: Ja. Das ist mein Ansinnen, dass ich sage: Wir tun uns schwer, die richtigen Coaches zu finden – mit dem Kaliber, dass sie beides können. Unser Gespräch hat gezeigt, dass wir noch stärker darauf achten sollten, dass Coaches auch eine Ausbildung bzw. ein Grundverständnis zu OE haben sollten.

Böning: Ja genau. Oder Organisationserfahrungen selbst in irgendeiner Form, um die Unterschiede zu verstehen. Die Unterschiede werden in den Organisationen nicht genügend beschrieben und analysiert. Sie werden auch in den bisherigen Ausbildungen nicht verstanden, weil die meisten Leute nur bis zur Mitte gekommen sind. ...
Können Sie damit etwas anfangen?

Schneeweis: Ja das ist hilfreich.

Böning: Wenn Sie mal die internen Vorstellungen und Ausbildungskonzepte ansehen, worüber reden die Leute dann? Ich meine Coaches und Coaching Ausbilder. Viele Leute reden nicht beliebig über Unternehmen, sondern über die Schattenseiten von Managern, weil das angeblich viele Narzissten sind oder Psychopaten. Aber meine persönliche Erfahrung über 35 Jahren ist, dass es nicht alles Narzissten und Psychopaten sind. Viele Coaches sind keine Psychologen und verfügen gar nicht über die diagnostische Kompetenz, das sauber einzuschätzen. Aber sie kritisieren das Verhalten von Managern, weil: Wenn Manager Defekte haben über die man gut reden kann, dann kann man auch Coaching machen. Das ist ein Menschenbild und auch eine Akquisition-Vorstellung, die bewusst oder unbewusst bei vielen Coaches und Coaching Verbänden vorherrscht. Viele haben eine sehr kritische Einstellung und halten Managern und Firmen vor, dass sie sich nicht menschengerecht und humanistisch verhalten oder nicht effektiv und wertschätzend kommunizieren können. Manche Klagen sind sicherlich berechtigt, aber es gibt auch viele Übertreibungen. Das ist paradox. Man sucht Unternehmen, weil man dort mehr Geld verdienen kann, als wenn man für die Verwaltung arbeitet, lehnt aber dieses geile Ehrgeiz-Verhalten einiger Supernarzissten als kritisch ab. In der internationalen Literatur gibt es eine Vielzahl von Menschen, hier in Europa wie in den USA, die hyperkritisch gegenüber Managern sind. Es gibt oft Fragezeichen und ein pauschales Vorurteil...

Schneeweis: Ja, der Mensch liebt die Verallgemeinerung – die Automobilindustrie!

Böning: Genau. Es sind Verallgemeinerungen von Fällen, die es unzweifelhaft gibt, aber Wirecard ist nicht überall. Es gibt doch noch Leute, die anständig arbeiten. Aber da die Skandale mit Macht zu tun haben, gibt es einen Geruch des permanenten Zweifels an der ganzen Branche ... Kommen wir doch noch einmal auf ein Thema zurück, dass Sie vorhin schon angeschnitten hatten: Was hat sich nach Ihrem Eindruck an den OFKs verändert?

Schneeweis: Wie bereits kurz angesprochen, hat sich der Anspruch an die obere Führung massiv erweitert und erfordert eine systemische Führung und ein noch breiteres Führungsrepertoire.

Böning: Können Sie das ein bisschen näher erläutern?...

Schneeweis: Wir leben in einer Welt voller Paradoxien, Zielkonflikten und dauerhafter Volatilität. Dass sich dieser Trend verstärkt hat, haben wir mit den extremen Ausschlägen wie z.B. der Corona-Pandemie erlebt und erleben dies heute mit dem russisch-ukrainischen Krieg. Das hat Auswirkungen auf unser Unternehmen – und jeder Einzelne von uns ist gefragt, Führungsleistung zu erbringen. Je höher der Anspruch an die Führungsleistung, desto wichtiger ist ein gemeinsames Führungsverständnis, den BMW Weg zu definieren und zu gehen. Haltung ist dabei entscheidend und entscheidet letztendlich über Erfolg und Misserfolg des Unternehmens.

Böning: Ihren Eindruck kann ich nachvollziehen. Meine Erfahrung ist, dass BMW zu den Unternehmen gehört, wo der individualistische Ansatz auch mit Widerstand noch viel länger zu spüren war als bei vielen anderen Unternehmen.

Schneeweis: Das glaube ich auch.

Böning: Andere Unternehmen haben da viel stärker angepasste Führungskräfte und glattgebügelte Leute hervorgebracht.

Schneeweis: Ja – und das ist ein Problem für diese Unternehmen. Angepasste oder wie Sie sagen, glattgebügelte Führungskräfte stimmen jeder Entscheidung ohne Reflexion zu. Dieses Verhalten wird noch durch die 20-30 online Schulungen im Jahr gestärkt – man kann stärker ausweichen und „likes" und „smileys" klicken.

Man ist heute viel stärker als früher in ein System eingebettet. Kontroverse Diskussionen finden dann nicht mehr statt. Ändert sich da überhaupt die Kultur in Deutschland?

Böning: Das System wird jetzt noch durch die Technologie unterstützt. Das digitale Vorgehen insgesamt führt zu einer sehr stark konformistischen Ausrichtung der Auseinandersetzung und der Kommunikation. Es geht immer um einen Rahmen und man muss sich im Rahmen von systemisch vorgehaltenen technischen Möglichkeiten bewegen. Das ganze Antwortverhalten wird sehr viel stromlinienförmiger in den Fragebögen, Ausbildungen und der Art der Kommunikation, wie digitale Sitzungen ablaufen. Meine Einschätzung ist, dass die persönlichen Gespräche nicht altmodischer sind, sondern sie ermuntern und ermöglichen viel mehr das Aussteigen aus einem stromlinienförmigen Verhalten. Die technologische Steuerung von Meetings trainiert die Leute z.B. dazu, pünktlich anzufangen und aufzuhören. Und gesprochen wird nur, wenn es der Organisator erlaubt. Man muss sich nacheinander melden, man darf nicht dazwischenreden, es darf nichts chaotisch Kreatives passieren. Es muss alles stromlinienförmig verlaufen, damit man sich hörend verstehen kann.

Schneeweis: Die Kontroverse ist eigentlich dann auch nicht mehr gewünscht! Das hat sich verändert. Natürlich passen sich die Leute immer den Systemen an. Zu Ihrer Frage – Was sich auch noch ändert, das ist, dass Führungskräfte eine stärkere unternehmens- und gesellschaftspolitische Verantwortung einnehmen müssen. Die Erwartungen von außen an ein Unternehmen zu ethischem und nachhaltigem Verhalten sind gestiegen. Das müssen manche Leute auch erst einmal lernen und verstehen, akzeptieren und respektieren. Wir haben so tolle Autos, das ist super und wir werden erfolgreich sein. Dann sage ich: Das Auto kann noch so schön sein, wenn aber die Gesellschaft sagt, dass sie keine BMW's mehr fahren will, dann nützt das nichts. Und das ist in vielen Köpfen noch nicht drinnen.

Böning: Das stimmt. Meine Beobachtung ist an vielen Stellen, dass sich die Führungskräfte zu wenig um ihre gesamtgesellschaftliche Verantwortung kümmern. Das erlebe ich als sehr stark deutsches Problem, gibt es aber auch international. Auch als BMW Problem, wenn ich mir erlaube, das zu sagen. Das haben BMW Führungskräfte relativ spät wahrgenommen, aber auch in anderen

Firmen können Sie das beobachten. Diese sind nicht alle so stolz und siegesgewiss, wie die ganze Automobilbranche einmal war.

Schneeweis: Aus dieser neuen Realität kommen wir nicht mehr raus. Wir sind durch die Elektrifizierung der Autos, den Umweltthemen aufgrund des Klimaschutzes gefragt, Lösungen zu finden. Wir müssen die Menschen im Unternehmen stärker zu diesen Themen hinführen.

Böning: Ich habe mit N.N. und einem Mitarbeiter von N.N. im Jahre 2007 diskutiert, wie denn die Vorstellungen im Strategiebereich wären für die zukünftige Rolle des Automobils in der Gesellschaft. Ich fasse das jetzt zusammen, die Antwort war umfangreicher. Der Kern der Antwort war: Darüber haben wir noch nicht richtig nachgedacht. Ich weiß es deswegen noch, weil ich diese Antwort außerordentlich fand. Welche Rolle das Auto in der Gesellschaft damals noch spielen würde, das wurde nicht zentral bedacht.

Schneeweis: Umso wichtiger ist es heute, über eine „richtungsweisende und gleichzeitig eine realitätsnahe" Haltung zu verfügen – zum einen, um trotz aller Unsicherheiten eine Richtung vorgeben und zum anderen und zum anderen umsetzungsstark agieren zu können. Jetzt sind wir mittendrin. Klimaschutz ist ein Thema. Da werden gesellschaftspolitisch noch andere Themen kommen und in jedem Kontinent wieder was Anderes. Das ist klar, dass wir da mehr tun müssen.

Böning: Ich glaube auch, dass viele Führungskräfte an der Stelle noch lernen müssen, die Perspektive zu erweitern. Ich vermute, dass das auch auf BMW zutrifft. So ganz einfach ist es nicht, das anzunehmen, weil es eine andere Herausforderung an einen selbst als Person stellt, für die man nicht vorbereitet wurde. Dafür gibt es bisher keine Ausbildung.

Schneeweis: Nein. Der Ingenieur an der Uni macht einen Motor und sagt, dass er läuft. Dann kommt er zu uns und denkt, dass er auch einen Motor machen muss. Und jetzt muss er nochmal nachdenken, dass es vielleicht keinen Motor mehr braucht. 2007 hätte das keiner zu Ihnen gesagt. Da sieht man, dass sich Menschen ändern können, wenn der Druck hoch genug ist. Darum muss man den Druck manchmal auch erzeugen.

Böning: Ja. Das ist ein Wechselspiel zwischen Druck erzeugen und Einsicht ermöglichen. Und dann ist es noch ein weiterer Schritt, die

Führungskräfte und Mitarbeiter dazu zu befähigen, die Konsequenzen daraus zu ziehen. Nicht nur gedanklich, sondern auch in die Umsetzung des Alltagsgeschäfts hineinzubringen.

Schneeweis: Ja. Und ich habe verstanden: Es hat meist einen thematischen Hintergrund, was Coaches nicht können. Das war mir nicht klar, dass der Coach so einseitig ausgebildet ist. Das ist wie ein Lehrer, wenn er keine pädagogische Ausbildung hat. Da hilft es auch nichts.

Böning: Genau. Halten Sie einen Titelschutz der an staatlichen Ausbildungen angewendet wird, eine Staatsprüfung, für sinnvoll oder nicht sinnvoll?

Schneeweis: Das weiß ich leider nicht. Wir haben Institute, wo wir glauben, dass sie dort eine gute Ausbildung machen. Wenn er oder sie da war, muss er oder sie schon etwas können, weil die Ausbildung schon sehr anspruchsvoll ist. Ob es hilft, wenn man sagt, dass der Staat drüber schaut...?

Böning: Ich bin ein Vertreter des Coaching-Fachs, der einen Titelschutz fordert, weil mir die Privat- Ausbildungen oft zu esoterisch oder zu einseitig erscheinen. Nicht mehr anforderungsgerecht.

Schneeweis: Aber wer würde so einen Titel abnehmen?

Böning: Das müsste über die Universitätsausbildung oder Fachhochschulausbildung laufen. Da gibt es schon Ausbildungen, aber die sind nicht staatlicherseits so anerkannt, wie es für notwendig halte. Das müsste genauso sein wie für Ärzte oder Juristen z.B.

Schneeweis: An sowas könnte ich meine Leidenschaft verlieren. Nur weil da ein Stempel drauf ist, muss es nicht gut sein. Hier ist die Frage: Wie komme ich zu diesem Titel? Das müsste wieder von Fachleuten geprüft werden.

Ich kenne aus meinem Freundeskreis so viele Menschen, die sich Coaches nennen und die mich dann fragen, ob sie hier bei BMW nicht etwas tun können. Dann sage ich: Leute ihr lebt auf anderen Sternen.

Sicher können sie jemanden in einem anderen Kontext coachen und der Person helfen aus einem Problem oder Konflikt rauszukommen. Aber der Kontext macht den Unterschied. Um eine obere Führungskraft wirksam zu coachen, braucht es – wie wir ja schon besprochen haben – ein fundiertes und breites Wissen zum beruflichen Kontext des Coachee's. Viele können das gar nicht verstehen.

Böning: Genau. Das ist bisher in der ganzen Ausbildung zu 90% aus meiner Sicht nicht hinreichend geklärt: die Qualität. Da gibt es ein paar Institute, die gut sind, aber die Mehrzahl ist nicht hinreichend an den Ansprüchen der Praxis ausgerichtet, sondern sehr methodisch fixiert. Sehr begrenzt, sehr individuell, aber nicht genügend system-orientiert.

Schneeweis: Früher gab es die Organisationsentwicklung. Diese Begriffe sind alle wieder zerschlagen. Aber ob man nicht wieder stärker da rein müsste und lernen, wie sich ganze Systeme in Unternehmen weiterentwickeln? Da kommen sie bei den Personen auch immer vorbei. Ein Coach ist ja jemand der jemanden anderen berät. Im Topmanagement geht es schon eher um den systemischen Ansatz.

Böning: Das wäre die zwingende Schlussfolgerung.

Schneeweis: Es gibt Leute, die Psychologie studieren und denken „Jetzt coache ich mal."

Böning: Das geht so gar nicht.

Schneeweis: Ja. Wenn jemand Topmanagement Wirksamkeit als Coach erreichen möchte, dann ist Erfahrung, Qualifikation und nicht zuletzt eine ausgeprägte Haltung eine Grundvoraussetzung.

Böning: Deswegen bin ich dafür, dass eine neue Ausrichtung der Ausbildungen stattfindet.

Schneeweis: Aber ich glaube auch die Berufsbezeichnung „Coach", die leider häufig sehr undifferenziert verwendet wird, bedarf einer stärkeren Fokussierung.

Böning: Genau.

Schneeweis: Dann kann ich sagen: Viel Freude beim Suchen.

Böning: Ja das stimmt. Das ist kein Leitbegriff, der überzeugt, weil er auch sehr stark nach reinen Selbststeuerungsprinzipien klingt. Weil systemische Steuerung einfach direktive Steuerungen in manchen Momenten bedeutet. Und nicht nur, die Leute einfach gewähren zu lassen und Rückmeldungen zu geben, was sie gemacht haben. Das reicht nicht aus. Man muss Systeme auch gezielt mit Aktivitäten steuern. Über Personen, Prozesse und Ergebnisse!

Selbstreflexion gehört dazu, aber allein reicht sie auch nicht aus! Zudem ist es die Erwartung vieler Beteiligter: wenn Menschen etwas verstanden haben, dann setzen sie es auch um. Entschuldigung, aber da bin ich sehr ernüchtert. Verstehen und Umsetzen wird von verschiedenen Gehirnstellen getriggert. Der Irrtum vieler Menschen besteht darin zu glauben: Wer etwas verstanden hat, der setzt es auch um. Das Normale ist, dass dies gerade in ungewohnten oder schwierigen Situationen nicht der Fall ist.

Tatsächlich sind es verschiedene Systeme im Kopf, die Menschen unterschiedlich steuern. Es gibt emotionale, motorische und rationale Systeme. Das ist ein richtiges Orchester und ein kompliziertes Zusammenspiel. Aber jetzt kommen wir auf ein noch ganz anderes Thema, das wir am besten einem ganz anderen Gespräch vorbehalten.

Schneeweis: Ja, das ist richtig. Das ist ein anderes Gespräch wert. Auf jeden Fall einen „Schönen Dank!" für unser heutiges Gespräch!

Böning: Und ich bedanke mich meinerseits ganz herzlich: für das anregende Gespräch!

Martin Krimphove

Eine Stimme aus Sicht der Mitbestimmung

Die Pandemie hat gezeigt, dass nicht Marktmechanismen allein das Sagen für Entscheidungen in Wirtschaft und Unternehmen haben können. Strategische Entscheidungen und gesellschaftliche Bedürfnisse müssen selbstverständlich gegen Rentabilitätsüberlegungen der Unternehmen betrachtet und unabhängig entschieden werden.

In der Gesellschaft kommt es bekanntermaßen seit langem zu einem Wertewandel, der in den vergangenen 2-3 Jahren fulminant an Geschwindigkeit zugenommen hat. Der Trend zur Individualisierung und die zunehmende Vielfalt von Beschäftigungsformen stellen neue Herausforderungen an Führung, Zusammenarbeit und Kommunikation. Die Arbeitswelt wird insgesamt flexibler, aber auch anonymer. Die damit einhergehenden Spannungen gehen an den Unternehmen nicht spurlos vorüber und verlangen sowohl von den Unternehmensleitungen wie von der Mitbestimmung nicht zu unterschätzende Lernprozesse.

Unternehmen reagieren auf die Vielzahl der Veränderungen mit Strukturveränderungen, mit Initiativen zum Kulturwandel und der Einführung neuer Arbeitsformen. New Work, New Normal, etc. sind hierbei maßgebliche Stichworte

Hier kann und muss sich das Coaching mit seinen vielfältigen Möglichkeiten einbringen, den Kulturwandel begleiten und dabei den Wertewandel berücksichtigen. Gerade wichtige Werte wie Wertschätzung, Vertrauen, aber auch Unternehmergeist und Innovationsgeist sind hier zu beachten und zu stärken.

Hinzu kommen neue Themen wie ein steigendes Maß an Gesunderhaltung der Mitarbeitenden bei zunehmenden Arbeitsanforderungen. Führungskräfte – an die ebenfalls neue Anforderungen gestellt werden – müssen und können diesen Wandel aktiv begleiten. Dazu benötigen sie ein entsprechendes Coaching, um ihrerseits die allseits verlangte und gewünschte Potentialentfaltung zu ermöglichen.

Die tägliche Arbeitswelt verlangte im Laufe der technologischen Entwicklung zwangsläufig immer wieder und immer mehr neue Möglichkeiten, aber auch neue Anforderungen an

Führungskräfte wie Mitarbeiter. Dies gilt gerade für den Bereich der Kommunikation, der sich sowohl technisch wie zwischenmenschlich mehrdimensional umsetzt. Die unterschiedlichen digitalen Plattformen der Kommunikation verlangen unweigerlich neue Formen der Zusammenarbeit. Dabei hat sich gezeigt, dass Arbeitende in den Unternehmen in vielen Fällen zunehmend auch ohne hierarchische Aufsicht ihre Leistung erbringen können – und wollen. Dabei wird an vielen Stellen die herkömmliche Kommunikation eingeschränkt oder durch virtuelle Kommunikation ersetzt.

In der Vergangenheit konnte man den menschlichen Umgang, der überwiegend durch die „normale Sprache" erfolgte, durch sie Wahrnehmung der Körpersprache ergänzen und dadurch besser verstehen. Man konnte oder auch musste menschliche Kontakte pflegen, Small Talk durchführen, Menschen in ihren alltäglichen Umgebungen sehen und erleben: Präsenz war hier das Stichwort. Menschen, d.h. auch Persönlichkeiten, muss man erkennen und lesen lernen. Nur so kann man sie wirklich zielführend weiterentwickeln. Vieles davon ist durch die virtuelle Welt nicht mehr möglich, wie es einmal war. Daraus ergeben sich neue Formen und Wahrnehmungen des menschlichen und zwischenmenschlichen Umgangs. Wer, wenn nicht Coaches, bereiten auf diese Veränderungen gezielt unterstützend vor?

Das Coaching muss und wird sich zwangsläufig ändern. Durch die Corona-Pandemie und den Möglichkeiten der Digitalisierung muss sich das Coaching vermehrt mit dieser virtuellen Kommunikation, mit virtuellen Sitzungen, Diskussionen und Führung von Mitarbeitern auseinandersetzen. Hier sind andere Parameter und ungewohnte Lösungen wie auch technische und psychologische Fähigkeiten erforderlich, die im technischen Medium anders ausgetragen werden.

Virtuelle Kommunikation reduziert sich in der Regel auf einen Bildschirmausschnitt, der unter Umständen nur Kopf, Gesicht und einen Teil des Oberkörpers abbildet. Der „Zustand", das „Befinden" und auch das „Kennen lernen" in herkömmlicher Art ist so nicht mehr möglich. Auch hier muss das Coaching Alternativen finden, um auch virtuell zu überzeugen. So wird das „digitale ICH" auf neue Art wichtig. Das digitale Verhalten ist an vielen Stellen anders als das herkömmliche. Hier müssen u.a. Missverständnisse verhindert werden. Auch muss das Gegenüber erkennen können, dass es wertgeschätzt wird – ein Aspekt, der oft in der sachlichen Diskussion oder einer technisch geprägten Umgebung unterschätzt wird.

Hier ergeben sich ganz neue Aufgabenfelder. Zum einen wird die Arbeitswelt anonymer durch virtuelle Kontakte, auch wenn es so möglich wird, schneller und flexibler neue Kontakte zu knüpfen. Der Aufwand, jemanden zu treffen, ist geringer. Das ist klar ein betriebswirtschaftlicher Vorteil. Man muss nicht mehr den Raum wechseln oder das Gebäude. Viele bisher notwendige Reisen müssen nicht mehr gemacht werden. Aber man soll sich nicht täuschen: Reisen werden auch in Zukunft nicht völlig überflüssig werden. Nicht alle Fragen lassen sich ohne persönlichen Kontakt klären. Vor allem, wenn Spannungen oder schwerwiegende Konflikte überwunden werden müssen. Menschliche Nähe lässt sich nicht beliebig virtuell ersetzen. Bei einem Essen oder an der Bar lässt sich manchmal mehr erreichen als durch lange digitale Konferenzen.

Es geht nichts an der Realität vorbei: Das soziale Leben ändert sich. Distanz nimmt zu. Es ergeben sich neue Herausforderungen. So ist z.B. nicht jeder in der Lage vom „Home Office" aus gut zu arbeiten. Oft reicht der Platz nicht. Oder die Ruhe zur Konzentration ist nicht vorhanden, weil die Kinder im Hause sind, der Hundesitter nicht kommt. Oder das Arbeiten funktioniert nicht, weil das Internet einfach nicht leistungsstark ist. Führungskräfte und Unternehmen müssen deshalb in der Lage sein abzuwägen, wann „Home Office" oder „Remote Working" möglich bzw. sinnvoll sind. Dafür müssen also sowohl die technischen wie die psychologischen Voraussetzungen geschaffen werden.

Und nicht zu vergessen: Es gibt Menschen, die ohne andere Menschen nicht motiviert arbeiten oder leben können.

Sylvia Borcherding

Coaching als Booster für C-Level Hochleistungsteams

Ausgangssituation

Rahmenbedingungen verändern sich und diese Entwicklung bekommen Führungskräfte mehr denn je zu spüren. Die Digitalisierung verlangt, dass Führungskräfte anders denken, neu denken und bestehende Geschäftsmodelle in Frage stellen müssen. Die besondere Herausforderung liegt darin, bestehendes Geschäft weiterhin sicherzustellen und gleichzeitig Neugeschäft parallel zu entwickeln, meist mit denselben Ressourcen und eingeschränkten Finanzmitteln.

Darüber hinaus galten lange Zeit in Deutschland die Eigenschaften und Verhaltensweisen von Narzissten als kritische Erfolgsfaktoren, die Unternehmen zu Wachstum und Gewinn führten. Autoritätsanspruch, Selbstdarstellung, manipulatives und sozial unverträgliches Verhalten wurden in Unternehmen geduldet und teilweise im Sinne des Wettbewerbs-Gedankens gefördert. Aufsichtsräte und Unternehmen erkennen zunehmend, dass für die Zukunft andere Kompetenzen relevant sind. Sich schnell ändernde gesetzliche, sozio-ökologische und ökonomische Rahmenbedingungen können nicht mehr allein beherrscht werden. Die wachsende Komplexität der Märkte, Ratings in Bezug auf Nachhaltigkeit und die Anforderungen durch die schnelle Digitalisierung brauchen Visionen, eine gute Vernetzung, ausgezeichnete Kommunikationsfähigkeiten und die Diversität und Perspektiven aller C-Level Teammitglieder:innen gleichermaßen, um zu besten und erfolgreichsten Lösungen zu kommen.

Junge Generationen vertreten ebenfalls häufig ein anderes Wertesystem und wollen auch anders geführt werden. Partizipation, agile Führung, Vertrauen, Netzwerke, das Eingehen auf individuelle Bedürfnisse und Zusammenarbeit auf Augenhöhe sind die Formen der gegenwärtigen und zukünftigen Zusammenarbeit (Sprenger, 2018, S.14f). Auch die Beschleunigung der Energiewende und verstärkt auftretende Krisensituationen führen zu veränderten Herausforderungen für die Leitung von Unternehmen und

Führung von Mitarbeiter:innen, um Kreativität und Innovation zu fördern.

Die Rolle von Coaching

Die Anpassung der Führungsteams an veränderte Rahmenbedingungen setzt ein hohes Maß an Selbstreflexion voraus. Viele Führungskräfte sind aus historischen Gründen aufgrund ihrer hervorragenden Fachkompetenzen Führungskräfte geworden. Diese gilt es nun darin zu unterstützen, bestehende Kompetenzen um zukunftsorientierte Kompetenzen zu erweitern, um die Umfeld-Bedingungen besser managen zu können.

Coaching kann elementarer Bestandteil der Entwicklung von einzelnen Führungskräften und Führungsteams sein, da Coaching Selbstreflexion und Teamreflexion bis hin zur Weiterentwicklung zu einer nachhaltig lernenden Organisation unterstützt. Die Kombination von Einzelcoachings und Teamcoachings kann die Wirksamkeit deutlich erhöhen.

Unternehmen haben erkannt, dass Führung und Unternehmenskultur nicht voneinander losgelöst betrachtet werden sollten, da sie intensive Wechselwirkungen haben. Eine hervorragende Grundlage für die Entwicklung der C-Level Teammitglieder:innen ist zum einen ein klar definierter Rahmen für erwünschtes und ergebnisorientiertes Handeln, sowie gemeinsam festgelegte Kompetenzen für ein Leadership Modell. Beides zusammen macht es möglich, bereits bei der Anbahnung neuer Besetzungen passende Kandidat:innen zu identifizieren und die bestehenden Führungskräfte zielgerichtet in entsprechenden Programmen, die in der Regel auch individuelle Coachings und Teamcoachings beinhalten können, weiterzuentwickeln. Die Passung sollte bei Beförderungen berücksichtigt und unerwünschtes Verhalten entsprechend sanktioniert werden.

Führungskräfte sollen Orientierung geben, komplexe Prozesse managen und die Qualität und Effizienz von Produkten, Dienstleistungen und Prozessen sicherstellen. Sie müssen Leistung fordern und Mitarbeiter:innen fördern. Sie müssen ein Klima schaffen, in dem Menschen konstruktiv zusammenarbeiten können. Damit bewegen sie sich in einer höchst komplexen und anspruchsvollen Erwartungslandschaft (Maren Fischer-Epe, 2016, S.11) multipliziert durch sich schnell ändernde Rahmenbedingungen. Coaching hat somit mehr denn je eine Existenzberechtigung im Business Kontext. Coaching bedient in diesem Kontext verschiedene Rollen, die alle dabei unterstützen, Führungskräfte in Bezug auf ihre neuen Aufgaben vorzubereiten, Führung gezielter stattfinden zu lassen und Handlungsvarianz sicherzustellen.

Beim Teamcoaching tragen Führungskräfte anfangs viel häufiger Themen vor, die weniger emotionsgeladen sind, die aber in ihrem jeweiligen Arbeitsmilieu bislang eher selten oder gar nicht verhandelt werden (Schreyögg, 2012, S.136). Bestandteil eines jeden Coachingprozesses ist die Entwicklung des Zielbildes mit dem Coachee oder dem Team. Hilfreich dafür sind bestehende Kulturleitbilder oder entsprechende Führungsmodelle. Die Unternehmenskultur ist die Wertelandschaft, in der sich das Team befindet und die Leitlinien sind die Glaubenssätze (Alf-Jähnig, Hanke, Preuß-Scheuerle, 2013, S.45). Beides ist eine gute Grundlage, um zunächst gewünschtes Verhalten gemeinsam zu vereinbaren und bestehende Abweichungen festzustellen. Entsprechende Modelle, die anhand aktueller Herausforderungen in Bezug auf Führung entwickelt wurden, können wie folgt aussehen:

Praxisbeispiel Energieunternehmen – Kulturentwicklung und erwünschte Verhaltensweisen

One Voice
Wir führen vor Entscheidungen ein offenes, konstruktives Gespräch. Wenn eine Entscheidung einmal getroffen ist, wird sie von allen unterstützt und alle tragen dieselbe Botschaft nach außen.

Simplification
Wir suchen nach Möglichkeiten, unsere Arbeit und unsere Projekte zu vereinfachen und vermeiden unnötige Komplikationen in einer ohnehin schon sehr komplexen Umgebung.

One Company
Unsere Verantwortung geht über unseren eigenen Aufgabenbereich oder unser eigenes Ressort hinaus. Wir betrachten Ergebnisse aus einer unternehmensweiten Perspektive und unterstützen die Entscheidungen, die wir gemeinsam als Unternehmen treffen.

Feedback
Wir geben und holen uns Feedback von Kolleg:innen, auf allen Ebenen der Gruppe. Auf diese Weise zeigen wir Wertschätzung für ihre Arbeit und streben nach kontinuierlicher Verbesserung.

Co-creating the future
Wir sind uns der radikalen Veränderungen in unserem Sektor, wie Digitalisierung und Dezentralisierung nicht nur bewusst, sondern gestalten sie aktiv und gemeinsam mit.

Impact
Wir führen unsere Aufgaben auf bestmögliche Weise durch und konzentrieren uns dabei auf Maßnahmen, die Mehrwert schaffen und spürbar positive Auswirkungen haben.

Praxisbeispiel Energieunternehmen – Leadership Modell

Personal Leadership Style
Haltung – Vorbild sein, selbstreflektiert sein; Kompetenzen – Emotionale Intelligenz, effektive Kommunikation.

Sense Making
Haltung – Aktive Neugierde, Mut; Kompetenzen – Verstehen und abbilden der Komplexität von heute und morgen, Umgang mit Unsicherheit und Mehrdeutigkeit.

Relating
Haltung – Anderen vertrauen und Menschen empowern, authentisch sein und Fürsorge tragen; Kompetenzen – Schaffung einer nachhaltigen Zusammenarbeit, Förderung der Personalentwicklung und Vielfalt.

Inventing
Haltung – 80/20 Mindset mit Fokus auf Wirksamkeit, Themen ausprobieren und die Möglichkeit des Scheiterns haben und daraus zu lernen; Kompetenzen – Entwicklung von Strategien mit klaren Prioritäten, Management von Veränderungen.

Visioning
Haltung – Visionär und ehrgeizig sein, optimistisch; Kompetenzen – Schaffung einer überzeugenden gemeinsamen Vision, Andere einbinden und überzeugen.

Die Veränderung des Mindset und die Entwicklung und Anwendung der Kompetenzen benötigt für alle Führungskräfte einen aktiven Veränderungsprozess. Oftmals sind Führungskräfte seit vielen

Jahren in ihrer Führungsrolle und nicht gewohnt, sich kritisch und selbstreflektorisch mit ihrem Verhalten auseinander zu setzen. Die Unterstützung durch erfahrene Coaches kann den Prozess beschleunigen und vertiefen und sollte daher nicht ohne professionelle Begleitung durchgeführt werden. Eine Implementierung der Modelle und die entsprechende Verhaltensänderung ist von nachhaltigem Erfolg, wenn das C-Level-Team zunächst an sich arbeitet und Führungskräfte und Belegschaft erkennen können, dass die Vorbildfunktion angenommen wird und das C-Level-Team an den Erfolg der Maßnahmen glaubt. Offensichtliches positives Verhalten lässt Beobachter:innen die Wirksamkeit erkennen.

Für C-Level Coachings sind die Erwartungen der Coachees hoch. Selbst meist schon unter bisherigen Rahmenbedingungen erfolgreich, erwarten sie von Coaches eine Interaktion auf Augenhöhe. Oftmals beinhaltet das nicht nur das hervorragende Beherrschen der Coaching-Methoden und -Tools, sondern auch umfangreiche Feldkompetenzen, Erfahrungswissen und mitunter auch inhaltliche Beratungskompetenz (Bohl, 2020).

Verschiedene Beratungsunternehmen legen für diese Art der Teamentwicklung darüber hinaus bestehende Methoden zugrunde, die z.B. die Zusammenarbeit im Team nach Patrick Lencioni (2014) fördern. Das Modell ermöglicht es den Teammitgliedern, auf einfache, klare und präzise Weise die bestehenden Dysfunktionen des Teams zu erkennen und dieses Wissen für ein nachhaltig erfolgreiches Teambuilding einzusetzen. Ziel des Prozesses ist es, dysfunktionales Verhalten in eine gute Zusammenarbeit zu überführen.

Beispiel: Die 5 Dysfunktionen eines Teams

Fehlendes Vertrauen
Von fehlender Offenheit hin zu guter Fehlerkultur.

Konfliktscheue
Von künstlicher Harmonie hin zu guter Konfliktfähigkeit.

Mangelndes Committment
Von Mehrdeutigkeit hin zu gemeinsamen Werten und Motiven.

Vermeidung von Verantwortung
Von niedrigen Standards hin zu Verantwortungskultur.

Ergebnisorientierung
Von Status und Ego hin zur Entwicklung von Zieldefinitionen (Lencioni, 2014).

Ein spezielles Format des Entwicklungsprozesses ist dabei nicht festgelegt, sondern muss zum Team passen. Coaches sollten in der Lage sein, auf die individuellen Bedürfnisse der Teams einzugehen und ihre Interventionen in den Führungsprozess des Teams einzubinden. Die Coaches müssen eine gute Balance halten zwischen psychologischer Prozessberatung mit dem Fokus auf Hilfe zur Selbsthilfe und aber auch eine leistungsbezogene Fachberatung mit dem Fokus auf Feedback anbieten können (Maren Fischer-Epe, 2010, S.13). In der Regel werden unterschiedliche Formate miteinander verknüpft: Beobachten der Team-Sitzungen oder -Meetings, Feedback zu beobachtetem Verhalten, Festlegung der Team-Ziele in Bezug auf die Zusammenarbeit, Austausch von Personal Stories, Team-Building außerhalb des gewohnten Umfeldes, individuelle Coachings, persönlich oder virtuell. Die letzten zwei Jahre haben uns gelehrt, dass in besonderen Situationen auch bisher ungewöhnliche Formate selbstverständlich werden können. Ist man bis vor einiger Zeit noch davon ausgegangen, dass virtuelles Coaching nicht wirksam ist, so konnten in der Zwischenzeit auch sehr positive Erfahrungen gemacht werden. Es stellt sich also inzwischen weniger die Frage, ob es zu mediengestützten Begegnungen im Coachingkontext kommen kann und soll, sondern vielmehr, wie diese aussehen müssen, damit sie einem professionellen Anspruch gerecht werden (Elke Berninger-Schäfer, 2018, S.14). Hat sich der Gesamtprozess bewährt, empfiehlt sich die Anwendung auch auf weiteren Führungsebenen. Wenn bei C-Level-Teams in Unternehmen andere Verhaltensweisen und Kompetenzen erkennbar sind, hat das implizit auch Auswirkungen auf die Teams. Eine strukturierte Vorgehensweise im Prozess kann auch hier zu Beschleunigung und Nachhaltigkeit führen.

Fazit

Auch in Zukunft wird Coaching für Unternehmen und Führungskräfte eine wesentliche Rolle bei der Weiterentwicklung zu professionellen Individuen, Teams und Organisationen spielen. Vermutlich sogar mehr denn je, da die Anforderungen an Selbstreflexion und Kompetenzen drastisch steigen und Ambiguitätstoleranz, Ambidextriemanagement, Vernetzung und Kommunikation immer wichtiger werden. Krisenfestigkeit und persönliche Resilienz müssen oft erst erlernt werden. In diesem Prozess braucht es die Unterstützung erfahrener und professioneller Coaches. Dabei werden unterschiedliche Methoden miteinander kombiniert, so z.B. Coaching-Apps, virtuelles Coaching, Workshop Formate und persönliche individuelle Coachings. Die bestehende und bewährte Coaching-Praxis wird ergänzt durch technologische Möglichkeiten. Die Handlungsfelder der Anliegen werden eher mehr als weniger. Coaching entwickelt sich methodisch weiter und bleibt eine wichtige Methode der Management-Beratung!

Literatur:

Alf-Jähnig, R., Hanke, Th. & Preuß-Scheuerle, B. (2013): Teamcoaching, 2013, Bonn: managerSeminare.

Berninger-Schäfer, E. (2018): Online-Coaching, Wiesbaden: Springer.

Bohl, D. A. (2020): 15.09.2020, https://firmen.handelsblatt.com/executive-coaching.html

Fischer-Epe, M, & Reissmann, M. (2010): Coaching zu Führungsthemen, Hamburg: rororo.

Lencioni, P. (2014): Die 5 Dysfunktionen eines Teams, 2014, Weinheim: Wiley.

Schreyögg, A. (2012): Coaching, 2012, Frankfurt/Main: campus.

Sprenger, R.K. (2018): Sprengers Spitzen, 2018, Düsseldorf: Handelsblatt Fachmedien.

Rainer Radloff

Der unbekannte Erfolg des Coachings – eine Stimme zur Zukunft des Coachings aus der Perspektive der Arbeitsmarktpolitik

Weitgehend unbeachtet von der Diskussion in der Coaching-Szene hat sich ein großes Arbeitsfeld „Coaching in der Arbeitsmarktpolitik" entwickelt, welches mittlerweile sogar gesetzlich legitimiert wurde (Koalitionsvertrag, 2021).

Entstanden ist dieses Arbeitsfeld bereits in der kommunalen Arbeitsmarktpolitik vor den sogenannten Hartz-Reformen in den Jahren 2000 -2004. Dabei entwickelte sich in der Arbeitsmarktpolitik der Begriff Fallmanagement (1) und damals schon das Arbeitsfeld „Coaching in der Arbeitsmarktpolitik" (Hackenberg, 2003).

Während sich das Arbeitsfeld Fallmanagement im SGB II (der Grundsicherung für Arbeitssuchende) als festes Arbeitsfeld etablierte mit dem Ziel insbesondere Arbeitsuchende mit Vermittlungshemmnissen im Integrationsprozess durch Qualifizierungs-, Beschäftigungs- und soziale Maßnahmen zu begleiten, war es um den Begriff des Coachings in der Arbeitsmarktpolitik in den ersten Jahren des neuen SGB II ruhig geworden. Erst in den 2010er Jahren wurde das Arbeitsfeld wiederentdeckt. Während das Fallmanagement i.d.R. als Aufgabe in den Jobcentern wahrgenommen wurde, etablierte sich das Coaching als direkte Begleitung von Arbeitssuchenden in Maßnahmen oder von beschäftigten ehemaligen Leistungsbeziehern.

Zuerst wurde es als Job-Coaching in vorwiegend Einzel-Maßnahmen der Jobcenter mit der Finanzierung über einen Aktivierungs- und Vermittlungsgutschein (AVGS) eingeführt. Als Ziele wurden für das Instrument genannt:

- Sich beruflich neu zu orientieren
- Karriereberatung
- Begleitung in den ersten Wochen der neuen Beschäftigung.

Mittlerweile hat sich diese Förderung über das SGB II hinaus auch im SGB III, das heißt als Förderung von Arbeitslosen durch die Agentur für Arbeit etabliert.

Gemeinsam hat das Job-Coaching mit dem Karriere-Coaching bzw. dem Coaching mit berufsbezogenem Hintergrund, dass es um eine Verbesserung/Veränderung der beruflichen Lebenssituation geht. Eine Abgrenzung vom Karrierecoaching findet man bei Karin Kiesele und Andrea Schlösser (2018), die besonders die Differenzen bei dem Kriterium Freiwilligkeit betonen. Im Job-Coaching fehle dieses Kriterium oft, stattdessen fühlten sich die Coachees verschiedentlich „geschickt" bzw. sogar „gezwungen". Ob im Dreiecksvertrag zwischen beauftragendem Unternehmen, Coach und Coachee (also dem Mitarbeitenden des Unternehmens) immer vom Mitarbeiter eine Freiwilligkeit unterstellt werden kann, ist auch zu diskutieren.

Kiesele/Schlosser betonen darüber hinaus den unterschiedlichen Beginn des Coachingprozesses, das heißt im Job-Coaching ist er „nicht selten geprägt von Hoffnungslosigkeit, Frust und einem wackligen Selbstbewusstsein" (ebenda S. 28). Darüber hinaus ist ein Wechsel zwischen verschiedenen Beratungsformen und einem differenzierten Rollenverständnis auffällig. Während der Coach am Anfang ähnlich wie beim Karriere- oder berufsbezogenen Coaching, in dem Ressourcen aktiviert und individuelle Zielsetzungen erarbeitet werden, in der Rolle Coach agiert, wird der Job-Coach beim Erarbeiten des Lebenslaufes und des Bewerbungsschreibens in die Rolle Berater wechseln. Kenntnisse des Arbeitsmarktes und des Bewerbungsmanagements müssen hier als fachlicher Hintergrund einfließen. Im direkten Bewerbungsverfahren ist mehr eine Trainer*innen – Rolle gefragt (ebenda). Bei der Begleitung während der Anstellung können berufliche und private Themen, die durch die Veränderung ausgelöst werden, im Vordergrund des Coachingsprozesses stehen bis hin zu Konfliktklärungen mit dem Arbeitgeber, wobei sich der Coach auch in der Rolle eines Mediators wiederfinden kann.

Das Tätigkeitsfeld und die Zielsetzung wurden auch in etlichen Förderprogrammen der Bundesregierung oder der Landesregierungen aufgegriffen z. B.

- Programm der Bundesregierung zur intensivierten Eingliederung und Beratung von schwerbehinderten Menschen (ab 2014)
- Öffentlich geförderte Beschäftigung in NRW (April 2015)

- ESF-Programm zur Eingliederung langzeitarbeitsloser Leistungsberechtigter (November 2014)
- Passiv-Aktiv Tausch in Baden-Württemberg (2015)
- In den Jobcentern selber wurden verschiedenste Angebote vorgehalten, wie z.b. Familiencoaching, um die systemischen Hindernisse beim Integrationsprozess aufzugreifen. Oder Gesundheitscoaching mit dem Ziel die große Anzahl von Leistungsberechtigten mit gesundheitlichen Einschränkungen auf ihrem Weg ins Gesundheitssystem zu unterstützen.
- Als bisheriger Höhepunkt der Entwicklung des Coachings in der Arbeitsmarktpolitik kann man das Teilhabechancengesetz für sehr arbeitsmarktferne erwerbsfähige Leistungsberechtigte im SGB II bezeichnen, das weitgehend 2018 entstand und unter Federführung des Bundesministeriums für Arbeit und Sozialordnung (In Kraft getreten zum 1.1.2019) diskutiert wurde. Dieses Gesetz fördert in den ersten beiden Jahren 100% und im dritten Beschäftigungsjahr 90%, im vierten 80% und im fünften 70% des Lohns der ehemaligen Langzeitarbeitslosen bzw. des Gehaltes für die Beschäftigung im öffentlichen und sozialen Bereich wie in der Privatwirtschaft (BT Drucksache 19/4725). Gefördert wird für die Arbeitnehmer/innen ebenfalls ein Coaching.

Es wird beschrieben als ganzheitliche beschäftigungsbegleitende Betreuung, die erforderlich sei, „um die Anbahnung des Arbeitsverhältnisses zu erleichtern und dessen Fortbestand zu sichern" (ebenda BT Drucksache 19/4725 S.15).

Inhalte des Coachings können sein:

- „Beratung der Bedarfsgemeinschaft (d.h. der Familie)
- Entwicklung von Schlüsselkompetenzen für den beruflichen Alltag...
- Aufbau von Tagesstrukturen...
- Hilfe bei Behördengängen/Antragsstellungen,
- Alltagshilfen,
- Verhaltenstraining...
- Krisenintervention..." (ebenda S.16)
u.ä.
Eine bestimmte formale Qualifikation für Personen, die das Coaching durchführen, wird nicht verlangt. Ein Fachhochschul- oder Bachelorabschluss (Niveau 6 des deutschen Qualifikationsrahmens) sowie mindestens 2 Jahre

berufliche Tätigkeit sind ebenso vorteilhaft wie Erfahrungen in der Arbeit mit arbeitslosen Menschen (ebenda S.16). Aus Interviews mit Coaches selbst ist zu erfahren, dass sich viele eine Coachingausbildung wünschen und die, die eine haben, im Vorteil sind. Sie können professioneller mit den Coachees umgehen.

Nach dem o.g. Gesetz SGB II § 16i wurden bisher über 34.000 Menschen gefördert. Wie viel Coaches damit und mit den anderen Programmen beauftragt wurden, ist unklar. Fachleute gehen von über tausend Personen aus, die als Coaches in der Arbeitsmarktpolitik arbeiten (2). Eine genaue Zahl ist nicht zu eruieren, da die Vergaben sehr unterschiedlich erfolgen und keine Statistiken dazu geführt werden.

Da das Gesetz befristet wurde, haben sich in der Koalitionsvereinbarung „Mehr Fortschritt wagen" (Koalitionsvertrag, 2021) die Partner darauf verständigt, das Gesetz zu entfristen und weiterzuentwickeln. Dabei war es ihnen wichtig festzuschreiben, dass begleitendes Coaching und aufsuchende Sozialarbeit Regelinstrumente im SGB II und SGB XII werden (S.76). Es wurde sogar ein neues Aufgabenfeld formuliert: Für Jugendliche soll im Sanktionsfall ein Coaching-Angebot gemacht werden (ebenda). Dabei wird die Zielsetzung des Coachings allerdings nicht ausdrücklich benannt und man darf auf das anstehende Gesetzgebungsverfahren und die inhaltliche Ausrichtung gespannt sein.

Vorausgegangen für diese Entscheidung waren verschiedene wissenschaftliche Evaluationsberichte, die das Coaching in der Arbeitsmarktpolitik als „wichtigen Erfolgsfaktor für die Nachhaltigkeit von Beschäftigungsaufnahmen" kennzeichnen und daher fordern, dass „dieser Dienstleistung zukünftig eine größere Bedeutung zukommen wird" (Fuchs, ISG, 2020).

Darüber, wie es zur Aneignung des Tätigkeitsfeldes „Coaching" in die Arbeitsmarktpolitik gekommen ist, hat sich Frank Bauer vom Institut für Arbeitsmarkt- und Berufsforschung der Bundesagentur für Arbeit Gedanken gemacht. Die Dienstleistung Coaching bleibt im Trüben. „Jeder scheint genau zu wissen, was er (der Begriff) bedeutet und genau deshalb bleibt es bei einer ungefähren Ahnung. ...Coaching ist kein klar bestimmtes Phänomen...", so entspricht z.B. der Begriff Coach keinem institutionalisierten und geschütztem Berufsbild (Bauer, 2021, S.20) und

Krupop schreibt in einem aktuellen Bericht, dass Coaching ein „Containerbegriff sei, in dem man alles hineinpacken kann". (Krupop, 2021, S.37)
Warum hat sich das Tätigkeitsfeld „Coaching in der Arbeitsmarktpolitik" gegenüber der „Sozialpädagogischen Begleitung" im Sinne der Unterstützung durch Sozialpädagog*innen bzw. Sozialarbeiter*innen durchgesetzt? Ein offener Diskurs ist darüber nie geführt worden. Es gibt dazu 4 Hypothesen:

1. „Sozialpädagogische Begleitung" ist auf ein geschütztes Berufsbild mit entsprechender Ausbildung zugeschnitten. Die Arbeitsmarktentwicklung hat die Zahl entsprechend ausgebildeter Personen verknappt und das Angebot an entsprechenden Arbeitsplätzen musste erweitert werden können.
2. Gerade in der Begleitung von Arbeitslosen werden Wissen und Erfahrung aus den Erfordernissen der wirtschaftsbezogenen Arbeitswelt gebraucht und diese sind bei pädagogischen Berufen nicht immer anzutreffen.
3. Pädagogische Berufe sehen sich häufig auch als „Anwalt der Klienten" – Coaches nehmen eher eine vermittelnde Rolle ein zwischen den Anforderungen des Berufs und den Fähigkeiten, Einstellungen und Haltungen der zu begleitenden Person.
4. Coaches sind eher gewohnt, wie schon beschrieben, in einem Dreiecksvertrag zwischen dem Unternehmen, das sie bezahlt und dessen Anforderungen, ihrer eigenen Coaching-Kompetenz bzw. –Haltung und den Ressourcen, den Bedürfnissen sowie den Grenzen des Klienten zu handeln. Ähnlich ist es in der Beauftragung der Arbeitsmarktinstitution (Agentur für Arbeit, Jobcenter). Hier ist auch die Beauftragung an ein Ziel gebunden, das der „Staat", vertreten durch die Institutionen, von den Coachees erwartet, nämlich ihre Arbeitsmarktintegration voranzutreiben und berufliche sowie persönliche Hemmnisse zu überwinden. Dabei soll der Coach unterstützen.

Möglicherweise ist mit dieser Entwicklung endlich der Zeitpunkt gekommen, die m.E. notwendige Kommunikation der Coaching-Verbände mit den öffentlichen Organisationen zur Festigung eines inhaltlichen und formalen Rahmens der Coaching-Ausbildungen zu schaffen. Bei dieser Diskussion könnte der Begriff des Coachings neu definiert werden, um ihn aus der „Schwammigkeit" herauszuholen. In der Folge könnte Coaching als ein Tätigkeitsfeld der Arbeitsmarktpolitik institutionalisiert werden. Ein erster Schritt wäre, Coaching von der Anmutung eines ‚feinen' Karrierecoachings zu befreien und das differenzierte Angebot sowie die hohe Nachfrage in der Arbeitsmarktpolitik anzuerkennen und als sinnvolle arbeitsmarkt- wie sozialpolitische Maßnahme zu unterstützen.

Anmerkungen

1. Unter Fallmanagement in der Arbeitsmarktpolitik versteht man die Begleitung und Koordination von Unterstützungsleistungen für Menschen mit besonderen Arbeitsmarkthemmnissen.
2. Allein im Rahmen des Jobcenters Bielefeld sind 49 Coaches aktiv. Mit dieser Zahl lässt sich begründet vermuten, dass die Gesamtzahl der Coaches, die in Deutschland als Job-Coach tätig sind, eher einige Tausend Personen sein dürften, wenn gleich nicht alle als Coach Vollzeit arbeiten werden.

Literatur:

Bauer, F. (2021): Coaching im Rahmen öffentlich geförderter Beschäftigung-Begriff, Funktion und Situationslogik, in: Sozialer Fortschritt 70(2021) S. 19-39

Bundestags-Drucksache 19/4725

Fuchs, Ph. Institut für Sozialforschung und Gesellschaftspolitik (2020): „Beschäftigungsbegleitende Betreuung (Coaching)"; Eigenverlag, Köln

Hackenberg, H. (Hrsg.) (2003): Lokale Arbeitsmarktpolitik – Stand und Perspektiven, Bertelsmann Stiftung, Gütersloh

Kiesele, K. & Schlösser, A. (2018): Job-Coaching –Arbeitssuchende für den Arbeitsmarkt fit machen, Junfermann, Paderborn

Koalitionsvereinbarung (2021): Mehr Fortschritt wagen, www.spd.de Koalitionsvertrag_2021-2025

Krupop, F. S. (2021): Zwischen Fürsorge und Empowerment – Coaching als Instrument der Arbeitsmarktpolitik, in: G.I.B. Info extra Oktober 2021, Bottrop

Christian Piehler

Zur Zukunft des Coachings in deutschen Forschungszentren – ein Standpunkt

Einleitung

Coaching in deutschen Forschungszentren? Brauchen die sowas? Im Ernst? Wenn ich im privaten Umfeld von meiner Tätigkeit als Inhouse Coach im Deutschen Zentrum für Luft- und Raumfahrt (DLR) berichte, ist das Erstaunen oft groß. Interessant finde ich, dass das Erstaunen im beruflichen Umfeld häufig ähnlich groß ist. Was es damit auf sich hat? Dem möchte ich gerne in meinem Standpunkt nachgehen. Beginnend mit den Rahmenbedingungen und Herausforderungen geht es mir im Anschluss um den aktuellen Stand und die Zukunft des Coachings in deutschen Forschungszentren. Wem das zu lange dauert, hier ist meine Quintessenz: *Mehr Coaching in deutschen Forschungszentren! Die brauchen sowas! Im Ernst!* Unter einer wesentlichen Voraussetzung: Die Coachingbranche scheitert nicht an sich selbst.

Rahmenbedingungen für die deutschen Forschungszentren

Die deutschen Forschungszentren haben in den vergangenen zwei Dekaden tiefgreifende Reformen in Forschungsmanagement und Forschungsfinanzierung erfahren. Besondere Bedeutung hat in diesem Kontext der Pakt für Forschung und Innovation, der erstmals 2005 zwischen Bund und Ländern auf der einen und den fünf großen Forschungsorganisationen auf der anderen Seite geschlossen wurde. Auch in der "Fortsetzung des Pakts von 2021 bis 2030" ist das übergeordnete Ziel, "die Wettbewerbsfähigkeit des Wissenschaftssystems zu stärken" (BMBF 2019). Die Organisationen "verpflichten sich [...] auf forschungspolitische Ziele, deren Umsetzung sie selbst ausgestalten" (ebd.). "[M]it einem jährlichen Monitoring-Bericht" und "Kennzahlen in vielen Bereichen" wird die "Zielerreichung transparent gemacht" (ebd.). Im Gegenzug erhalten die

Organisationen "finanzielle Planungssicherheit durch einen regelmäßigen Budgetzuwachs von aktuell 3 Prozent pro Jahr" (ebd.). Die größte deutsche Forschungsorganisation, die Helmholtz-Gemeinschaft, hat die grundlegenden Veränderungen in Forschungsmanagement und Forschungsfinanzierung bereits 2001 mit der Einführung der Programmorientierten Förderung antizipiert. Seitdem "investiert [sie] ihre Ressourcen nicht in einzelne Institutionen, sondern in zentrenübergreifende Forschungsprogramme, die sich untereinander im Wettbewerb befinden" (Helmholtz-Gemeinschaft 2021b). So können auch "komplexe Fragestellungen aus Wissenschaft, Gesellschaft und Wirtschaft ganzheitlich [beantwortet] und Systemlösungen [entwickelt werden]" (ebd.). Die Programmorientierte Förderung basiert in der laufenden Periode auf einem zweistufigen System aus wissenschaftlicher Begutachtung von Forschungsprogrammen und Forschungszentren sowie strategischer Bewertung (ebd.). Deren Ergebnisse bilden die wesentliche Grundlage für die künftige Finanzierung der Forschungsprogramme (ebd.).

Herausforderungen für die Mitarbeitenden in deutschen Forschungszentren

Das Deutsche Zentrum für Luft- und Raumfahrt (DLR) ist eines der 18 Mitgliedszentren der Helmholtz-Gemeinschaft. Mit über 10.000 Mitarbeitenden an 30 Standorten und einem Forschungsbudget von rund 1,3 Milliarden Euro in 2021 steht es exemplarisch für die vielfältigen Herausforderungen, denen sich die Forschungszentren und ihre Mitarbeitenden gegenübersehen. Nicht jede dieser Herausforderungen ist neu. Nicht jede dieser Herausforderungen ist forschungsspezifisch. Nicht jede dieser Herausforderungen ist belastend. Und dennoch erscheinen sie mir in ihrer geballten Menge, Diversität und oftmals auch Widersprüchlichkeit sehr anspruchsvoll. Dies gilt nicht nur, aber insbesondere für die Führungskräfte und Führungsnachwuchskräfte in Forschung und Forschungsmanagement.

Werfen wir doch einmal einen Blick auf ein typisches Wunschprofil für eine Abteilungsleitung in der Forschung des DLR: Mitte/Ende 30, sehr gut absolviertes Studium mit Auslandserfahrung, ausgezeichnete Promotion an einer angesehenen Universität im In- oder Ausland, PostDoc-Phase an einer renommierten Universität im Ausland, alternativ mehrjährige Tätigkeit in der einschlägigen Wirtschaft, detaillierte Fachkompetenz bei breitem Systemverständnis, interdisziplinäre Kooperationserfahrung, langjährige Lehrtätigkeit, möglichst Universitäts-Professur, hervorragende Publikationsleistung, erfolgreiche Einwerbung und Leitung von Drittmittelprojekten mit Partnern in Forschung und Wirtschaft, enge Einbindung in nationale und internationale Netzwerke, gutachterliche Tätigkeit für Forschungsprojekte, Fachtagungen und Fachzeitschriften, umfangreiche Führungserfahrung, Medientauglichkeit, Mehrsprachigkeit und Bereitschaft, zu den Bedingungen des Öffentlichen Dienstes zu arbeiten.

Jenseits der geforderten fachlichen Exzellenz verbergen sich hinter dieser profanen Auflistung zahlreiche Herausforderungen, die an einigen Beispielen illustriert werden sollen: Studium, Promotion und PostDoc-Phase befähigen fachlich, bereiten jedoch nicht auf eine Leitungsfunktion für 20, 30 oder 40 hoch qualifizierte Mitarbeitende mit einem Jahresbudget von mehreren Millionen Euro und entsprechenden Führungs- und Managementaufgaben vor. Hybride Arbeitsplätze mit zumindest partieller Digitalisierung der Kommunikation, Wertekonflikte zwischen Generationen und Ethnien sowie immer weiter zunehmende administrative Pflichten machen die Aufgaben nicht einfacher, sodass kaum noch Zeit für eine eigene wissenschaftliche Betätigung bleibt. Zugleich ist eine Karriere in der Forschung bislang in der Regel an die Übernahme einer disziplinarischen Leitungsfunktion gebunden, weil das Angebot von Fachkarrieren weitgehend fehlt.

Führungskräfte in Forschung und Forschungsmanagement sind zudem gefordert, "den systemimmanenten Antagonismus von Konkurrenz und Kooperation auszugleichen" (Piehler 2021, S. 108), wenn etwa die Helmholtz-Gemeinschaft einerseits nur Forschungsprogramme finanziert, "die sich untereinander im Wettbewerb befinden" (Helmholtz-Gemeinschaft 2021b), und andererseits "die Vernetzung als Prinzip für forschendes Denken und Handeln voraussetzt" (Helmholtz-Gemeinschaft 2021a). Vergleichbares gilt für die Erwartung an Führungskräfte, sich in Teams zu integrieren und währenddessen Sichtbarkeit und Reputation mit einem eigenständigen Profil zu gewinnen. Ähnliche Widersprüche zeigen sich in der Forderung nach Kooperation "mit externen Partnern – über die Grenzen von Disziplinen, Organisationen und Nationen hinweg" (ebd.) bei gleichzeitiger Wahrung der nationalen Interessen, wie sie unter anderem durch das Außenwirtschaftsgesetz geregelt werden.

Und doch sind Kooperation und Offenheit für interdisziplinäre Zusammenarbeit in Forschung und Forschungsmanagement unabdingbar. Denn so sehr fachliche Tiefe eine Kernkompetenz wissenschaftlichen Arbeitens ist, so wenig reicht sie heute aus, ist nur noch eine Grundvoraussetzung. Zusätzlich notwendig ist das inhaltliche Durchdringen von komplexen Zusammenhängen in Systemen. Und selbst das genügt nicht mehr, nun ist es die Kopplung ganzer Sektoren, beispielsweise Energie und Verkehr, die verstanden sein will. Daraus resultieren immer größere Zusammenschlüsse für Forschungsprojekte mit immer komplizierteren Strukturen und Prozessen. 15 bis 20 beteiligte Institute bei einem DLR-internen Projekt sind keine Seltenheit, bei EU-geförderten Drittmittelprojekten sind es schon einmal einige Dutzend Partner. Partner aus der Wissenschaft und Forschung, aber auch aus der Wirtschaft, die in ganz anderen Zeitskalen denkt und ganz andere Erfolgsindikatoren verwendet.

Freiheit der Forschung, Kreativität und ein Schuss Genialität sollen indessen einhergehen mit wirtschaftlich rasch verwertbaren Innovationen bei möglichst minimalem Investitionsrisiko. Und so sind Projektleitungen gefordert, Brücken zu bauen zwischen den häufig divergierenden Interessen der beteiligten Projektpartner, den verschiedenen Disziplinen und ihren Fachsprachen, dabei den Überblick zu behalten über große Finanzbudgets, umfangreiche Antragsunterlagen, aufwändige Risikoanalysen, das Erreichen von Zielen, Meilensteinen und sonstigen Erfolgsindikatoren sowie die Ergebnisdokumentation und Kommunikation mit Auftraggeber oder Auftraggeberin. Das hat mit dem traditionellen Rollenverständnis in Wissenschaft und Forschung kaum noch etwas gemein. Folgerichtig geraten gerade Nachwuchsführungskräfte hier schnell an ihre fachlichen und persönlichen Grenzen, sollten schrittweise an ihre Aufgaben herangeführt werden, wofür jedoch oftmals Zeit und Geld fehlen.

In Deutschland daheim, in der Welt zuhause. Dieser leicht abgewandelte Slogan einer Brauerei gilt ein Stück weit auch für die wissenschaftlichen Mitarbeitenden in den deutschen Forschungszentren. Mehrfache Umzüge innerhalb und außerhalb Deutschlands während der langen wissenschaftlichen Qualifizierungsphasen und danach sind durchaus üblich. Das stellt Partnerschaften und Freundschaften so manches Mal auf eine harte Probe. Die gleichberechtigte Verfolgung von Karrieren und die Gründung einer Familie sind ebenfalls erschwert. Frauen sind hiervon nach wie vor in ganz besonderer Weise betroffen. Bis zu 12 Berufsjahre mit

Zeitverträgen nach dem Wissenschaftszeitvertragsgesetz und die daraus resultierenden Risiken und Nachteile, etwa beim Immobilienerwerb, tragen auch nicht zu einer Verbesserung der Gesamtsituation bei. Die Work-Life-Balance kann da schon mal erheblich ins Ungleichgewicht geraten.

Unter dem Strich ist es insbesondere die globalisierte VUCA-Welt, die in Forschung und Forschungsmanagement einbricht und ihre Spuren hinterlässt: Volatilität vor allem in der Priorisierung der Forschungsthemen – direkt und indirekt forciert durch die klassischen und immer häufiger die sozialen Medien. Unsicherheit in vielen Bereichen – von grundlegenden Strategie- und Umsetzungsfragen bis hin zu rechtlichen Randbedingungen bei Präsentationen im Ausland. Komplexität in Strukturen und Prozessen – gleichermaßen in Forschungszentren, Forschungsprogrammen und Forschungsprojekten. Mehrdeutigkeit und teils inhärente Widersprüchlichkeit der Zielsysteme – für die deutschen Forschungszentren wie für jeden Mitarbeitenden. Tradition trifft auf Moderne. Moderne trifft auf Tradition. Und all das in rasantem Tempo. Für jeden Mitarbeitenden, vor allem aber für die Führungskräfte, bedeutet das, einen angemessenen Umgang mit den immensen Herausforderungen zu finden.

Denn es sind diese Mitarbeitenden, die hoch motiviert an den großen und drängenden Themen der Gegenwart und Zukunft arbeiten: Umwelt, Klima, Mobilität, Energie, Gesundheit, um nur einige zu nennen. Sie sind es, die die Grundlagen schaffen für politische und wirtschaftliche Entscheidungen. Sie sind es, die als Multiplikatoren und Kommunikatoren wissenschaftlicher Fakten und komplexer Zusammenhänge in die Gesellschaft fungieren. "Die Arbeit der Helmholtz-Gemeinschaft zielt darauf, die Lebensgrundlagen des Menschen langfristig zu sichern und die technologische Basis für eine wettbewerbsfähige Wirtschaft zu schaffen" (Helmholtz-Gemeinschaft 2021a). Von den fachlichen und persönlichen Kompetenzen der Mitarbeitenden und ihren Arbeitsbedingungen hängt es maßgeblich ab, ob dieser Anspruch erfüllt werden kann. Nicht nur deshalb verdienen sie unsere bestmögliche Unterstützung.

Aktueller Stand des Coachings in deutschen Forschungszentren

"Wir gewinnen und fördern die besten Talente und bieten ihnen ein einmaliges wissenschaftliches Umfeld sowie generelle Unterstützung in allen Entwicklungsphasen" (Helmholtz-Gemeinschaft 2021a). Dieser Auszug aus der Mission der Helmholtz-Gemeinschaft kann stellvertretend wohl auch für die Haltung der anderen Forschungsorganisationen stehen. Die Helmholtz-Gemeinschaft betreibt hierzu eine Akademie für Führungskräfte. Das DLR hält außerdem ein umfangreiches und breit gefächertes eigenes Seminarprogramm vor, das Fort- und Weiterbildung für Mitarbeitende in allen Entwicklungsphasen anbietet. Darüber hinaus gibt es mit dem DLR_Graduate_Program ein eigenes Format für Promovierende, in dem "neben wissenschaftlichem Handwerkszeug vor allem überfachliche Management- und Sozialkompetenzen [trainiert werden]" (DLR 2021). Ergänzend gibt es individuelle Unterstützungsangebote für Organisationsentwicklung, Change Management und Coaching.

Dann ist doch alles gut, könnte man bei dem vielfältigen Angebot meinen, das zumindest in ähnlicher Form nicht nur im DLR, sondern in allen großen deutschen Forschungszentren existiert. Ja und nein. Ja, weil das Seminarangebot innerhalb der Forschungszentren oft beeindruckend groß ist, auf die unterschiedlichen Zielgruppen zugeschnitten ist und im Bedarfsfall um externe Angebote ergänzt wird. Nein, weil aus meiner Sicht den individuellen Unterstützungsangeboten für Organisationsentwicklung, Change Management und Coaching in aller Regel zu wenig Bedeutung beigemessen wird. Gerade Coaching könnte die Mitarbeitenden maßgeblich dabei unterstützen, die oben geschilderten Herausforderungen anzugehen und einer für sie passenden Lösung zuzuführen. Personenzentriert, maßgeschneidert, zeitlich begrenzt, lösungs-, ziel- und wachstumsorientiert in einem Setting auf Augenhöhe bringt Coaching hierfür eigentlich alle erforderlichen Voraussetzungen mit.

Eigentlich. Denn auch über 20 Jahre nach der Einführung von Coaching in den ersten deutschen Forschungszentren gibt es immer noch unspezifische, nicht substanziierte Vorbehalte in vielen Köpfen, wie eine empirische Studie in den Mitgliedszentren der Helmholtz-Gemeinschaft aufzeigt (Piehler 2021). Die 757 Teilnehmenden der nicht-repräsentativen Befragung in 2016 dokumentieren deutlich, woran es auch einige Jahre später noch hapert: "Auffällig ist vor allem die große Diskrepanz zwischen der hohen Wertschätzung von Coaching und dem sehr positiven Feedback zu eigenen Erfahrungen mit Coaching auf der einen Seite sowie der fehlenden Akzeptanz und mangelnden Deckung des Coaching-Bedarfs auf der anderen. Frauen sind von dieser Diskrepanz noch stärker betroffen als Männer. Unabhängig von ihrer Größe und Finanzkraft zeigen sich auch bei den Forschungszentren erhebliche Unterschiede im Verhältnis zu Coaching" (ebd., S. 134).

Coaching in deutschen Forschungszentren kämpft offensichtlich in weiten Teilen nach wie vor mit dem Nimbus, ein Angebot für Gescheiterte zu sein, die es aus eigener Kraft einfach nicht schaffen und deshalb Unterstützung von außen brauchen. Im Sinn einer selbsterfüllenden Prophezeiung führt fehlende Coachingerfahrung denn auch "zu einer negativeren Einschätzung der Akzeptanz von Coaching" (Piehler 2021, S. 128), was wiederum zur Folge hat, dass ein Coaching aus Sorge vor einer potenziellen Rufschädigung erst gar nicht in Anspruch genommen wird. Hier ist meines Erachtens ein Paradigmenwechsel erforderlich mit dem Ziel, den Fokus vom defizitorientierten Coaching in Krisensituationen auf die Chancen eines Coachings zur Potenzialentwicklung und Prävention zu verlagern. Damit sollte es auch gelingen können, Coaching aus dem Schattendasein herauszuführen und mit einer deutlich positiveren Konnotation zu versehen.

Basierend auf den Ergebnissen der Befragung wurden für die Forschungszentren als erste Handlungsfelder unter anderem identifiziert: "Breite Aufklärung über Einsatzmöglichkeiten und -grenzen von Coaching, Bewerbung von Coaching als in erster Linie zielgerichtete Unterstützung von Leistungsträger*innen, Gewinnung von sichtbaren Vorbildern für die Inanspruchnahme von Coaching-Angeboten auf den obersten Führungsebenen, Obligatorische Coaching-Angebote, insbesondere für Führungs- und Führungsnachwuchskräfte sowie Mitarbeiter*innen in Veränderungsprozessen, Sensibilisierung von Führungs- und Führungsnachwuchskräften für geschlechtsspezifische Unterschiede bei der Deckung des Coaching-Bedarfs, Adäquate Qualifizierung interner Coaches" (Piehler 2021, S. 135-136).

Gedanken zur Zukunft des Coachings in deutschen Forschungszentren

Die oben diskutierten Herausforderungen lassen erwarten, dass der Coachingbedarf in deutschen Forschungszentren auf absehbare Zeit weiter zunehmen wird. "Die Umsetzung der Handlungsfelder in konkrete Maßnahmen erscheint [daher] umso bedeutsamer" (Piehler 2021, S. 136). Coaching kann dabei über seine traditionellen Einsatzbereiche in der Personal- und Organisationsentwicklung hinaus einen wertvollen Beitrag zum Erhalt der psychischen Gesundheit am Arbeitsplatz leisten und damit eine wichtige Funktion im Rahmen des betrieblichen Gesundheitsmanagements übernehmen. Zentrale Voraussetzung hierfür ist, "dass die erhöhte Coaching-Nachfrage mit einer durchgängig professionellen Qualifizierung bei den Coaches einhergeht" (ebd.).

Aus meiner Sicht ist dies ein ganz entscheidender Punkt. Denn es gibt "immer noch keinen Titelschutz für professionell tätige (bzw. ausgebildete) Coaches, der wirklich hält, was er verspricht! Die Verbände können oder wollen es bisher nicht schaffen, hier für geregelte und kundensichere Verhältnisse zu sorgen. [...] Der 'Markt' und seine Teilnehmer*innen müssen zwischen exzellenten Profis, Allerwelt-Coaches, Titel-Räubern oder Scharlatanen selbst entscheiden, mit wem 'man' arbeiten will und kann" (Böning & Strikker 2020, S. 1-2). Es sind dringend pragmatische Lösungen gefordert, um diesem desolaten Zustand abzuhelfen. Zugleich gilt es zu verhindern, dass "sich das seit Jahren geradezu rauschhaft verbreitende 'Coaching' in die Unwesentlichkeit eines bloßen Allerwelts-Begriffs mit sinkender Bedeutung [verflüchtigt]" (ebd., S. 41) und damit die großen Potenziale, die professionelles Coaching hat, einfach so hergeschenkt werden.

Die Professionalisierung von Coaching, verbunden mit verbindlichen Mindeststandards für Ausbildung und Zulassung als Coach, scheint mir für die Zukunft daher unerlässlich. Fraglich ist, ob es die Coachingbranche aus eigener Kraft schafft, sich aus der schon viel zu lange dauernden Problemtrance zu befreien und sich dieses Themas konstruktiv und lösungsorientiert anzunehmen. Dazu gehört für mich, alle Coachingstakeholder an einen Tisch zu bringen, alte Gräben – etwa zwischen Coachingpraxis und Coachingforschung oder Coachingverbänden und Coachingplattformen – zu überwinden und gemeinsam etwas tragfähiges Neues zu schaffen. Die Coachingbranche kann hierbei unter anderem auf die

Erfahrungen bei der Entwicklung und Umsetzung des Mediationsgesetztes zurückgreifen, das 2012 erlassen wurde. Und vielleicht nutzt sie sogar selbst die Potenziale einer Mediation, um eigenverantwortlich die vorhandenen Konflikte und Differenzen zu bearbeiten.

Dafür bleibt nicht viel Zeit. Denn parallel dazu macht die rasante Digitalisierung der Arbeitswelt auch vor Coaching nicht halt. Beflügelt durch die Einschränkungen der COVID-19-Pandemie ist einer aktuellen Befragung zufolge der Anteil an Videokonferenzen in Coachings innerhalb eines Jahres von 7,70 % auf 37,11 % gestiegen (Rauen 2021, S. 17). Zählt man die 9,79 % der Telefoncoachings hinzu, haben Formate der digitalen synchronen Kommunikation inzwischen einen höheren Anteil als Präsenzcoachings mit 45,07 % (ebd.). Vieles spricht dafür, dass sich diese Entwicklung fortsetzen wird: anderer Medienzugang der jüngeren Generation, weniger Reisen, geringere Umweltbelastung, geringerer Zeitbedarf, geringere Kosten, größere Auswahl an Coaches und Coachees. Gut möglich, dass künftig "die unmittelbare, vertrauensbildende Präsenz und die nicht beschnittene Wahrnehmung des Klienten" (ebd.) in Präsenzcoachings nur noch einen kleinen Anteil unter ansonsten digital dominierten Coachingformaten darstellt.

Weiter fortschreitende technische Möglichkeiten befördern diese Entwicklung und gefährden sie zugleich. Führende Videokonferenzsysteme integrieren bereits heute Anwendungen für digitale Zusammenarbeit und Arbeitsmanagement. Damit stehen auch im digitalen Coachingraum klassische, intuitiv zu bedienende Hilfsmittel zur Verfügung. Technologien wie Virtual und Mixed Reality eröffnen mit ihren Simulationsumgebungen neue Anwendungsperspektiven. Sie erlauben es, "fast vollständig individualisierte Lernräume zu gestalten, die entsprechend auf die spezifischen Anforderungen der Klienten angepasst werden können" (Dürr 2021, S. 53). Demgegenüber unterstützen digitale Tools unerfahrene oder unsichere Coaches bei Standardthemen mit passenden Ablaufschemata und Fragenkatalogen. Methoden der Künstlichen Intelligenz verschaffen Coachees sogar den Zugang zu einem Coaching, das ganz ohne menschlichen Coach auskommt (Böning & Strikker 2020, S. 31).

Maschinengestützte oder vollständig maschinelle Coachings? Ist ein Coaching ohne menschlichen Coach überhaupt noch Coaching? Und wer trägt dann die Verantwortung für den Umgang mit herausfordernden Situationen? Diese und ähnliche Fragen sind bislang ungeklärt. Sie werden jedoch an Relevanz gewinnen und erhöhen damit den Druck, sich mit der Professionalisierung von Coaching zu befassen. Gerade vollständig maschinelle Coachings versprechen ihren Nutzerinnen und Nutzern Selbstbestimmung, Autonomie und die Freiheit, einen Coachingprozess jederzeit abzubrechen oder wieder zu beginnen (Böning & Strikker 2020, S. 31). Was diesem Format allerdings – jedenfalls noch – fehlt, ist der erkenntnisgewinnende Dialog zwischen Coachee und Coach (ebd.) basierend auf all dem, was einen qualifizierten menschlichen Coach unter anderem auszeichnet: Fachkompetenz, Methodenflexibilität, Feldkompetenz, Wahrnehmungs- und Bewertungskompetenz, Sozialkompetenz.

Die oben geschilderten Gedanken zur Zukunft des Coachings in deutschen Forschungszentren betreffen grundsätzlich alle Coachingsektoren, sind nicht forschungsspezifisch. Dabei ist für mich die Professionalisierung von Coaching und die damit einhergehende Qualitätssicherung essenziell. Ohne sie dürfte es schwierig bis unmöglich werden, die künftigen Anforderungen an Coaching adäquat zu bedienen und darüber hinaus den Begriff Coaching sowie die damit verbundenen Leistungen vor bewusstem oder unbewusstem Missbrauch, Diskreditierung und Preisdumping zu schützen. Die weiter fortschreitenden technischen Möglichkeiten eröffnen zahlreiche beeindruckende Einsatzperspektiven sowohl für Präsenz- als auch für Digitalformate. Zugleich erscheint es mir wichtig, nicht jede vermeintliche technische Innovation unmittelbar in die Anwendung zu übernehmen, sondern sie zunächst einmal auf ihre Seriosität und Sinnhaftigkeit im Coachingkontext zu überprüfen.

Und wie sieht es nun konkret aus, mein Ideal einer Zukunft des Coachings in deutschen Forschungszentren? Ich stelle mir ein obligatorisches Coachingangebot vor, das allen Mitarbeitenden mit entsprechendem Bedarf offensteht. Dieses Coachingangebot reicht über die traditionellen Einsatzbereiche von Coaching in der Personal- und Organisationsentwicklung deutlich hinaus und übernimmt ergänzend eine wichtige Funktion im Rahmen des betrieblichen Gesundheitsmanagements. Es begleitet und fördert Potenzialentwicklung und Prävention, unterstützt in Krisensituationen. Die hierdurch erzielte psychische Entlastung und Ressourcenstärkung sind nicht nur im Interesse der Mitarbeitenden. Vielmehr profitieren auch die Forschungszentren vom Erhalt der Gesundheit, Leistungsfähigkeit und Motivation ihrer Mitarbeitenden. Von den obersten Führungsebenen in den Forschungszentren aktiv getragen, ist dieses Coachingangebot zugleich ein Element im globalen Wettbewerb um die besten Köpfe.

Nach meinem deutlichen Plädoyer für den umfangreichen Einsatz von Coaching in Forschungszentren ist es mir ein Anliegen, klarzustellen, dass Coaching natürlich kein Allheilmittel ist, nicht alles kann. Aber richtig gutes und professionelles Coaching kann sehr viel. Und es kann häufig viel mehr, als selbst manche Profis in der Personal- und Organisationsentwicklung von Forschungszentren meinen. Es liegt nicht zuletzt in der Verantwortung der Coachingbranche, die Voraussetzungen zu schaffen, um auch Coachingskeptiker mit fundierten Sachargumenten zum Qualifikationsniveau von Coachs sowie zur Qualität und Wirkung von Coaching überzeugen zu können. Und so bleibt mir am Ende meines Standpunkts noch meine Quintessenz: *Mehr Coaching in deutschen Forschungszentren! Die brauchen sowas! Im Ernst!* Unter einer Voraussetzung: Die Coachingbranche scheitert nicht an sich selbst.

Literatur:

BMBF (2019): *Pakt für Forschung und Innovation*. Berlin: Bundesministerium für Bildung und Forschung. https://www.bmbf.de/bmbf/de/forschung/das-wissenschaftssystem/pakt-fuer-forschung-und-innovation/pakt-fuer-forschung-und-innovation_node.html. Letzter Abruf: 04.09.2021.

Böning, U. & Strikker, F. (2020): *Coaching in der zweiten Romantik: Abstieg oder Aufstieg? Zwischen individuellem Glücksversprechen und gesellschaftlicher Verantwortung*. Wiesbaden: Springer Fachmedien.

DLR (2021): *DLR_Graduate_Program: Für Ihre Promotion geben wir unser Bestes*. Köln: Deutsches Zentrum für Luft- und Raumfahrt. https://www.dlr.de/content/de/artikel/nachwuchs/dlr-graduate-program-fuer-ihre-promotion.html. Letzter Abruf: 04.09.2021.

Dürr, T. (2021): *Virtual und Mixed Reality im Business-Coaching*. Coaching-Magazin 4(1), 49-53.

Helmholtz-Gemeinschaft (2021a): *Mission der Helmholtz-Gemeinschaft*. Bonn: Hermann von Helmholtz-Gemeinschaft Deutscher Forschungszentren. https://www.helmholtz.de/ueber-uns/die-gemeinschaft/mission/. Letzter Abruf: 04.09.2021.

Helmholtz-Gemeinschaft (2021b): *Programmorientierte Förderung*. Bonn: Hermann von Helmholtz-Gemeinschaft Deutscher Forschungszentren. https://www.helmholtz.de/forschung/programmorientierte-foerderung. Letzter Abruf: 04.09.2021.

Piehler, C. (2021): *Coaching in Forschungszentren: eine empirische Studie in der Helmholtz-Gemeinschaft*. In: G. Graeßner & F. Strikker (Hrsg.): Coaching und Change im Blickpunkt. Band 2. Arbeitswelt, digitale Prozesse, didaktische Gestaltung – empirische Untersuchungen. Stuttgart: ibidem-Verlag, S. 105-140.

Rauen, C. (2021): *RAUEN Coaching-Marktanalyse 2021 (Version 02.09.2021)*. Wallenhorst: Christopher Rauen. https://www.rauen.de/cma/. Letzter Abruf: 07.09.2021.

Ute Symanski

In Zukunft politischer: Leitungscoaching in Wissenschaft, Politik und Verwaltung

Mit der Einladung zu diesem Buchbeitrag haben Uwe Böning und Frank Strikker eine Diskussion eröffnet, die für mich sogleich unwiderstehlich war. Neben anderen Thesen rund um die Zukunft von Coaching geben sie den Impuls, dass Coaching aufhören solle, angesichts der dramatischen und bedeutsamen gesellschaftlichen Entwicklungen eine unentschlossene Beobachtungsposition einzunehmen. Coaching solle sich einmischen, sich positionieren. Ich bin dabei! Ich bin davon überzeugt und ich wünsche mir, dass Coaching sich mehr in gesellschaftliche Fragen einbringen sollte. Wir brauchen ein in diesem Sinne transformatives Coaching. Im Folgenden kommentiere ich die von Böning/Strikker aufgeworfenen Fragestellungen, die um genau diesen Kontext kreisen: 1) „Gibt es gesellschaftlich-politische Entwicklungen, die im Coaching besonders zu berücksichtigen wären?", 2) „Welche Erwartungen hast Du an die verschiedenen Akteure im Coachingmarkt im Hinblick auf die gesellschaftlichen Entwicklungen?", 3) „Wie könnte sich Coaching intensiver mit gesellschaftlichen Entwicklungen auseinandersetzen?" und 4) „Inwiefern gleichen oder unterschieden sich die Spielregeln der sozialen Gestaltung in der Politik, den Medien und Coaching?". Zur Einordnung meiner Gedanken auf diese Fragestellungen scheint es mir wichtig, Informationen über mich und meine Arbeit als Coachin voranzustellen.

Als Beraterin und Coachin arbeite ich mit Menschen in Führungs- und Leitungspositionen in Wissenschaft, öffentlicher Verwaltung und Politik. Dies sind Rektor*innen und Präsident*innen, Kanzler*innen, Bürgermeister*innen, Beigeordnete, Dekan*innen, Dezernent*innen, Abteilungsleiter*innen, Politiker*innen. Diese Funktionsrollen sind originär politisch. Und weil die Organisationen, in denen meine Coaching-Klient*innen agieren, gesellschaftliche Aufträge erfüllen, sind sie eng an gesellschaftliche Entwicklungen gekoppelt. Aktuelle gesellschaftspolitische Prozesse sind deshalb in den Coachings und Beratungsprozessen präsent. Neben meinem Beruf bin ich ehrenamtliche Vorsitzende eines Umweltschutzvereins. Derzeit ist der Schwerpunkt unseres Engagements die Wende hin zu einer nachhaltigen, klimafreundlichen und am menschlichen Maß ausgerichteten Mobilitäts- und Stadtplanung. Als erste Frau in der Geschichte Nordrhein-Westfalens habe ich 2018 eine Volksinitiative angemeldet und erfolgreich abgeschlossen. In der Folge bekommt Nordrhein-Westfalen als erstes Flächenland in Deutschland ein eigenes Fahrrad- und Nahmobilitätsgesetz, das seit Jahresbeginn 2022 in Kraft ist. Für die Beantwortung der Fragen, die ich mir für die Kommentierung herausgesucht habe, führe ich diese beiden Erfahrungshorizonte zusammen. Die erste Frage, quasi die Einstiegsfrage, steckt das thematische Feld ab.

1. Gibt es gesellschaftlich-politische Entwicklungen, die im Coaching besonders zu berücksichtigen wären?

Dazu ein unbedingtes: Ja! Fast möchte ich zurückfragen, ob diese Frage nicht eine rhetorische sei? Gibt es überhaupt gesellschaftlich-politische Entwicklungen, die im Coaching NICHT besonders zu berücksichtigen wären? Ich kann mir Coaching, das von den gesellschaftlichen Fragestellungen und Implikationen abgekoppelt ist, kaum vorstellen. Es mag sein, dass diese Einschätzung eine Folge meiner Spezialisierung ist: die Arbeit mit den oberen Hierarchieebenen im Wissenschaftssystem und in Politik und Verwaltung. Die enge Verflechtung, die Beobachtung und Reflexion gesellschaftlicher Entwicklungen ist in der beruflichen Rolle dieser Klient*innen mit angelegt. Sie empfinden sich in der Regel als mit verantwortlich dafür, Lösungen und Antworten auf die großen Fragen unserer Zeit und auf akute Herausforderungen zu finden oder umzusetzen. Oder sie empfinden sich als verantwortlich dafür, dass in den Organisationen, in denen sie leiten, die Antworten auf die dringlichen Menschheitsaufgaben gefunden werden können. Ich arbeite mit denen, die insbesondere in gesellschaftspolitisch heiklen oder schwierigen Situationen Entscheidungen zu treffen haben. Beispiele für solche Entscheidungen sind: Umgang mit Protesten gegen Lehrveranstaltungen, die von Personen abgehalten werden, die von den Protestierenden als „rechts außen" oder gar „rechtsextrem" empfunden werden, Umgang mit Vorwürfen des sexualisierten Machtmissbrauchs von Institutsleitungen, Umgang mit Konflikten innerhalb eines Stadtvorstands, weil Fahrverbote für

Dieselfahrzeuge eingeführt werden könnten. Dies sind bewusst Beispiele, die nicht durch die derzeit grassierende Corona-Pandemie verursacht sind. Selbst wenn diese Fragestellungen nicht der eigentliche Anlass für die Aufnahme des Coaching waren, treiben sie die Klient*innen um. Mindestens berichten sie von dieser aktuell belastenden Situation, und oft werden diese aktuellen Situationen Thema im Coaching selbst. Oder werden zu einem Anlass für ein zusätzliches Coaching außer der Reihe. Wenn ich die Coaching-Gespräche der letzten Monate Revue passieren lasse, kann ich folgende weitere konkrete Themen nennen, die eine besondere Berücksichtigung gefunden haben: die Klimakrise und die Zerstörung der Artenvielfalt und das Ringen um Lösungen hierzu, der Umgang mit Migration, mit Internationalisierung und wachsender kultureller Vielfalt in Organisationen, Diversität, Geschlechtersensibilität, Chancengleichheit, Umgang mit wachsenden Parallelwelten. Im Kontext dieser Fragestellungen eine Reflexionspartnerin zu sein, ist für die Klient*innen in besonderem Maße nützlich und wertvoll und trägt dazu bei, dass die eigene Orientierung und Positionierung der Klient*innen leichter fällt – so die Rückmeldungen im Coaching.

2. Welche Erwartungen hast Du an die verschiedenen Akteure im Coachingmarkt im Hinblick auf die gesellschaftlichen Entwicklungen?

Durchaus hohe. Wobei für mich passender klingt, dass ich hohe Wünsche hege. Mit meinem Beruf verbinde ich eine hohe empfundene Verantwortung für den Arbeitsprozess mit den Klient*innen. Diese sind Teil von Gesellschaft, von Gemeinschaft, und wer mit Individuen im Coaching arbeitet, kann sich einer Verantwortung für Gesellschaft nicht entziehen. Dass dies ein ‚common ground' sein möge, auf dem wir alle, die wir als Coach*innen arbeiten, gemeinsam stehen, das wünsche ich mir unbedingt. Als Coach*innen spiegeln wir die Vielfalt der Gesellschaft, die Vielfalt an Meinungen, Einstellungen, Sichtweisen wider und natürlich halten wir individuell verschiedene gesellschaftspolitische Themen für besonders wichtig. Für mich sind die 17 Nachhaltigkeitsziele der Vereinten Nationen, die ‚Sustainable Development Goals' (SDG) der gesellschaftspolitische Orientierungsrahmen für meine Arbeit. Ich wünsche mir, dass sie zum Referenzrahmen für immer mehr Kolleg*innen werden.

3. Wie könnte sich Coaching intensiver mit gesellschaftlichen Entwicklungen auseinandersetzen?

Hierfür sehe ich vier konkrete Ansatzpunkte.

3.1 Eine Haltung haben

Erstens können wir als Coach*innen die gesellschaftlichen Entwicklungen beobachten, reflektieren, eine eigene Haltung entwickeln, damit wir vorbereitet sind, falls diese Themen durch die Klient*innen ins Coaching eingebracht werden. Ich brauche eine Haltung zum Thema Diversität und Chancengerechtigkeit, wenn ich mit der Kanzlerin über ihre Arbeitsbeziehung zu einem als misogyn empfundenen Dekan einer mächtigen Fakultät spreche. Ich brauche die Anschlussfähigkeit an den Diskurs um Flugreisen zu internationalen Konferenzen, der im Wissenschaftssystem längst geführt wird, wenn der Präsident einer Universität überlegen will, wie er mit dem Streit umgehen kann, der über die Reduktion der internationalen Flüge der Wissenschaftler*innen entbrannt ist. Diese und ähnliche Fragestellungen, die im Kontext aktueller gesellschaftlicher Entwicklungen stehen, werden durch die Klient*innen in das Coaching getragen. Ich meine, ich kann meinen professionellen Anspruch nur erfüllen, wenn ich diesen Rahmen kenne, selbst reflektiere und meine eigene Positionierung darin gefunden habe. Nur dann kann ich qualitativ hochwertig coachen, wenn ich die Implikationen von Themen für den Kontext der Klient*innen kenne und die potentiellen Auswirkungen von Entscheidungen antizipieren kann. Als Coach*in eine Haltung in diesem Sinne zu haben heißt natürlich nicht, diese Haltung in den Coachings ungefragt zu explizieren, zu thematisieren oder gar zu versuchen, von der eigenen Haltung zu überzeugen. Das wäre missionieren – und stünde im klaren Widerspruch zu den Zielen und Methoden von Coaching. Eine Haltung haben im hier gemeinten Sinne ist ein Teil meiner fachlichen Kompetenz, meiner Feldkompetenz, die ich potentiell in Coachingprozesse einbringen kann. Wenn dieses Einbringen für die Klient*innen nützlich ist und abgefragt wird.

3.2 Mit gutem Beispiel voran gehen

Zweitens können wir unsere Haltung zu aktuellen gesellschaftlichen Entwicklungen zeigen, wir können Farbe bekennen, wir können ‚Role Models' sein. Auch hierfür konkrete Beispiele: Ich bemühe mich um diversitätssensible Sprache, durchgehend. Ich erlebe immer wieder, wie sehr dies eine Weichenstellung für die Kommunikation im gesamten Beratungssetting ist. Oder:

Wenn Termine in großer Entfernung geplant werden, bringe ich ein, dass ich mit der Bahn anreise, nicht mit dem Flugzeug, und frage, inwiefern wir die Uhrzeiten für den Termin daran gemeinsam ausrichten könnten. Falls ich gefragt werde, warum ich nicht flöge, antworte ich ohne viel Aufhebens, dass ich aus ökologischen Gründen keine Inlandsflüge mache, und die Zeitersparnis ohnehin nur gering sei. Und wenn angeboten wird, mich vom Bahnhof mit dem Fahrdienst abholen zu lassen, antworte ich in der Regel, dass ich mein Faltrad in der Bahn mitgebracht habe, und wir diese eine Autofahrt gerne einsparen könnten. Oder dass ich sehr gerne mit dem Bus fahre – und damit quasi eine erste kleine Stadtrundfahrt erlebe. Was ich gerade in für mich neuen Städten fantastisch finde.

3.3 Den Diskurs mitgestalten

Drittens: Im Coaching bestimmen die Klient*innen die Themen und Fragestellungen, und die sind in der Regel auf den individuellen Kontext bezogen, der dementsprechend im Fokus steht. Unser Beruf hat jedoch auch ein „Drumherum", ein Agieren als Coach*innen außerhalb von konkreten Coachings- und Beratungsprozessen. Wir treten auf, wir sind Speaker*innen, wir präsentieren uns auf Webseiten, auf Plattformen, in Netzwerken, wir publizieren. Hier können wir den Diskurs um gesellschaftliche Entwicklungen mitgestalten. Wir können uns einmischen, uns zu Wort melden.

Ich docke damit an die Begrifflichkeit an, die Böning/Strikker als die Frage nach der „Politikfähigkeit der Branche" einführen (Böning/Strikker 2020, S. 47). Darunter kann Unterschiedliches verstanden werden, auch ein politisches Agieren im Sinne von Repräsentation und Interessensvertretung für die Coaching-Branche. Für mich bedeutet die Steigerung der Politikfähigkeit auch, noch bewusster gesellschaftliche Diskurse beeinflussen zu können und damit auch noch mehr politisch zu handeln, ohne parteipolitisch zu agieren. Für die Forschung fordern immer mehr Wissenschaftler*innen selbst, dass Wissenschaft sich mehr einmischen müsse in gesellschaftliche Fragen, dass sie stärker Position beziehen solle, und dass wir eine transformative Wissenschaft brauchen. Diesen Begriff haben Uwe Schneidewind und Mandy Singer-Brodowski schon 2014 in ihrem Buch „Transformative Wissenschaft: Klimawandel im deutschen Hochschul- und Wissenschaftssystem"

(Schneidewind/Singer-Brodowski, 2014) für die Wissenschaft geprägt. Uwe Böning und Frank Strikker nehmen diesen Begriff auf und übertragen ihn auf unsere Branche. Es braucht transformatives Coaching – dem schließe ich mich hier ausdrücklich an.

So versuche ich in dem Teil meiner beruflichen Rolle, der im oben genannten Sinne ein öffentlicher Teil dieses Berufs ist, den Diskurs konkret mitzugestalten: Ich habe ein Podcast-Projekt gestartet. Unter dem Titel „ScexperiencemanagersForFuture – Gespräche für ein nachhaltiges Hochschulsystem" spreche ich mit Präsident*innen, Kanzler*innen, Rektor*innen, Prorektor*innen und mit anderen Funktionsinhaber*innen über ihre Ideen und ihr Handeln für eine nachhaltigere Hochschule. Ich möchte damit sichtbar machen, dass es viele Wissenschaftsmanager*innen gerade auch in hierarchisch obersten Funktionen im Wissenschaftssystem gibt, die sich mit dieser Fragestellung auseinandersetzen. Wenn ich mir das wünschen könnte, so würde ich mit dieser Podcast-Reihe nahezu einen (kleinen) Sog auslösen. „Wie, an der Uni xy besetzen die jetzt für jedes der SDG eine eigene Professur? Das ist ja ein Ding. Was für eine tolle Idee. Und was machen wir? Wir müssen auch sowas machen." Ich möchte die Ideen zeigen, die überall entstehen oder schon umgesetzt werden. Ich möchte den Weg beschreiben, den einzelne Hochschulen gehen, dabei auch die Herausforderungen und Schwierigkeiten benennen, vor denen sie stehen, wenn sie ihre Hochschulen transformieren möchten. Ich habe mich den ScientistsForFuture in meiner Region angeschlossen und beteilige mich an deren Aktivitäten, sofern ich dafür die Zeit finde. Ich bin der Deutschen Gesellschaft für Nachhaltigkeit an Hochschulen beigetreten und bringe mich auch hier immer wieder ein. Ich nehme mir Zeit für die Mitgliedschaft in der Jury für den jährlich vergebenen Deutschen Nachhaltigkeitspreis – DNP. In den Texten, die ich rund um Personal- und Organisationsentwicklung publiziere, setze ich immer wieder Themen, die ich für gesellschaftlich relevant halte und die mich selbst umtreiben. In der DUZ Wissenschaft & Management habe ich Kolumnen publiziert, unter anderem mit folgenden Titeln: „Die Zeit ist reif für transformatives Wissenschaftsmanagement" (Ausgabe 07/2020, S. 55) oder "#rectorsforfuture: Positionieren Sie sich!" (Ausgabe 07/2019, S. 41). Im ZEIT WISSEN DREI Newsletter habe ich einen einsamen Klimaretter beraten, der im Kollegium in die „Öko-Ecke" gestellt wurde (Ausgabe vom 14. Oktober 2019). Im Interview „Die gläserne Decke verschwindet nicht durch Stimmtraining" mit der Zeitschrift Forschung & Lehre gehe ich der Frage nach, wie die Zahl der

Wissenschaftlerinnen in Top-Positionen größer werden könnte (Forschung & Lehre online, 08. März 2019).

3.4 Das eigene Know-how einbringen

Viertens: Als Coach*innen üben wir uns jeden Tag aufs Neue in Kompetenzen, die zur Bewältigung gesellschaftlicher Herausforderungen nützlich sind. Wir können zuhören, können offen sein für andere Perspektiven, wir können aufmerksam sein und zwischen den Zeilen lesen, wir können Wertschätzung und Respekt in Worte fassen, wir können damit umgehen, wenn unsere Gesprächspartner*innen von Emotionen überwältigt werden, wir können Gespräche immer wieder auf eine Meta-Ebene führen – all diese exemplarisch genannten kommunikativen Kompetenzen sind so wertvoll im gesellschaftlichen Diskurs. Sie sind nützlich, wenn Angehörige unterschiedlicher „Blasen" aufeinander treffen, wenn Gruppen im übertragenen Sinne unterschiedliche Sprachen sprechen. Als Coach*innen können wir die Rolle von Mediator*innen, von Vermittler*innen übernehmen, wir können Brücken bauen. Wir können gegen das Auseinanderdriften und zum gesellschaftlichen Zusammenhalt beitragen. Dies halte ich besonders wichtig vor dem Hintergrund der folgenden Frage.

4. Inwiefern gleichen oder unterschieden sich die Spielregeln der sozialen Gestaltung in der Politik, den Medien und Coaching?

Die Zielsetzungen der Systeme Politik, Medien und Coaching sind unterschiedliche. Diese Zielsetzungen sind handlungsleitend für die Akteur*innen in den jeweiligen Systemen. So unterschiedliche Ziele wie „Mehrheiten gewinnen" (Politik), „Aufmerksamkeit generieren" (Medien) oder „Individuen stärken" (Coaching) erzeugen unterschiedliches Agieren zur Zielerreichung. Wie unterschiedlich die informellen Spielregeln in diesen Systemen sind, erfahre ich alltäglich. Ein konkretes Beispiel: Im politischen Diskurs, vor allem im öffentlichen, auf der medialen Bühne ausgetragenen politischen Diskurs, geht es in aller Regel nicht darum, ein echtes Gespräch zu führen. Es geht nicht darum, andere Meinungen zu erfahren, zu verstehen und die eigene Perspektive darzulegen. Auch ist der Umgang miteinander nicht primär von Respekt und Wertschätzung geprägt. Wenn es gut läuft, lässt man sich ausreden und befolgt die gängigen Höflichkeitsregeln. In erster Linie geht es darum, dass die unterschiedlichen Seiten ihre unterschiedlichen Meinungen vortragen. Oft zum wiederholten Male, und oft als Akt der Selbstvergewisserung. Zugespitzt könnte man diese Form der Kommunikation als eine Abfolge von Monologen bezeichnen. Die Währung, die zählt, sind Längen von Redeanteilen oder Zustimmungsbekundungen von Publikum, in Echtzeit, in nachfolgenden Meinungsumfragen oder Kommentierungen in ‚social media'. In ein politisches Gespräch mit der Haltung und dem Verhalten einer Coachin zu gehen, bricht mit diesen informellen Spielregeln und erzeugt, wenn es gelingt, ein völlig anderes kommunikatives Setting. Ich meine, dass sowohl das politische System als auch das Mediensystem Unterstützung dabei brauchen, zu einer neuen Kultur von Gespräch und Diskurs zu finden. Als Coach*innen können wir dazu beitragen, wenn wir durch unser professionelles Rüstzeug dafür sorgen, dass echte Gespräche, ein echter Austausch stattfinden.

Mein Fazit: Wir als Coach*innen werden mit unseren Kompetenzen gebraucht – nicht nur im konkreten Coaching- oder Beratungssetting. Wir können einen Beitrag leisten zur Gestaltung einer zeitgemäßen und zukunftsfähigen Gesellschaft von morgen.

Literatur:

Böning, U. & Strikker, F. (2020) *Coaching in der zweiten Romantik: Abstieg oder Aufstieg?*. Berlin: Springer.

Schneidewind, U. & Singer-Brodowski, M. (2014) *Transformative Wissenschaft*. Marburg: Metropolis-Verlag.

Symanski, U. (2019) *Die gläserne Decke verschwindet nicht durch Stimmtraining*, in: *Forschung & Lehre*. [aufgerufen 05.04.2022: https://www.forschung-und-lehre.de/karriere/die-glaeserne-decke-verschwindet-nicht-durch-stimmtraining-1581/#:~:text=Die%20gl%C3%A4serne%20Decke%20gibt%20es,noch%20immer%20in%20unseren%20K%C3%B6pfen.]

Symanski, U. (2019) *#rectorsforfuture: Positionieren Sie sich!,* in: DUZ Wissenschaft und Management (07/2019), S.41.

Symanski, U. (2019) *Öko-Ecke*, in: *ZEIT WISSEN DREI* (14.09.2019).

Symanski, U. (2020) *Die Zeit ist reif für transformatives Wissenschaftsmanagement*, in: DUZ Wissenschaft und Management (07(2020), S.55.

Kapitel 3
Perspektive: Verbände

Uwe Böning & Frank Strikker

Einführung

Die bestehenden Coaching-Verbände gibt es unterschiedlich lange. Ihre Ziele und die inhaltliche Ausrichtung sowie die Zahl der Mitglieder:innen variieren beträchtlich. Sie gleichen eher einem Chor mit sehr unterschiedlichen Stimmen, auch wenn mit dem Roundtable Coaching eine gewisse Struktur entstanden war, die allerdings nach mehr als einem Jahrzehnt vergeblicher Bemühungen nicht aufrechterhalten werden konnte. Einigungsprozesse scheinen allerdings schwierig, wie an den aktiven Austritten des DBVC und des ICF aus dem heutigen Roundtable zu erkennen ist.

Ursprünglich hatten wir fünfzehn Verbände bzw. deren Vorstände aus dem deutschsprachigen Raum angefragt, sich zur Zukunft des Business Coachings im vorliegenden Buch zu äußern. Einige Verbände haben aus unterschiedlichen Gründen abgewunken, was wir bedauernd zur Kenntnis genommen haben.

Daher präsentieren wir Ihnen die Stimmen von immerhin sechs Verbänden, die sich – zumindest im Rahmen dieses Buches – intensiver mit der Zukunft des Business Coachings befassen.

Jean-Paul Munsch

Systemisches Coaching als Freiraum für Entwicklung und Kreativität

Immer mehr Menschen nehmen Coaching und andere Beratungsleistungen in Anspruch. Dieser Umstand führt zu einer zunehmenden Ausbreitung von Coaching in verschiedene Arbeits- und Lebensbereiche. Dies wiederum führt zur Frage, ob sich mit zunehmender Ausbreitung auch die Bedeutung von Coaching verändere.

Coaching ist und war immer schon ein Freiraum, um Innezuhalten; ein Freiraum für Reflexion und Neuausrichtung. Führungskräfte kommen ins Coaching, weil sie unter Druck stehen, weil sie nicht mehr weiterwissen, oft auch, weil sie einsam sind und niemanden haben, mit dem sie auf Augenhöhe und offen sprechen können. Der Freiraum, den Coaching bietet, wird oft genutzt, um anstehende Fragestellungen und Herausforderungen der täglichen, taktischen oder strategischen Führungsarbeit zielführender beantworten und anschließend praktisch umsetzen zu können. Auch geht es im Coaching oft um die Positionierung des Coachees, manchmal ums Überleben im Betrieb oder des Betriebs selbst.

Wer mit Überlebensfragen beschäftigt ist, wechselt meist in den Überlebensmodus und hat meist nur noch bedingt Zugriff auf seine Kompetenzen und sein eigenes Lernen, geschweige denn seine Entwicklung (vgl. Bock 2020). Um vom Überlebens- und Optimierungsmodus in den Entwicklung- und Kreativitätsmodus zu kommen, braucht es Coaches, die einerseits den Überlebensmodus kennen; selber im Kompetenzmodus erfahren sind und sich in den offenen Lern- und Entwicklungsmodus hineinentwickelt haben. Coaches, die diese Modi kennen und von innen her leben, sind fähig, Coachees eben dazu anzuregen: Im Freiraum des Coachings aus dem Druck- und Überlebensmodus herauszugehen und Schritte in Richtung Entwicklung und Kreativität zu machen. Das ist die These dieses Artikels.

Coaching erster und zweiter Ordnung

Der Wechsel vom Überlebensmodus in den Kompetenzmodus ist der erste Schritt auf dem Weg in die Entwicklung und die Kreativität. In diesem Fall geht es systemisch gesprochen um Veränderung erster Ordnung, also um die Optimierung und Verbesserung der Arbeitsleistung innerhalb des bestehenden Bewusstseins und Systems. Zwar können auch Elemente des Systems ausgetauscht werden, also zum Beispiel Mitarbeitende entlassen werden, ohne die innere Systemlogik, die Kultur und die Art und Weise der Kommunikation zu verändern. Das heißt, dass auf dieser Ebene der ersten Ordnung die Muster und die Regeln der Kommunikation und auch die Art und Weise, wie Entscheidungen zustande kommen, gleichbleiben. Der Fokus liegt auf dieser Ebene bei der Effizienz und auf der Frage, ob die Dinge richtig getan werden (Selvini-Palazzoli 1978).

Bei Veränderung höherer oder zweiter Ordnung geht es darum, das bestehende Bewusstsein aufzulösen bzw. loszulassen, damit sich ein neues Bewusstsein für Kreativität öffnen kann. Der Wandel auf der Ebene zweiter Ordnung bringt eine Veränderung der Kultur und der inneren Systemlogik mit sich. Die Mitarbeitenden beginnen anders miteinander zu reden. Regeln, Werte und Normen werden besprechbar und geraten in Bewegung: Die Mitarbeitenden verändern ihr Verhalten, reden anders miteinander und verändern ihr Kooperationsverhalten und ihre Entscheidungs- und Reaktionsmuster. Die entscheidende Frage ist auf dieser Ebene, ob die richtigen Dinge getan werden.

Damit dies möglich ist, braucht es Coaching, weil die erweiterte Außensicht hilft, den eigenen Ort der Reflexion sichtbar und damit bearbeitbar und den höheren Ordnungen zugänglich zu machen (Luhmann 1995). Die so gewonnenen Freiheitsgrade können für die Entwicklung von kreativen Prozessen genutzt werden, um von so beleuchteten Flecken aus die Sackgassen von alten Mustern erster Ordnung herauszufinden. Dabei geht es nicht darum, die eine Ordnung gegen die andere auszuspielen, sondern mit dem «Doppelblick» von erster UND zweiter Ordnung zu sehen. Das hilft, auf beiden Ebenen zu agieren, auszubalancieren und durch die gewonnene Freiheit kreativer zu handeln.

Der Ort unseres Handelns und die Spaltungen der Gesellschaft

Der Aktionsforscher und Entwickler der Theorie U, Claus Otto Scharmer hat darauf hingewiesen, dass der blinde Fleck von Führungskräften den Ort bezeichnet, von dem aus sie handeln (Scharmer 2009). Dieser Ort bezeichnet den Ort, der vom Bespielen der gewohnten Muster und Handlungen geprägt ist. Es ist ein reaktiver Ort, von dem aus es nicht um Zuhören geht, sondern um das Geben von Antworten, die aus der Logik des bestehenden Systems kommen. Von diesem Ort aus kann nicht wirklich etwas Kreatives und Neues entstehen, weil die bestehenden Regeln und Normen nicht hinterfragt werden können. Er kann auch als der Ort der ersten Ordnung bezeichnet werden. Für Scharmer ist dieser blinde Fleck darum so wichtig, weil es für unser Handeln entscheidend ist, an welchem (Bewusstseins-)Ort wir innerlich stehen bzw. von welchem Ort aus wir handeln.

Es geht dabei darum, wie wir menschliche, organisationale und gesellschaftliche Entwicklung und uns selbst – als Lernende – verstehen. Dies erfordert einen reflexiven Akt, der den eigenen Ort beleuchtet und damit der Bearbeitung und Öffnung zugänglich macht. Entwicklungen sind gemäß Scharmer vor dem Hintergrund einer dreifachen Spaltung zu sehen und von diesen Spaltungen her zugänglich: der ökonomischen, spirituellen und ökologischen Spaltung. Damit sind die folgenden drei Themen adressiert, die uns alle letztlich in jeder Lebenssituation, und damit auch im Coaching und als Coach, betreffen: Die gesellschaftliche Ungleichheit und die Spaltung zwischen immer weniger Superreichen und immer mehr Armen (Piketty 2020). Die spirituelle Spaltung, die durch arbeits- und zivilisationsbedingte Krankheiten, wie Depressionen, aber auch Suizide und Einsamkeit entsteht und ebenfalls weiter zunimmt (Bauer 2019). Und die ökologische Spaltung, die wir immer hautnaher und eindrücklicher als globales Phänomen der Klimakrise erleben. Diese Spaltungen können wir als Herausforderungen verstehen und nur gemeinsam bewältigen.

Den eigenen blinden Fleck erhellen und die Verschiebung des Blicks

Für die Bewältigung dieser Herausforderungen braucht es ein Bewusstsein zweiter Ordnung, die den notwendigen Musterwechsel mit sich bringen kann. Und für Coaches erfordert es das Erhellen des eigenen blinden Flecks. Von welchem inneren Ort heraus agieren wir? Sind wir unreflektierte Dienstleister für alle Anfragen zur Effizienzsteigerung von (dysfunktional gewordenen) Systemen? Sind wir hilflose Helfer und Zuschauer von machtgetriebenen Prozessen? Befördern wir mit unserem Handeln alte Überlebensmuster, die immer mehr zu kurzfristigeren Reaktionsmustern der Angst werden?

Das Agieren aus dieser Haltung heraus entspricht dem Handeln erster Ordnung. Diese Ordnung hat die Optimierung des Bestehenden im Blick. Sie erfordert das Erfassen der bestehenden Ordnung und die Anschlussfähigkeit an das bestehende System. Das so verstandene Handeln entspricht wohl in den meisten Fällen auch dem Auftrag, den wir als Coaches bekommen.

Die Verschiebung des eigenen Ortes der Reflexion und des Bewusstseins ermöglicht es dem Coach nun selber, die durch die höhere Ordnung entstandene Freiheit zu nutzen. Konkret heißt dies, dass bei einer Anfrage genauer geprüft werden sollte, ob es bei der Anfrage um ein Anliegen erster Ordnung oder ein Anliegen zweiter Ordnung geht. Für ein Anliegen zweiter Ordnung bedarf es eines Musterwechsels und dem Loslassen von lieb gewonnenen Gewohnheiten und Routinen, um den Aufbau von neuen Mustern zu ermöglichen. So kann zum Beispiel die Angewohnheit einer Führungskraft, den Mitarbeitenden Aufträge zu erteilen und das Erfüllen der Aufträge zu kontrollieren, dahin gehend transformiert werden, dass den Mitarbeitenden mehr Verantwortung beim Erfüllen ihrer Aufgaben zugestanden wird. Die Aufgabe der Führungskraft verschiebt sich dann mehr in Richtung eines «Resonanzgebers», der Feedback gibt und nicht primär kontrolliert, sondern vielmehr dazu einlädt, sich «agil» in Richtung der Vorgaben zu bewegen, bis die Standards erfüllt sind. Dies bringt eine Verschiebung des Einflusses und der Macht mit sich und ist wohl der größte Stolperstein beim Paradigmenwechsel von erster zu zweiter Ordnung im Handeln.

Die Frage stellt sich also primär für den Coach und erst in zweiter Linie für den Coachee, ob er diesen Entwicklungsschritt machen will und bereit für die Erweiterung der Perspektive ist.

Beim Aufbau von eigenen Kompetenz- und Entwicklungsmustern kann es helfen, im Austausch mit anderen Lernenden und sich weiter Entwickelnden vernetzt zu sein und dabei den eigenen Lernprozess besser zu verstehen. Da braucht es manchmal nicht viel. Ein guter Freund, eine gute Zuhörerin, ein achtsamer Coach, der einem ein Tor für eine neue Idee öffnet, der einem bei der Umsetzung eines Experiments hilft.

Innere Freiheit und Zwischenräume für die Kreativität

Es braucht deshalb auch nicht viel Weitsicht, um zu verstehen, dass wir, um die erwähnten Spaltungen überwinden zu können,

Kreativität brauchen. Und Kreativität braucht Freiraum und innere Freiheit. Ein Freiraum, den Coaching bieten kann.

Da stellt sich nochmals die Frage, von welchem inneren Ort aus der Coach bei der Arbeit agiert. Welche Situation kreieren wir als Coach in unserem Coachingraum? Welche Strukturen, Prozesse und Methoden ermöglichen ein Eintauchen in eine persönliche Tiefe, die die oben skizzierte, globale Situation einbezieht? Welche Beziehungs- und Interaktionskompetenzen bringen wir als Coaches mit, um sinnvolle Wirkungen zu erzielen und kreatives Schaffen zu befördern? (Munsch 2021a)

Wenn sich der Coach selber als Lernender zweiter Ordnung versteht, ist eine Voraussetzung für den Musterwechsel und für die doppelte Betrachtungsweise von erster und zweiter Ordnung geschaffen. So wird der Lern- und Entwicklungsprozess des Coaches zum Gradmesser der romantischen Verstrickung. Damit ist auch die Romantik der neuen, agilen Arbeitsmodelle mitgemeint, die oft unterschätzen, welcher Aufwand und welcher Wille nötig ist, um einen solchen Musterwechsel zu initiieren, durchzuhalten und erfolgreich begleiten zu können. Es braucht also durchaus auch Disziplin, Übung und Durchhaltevermögen, um den Moduswechsel zu schaffen, und um spielend zwischen den beiden Modi der ersten und zweiten Ordnung wechseln zu können.

Der Ort der Kreativität ist ein Ort der inneren Freiheit. Innere Freiheit ist eine Bedingung für Kreativität. Dieser innere Ort der Kreativität ist zudem ein Raum der Stille, aus dem Neues geschehen kann (Betz & Reichel 2021). Diesen Raum der Kreativität zu schaffen, ist möglich, wenn sich der Coach bewusst ist und sich traut, diese Stille bei sich selbst mehr zuzulassen und von einem stilleren Ort her zu handeln.

Die Zwischenräume wahrnehmen

Im Angesicht des Drucks, der in vielen Systemen herrscht, scheint eine der wichtigsten Bedingungen für den Musterwechsel, die Entspannung zu sein (Munsch 2021b). Unter Druck ist kaum ein Moduswechsel in die zweite Ordnung möglich. Wie kommen wir angesichts der wachsenden Herausforderungen in die Entspannung? Indem wir die Zwischenräume nutzen, die sich jeden Tag zwischen unseren Handlungen auftun; die Zwischenräume, die sich auftun, wenn wir aus dem Modus des Autopiloten auftauchen; die Zwischenräume, die wir selber erschaffen können. Auch wenn es nur kleine Zwischenräume sind: Sie können das Bewusstsein für die innere Freiheit schaffen, die immer schon da war.

Die Zwischenräume sind der Ort, von dem aus Neues und Kreatives entstehen kann. Die Zwischenräume können die Einführung einer neuen Kommunikationsregel betreffen, die Pausen erlaubt; sie können neue räumliche Anordnungen betreffen, die wechselnde Zusammensetzungen von Teams ermöglichen; sie können die zeitliche Dimension betreffen und mit dem Schaffen von Frei-Zeiten und alternativen Zeit-Räumen einhergehen oder sie können das Schaffen von neuen sozialen Settings betreffen, die angstfreies Handeln ermöglichen (Edmondson 2020). Gerade dieser letzte Punkt scheint ein Schlüssel für die kreative Entwicklung von Systemen zu sein. Als Coaches können wir ebenfalls zu einer entspannten und angstfreien Atmosphäre beitragen, indem wir uns selber als Lernende und als Suchende des gemeinsamen Weges verstehen, und indem wir uns, ohne die globalen Realitäten und Herausforderungen auszublenden, für Entwicklungen offen zeigen.

Literatur:

Bauer, J. (2019). Wie wir werden, wer wir sind. Die Entstehung des menschlichen Selbst durch Resonanz. München: Blessing.

Betz, F. & Reichel, R. (2021). Schweigen macht Sinn. Zur Bedeutung von Sprechpausen, Stille und Verschwiegenheit in Beratung, Psychotherapie und Alltag. Wien: Facultas.

Bock, P. (2020). Der entstörte Mensch. Wie wir uns und die Welt verändern. München: Droemer.

Edmondson, A. C. (2020). Die angstfreie Organisation. Wie Sie psychologische Sicherheit am Arbeitsplatz für mehr Entwicklung, Lernen und Innovation schaffen. München: Vahlen.

Luhmann, N. (1995). Wie ist Bewusstsein an Kommunikation beteiligt? In: ders.: Die Soziologie und der Mensch. Soziologische Aufklärung 6. Opladen: Westdeutscher Verlag. S. 37-54.

Munsch, J.-P. (2021a). Verantwortung übernehmen und Orientierung schaffen. Jetzt die Schule der Zukunft gestalten. München: Literareon im Utzverlag.

Munsch, J.-P. (2021b). Beantwortung der Frage, welches die größte Herausforderung der Schule ist. Online unter: https://www.linkedin.com/pulse/beantwortung-der-frage-welches-die-gr%25C3%25B6%25B6sste-schule-ist-munsch/?trackingId=xr8XEpZkVv7gH9zGBvYcoQ%3D%3D

Piketty, Th. (2020). Das Kapital im 21. Jahrhundert. München: Beck.

Scharmer, C. O. (2009). Theorie U. Von der Zukunft her führen. Heidelberg: Carl-Auer.

Selvini-Palazzoli, M. (1978). Der entzauberte Magier. Stuttgart: Klett-Cotta.

Isabel Hammermann-Merker

Business Coaching in einem digitalisierten Deutschland

Die Frage nach dem Einfluss der Digitalisierung auf das Coaching stellen, heißt allgemein die Frage nach der Entwicklung der Digitalisierung und ihrer Implantierung in der Gesellschaft zu stellen. Wie rasch entwickelt sich die Digitalisierung weiter und wie weit können ihr Coaches und Coachees folgen? Wie sehr sind beide Seiten, Kunde und Anbieter, in der Lage, die finanziellen, die technischen sowie die mentalen Voraussetzungen zu erfüllen? Denn, wenn sich der Coach nicht mehr, wie ein antiker Philosoph auf der Agora zum Gespräch mit Zuhörern trifft, sondern via Internet, so ist dies nicht nur ein finanzielles Problem. Wie modern ist der heutige Mensch? Ist er homo sapiens sapiens, homo faber, homo ludens oder schon homo digitalis? Kann er, weg vom persönlichen Gespräch in einem geschützten Raum, hinein in die schöne neue Welt der Virtualität schreiten? Die Vorteile der Ubiquität liegen auf der Hand – aber wie war es doch vordem, mit dem Face-to-face-Coaching so bequem! Jetzt ist mehr denn je der Coach als Unternehmer gefragt.

Entrepreneur und Entrepreneurship sind stark geprägt von Innovation und z. Z. gerade von der Digitalisierung. Die Gründung eines klassischen Unternehmens brauchte einen sogenannten Entrepreneur. Ein Begriff, der bereits im 18. Jahrhundert zu Beginn der Industriellen Revolution entstand. Das ist ein Unternehmer mit Angestellten, ein Gründer mit Willen zu Großem, der innovativ, risikofreudig und vor allem bereit ist, viel Verantwortung zu übernehmen. Grundvoraussetzungen für Entrepreneurship sind spezielle charakterliche Fähigkeiten und Lebenseinstellungen des Unternehmers. Diese sollten, trotz Fehlschlägen, den Entrepreneur dauerhaft motivieren und seinen Wunsch nach Selbständigkeit erfolgreich befeuern können.

Hier bestehen klassische psychische und physische Gefahren, denn, wer so für seinen Beruf brennt, der neigt zum Ausgelaugtsein, zum Burnout und täte daher sogar gut daran, für sich selbst einen Coach zu engagieren.

Das modernere Konzept des Solopreneurs passt daher womöglich besser für viele Coaches. Hier wird nicht Zeit gegen Geld getauscht. Der Preneur arbeitet solo, d. h., er erstellt alleine, ohne

Mitarbeiter, eigene Projekte und verkauft seine Ergebnisse, Dienstleistungen oder Produkte. Kundenkontakte und -betreuung müssen weitgehend über das Internet organisiert werden.

Hinter der Selbständigkeit stehen oft Vorstellungen, Hoffnungen und Visionen, wie das Leben einfacher und leichter zu gestalten sei. Ehemalige Stressbereiche sollen häufig eliminiert, dennoch auf lange Sicht skalierbare Geschäftsfelder aufgebaut werden und innovative Geschäftsideen neuen Raum finden. Die eigene Arbeitsbelastung kann durch Nutzung moderner Technologie mithilfe von künstlicher Intelligenz sinken, eine neue Bürostruktur entsteht, wenn auf ein zentrales Büro verzichtet wird, stattdessen die Arbeitsorganisation über mobile oder Cloud-Lösungen stattfindet. Smart Working zielt auf Einzelpersonen ab, die ihre Produktionsmittel selbst steuern können, wollen.

Online-Services und kollegialer Austausch erleichtern die Arbeitsprozesse.

Kennzeichen für Smart Working:

- Verantwortung für die eigene Arbeit
- Ubiquität – es kann von überall zu allen Zeiten gearbeitet werden
- Ziele stehen im Vordergrund
- Flexible Arbeitsplätze
- Arbeiten in virtuellen Teams
- Teaming (= gleichzeitig mehrere Teams)
- Mobile Kommunikationstechnik

Digitalisierung und Coaching zeigen eine größere Schnittmenge als es beim ersten Blick den Anschein haben mag. Denken Sie beispielsweise an die Systemtheorie der 1950-er Jahre, das AGIL-Schema von Talcott Parsons, das Agile Manifest, das Internet of Things oder Design Thinking. Im Mittelpunkt der Überlegungen stand und steht der Mensch.

Wir leben heute im Zeitalter des Sowohl-als-auch, daher ist der Prozess der Digitalisierung im Coaching einerseits unumkehrbar, aber andererseits nicht für alle passend. Eine Coach:in, die sich der Digitalisierung verschließt, wird es jedoch schwer haben, eine Nische auf dem Markt zu finden. Auf diesem Markt regiert weiterhin eine unsichtbare Hand und kein wie auch immer gestaltetes staatliches Regulativ. Bei allem verständlichen Wunsch nach verlässlichen Verhältnissen gilt immer noch „Gehe nicht zu Deinem Fürst, wenn Du nicht gerufen wirst"!

Nicht ohne Grund schließen sich bei all diesen herausfordernden Themen immer mehr Coaches Verbänden an, die ihre Interessen in den beruflichen Feldern Beratung, Coaching, Mediation, Training und Supervision vertreten. Als der Verband *Qualitätsring Coaching und Beratung e.V.* haben wir sehr früh den Weg des Austauschs mit Kolleginnen und Kollegen anderer Verbände gewählt und sorgten als Gründungsmitglieder des Roundtable Coaching mit dafür, dass sich die Vertreter: innen der damaligen Coachingszene zum ersten Mal an einen Tisch setzen konnten. Der Einsatz lohnte sich, denn aus dieser losen Struktur heraus bildete sich ein Netzwerk, das weit über zehn Jahre hinweg gemeinsam den Austausch pflegte, u. a. das Papier Profession: Coaching erstellte und heute als eingetragener Dachverband, *Roundtable der Coachingverbände e.V.*, professionelles Coaching, Ethikrichtlinien und Mindeststandards für die Anforderungen an Aus-, Fort- und Weiterbildungen im Coachingbereich nach innen und außen vertritt. Warum ist das so wichtig? Obwohl der Begriff des Coachings auch heute noch ungeschützt ist, scheint es nach den Erfahrungen der Therapeuten mit ihrer Regulierung durch das Therapeutengesetz für die Coachingbranche gerade nicht ratsam, denselben Weg gehen zu wollen. Begünstigt durch Corona, mehrere Lockdowns und die zügig voranschreitende Digitalisierung schossen in jüngster Zeit die Online-Coaching-Angebote wie Pilze aus dem Boden. In der öffentlichen Wahrnehmung weicht der Coachingbergriff immer mehr auf, da durch die enorme Buntheit der Angebote die eindeutige Zuordnung einer professionellen, reflexiven Beratungsleistung verloren geht. Übertragungen aus der Welt des Sports, des geistigen und körperlichen Trainings überwiegen und begünstigen die vorherrschenden und überkommenen Missverständnisse. Zudem pushen durch Netzwerkmarketing vertriebenen Coachingkurse die Vorstellung, Coaching würde skalierbare Geschäftsmodelle für Online-Kurse erstellen. Solange Coaching aber nicht gleich Coaching ist, solange können Laien auch keine Einteilung nachvollziehen von: die Guten ins Töpfchen, die Schlechten ins Kröpfchen. Momentan gehen die Coachingdefinitionen noch arg weit auseinander. Gerne bieten daher Anbieter und Verbände stattdessen Randdefinitionen an, welche, statt den Coachingbegriff exakter zu definieren, die eigenen Arbeitsfelder beschreiben, wie z. B. Bildungs-, Business-, Gesundheits-, Führungskräfte-, Life- oder Projekt-Coaching.

Wir sehen uns als einen Berufscoachingverband, der nicht nur seinen Mitgliedern professionelle Unterstützung, sowie Orientierung und Entwicklungsmöglichkeiten bieten möchte. Uns ist es ebenfalls wichtig, dass Coaching in der Öffentlichkeit auch in Zeiten der Digitalisierung als eine Profession wahrgenommen wird, die Qualitätsstandards, Ethikrichtlinien, dazu kontinuierliche Fort- und Weiterbildung anbietet, aber auch einfordert. Bei der augenblicklichen Diskussion um Coaching und Digitalisierung bleibt die Frage, inwieweit sich die Business Coach:in in Deutschland bereits rechtssicher und datenschutzgemäß präsentieren konnte. Im Februar 2021 durften wir unseren Mitgliedern und Gästen eine mögliche Zukunft vor Augen führen. Wir veranstalteten über eine Woche lang ein virtuelles Event, das aus einer Coachingmesse, einem Kongress, einer Online-Jahreshauptversammlung und der Verleihung eines Innovationspreises für Coaching bestand. Unsere Ziele waren: Nähe trotz Distanz aufbauen, Anregungen für neue Methoden geben und gleichzeitig aufzeigen, welche digitalen Medien bereits zur Verfügung stehen und wie diese interaktiv im Coaching eingesetzt werden können. Die Messe und der Kongress mit Preisverleihung konnte mit EXPO.IP auf einer sehr ansprechenden 3D Plattform umgesetzt werden. Für das Socializing wählten wir den Raum Wonder, um den Lounge-Bereich abwechslungsreich für gesellige Kontakte und wechselnde Gesprächsrunden zu öffnen. Für die Jahreshauptversammlung entschieden wir uns für vitero Inspire, einen besonderen Online-Raum, der interne Abstimmung mit einem hohen Sicherheitsstand ermöglicht und gleichzeitig Wahlergebnisse anonym oder personalisiert darstellen kann.

Unsere Messe COACH-DEVCON und der begleitende Supporteinsatz zeigten uns allerdings auch, dass einerseits digital doch viel mehr möglich ist, als dies viele unserer Coaches gedacht hatten, aber andererseits auch, dass weder Anbieter noch Teilnehmer:innen Einhundert Prozent der virtuellen Möglichkeiten ausschöpfen konnten. Einige offensichtlichen Gründe waren: Es gibt in Deutschland zu viele unterschiedliche, nicht kompatible Systeme, die Internetleistung schwankt von Region zu Region noch zu sehr. Der Ausbau von Glasfaser oder 5G Netzen wird leider in absehbarer Zeit noch nicht flächendeckend abgeschlossen sein. Ebenfalls ist es technisch noch ein gigantischer Unterschied, ob jemand versucht mit dem Handy, dem Tablet, Laptop oder Desktop an einer interaktiven Online-Sitzung teilzunehmen. Über die Browseranwendungen stehen zwar quasi für alle die betreffenden Verbindungen offen, leider jedoch nur für Mikrofon und Kamera, so dass trotz vorhandenem Angebot sich bedauerlicherweise nicht jeder angemessen an einer kollaborativen Arbeit beteiligen kann.

Noch größere Flexibilität benötigen Business Coaches in Unternehmen, in denen beispielsweise nur eigene Systeme oder nur Intranets zur Verfügung stehen. Betriebsräte und Haustechniker sehen möglicherweise andere Prioritäten und machen sich nicht unbedingt für Online-Coaching stark oder bieten betriebsinterne Insellösungen an.

Wir sind uns sicher, dass sich für das Coaching weitere digitale Möglichkeiten eröffnen werden und sehen hybrides Coaching als unumkehrbaren Trend für die kommenden Jahre. Mit *hybrid* meinen wir ein Coachingangebot, das sich sowohl online als auch in Präsenz mit Teilnehmer:innen etablieren wird, wobei die Kund:innen ihre on- oder offline Anwesenheitsform selbst wählen können.

Bei all der fortschreitenden Digitalisierung und unserem Wunsch, unsere Mitglieder auf ihrem persönlichen Coachingweg gut und sicher begleiten zu können, steht für uns tatsächlich die Coachingkompetenz an oberster Stelle. Business Coaching benötigt mancherlei Kompetenzen, Tools und Vorgehensweisen, die beispielsweise aus fachübergreifenden Disziplinen entwickelt werden und wurden, i. e. agiles Projektmanagement, Arbeit 4.0, Arbeitssoziologie, Leadership, Management, New Work, Ökonomie, Organisations- und Teamentwicklung, Wirtschaftspsychologie.

Coaching entwickelt sich kontinuierlich bedarfs- und kundenorientiert. Wenn zu dieser Entwicklung mehr technisches Knowhow und Umgang mit modernen Medien gefragt ist, dann passen wir uns natürlich (gerne) an. Wichtig ist uns, dass wir in der Lage sind, Standards für digitales Coaching bereitzustellen bzw. mit in unsere Anforderungen aufzunehmen. Das Profil des Business Coaching muss sich hier stetig erweitern und für die praktische Anforderungen öffnen. Das mögen u. a. Selbstverständlichkeiten sein, wie das banale Einspielen von Updates für die tagtäglich genutzte Software oder den digitalen Transfer eines Meetings mit der Fähigkeit der Coach:in, Dokumente zu teilen, Kameras und Mikrofone in persona ein- und auszuschalten. Was noch im Papierzeitalter Moderation mit Kärtchen, Flipchart und Stifte war, das sollte online mindestens denselben oder besser noch einen höheren Kompetenzstandard erreichen. Das Angebot der Online-Whiteboards ist größer geworden, die Anwendungsmöglichkeiten vielfältiger und mittlerweile stehen auch viel mehr datenschutzkonforme Modelle zur Verfügung.

Augenblicklich bieten wir unseren Mitgliedern Zugang zum Digitalen Weiterbildungscampus an, eine Software des Kultusministeriums Baden-Württemberg, sowie die verbandseigene Event-

Plattform COACH-DEVCON, auf der sich unsere Mitglieder analog und digital austauschen, eigene Workshop-Angebote einstellen oder Events besuchen können.

Bereits 2017 hatten wir mit unserem Kongress „Coach der Zukunft" mit 3D Szenarien gespielt und verbandsintern beschlossen, am Ball zu bleiben und interessierten Mitgliedern Unterstützung zu bieten. 2018 veranstalteten wir ein Barcamp. Im Jahr 2019 lag unser Augenmerk auf WOL (= Working Out Loud von John Stepper), ein Coachinggruppenprozess, der über elf Wochen in Präsenz oder online läuft. Unseren Kongress streamten wir live und hatten nur eine Handvoll Online-Zuschauer:innen. Bereits 2020 waren es aber dann schon über 30 Online-Teilnehmer:innen.

Aus unserer bisherigen Experimentierfreude und Verbandserfahrung heraus sehen wir für das Business Coaching die folgenden Trends:

1. Hybrides-Coaching
2. Verschiedene Formen von Peer-Coaching (WOL, CoP, Barcamp, Learning Circle)

Margret Fischer

Anregungen zur zukünftigen Entwicklung des Coaching-Marktes

Wie sich die Zukunft der Coaching-Branche unter Berücksichtigung der Einflüsse für Organisationen, im Hinblick auf Trends, einer unzureichenden Professionalisierung von Coaches, der Digitalisierung und dem Zuwachs an Coaching-Plattformen verändern kann, beleuchtet die folgende Auseinandersetzung.

Aktuelle Herausforderungen von Organisationen

Entrepreneure wie Elon Musk und Steve Jobs zeigen, dass das Entdecken, Aufspüren und Umsetzen neuer Geschäftsideen oder Technologien eine entscheidende Voraussetzung für das Überleben von Organisationen darstellt. Der resultierende Innovationsdruck, die Auswirkungen des technischen Fortschritts sowie die Digitalisierung führen zu einer stetigen Zunahme disruptiver Veränderungsprozesse. Die Grenzen der Organisationen verschieben sich und mit wachsender Komplexität und steigendem Vernetzungsbedarf, erhöht sich die Anforderung an Mobilität und Flexibilität. Wichtig ist, trotz der Schnelllebigkeit, die Ambiguitätstoleranz zu erhöhen und den Fokus nicht aus den Augen zu verlieren. Führungskräfte sind permanent gefordert, risikofreudig, eigenverantwortlich und unter Zeitdruck Entscheidungen zu treffen. Emotionale und soziale Kompetenzen machen dabei einen Unterschied. Coaching kann Entrepreneure, Führungskräfte und Mitarbeitende dabei unterstützen, mit den beschriebenen Herausforderungen umzugehen.

Business-Coaching wird firmenspezifischer, um Organisationen bei Ihren Bedarfen besser unterstützen zu können. Wirtschafts- und kommunikationswissenschaftliches Know-how gewinnt für Coaches an Bedeutung, denn meistens benötigen Coaching-Kunden eine stimmige Kombination aus Beratung und Coaching. Entscheidungen der Geschäftsführung werden in der Regel nicht ausschließlich nach ökonomischen Faktoren basierend auf Kennzahlen getroffen, sondern individuell, nach ausführlicher Analyse der gesellschaftlichen, soziologischen und marktrelevanten Umstände. Dies erfolgt immer schneller unter wachsender Unsicherheit, um erfolgreich am Markt bestehen zu können. Mit der

Frage, wie Menschen entscheiden, setzt sich Völker (2018) auseinander, wägt unterschiedliche Einflussfaktoren für eine Verbesserung von Entscheidungsverhalten ab und hält fest, dass ein Mehr an Wissen meistens das Entscheidungsverhalten günstig beeinflusst. Dabei ist der freie Wille eine Illusion. Ohne klare Ziele gibt es keine klaren Entscheidungen. Die Ableitung für Entscheidungs-Regeln und deren nachträgliche Überprüfung sind wesentlich.

Durch eine externe Coaching-Dienstleistung können Organisationsakteure dabei unterstützt werden, Ihre Kompetenzen weiter auszubauen. Auch gilt es u. a. häufig eine neue Fehlerkultur zu etablieren, bei welcher Fehler als Lernpotenzial verstanden werden. Dazu sollten Managementkompetenzen, insbesondere Konfliktmanagementfähigkeiten geschult werden, um Eskalationspotenzial bereits im Keim zu erkennen und zu behandeln. Vielfalt in Organisationen sollte akzeptiert und wertgeschätzt werden, um leistungsstarke Teams zu formieren und eine gelingende zukunftsfähige Zusammenarbeit zu ermöglichen.

Darüber hinaus hat Coaching Auswirkungen auf die spezifischen Faktoren des unternehmerischen Verhaltens. Es ist nicht zielführend einzelne Coaching-Interventionen oder Prozessoptimierungen zu entwickeln. Aufgrund der Einzigartigkeit von Unternehmen existieren keine Interventionen, Settings oder Lösungen, die für alle Veränderungsprozesse Gültigkeit haben. Zu Beginn sollte eine genaue Ist-Analyse durchgeführt werden, wobei sich eine interdisziplinäre und wissenschaftliche Herangehensweise empfiehlt. Im Anschluss kann eine bedarfsgerechte, sinnvolle Coaching-Strategie abgeleitet werden. Wichtig ist es zielgruppenspezifisch vorzugehen, die Sprache der jeweiligen Zielgruppe zu sprechen, ihre aktuellen Bedürfnisse zu identifizieren und passende Strategien sowie Maßnahmen anzupassen, um wirkungsvolle disruptive Veränderungsprozesse zu realisieren (Fischer, 2020). Laut Schiersmann und Thiel (2009) sind vor allem Stabilisierungsbedingungen für Veränderungsprozesse notwendig. Diese Phasen sind geprägt von Instabilität, dem Aufbrechen alter Muster und dem Kennenlernen neuer Muster.

In fünf Metaanalysen wurde die Wirksamkeit von Coaching belegt (De Meuse et al., 2009; Theeboom et al., 2013; Sonesh et al., 2015; Jones et al., 2016; Schermuly, 2019). Nachweislich wirkt laut psychologischer und neurobiologischer Wirksamkeitsforschung keine Interventionsform im Coaching bei allen Kunden gleich gut. Daher muss nach Roth (2018, S. 7) ein Coach, „die Befindlichkeit des Klienten, die Art und Stärke der Belastungen, seine Persönlichkeit und die vorhandenen positiven Ressourcen" einschätzen können. Jeder Coach sollte über ein großes Repertoire unterschiedlicher Interventionen verfügen, um je nach Situation und Klienten eine angemessene Intervention im Coaching-Prozess anbieten zu können (Roth, 2018, S. 7f). Coaching soll neben der Psychotherapie helfen, Inkongruenzen aufzulösen. Diese können unbewusst bereits auf unteren Ebenen der Persönlichkeit auftreten. Eine Ambivalenz gekennzeichnet durch unterschiedliche Antriebe wie z. B. das gleichzeitige Streben nach Bindung und Autonomie können dafür beispielsweise verantwortlich sein. (Roth et al., 2020, S. 158)

Coaching kann folglich Lern-, Veränderungs- und Entwicklungsprozesse von Einzelpersonen, Teams, Gruppen oder ganzen Organisationen fördern. Die Basis des Coachings sollte konzeptionell als Handwerk, Philosophie und Wissenschaft verstanden werden. Bei der Durchführung von Business-Coaching sollte eine umfassende Diagnose gestellt, die Werte- und Kulturarbeit integriert und Coaching-Netzwerke gebildet werden (Fischer & Fatzer, 2020, S. 41f).

Coaching-Marktentwicklung und Trends

Bereits in der dritten Marburger Coaching-Studie (2013) wurde von einem Differenzierungswettbewerb auf dem deutschen Coaching-Markt gesprochen, bei dem ein Sättigungspunkt erkennbar war. Die Coaching-Pools von Konzernen waren gefüllt und werden zukünftig nur noch marginal verändert. Eine mögliche Coaching-Nachfrage bestand bei KMUs und hinsichtlich neuen Coaching-Angebotsformaten. Coaching-Anbieter mit einer Spezialisierung im Coaching verfügten über signifikant höhere Umsätze im Vergleich zu Anbietern ohne Nische (Gross & Stephan, 2015, S. 23f). Laut der vierten Marburger Coaching-Studie 2016/17 wurde der Umsatz auf dem deutschen Coaching-Markt mit ca. 520 Mio. Euro Umsatz beziffert, wobei das durchschnittliche jährliche Wachstum 10 Prozent seit dem Jahr 2010 beträgt.

Aktuelle Strukturdaten zum deutschen Coaching-Markt werden derzeit im Rahmen der fünften Marburger Coaching-Studie 2021/2022 erhoben mit dem Ziel, die Marktentwicklungen und Trends im deutschsprachigen Raum zu analysieren. Aus Sicht der Coaches und Personalentwickler in Unternehmen wird der Einfluss der Wettbewerbsfaktoren auf dem Coaching-Markt bewertet. Neben allgemeinen Strukturparametern des Coaching-Marktes werden auch relevante Schwerpunktthemen, wie z. B. die Pandemie und die Digitalisierung untersucht. Leichte Eintrittsmöglichkeiten in den Markt werden von den Coaches wahrgenommen. Der jeweilige Coaching-Ansatz wird von den Unternehmensvertretern als wichtigster Einflussfaktor auf die Wettbewerbssituation gesehen. Eine Spezialisierung innerhalb des Coachings, die Konsolidierung des Angebots sowie Hochschulen als neue Markt-Akteure für Coaching-Weiterbildungen stellen weitere relevante Wettbewerbsfaktoren dar (Stephan & Rötz, 2018, S. 34).

Der Coaching-Markt wächst weiter. Laut der 20. BCO-Coaching-Umfrage (2021/2022) mit 1.576 Teilnehmern wird tendenziell ein Rückgang der erzielten Stundensätze im Coaching konstatiert, wobei insgesamt mehr Einkommen als früher erzielt werden konnte (Middendorf, 2022, S. 6).

Fehlende Professionalisierung und Standardisierung im Coaching

Schreyögg und Schmidt-Lellek (2015) fassen unterschiedliche Aspekte der Professionalisierung von Coaching zusammen: das ambivalente Verhältnis von Coachingforschung und -praxis, Evaluationsmöglichkeiten, die Beziehungsgestaltung zwischen Coach und Coachee unter spannungsreichen Polaritäten, Coaching im Bezug zu anderen Beratungsformen, Wissen und Kompetenzen im Coaching sowie konzeptionelle Variationen von Coaching. Diese Auseinandersetzung mit den vielfältigen notwendigen Perspektiven sollte weiter fortgeführt werden, sowie an manchen Stellen vertieft und neu bewertet werden, um eine Professionalisierung im Coaching voranzutreiben. Der Roundtable der Coachingverbände (RTC), der sich im Jahr 2020 als Verein konstituiert hat, konnte die deutschen Coaching-Verbände nicht vereinen. Sowohl der Dachverband für Business Coaching (DBVC) als auch die International Coach Federation (ICF) haben eigene neue Gruppierungen favorisiert. Seit einem Positionspapier von 2015 hat der RTC seine Bemühungen, einer gemeinsamen einheitlichen Findung von Merkmalen eines Berufsbildes für Coaches nicht Rechnung getragen. (Fietze & Salamon, 2021)

Historisch bedingt herrscht in Deutschland ohnehin ein Klima, das die Offenheit für Unterstützung, Therapie und somit auch Beratung und Coaching nicht als selbstverständlich annimmt. Während des zweiten Weltkrieges existierten restriktive

Vorgehensweisen in Bezug auf hilfebedürftige Menschen sowie psychisch Erkrankte. Die Psychoanalyse musste in den Nachkriegsjahren erst einmal wieder zurück nach Deutschland geholt werden (Mitscherlich, 2010). Daher ist es nicht verwunderlich, dass bei Inanspruchnahme von Therapie, Beratung oder Coaching nicht alle Menschen darüber sprechen oder die Unterstützung gar weiterempfehlen. Heute ist Coaching laut Quadriga Coaching Studie (2021) en vogue und die meisten Personaler:innen attestieren Coaching ein positives Image in Ihren Organisation (Pentz et al., 2021, S. 13).

Zurzeit leben wir in gesellschaftlichen Strukturen, die zunehmend auf Selbstoptimierung ausgelegt sind und wenig Platz für gezeigte Schwäche zulassen. Gerade Mitglieder des bildungsbürgerlichen Milieus wollen Ihre Ressourcen ausschöpfen und streben stets nach (Über-)Perfektion (Röcke, 2021). Nach wie vor wird „Coaching" als Terminus inflationär verwendet und es existiert keine einheitliche, nachvollziehbare und transparente Berufsbezeichnung. Aus Sicht der Entrepreneure ist schwer einzuschätzen, welcher Coach wirklich das Wissen, die Fähigkeit und ebenso die Erfahrung besitzt, Ihre Anliegen und Ziele mehrperspektivisch zu begleiten. Sowohl Coaching-Verbände als auch seriöse Business-Coaches könnten hier Abhilfe schaffen und sich weiterhin für die Professionalisierung von Coaching einsetzen. Zum einen wird dies erschwert durch einen mangelnden Konsens der einzelnen Verbände, sowie durch eine negative Berichterstattung seriöser Medien. Beispielsweise erfolgte auf 3Sat (2015) unter dem Titel „Der Coaching Wahn" eine Dokumentation, bei der renommierte Business-Coaches mit Schamanen, Feuerläufern und Trommlern in einem Atemzug genannt wurden. Verantwortlich ist eine fehlende Kommunikation, nicht zuletzt der Verbände, und eine mangelnde Transparenz des Marktes. Dadurch wird Coaching als Profession teilweise wenig ernst genommen, belächelt oder gar abgewertet. Der Erfolg von Coaches in Form von Kosten-Nutzen-Analysen liegt nur in geringem Maße vor.

Coaching wird digitaler

Die Digitalisierung in der Coaching-Branche erlebt nicht zuletzt aufgrund der Pandemie einen enormen Boom. In Zeiten der Lockdowns in Folge von Covid-19 konnten Coachings nur online über verschiedene Video-Konferenz-Tools oder Coaching-Programme in einem ähnlich professionellen Setting wie Präsenz-Coachings durchgeführt werden. Auch in Zukunft wird das Online-Coaching weiter zunehmen – in Reinform oder als Hybrid. Maschinelle virtuelle Coaching-Varianten können Anliegen, Probleme und Themen mit einer geringeren Komplexität behandeln (Böning & Strikker, 2020, S. 30f). Während Online-Coaching sich auf computergestützte, multimediale und interaktive Vorgehensweisen zur Steuerung von Coaching-Prozessen bezieht, ist virtuelles Coaching die Durchführung über ein Videokonferenzsystem und digitales Coaching die Integration von Online-Tools zur Unterstützung des Coaching-Prozesses (Berninger-Schäfer, 2018).

Die neusten Trends der Kommunikation laut Mast (2019) zeigen, dass „die persönliche Kommunikation wichtiger, aber schwieriger" wird. Der persönliche Dialog via Face-to-face wird im digitalen Zeitalter unterschätzt, denn persönliche Kommunikationsbeziehungen sind nach wie vor effizient und wirkungsvoll (Mast, 2019). Die Nachteile digitaler Kommunikation zeigen sich darin, dass die Sinneseindrücke der Kommunikation von Angesicht zu Angesicht mit allen verbalen und nonverbalen Aspekten digital nicht komplett ausgeglichen werden können. Somit wird die kommunikative Reichhaltigkeit reduziert. Nach medienpsychologischer Perspektive kann dieser Mangel durch die Kommunikationspartner bis zu einem gewissen Punkt kompensiert werden. Digital kann ein Austausch der Akteure mit tragfähiger Beziehung ermöglicht werden. Wie sich vertrauensvolle Beziehungen für Business-Coaching gestalten, wurde bis dato wissenschaftlich nicht hinreichend untersucht. Bereits 2018 hat Rumpf festgestellt, dass ein rein virtueller Vertrauensaufbau zu einer der größten Herausforderungen im digitalen organisationalen Miteinander gilt. Des Weiteren gibt es wesentliche Unterschiede der Vertrauensbildung hinsichtlich Gender, Bildungshintergrund und Form der Arbeitsweise (Launer et al., 2019. S. 69ff).

Wenn nun die Tendenz in Richtung einer Kombination aus Beratung und Business-Coaching geht, dann würde es Unternehmern vermutlich Sicherheit geben, den Coach des Vertrauens persönlich kennenzulernen. Positive Gesprächsmerkmale der Kommunikationspsychologie wie Auftreten und Ausstrahlung, Sprache, Stimme, Aussprache, Lautstärke, Tonfall, Verständlichkeit, eine stimmige Körpersprache sowie Glaubwürdigkeit und Begeisterung können den Vertrauensaufbau im persönlichen Dialog fördern.

Welche Vorgehensweise Coaching-Kunden bevorzugen, hängt stark von deren Persönlichkeit, ihrer aktuellen Situation bzw. dem jeweiligen Coaching-Thema ab. Nach kommunikationswissenschaftlichen Prämissen ist das persönliche Face-to-face-Gespräch am wirkungsvollsten, wobei der persönliche Dialog eine Wirkung auf den Dialogpartner hat, Interaktionen vorsieht, Feedback ermöglicht und die Beziehungsebene gestaltet (Mast, 2010, S. 240). Ein Gespräch in Präsenz ermöglicht eine uneingeschränkte verbale und nonverbale Kommunikation mit natürlichen Schweigesequenzen zur Reflexion. Coachings lassen sich selbstverständlich auch erfolgreich digital durchführen (Berninger-Schäfer, 2018). Der Fokus der digitalen Coaching-Variante liegt stark auf der verbalen Kommunikation und Kollaboration. Digitale Formate erfordern einen wesentlich höheren Vorbereitungs- und Planungsaufwand, um einen strukturierten und nachvollziehbaren Coaching-Prozess zu gewährleisten.

Coachings vor Ort können flexibler gestaltet werden, wobei sich auch Pausen auf selbstverständlichere und natürlichere Art und Weise einfügen lassen. Aus kommunikationswissenschaftlicher Sicht ist die Face-to-Face Kommunikation die effektivste Form des verbalen und nonverbalen Austauschs. Dennoch kann es aus Kosten- und Zeitersparnis sinnvoll sein, auch Online-Coachings durchzuführen. Einige Klienten können sich in einem Klima von mehr Anonymität auch manchmal wesentlich besser öffnen und trauen sich, schambesetzte und unangenehme Themen anzusprechen. Zukünftig sollten im Coaching beide Formen individuell und bedarfsorientiert ihren Einsatz finden.

Boom der Coaching-Plattformen

Im Rahmen der Digitalisierung und Internationalisierung zeichnet sich ein deutlicher Trend zur Etablierung von Coaching-Plattformen ab: Plattformen wie beispielsweise Leadership Choices (2008), CAI World (2013), CleverMemo (2013), Coachimo (2014), XING Coaches+Trainer (2015), bettercoach (2017), Coachfox (2017), Coachnow (2017), CoachHub (2018), echtJETZT (2018), evelop_me (2018), Sharpist (2018), Haufe Coaching (2018), 7Fields (2019), Coach2Talk (2020), Coachingspaces (2021) und Payever Coach (2022). Hierbei existieren unterschiedlichste Eignungs-, Qualifikations- und Anforderungskriterien hinsichtlich der Aufnahme von potenziellen Coaches. Dies steht in einem Widerspruch zu den Professionalisierungsbemühungen im Coaching-Markt. Die Markteintrittsbarrieren für potenzielle Coaches werden durch die Existenz von Coaching-Plattformen noch weiter gesenkt. Immer jüngere oder auch nicht so gut ausgebildete Coaches werden aufgenommen. Künftig wird vermutlich versucht den Marktpreis durch die Plattformen zu diktieren. Laut Bachmann (2020) sind Coaching-Plattformen nicht bestrebt, Coaching zu professionalisieren, sondern skalierbare Gewinne voranzutreiben. Er plädiert für eine Zusammenarbeit von Coaching-Verbänden und Plattformen, um das Coaching-Feld gemeinsam zu gestalten (Bachmann, 2020, S. 35).

Middendorf und Ritter (2020) konnten in Ihrer Befragung u. a. folgende Vorteile für Unternehmen durch Coaching-Plattformen lokalisieren: Kostenreduktion, große Coach-Auswahl, einfaches Matching, standardisierte Angebote, Prozessevaluation, strategische Ziele gebündelt verfolgbar, permanente Optimierung von Prozessen, niedrige Markteintrittsbarrieren, eigene standardisierte Ausbildungen und Zertifizierungen, stärkere Verzahnung von Coaching, PE und OE im Unternehmen, standardisierte Diagnostik, leichtere generalisierte Umsetzung von Coaching-Programmen, sowie die Durchführung großflächiger Coaching-Projekte in Unternehmen.

Als mögliche Nachteile für Unternehmenskunden werden u. a. folgende Gesichtspunkte zur Diskussion dargelegt: Ökonomie vor Qualität und gutem Service sowie eine Gefahr der Überstandardisierung von Coaching-Maßnahmen. Auf der anderen Seite können ein Zeitgewinn, standardmäßiges Feedback, Blended-Coaching-Angebote ohne großen Aufwand für größere Gruppen und Kurzzeit-Coachings Vorteile sein. Coaches profitieren u. a. von einer Erleichterung des Marketings und der Akquisition, einem geringeren Vertriebsaufwand, dem Wegfallen von Reisen und möglichen Daten für wissenschaftliche Untersuchungen. Mögliche Nachteile für Coaches sind ein hoher Honorardruck für Einzelcoaches, sowie wirtschaftliche und arbeitsrechtliche Abhängigkeiten der Coaches von den Plattformen.

Nur weil Coaches sich auf Plattformen vermarkten und vernetzen, ist damit nicht sichergestellt, dass größere Coaching-Anfragen von diesen Coaches bewerkstelligt werden können. Um diese Coaching-Anfragen bedienen zu können, bedarf es mehr: Einer gemeinsamen Kultur, einer ähnlichen Coaching-Haltung sowie einer funktionierenden Zusammenarbeit zwischen den einzelnen Coaches. Auch Coaching-Verbände können dies in der Regel nicht leisten. Die Verbandslandschaft im Bereich Coaching ist in Deutschland sehr heterogen und bunt.

Zukunft des Coaching-Marktes

Schermuly et al. zeigen in ihrer explorativen Delphi-Studie (2021) zur Zukunft des Coachings am Arbeitsplatz, wie 15 entwickelte Zukunftsszenarien für das Jahr 2030 im Vergleich zur heutigen Coaching-Situation bewertet wurden. In der ersten Runde wurden 822 Probanden, bestehend aus den Zielgruppen Coaches, Coaches-Nachfragern, Coaching-Verbandsmitgliedern und Coaching-Ausbildern befragt und in der zweiten Runde wurde die getroffene Einschätzung mit 337 Studienteilnehmern korrigiert. Als Ergebnis kann festgestellt werden, dass Coaching-Prozesse hybrid werden, Organisationen weniger hierarchisch strukturiert sein werden, Coaching in Kombination mit Beratung Anwendung findet, es neben den Coaching-Plattformen ein Highclass Coaching-Angebot geben wird und mehr therapeutische Themen Beachtung finden werden.

Greif (2021) versucht, eine Brücke zwischen Coaching-Wissenschaft und -Praxis zu schlagen. Wissenschaftliche Erkenntnisse sollen genutzt werden, um die Wirkung von Coaching weiter zu untersuchen und für die Praxis nutzbar zu machen. Der Coaching-Markt wird weiterhin wachsen, KI-Tools stellen „Assistenten des Coaches" dar und die Bedeutung und Nutzung von Coaching wird durch die Digitalisierung begünstigt. (Greif, 2021, S. 187 ff) Die Durchführung von Coaching-Prozessen mittels KI ist möglich, steckt aber noch in den Kinderschuhen. Es handelt sich bislang eher um standardisierte Trainings- und Reflexions-Programme und nicht um Coaching-Programme (Brungs, 2021, S. 20f). Dies hat zur Folge, dass es weiterhin eine Nachfrage nach persönlichen Coaching-Sitzungen in Präsenz geben wird: sowohl Einzel-Coachings als auch Team-Coachings erfahren eine positive Zukunft. Die Entwicklung des Coaching-Marktes wird sich auf die Honorargestaltung von Coaches auswirken (Böning, 2021, S. 6). Demnach bei Plattformen den Coaching-Preis senken und bei High-Class-Angeboten erhöhen.

Der Coaching-Markt befindet sich also weiterhin stark in Bewegung und wird sich durch die oben genannten, unterschiedlichen Einflüsse neu definieren und ausgestalten müssen in Bezug auf Formen, Formate und die Professionalisierung von Coaching. Zur Etablierung von Coaching-Angeboten sollten ebenso wirtschaftliche, politische und soziologische Veränderungen berücksichtigt werden. Im Kern wird es nach wie vor auf den Coaching-Ansatz, die gelebte Kultur und den Vertrauens-Sympathie-Faktor ankommen.

Für die Zukunft von Coaching lassen sich folgende Hypothese bilden:

- Coaching wird wissenschaftlicher
- Coaching wird digitaler
- Es werden weitere Coaching-Plattformen auf den Markt kommen
- Solo-Coaches werden sich in Netzwerken zusammenschließen
- Hybride Angebote werden sich für Business-Coaching und Weiterbildungsangebote durchsetzen, nach dem Motto „das Beste aus beiden Welten"
- Kriseninterventionen werden im Coaching zunehmen
- Die Kluft zwischen standardisierten Coaching-Angeboten und Highclass Coaching-Angebot wird sich vergrößern
- KI wird sich weiter ausdifferenzieren
- Professionalisierung im Coaching wird schwieriger

Literatur:

3 SAT (2015). *Der Coaching-Wahn.* https://www.youtube.com/watch?v=r-0x7kgbfiE

Bachmann, T. (2020). Coachingprofession im Sog der Digitalisierung. *wirtschaft +weiterbildung* 07/08 2020, 32-35.

Berninger-Schäfer, E. (2018). *Online-Coaching.* Wiesbaden: Springer.

Böning, U. (2021). *Coaching-Plattformen: Verheißung oder Gefahr? DGSv Positionen 2/2021 Beiträge zur Beratung in der Arbeitswelt.* https://www.dgsv.de/wp-content/uploads/2021/09/Positionen_2_2021.pdf.

Böning, U. & Strikker, F. (2020). *Coaching in der zweiten Romantik: Abstieg oder Auf-stieg? Zwischen individuellem Glücksversprechen und gesellschaftlicher Verantwortung.* Wiesbaden: Springer. Essentials.

Brungs, A. (2021). Coaching 2030. Demokratisierung vs. Discountisierung. *managerSeminare* 285, 18-23.

De Meuse, K. P., Dai, G., & Lee, R. J. (2009). Evaluating the effectiveness of executive coaching: Beyond ROI?. *Coaching: An International Journal of Theory, Research and Practice*, 2(2), 117-134.

Fietze, B. & Salamon, L. (2021). Zwischen Markt und Staat. Das Gesellschaftliche Engagement der Coachingverbände für die Professionalisierung des Coachings. *Organisationsberatung Supervision Coaching* 28, 195–210.

Fischer, M. (2020). *Wie Business Coaching Entrepreneure unterstützen kann. Eine Studie über die Beeinflussung von Wohlbefinden, Stress, Selbstwirksamkeit, Proaktivität und Unternehmenserfolg.* Hohenheim: OPUS Publishing.

Fischer, M. & Fatzer, G. (2020). Führung der Zukunft. Was bedeutet das für das Business-Coaching? *Coaching Magazin,* 2, 38-42.

Greif, S. (2021). *Was ist Coaching? Wissenschaftliche Grundlagen und praktische Methoden.* Hamburg: tredition.

Gross, P.-P., & Stephan, M. (2015). Der Coaching-Markt. *Coaching Theorie & Praxis* 1, 15–24. DOI 10.1365/s40896-015-0002-9

Jones, R. J., Woods, S. A., & Guillaume, Y. R. (2016). The effectiveness of workplace coaching: A meta-analysis of learning and performance outcomes from coaching. *Journal of Occupational and Organizational Psychology,* 89(2), 249-277.

Launer, M., Schneider, D. & Stefanie Borsych, S. (2019). *EU-Forschungsprojekt Digitales Vertrauen & Teamwork (DigVertr) Digitales Vertrauen und Teamwork in Unternehmen Studie 1.* DOI: 10.13140/RG.2.2.12831.07842

Mast, C. (2019). *Face-to-Face – im digitalen Zeitalter unterschätzt? Über die Wiederentdeckung der persönlichen PR.* Vortrag Forum Kommunikation.

Mast, C. (2010). *Unternehmenskommunikation. Ein Leitfaden* (4. Aufl.). Stuttgart: UTB.

Middendorf, J. (2022). *20. Coaching-Umfrage 2021/2022. Schwerpunkt Marketing.* Bonn: managerSeminare. https://www.managersemin are.de/pdf/Kurzauswertung_Coachingstudie_2022.pdf

Middendorf, J., & Ritter, M. (2020). *DCP360. Digitaler Coaching-Markt. Umfragereihe 2020.* http://www.coaching-umfrage.de/dcp

Mitscherlich, M. (2010). *Die Radikalität des Alters: Einsichten einer Psychoanalytikerin.* Frankfurt: Fischer.

Pentz, W., Nitsche, D. & von Wittgenstein, L. (2021). *Coaching für Führungskräfte: Wirksamkeit und Verbreitung in Unternehmen – 1. Quadriga Coaching Studie.* Berlin: Quadriga Hochschule.

Röcke, A. (2021). *Soziologie der Selbstoptimierung.* Berlin: Suhrkamp.

Roth, G. (2018). Coaching und Neurowissenschaften. *DGSv Positionen 1/2018 Beiträge zur Beratung in der Arbeitswelt.* https://www.dgsv. de/wp-content/uploads/2018/12/Positionen_1_2018.pdf

Roth, G., Heinz, A. & Walter, H. (Hrsg.) (2020). *Psychoneurowissenschaften.* Berlin: Springer Spektrum.

Rumpf, J. (2018). Führung durch Mausklick? Herausforderungen für Führungskräfte in einer zunehmend digitalisierten Arbeitswelt mit virtuellen Teams, S. 51–68. In C. von Au (Hrsg.), *Führen in der vernetzten virtuellen und realen Welt.* Wiesbaden: Springer.

Schermuly, C. (2019). *Erfolgreiches Business-Coaching. Positive Wirkungen, unerwünschte Nebenwirkungen und vermeidbare Abbrüche.* Weinheim: Beltz.

Schermuly, C., Graßmann, C., Ackermann, S. & Wegener, R. (2021): The future of workplace coaching – an explorative Delphi study, *Coaching: An International Journal of Theory, Research and Practice*, DOI: 10.1080/17521882.2021.2014542

Schiersmann, C. & Thiel, H. (2009). *Organisationsentwicklung.* Wiesbaden: VS Verlag.

Schreyögg, A. & Schmidt-Lellek, C. (Eds.) (2015). *Die Professionalisierung von Coaching: Ein Lesebuch für den Coach.* Wiesbaden: Springer.

Sonesh, S. C., Coultas, C. W., Lacerenza, C. N., Marlow, S. L., Benishek, L. E., & Salas, E. (2015). The power of coaching: a meta-analytic investigation. *Coaching: An International Journal of Theory, Research and Practice*, 8(2), 73-95.

Stephan, M. & Rötz, C. (2018). Coaching-Marktanalyse 2016/17. Discussion Papers on Strategy and Innovation. https://www.uni-marburg.de/en/fb02/research-groups/business-administration/bwl01/research/2018-01_coaching_onelineversion.pdf

Theeboom, T.; Beersma, B. & van Vianen, A. E. M. (2013). Does coaching work? A meta-analysis on the effects of coaching on individual level outcomes in an organizational context. *The Journal of Positive Psychology*, 9, 1–18.

Völker, R. (2018). *Wie Menschen entscheiden. Anspruch und Wirklichkeit.* Stuttgart: Kohlhammer.

Peter van Eyk, Susanne Klein & Evelyn Albrecht

EMCC zur Zukunft des Business-Coachings

Als Repräsentanten des European Mentoring und Coaching Council (EMCC) in Deutschland schauen wir heute mit einem ganz besonderen Blick auf die zukünftige Entwicklung des Business-Coachings, denn seit fast drei Jahrzehnten ist der EMCC zunächst mit europäischer jetzt globaler Ausrichtung dabei, die Zukunft von Mentoring und Coaching maßgeblich mitzugestalten und das Motto unserer 27. großen – diesmal digitalen – Jahreskonferenz im Mai 2021 lautete dementsprechend „Redesigning the Future". Gestartet wurde die Organisation damals in Großbritannien, als „reifem" Coaching-Land, wo man bereits in den Siebzigern des vorigen Jahrhunderts akademische Studiengänge vom Bachelor bis hin zum Master kannte, was das Entstehen eines echten Berufsbildes als Coach grundlegte. Die Professionalisierung in diesem Bereich zunächst europaweit voran zu treiben mit dem Leitbild des „Reflective Practitioner" war und ist seit diesen Anfängen das Kernanliegen des EMCC. Schon früh wurde hier auf Basis intensiver Forschungsarbeit und Analyse bestehender Kompetenzmodelle ein ausgefeiltes, vierstufiges Kompetenzmodell mit 112 Kompetenzindikatoren entwickelt und ein Akkreditierungssystem, das als Professionsstandard heute sowohl inhaltlich als auch verfahrensmäßig richtungsweisend ist. Gegenstand der individuellen Akkreditierung ist dabei neben einer qualitativen Ausbildung vor allem die Dauer, Intensität und dokumentierte Reflektion der beruflichen Erfahrung (mit Case Studies und Kundenfeedbacks) bezogen auf die konkreten Kompetenzkriterien, die kontinuierliche berufliche Weiterentwicklung (CPD), Supervision, Einhaltung des Ethik-Kodexes und auf der höchsten Master Practitioner Stufe zusätzlich von relevanten Beiträgen zur Profession. Die ursprünglich sehr ambitiös anmutende Vision des EMCC, global DER „go to body" für Mentoring, Coaching und die darauf bezogene Supervision zu sein, erscheint heute mit über 10000 Mitgliedern weltweit in 85 Ländern und mit 26 affiliierten Länderorganisationen ‚wie z.B. dem gemeinnützigen EMCC Deutschland e.V., in Realitätsnähe gerückt, auch wenn im Round Table Coaching in Deutschland eine qualifizierte Auseinandersetzung mit dem EMCC-System mit Hinweis auf das angeblich spezifisch deutsche Coaching-Verständnis nicht stattgefunden hat. Für die meisten Business Coaches, die regelmäßig mit internationalen Bezügen arbeiten, ist die bunte deutsche Verbandslandschaft aber ohnehin weniger relevant. Der EMCC hat sein System inzwischen soweit weiterentwickelt, dass Akkreditierungen auch für Coaching-Ausbildungen, Coaching/Mentoring Programme in Organisationen und deren Programmleiter angeboten werden wie auch spezialisierte Akkreditierungen für Teamcoaches und Teamcoachingausbildungen sowie Supervisoren. Europaweit gibt es inzwischen über 60 Coachingausbildungsprovider die sich haben akkreditieren lassen und zwar auch im akademischen Bereich (zuletzt etwa: Henley Business School, Oxford Brookes University Business School, Isora Neurocienia Business School Spain, University of Pecs Faculty Business and Economics Hungary, The University of New York in Prague Czech Republik, UCD Dublin, Coaching College Rhein-Main). Wichtig zu ergänzen ist die vom EMCC mit seiner Mission („... *globally for the benefit of society...*") gesehene und übernommene gesellschaftliche Verantwortung, wie sich dies in zahlreichen Solidarity Coaching Maßnahmen ausdrückt aber auch in der Akkreditierung von Mentoringsystemen von NPO's wie z.B. dem von Ärzte ohne Grenzen. Der EMCC ist bei der EU Kommission nicht nur als maßgeblicher Ansprechpartner der selbstregulierten Profession Coaching gelistet und anerkannt, sondern ist proaktiv in alle einschlägigen Initiativen der EU involviert (Skills Agenda, Micro Credentials, Green Deal, Women Leadership Mentoring Programme).

Dies einleitend zeigt schon, dass der EMCC auf Basis der Durchsetzung seiner – regelmäßig der Überprüfung und Anpassung zu unterziehenden – Professionsstandards gerade für das Business-Coaching eine weitere attraktive Entwicklung sieht, bei der es naturgemäß neue Chancen wie auch Herausforderungen gibt. Auf einige ausgewählte Aspekte wollen wir in diesem Rahmen skizzenhaft eingehen:

Digitalisierung/Virtualität/Online-Coaching

Das Thema ist erstens alles andere als neu und betrifft zweitens alle Branchen. Die Covid-19 Pandemie hat ein besonderes Schlaglicht auf die bis dahin nicht für jeden augenfälligen Defizite in der Umsetzung in Deutschland geworfen und bald als Augenöffner und Beschleuniger der Digitalisierung gewirkt. Viele Coaches und auch Coachingausbilder, für die die direkte körperlich präsente

Begegnung essentiell für ihr Wirken (und auch ihr Geschäftsmodell) ist, sahen sich gezwungen, umgehend neue technische und mediale Kompetenzen aufzubauen, um angesichts der Kontaktbeschränkungen überhaupt noch Arbeit zu haben. Gleichzeitig ist zu konstatieren, dass die meisten Business Coaches immer schon einen „Blended Approach" hatten, bei dem vielleicht das persönliche face-to-face-setting im Mittelpunkt stand, daneben aber anlassbezogen gemailt, telefoniert und gezoomed wurde. Auch in der Coachingausbildung sind viele Bestandteile nicht auf Präsenz angewiesen. Schon lange gab es spezielle Anbieter die nicht nur im Sinne der Reisekosten- und Zeitersparnis, sondern der allgemein größeren Flexibilität, auch Coaching nur per Telefon, nur per Mail bis hin zu nur im virtuellen Raum mit Avataren erfolgreich angeboten haben. Das führte schon in der Vergangenheit zu einer gewissen Demokratisierung von Coaching, was in den Anfängen dem Top Management vorbehalten war. Damit brauchen Coaches je nach Technik auch inhaltlich neue Kompetenzen, weshalb es neben den aktuell inflationsmäßig angebotenen Medientrainings spezielle Ausbildungen z.B. für das Coaching mittels Mail gibt. Je mehr generell in der Arbeitswelt, aber eben auch im Privaten „virtuell" kommuniziert wird und dieses auch im jüngeren Top-Management völlig „normal" ist, desto mehr ist das klassische face-to-face-setting wie auch sonst jedes mit Reisen verbundene Präsenzmeeting von Managern stets der Prüffrage ausgesetzt: Gibt es gute Gründe dafür, dass wir dieses Treffen persönlich abhalten wollen? Findige Köpfe haben schon schnell besondere „Online-Tools" erfunden, womit sich mancher Zugang im Coaching erfolgreich gestalten lässt. Vom digitalen inneren Team über das digitale Systembrett bis hin zum digitalen Rad des Lebens gibt es inzwischen eine große Anzahl von Online-Tools, ergänzt um Tools als Arbeitshilfen für alle Coach – Tätigkeiten vom Terminkalender über den Interventionsfinder bis hin zum Protokoll.

Es scheint außerdem, als ob der Trend von Fitness – bis Meditations-Apps sich auch auf Coaching überträgt. Hier stellt sich dann die Frage, ob für Standard-Themen noch ein persönlicher Coach vom Klienten benötigt wird. In und nach der Covid-19-Pandemie kann im Gegensatz zu den App-Trends beobachtet werden, dass der Mensch, Mitarbeitende und Klient ganz bewusst den persönlichen Kontakt und Gespräch sucht und einfordert. Der Klient will selbstbestimmt seine Arbeitsform zwischen online und onsite wählen können – hybride Formen in einer sinnvollen Kombination von online und onsite sind der neue Trend.

Veränderungen von Coachingformaten

Die Covid-19-Pandemie hat gezeigt, dass Online-Arbeiten und – Leben viele positive Möglichkeiten bereithalten, die sich schnell und kostengünstig umsetzen lassen.

Mitarbeitende sind immer mehr in einer hybriden Arbeitsumgebung mit der Wahlmöglichkeit je nach Bedarf online und onsite zu agieren. Aufgrund dieser neuen Arbeitsroutine ist es sinnvoll hybrides Coaching zu praktizieren, also je nach Anlass, Thema, Zeitkontingent und Klientenwunsch online bzw. onsite zu gestalten.

Online-Coaching erfordert vom Coach sowohl andere und weitere Methoden – und Fachkompetenzen als auch eine Erweiterung seines ethischen Verständnisses. So sind die wenigsten Methoden aus dem Präsenzcoaching 1:1 ins Online Coaching transferierbar. Im Gegenteil – der Online-Coach sollte bewusst spezielle Online-Coaching Methoden verwenden, die ihre Wirksamkeit gerade im virtuellen Medium entfalten. Spezielle Online-Coaching Methoden werden gerade erforscht und publiziert (siehe z.B. Berninger-Schäfer 2018, Albrecht 2022), ebenso sollten Coaching Ausbildungen zukünftig die Online-Coaching Kompetenz verstärkt vermitteln. Spezielle online-ethische Fragestellungen sind beispielsweise die Gewährung des geschützten Raumes sowohl Klienten-seitig als auch Coach-seitig. So sind z.B. alle „mithörenden und aufzeichnende" Devices wie virtuelle Assistenztechniken (Alexa, Echo usw.) und Smartphones aus--zuschalten. Die Frage ist aber: Sind die besonderen DGSVO Richtlinien bei der Nutzung von Video-Kommunikationsplattformen berücksichtigt und dem Klienten ausreichend klar und nachhaltig kommuniziert?

Veränderungen von Coachingthemen

Auch thematisch ist die Covid-19 Pandemie ein Gamechanger für Coaching.

Mit dem Umzug in das Home-Office sehen sich jüngere Top-Führungskräfte einer mehrfachen Herausforderung ausgesetzt. Wenn noch kleinere Kinder da sind und der/die Partner_in auch noch arbeitet, gilt es erstmals den eigenen Arbeitstag ganz neu zu organisieren. Das führt für sich allein zu ganz erheblichen Belastungen, da ungestörtes Arbeiten kaum möglich ist. Andererseits entwickelt diese bis dahin vielen unbekannte Nähe und das Zusammensein in der Familie schnell den Wunsch, auch nach Covid-19-

Pandemie davon etwas beizubehalten, statt den klassischen Büropräsenzalltag weiter zu pflegen. Gleichzeitig ist man damit auch aufgefordert, sich verstärkt um die Situation bei den Mitarbeitenden zu kümmern und diese zu berücksichtigen. Manche erfährt zum ersten Mal in dieser Situation, wenn die Dreijährige wegen Kitaschließung immer in das Bild springt, Persönliches über die Mitstreitenden. Quasi im Vorgriff auf den allgemeinen Megatrend der Entwicklung im Bereich Gesundheitsmarkt wächst dem Coaching hier angesichts der starken psychischen Belastungen, von denen auch Führungskräfte persönlich betroffen sind, die sich gleichzeitig um ihre Mitarbeitende kümmern müssen, verstärkt ein Betätigungsfeld im Bereich „Mental Fitness" zu. Hier geht es an der Nahtstelle zu klinischen Psychologen mit Themen von Sucht, Depression, Angststörungen bis hin zur Suizidalität um die präventiv die seelische Gesundheit stärkende Wirkung durch persönliche Coachingmaßnahmen im Sinne positiver Psychologie als integraler Teil eines ganzheitlichen Gesundheitsmanagements bei gleichzeitiger Leistungsorientierung.

New Work Coaching

Einen weiteren neuen Themenfokus im Coaching bringt der Trend zum selbstorganisierten Arbeiten auf Augenhöhe mit sich. Da Führungskräfte häufig nicht gelernt haben, wie sie diese neue Arbeitsform begleiten – und diese insbesondere notwendig macht, dass sich Führungskräfte selbst reflektieren – kommt hier der New Work Coach zum Einsatz. Anders als ein Business Coach, der nur kommt, wenn er gerufen wird, ist der New Work Coach permanent präsent, beobachtet, greift ein, gibt Impulse und Feedback. Kurz, er achtet darauf, dass die New Work – Spielregeln bei Führung und Zusammenarbeit eingehalten werden und unterstützt Personen in diesem Zusammenhang in ihrer persönlichen Weiterentwicklung. Auch für Mitarbeitende ist dieser Switch nicht ganz einfach. Auf der einen Seite scheint die neue Freiheit attraktiv, auf der anderen Seite erfordert sie ein wesentlich höheres Involvement und ein höheres Risiko: Innere Arbeit, Reflexion, das Erkennen von Mustern und der angestrebte faire Umgang im modernen Arbeitsfeld bringen es mit sich, dass Menschen sehr viel stärker auf sich selbst zurückgeworfen werden. Hier ergibt sich eine große noch sehr grüne Wiese für den New Work Coach.

Viele Unternehmen, die auf New Work Methoden setzen, engagieren direkt zu Beginn dieses Change Prozesses Coachs, die nicht nur den Prozess begleiten, sondern dauerhaft im Unternehmen arbeiten. Ein New Work Coach begleitet mehrere Teams in der Transformation und in der Performance im Anschluss. Er sorgt dafür, dass die Basisprinzipien umgesetzt werden, arbeitet mit jeder Person individuell und begleitet die Zusammenarbeit in Teams.

Dabei unterscheidet sich die individuelle Zusammenarbeit deutlich vom klassischen Coaching. Der Coach ist fester Bestandteil des Unternehmens, beobachtet Interaktion, Kommunikation und Zusammenarbeit von Personen und schaltet sich aktiv ein. Wenn er beobachtet, dass eine Person ihre Leistungsgrenze erreicht hat, sich selbst im Weg steht oder auch ihre Rolle und Aufgabe mehr dafür nutzt, um ihre persönlichen Bedürfnisse zu befriedigen anstatt dem unternehmerischen Auftrag zu folgen, geht der Coach aktiv auf die Person zu, tippt ihr sanft auf die Schulter und fragt: „Merkste was?". Und nicht nur das. Ohne eine konstante Arbeit an sich selbst sind Methoden, die eine höhere Selbstverantwortung und Selbstorganisation fordern, kaum denkbar. Der New Work Coach bietet deswegen regelmäßige „Boxenstopps" an, in denen die persönliche Entwicklung des Einzelnen im Vordergrund steht. Auf Teamebene beobachtet und begleitet er die Zusammenarbeit, stellt Methoden zur Verfügung und gibt Feedback. Er unterstützt Teams dabei, ideale Arbeitsformen zu finden, unterstützt die Lösungs- und Entscheidungsfindung sowie die Konfliktlösung.

Ein New Work Coach unterstützt in der Regel 30 Personen und wechselt spätestens nach zwei Jahren den Bereich, um sich davor zu schützen, selbst Teil des Systems zu werden. Manche Unternehmen teilen auch New Work Coach Pools und können so auch von Erfahrungen anderer Unternehmen profitieren. New Work Coachs arbeiten im Team, tauschen ihre Beobachtungen aus und besprechen Muster im Unternehmen, kulturelle Entwicklungen und Herausforderungen. Gemeinsam und abgestimmt tragen sie zum Empowerment und Alignment im Unternehmen bei. Auch das Coach-Team arbeitet mit Prinzipien und Methoden aus dem New Work.

Genau wie im klassischen Coaching auch ist für New Work Coachs eine Reflektions- bzw. Supervisionsmöglichkeit sehr wichtig. In diesem neueren Kontext auch insbesondere dafür, um die gleichen Bedingungen zu haben, wie die Personen, die sie begleiten.

Disruptive Veränderungen durch Coaching-Plattformen

Spätestens mit dem öffentlichkeitswirksamen Einstieg von Prinz Harry in das Management von BetterUp sind die digitalen Coaching Plattformen in den Mittelpunkt des fachkundigen Publikums gerückt. Hier ist das Potential disruptiver Veränderungen offensichtlich. Das 2013 gegründete Startup ist in den USA mit einem Börsenwert von 1,7 Milliarden Dollar und 2500 Coaches bereits ein bekannter big Player und schickt sich an, mit Prinz Harry als Botschafter auch Europa zu erobern. Man glaubt es nach allen Unkenrufen über die verschlafende Digitalisierung in Deutschland kaum, aber die größten Gegenspieler, die hier warten, kommen aus Deutschland. Die hiesige erst 2018 gegründete Plattform Coachhub hat bereits über 250 Mitarbeitende, mehrere hundert Kund*innen. Auch die weiteren Plattformen in Deutschland wie Sharpist und Bettercoach starten durch und haben über mehrere Finanzierungsrunden reichlich Kapital eingesammelt und viele hundert Coaches international an sich gebunden. Die gute Nachricht aus Sicht des EMCC in Deutschland: Die Provider verlangen in ihrer Auswahl eine Akkreditierung. Und: Neben der ICF Akkreditierung ist die EMCC Akkreditierung die einzige international anerkannte Akkreditierung. Im direkten Vergleich untereinander durch die potenziellen Klienten, insbesondere größeren Unternehmen, kommt der extern neutral attestierten Qualität der mitarbeitenden Coaches ganz entscheidende Bedeutung zu. Schließlich ist es noch nicht allzu lange her, dass die HR-Abteilungen eigenes Know-how zur Rekrutierung von Coaches für ihren Coach Pool aufgebaut haben und sind damit gut informiert. Coach-Assessment und -Pool kann man sich mit den Plattformen künftig sparen, wie auch mühsame Einzelverträge neben dem Arbeitsbündnis über die Einkaufsabteilung und Terminkoordinierungen. Da die Plattformen weiterhin ELearningstränge anbieten, die das Coaching ergänzen (oder umgekehrt) werden die Plattformen schnell zu marktbeherrschenden und umfassenden HRD-Anbietern, bei denen Coaching eben eine Variante schnellen individualisierten Lernens ist. Für die Coaches hat das Gutes und Schlechtes. Gut: Ohne geografische oder branchenmäßige Begrenzungen werden dem Coach Coachees zugespielt, mit denen er sonst nie in Kontakt gekommen wäre. Die Plattform tut einiges für die Community der affiliierten Coaches und sichert bei besonderen Projekten Austausch und Supervision.

Schlecht: Auch bei gutem Stundensatz reicht im gegebenen Zeitraster die Vergütung für den Coach in der Regel nicht aus. Es handelt sich also bei diesem Engagement eher um einen Lückenauffüller mit standardisiertem Prozess und Inhalten, die keine besondere „Störungstiefe" bereithalten.

Für das Coaching als qualitativ hochwertige und professionelle Dienstleistung stellt der stark kommerzialisierte Antrieb der Digitalen Coaching Plattformen (DCP) eine Gefahr dar. Dem positiven Grundgedanken der Demokratisierung von Coaching durch DCPs wird zugunsten des Preiskampfes die Qualität geopfert. Niedriger Preis und beste Qualität ist im Bereich der Dienstleistung nur durch starke Prozessautomatisierung, Senkung des Individualisierungsgrades und Nutzung von kostengünstiger künstlicher Intelligenz möglich. Bereits heute ist zu erkennen, dass die DCPs ihre eigenen (niedrigeren) Qualitätsansprüche formulieren und auf dem Markt durchsetzen wollen. Die Programmierung von KI für Coaching ist im vollen Gange. Es bleibt abzuwarten, wie die Klienten, die natürlich hierüber vollumfänglich aufgeklärt werden müssen, auf dieses Angebot reagieren. Zudem werden bereits die Qualitätsbewertungskriterien des Internets auf die DCP Coaches angewendet: Coaches werden bei vielen DCPs von ihren Klienten im Internet mit Sternchen bewertet und entsprechend auf der Plattform gerankt. Bei der Sternchenvergabe wird dabei das Preis-Leistungsverhältnis im Algorithmus meist überproportional berücksichtigt. Werden diese Sternchenbewertungen zukünftig die Verbandspersonenqualifizierungen ersetzen? Erste Gedanken hierzu werden in der DCP Community diskutiert und praktisch wird es auf den DCPs bereits gelebt.

Die Aufgabe der Coachingverbände, der Unternehmen und eventuell auch der Politik muss sein, eine so wirkungsvolle Dienstleistung wie das Coaching mit den Anforderungen der Digitalisierung qualitativ hochwertig zu transferieren und gegebenenfalls auch zu schützen.

Ausblick

Es bleibt zu erwarten, dass generell die persönliche und personenzentrierte Beratung in Präsenz seltener, aber – wenn dann bewusst angenommen – auch wertvoller wird, und Coaches auf höchstem Kompetenzlevel erfordert. Die Themen werden „persönlicher", der Scope weiter. Wie aktuell für viele Unternehmen, geht es auch für gecoachte Manager um den eigenen „Purpose" verbunden mit ganz neuen Rollenverständnissen.

Literatur

Albrecht, E. (2018): Business Coaching – Ein Praxislehrbuch, DeGruyter

Albrecht, E. (2022): Die besten Online-Coaching-Methoden, managerSeminare

Berninger-Schäfer, E. (2018): Online-Coaching. Berlin. Springer Verlag

Eyk, P. van (2021): Fertigmachen!, Amazon

Klein, S. (2019): Kein Mensch braucht Führung, Gabal

Klein, S. (2020): 60 Tools für den New Work Coach, Gabal

Susanne Rieger

2040 –
Ein Blick in die Zukunft des (Business-)Coachings –
Von utopischen Sehnsüchten und konkreten Bodenankern

Wer würde nicht gerne in diesen Tagen einen Blick in die Zukunft werfen, um zu wissen wie es mit der Pandemie, der wirtschaftlichen Entwicklung, der Klimakrise etc. weitergeht. Wir alle suchen Struktur und Impulse. Ungewissheit, bezogen auf die Zukunft, ist eine reale Angst, die wir brauchen, um uns gut auf ebendieses Ungewisse vorzubereiten. Gleichzeitig löst diese Ungewissheit auch einen gewissen Reiz aus. Sie erlaubt uns Hypothesen zu stellen, uns zu täuschen, alles neu zu überlegen, uns zu verändern und uns den neuen Gegebenheiten immer wieder anzupassen.

Und genau das tun wir schließlich seit Jahren auch im Bereich des Coachings. Wir vermitteln unseren Klient:innen die Möglichkeit und Freiheit, Dinge nochmal neu zu denken, begleiten sie auf ihrem Weg der Veränderung und bieten geschützte Räume, um auch mal ganz anders zu denken und zu handeln.

Als ich von den beiden Autoren gefragt wurde einen Beitrag aus Sicht der EASC (European Association for Supervision and Coaching) zur Zukunft des Businesscoachings zu schreiben, habe ich gleich zugesagt. Nicht nur, weil es sich um ein spannendes Thema handelt, sondern auch weil wer, wenn nicht ein europäischer Verband für Coaching und Supervision, hierzu Ideen und Meinungen haben sollte. Doch kurz nach der Zusage kamen die Fragen: wie die vielen Ideen und Anregungen, aber auch Ängste und Zweifel in einem kurzen Beitrag unterbringen, der möglichst die Bandbreite des Verbandes und seine Sichtweise widerspiegelt?

Einen Versuch ist es Wert, dachte ich. Und hier nun das Ergebnis, nicht so sehr analytisch und reflektierend, sondern vielmehr visionär und hypothetisch. Und doch keine Science-Fiction, sondern ein paar Ideen über das Businesscoaching, mit dem Blick gerichtet auf eine, nicht allzu weit entfernte Zukunft. Genauer gesagt betrachte ich die Zeitspanne von 18 Jahren. Das ist eine

Zeitspanne, in der sich ein Kind zum jungen Erwachsenen entwickelt. Viel Unerwartetes kann sich tun und doch deuten jetzt schon viele Anker, Momente und Situationen auf zukünftige Entwicklungen hin.

A. Hypothese: Businesscoaching hat sich auf allen betrieblichen Ebenen etabliert und ausgeweitet

2040 – in 18 Jahren also, wird es Businesscoaching in den Betrieben und Firmen, in den Verwaltungen und Institutionen für alle Level und in allen Bereichen geben. Im gesamten Business wird Coaching als normaler Bestandteil der Weiterentwicklung der Mitarbeiter:innen genutzt werden und ist aus dem Weiterbildungsbereich und der Personalentwicklung nicht mehr wegzudenken. Denn endlich haben die Firmen gemerkt, worauf es ankommt: das größte Kapital der Betriebe sind die Menschen, ihre Mitarbeiter:innen. Der Weg zu dieser Erkenntnis war nicht einfach, aber der große Mangel an Facharbeiter:innen, an jungen Talenten und die Erkenntnis, dass die Unternehmen einiges tun müssen, um ihre Manager:innen und Führungskräfte, aber auch ihr mittleres Management und die einfachen Angestellten auf Dauer zu halten, bedurfte einer stärkeren Einbeziehung und positiven Gewichtung der sogenannten soft skills. Die Generation Z hat ihre footprints hinterlassen, die vier Tagewoche ist Realität, Flexibilität ist das Gebot der Stunde. Die Arbeitszeit wird verkürzt, die Effizienz enorm gesteigert, Selbstorganisation heißt das Zauberwort – das erzeugt großen Druck auf allen Ebenen, der durch den gezielten Einsatz von Business Coaching aufgefangen wird. Der großen Nachfrage nach Coaching im Businessbereich kann nur durch den Einsatz von Künstlicher Intelligenz (KI) entsprochen werden. Algorithmen machen es möglich zwischen Chatbox, Avataren, persönlichen kleinen Robotern auszuwählen und so flexibel und differenziert, kurze Anliegen zeitnah und schnell zu bearbeiten – alles über die App, die man sich leicht installieren kann.

B. Hypothese: Vielfalt und Diversität am Markt – Kooperation schafft Qualität

Doch auch in 18 Jahren wird nicht alles mit Avataren und KI geregelt werden. Es wird immer noch Themen geben die persönlich bearbeitet werden, immer noch finden Teamcoachings in Präsenz statt. Denn die Beziehungsebene und komplexe Krisenmomente werden in 18 Jahren noch nicht kompakt von KI abgedeckt werden können. Die großen Firmen haben sich ihre eigenen Coachingpools angelegt, aus denen sie schöpfen. Die Aufnahme erfolgt nach klaren Qualitätskriterien, das Durchlaufen eines Assessmentcenters und die ständige Weiterbildung und die Bereitschaft zum Lernen aller eingeschriebenen Coaches sind zur Selbstverständlichkeit geworden. Ethische Richtlinien, solide Ausbildungen in Theorie und Praxis bilden die Basis, neben Methodenvielfalt und Selbstreflektion. Für alles, was nicht über KI abgedeckt werden kann, wird der Standard sehr hochgelegt werden.

Die mittleren und kleineren Unternehmen suchen sich ihre Coaches aus den zahlreichen DCPs und Coachingpools aus. Die Coachingverbände haben sich nach langem Zögern zusammengeschlossen, haben klare Qualitätskriterien für die DCPs erarbeitet und kooperieren untereinander. So ist es auch für kleinere Unternehmen ein Leichtes, die geeigneten Coaches für ihre Mitarbeiter:innen auszuwählen. Und auch die DCPs haben ein großes Interesse daran viele gutausgebildete Business Coaches in ihren Pools zu haben, um so der großen Nachfrage die qualitativ angemessene Antwort bieten zu können. Da auch die Nachfrage im Business Coaching immer internationaler geworden ist, wird von den Coaches eine hohe Kompetenz an interkulturellem Verständnis gefragt sein. Auch die Qualitätskriterien machen nicht an den Grenzen halt, daher haben auch die Verbände gelernt, dass eine stärkere Kooperation untereinander von Vorteil sein kann.

C. Hypothese: Online und Präsenz – der perfekte Mix

Wie schon erwähnt, findet ein großer Teil des Businesscoachings in virtuellen Formaten statt. Mittlerweile gehört ein reichhaltiges Repertoire an Methoden und Techniken für Coaches zur Standardausstattung. Der größte Konkurrent der Business Coaches ist die Künstliche Intelligenz (KI). Die Preise von Siri Coaches sind von reellen Personen nicht zu toppen. Und doch gibt es Kund:innen die Befürchtungen haben, alle ihre Fehler und Themen würden in der Blackbox gespeichert, mit anderen Daten kombiniert und arbeiten daher lieber mit einer Person face-to-face. Das Angebot wird insgesamt viel ausdifferenzierter sein, das jeweilige Angebot wird mit den Kund:innen gemeinsam ermittelt. Entscheidend werden die gewünschten Aspekte sein, die die Kund:innen mit dem Coaching erreichen wollen und ob dies in Online Formaten, face-to-face, in Kurzzeitcoachings oder in längeren Prozessen, in einer Kombination etc. möglich sein wird.

Auch heißt virtuell in 18 Jahren nicht mehr einen kleinen Blick auf einen begrenzten Bildschirm zu werfen. Wir begegnen uns in der virtuellen Welt, treffen uns mit unseren Coachees im Netz, jede:r von seinem und ihrem Schreibtisch aus. Hybrid-Coaching wird an der Tagesordnung sein, auch in der Kombination mit einem Avatar oder künstlichen Onlinecoach.

Durch eine stärkere Kooperation zwischen den Universitäten und Ausbildungsinstituten hat sich eine neue Qualität im Businesscoaching etabliert. Ausbildungskandidat:innen ist es so möglich, neben dem Masterabschluss an einer Universität im Bereich Coaching, ähnlich wie bei der Lehrer:innenausbildung ein Referendariat bei den Ausbildungsinstituten zu absolvieren. Das heißt die Junior Coaches führen bereits ihre eigenen Prozesse durch und werden in der praktischen Arbeit durch die Ausbildungsinstitute begleitet. So verzahnen sich Praxis und Theorie und bieten eine hervorragende Qualität, nicht nur in der Ausbildung, sondern im gesamten Coachingsektor. Es wird intensiv mit der Wissenschaft zusammengearbeitet. Neue Trends, neue Ideen und Wege werden wissenschaftlich begleitet. Die Politik hat den Wert der professionellen, lobbyfreien Beratung neu entdeckt.

D. Hypothese: Vielfältige Coachingformate und -angebote von hoher Qualität haben in allen Sektoren und Lebensbereichen Einzug gehalten

Bisher haben wir nur einen Blick auf das Businesscoaching geworfen. Doch Coaching wird sich in 18 Jahren nicht nur im Bereich der Unternehmen und dem beruflichen Sektor etabliert haben. Coaching und auch Supervision werden eine stärkere gesellschaftspolitische Rolle spielen. Ihre Rolle als Berater:innen, Sperringpartner:innen, Reflexionshelfer:innen etc. wird sich etabliert haben. Sie werden gleich zu Beginn bei neuen Projekten, Change Prozessen, wichtigen Entscheidungsprozessen im wirtschaftlichen, politischen und sozialen Bereich mit eingebunden, da viel systemischer gedacht werden wird, sich eine Fehlerkultur etabliert hat, mit der schneller reagiert werden kann und soll und Impulsgeber:innen von außen ihren Platz gleich von Anbeginn haben.

Nicht nur unsere Wirtschaft wird in 18 Jahren anders gedacht werden, auch in anderen gesellschaftlichen Bereichen wird sich unser miteinander verändern. Themen wie Nachhaltigkeit, Förderung von Integration, Diversität, der Umgang mit künstlicher Intelligenz und die Digitalisierung werden in allen Bereichen präsent sein. Menschen werden eben darum eine professionelle Begleitung brauchen, um sich zu strukturieren und zu reflektieren – im beruflichen und privaten Bereich. Sei es in der Schule, im gesamten Bildungssektor, in der Politik, sei es in der Koordination der neuen Wohn- und Lebensformen – egal ob es dann Life Coaching oder aber Coaching für alle Lebensbereiche heißen wird – wir werden gut ausgebildete Coaches brauchen, die die ständigen Veränderungsprozesse aktiv begleiten können. Unsere Gesellschaften werden sich umbauen, ständige Baustellen werden entstehen, unsere vielfältigen neuen Rollen wollen reflektiert werden, unser interkulturelles Zusammenleben soll kommunikativ fruchtbar gestalten werden – kurz um, wenn systemische Zusammenhänge klarer mitgestaltet werden sollen, brauchen Menschen in allen gesellschaftlichen Bereichen Beratung und Coaching. Nur so schaffen es die Betriebe und Institutionen den hohen Anforderungen an Veränderungen, fehlendem Halt und Sicherheit etwas entgegenzusetzen und wieder Vertrauen zu vermitteln und die Selbstreflexion zu stärken. 2040 wird es dann keine Diskussionen mehr geben darüber **was** Coaching ist und **wo** es angewendet wird, sondern nur noch darüber, **wie** wir den hohen Standard der Coaches noch verbessern können und welche neuen Ansätze uns weiterbringen – damit sie ihren Anforderungen entsprechen können.

E. Hypothese: Coaching ist etabliert – Supervision der neue Hype

Unsere Branche hat nicht nur Zukunft im Coaching Bereich. Es wird zu einem deutlich stärkeren Ausbau der Supervision in weiteren Bereichen als dem sozialen Sektor kommen. Da die Anforderungen an die Coaches immer höher werden, reflektieren sie ihre Prozesse ganz selbstverständlich mit Supervisor:innen. Aber auch immer mehr Manager:innen und Führungskräfte nutzen die Supervision, um in langangelegten Prozessen über ihre Rollen, Interaktionen und Zielentwicklungen zu reflektieren, ohne den Druck der direkten

Veränderung und Zielsetzung. Die Firmen setzen Supervision für ihre obere Managementebene gezielt ein. Im Gegensatz zum Coaching werden die Supervisionsprozesse weiterhin face-to-face laufen, zu komplex die Themen, zu bedeutend die Beziehungsebene.

In 18 Jahren sind Coaching und Supervision europaweit in die Liste der beratenden Berufe aufgenommen worden. Klare Standards, die auf Kompetenzdefinitionen, ethischen Werten und Prozesserfahrungen beruhen, bilden die Basis für die Berufsdefinitionen von Coaching und Supervision. In den Ausbildungscurricula der Führungsakademien sind Coachingtools ein fester Bestandteil. Das Recht und die Pflicht sich die Zeit zu nehmen und zu geben, um zu reflektieren, Perspektiven zu überdenken und sich neu zu strukturieren, hat in unseren Alltag Einzug gehalten. Unsere Gesellschaften ebenso wie unsere politischen Führungskräfte haben erkannt, dass systemisches Denken, vernetztes Handeln und schnelles Regieren nur in Absprache und Kooperation mit anderen Staaten, also weltweit möglich sind. Dafür brauchen wir viele unterschiedliche Kompetenzen: Kommunikationskompetenz, Reflexionskompetenz, interkulturelle Kompetenz, systemisches Denken und Kompetenzen Veränderungen schnell zu handhaben, Konflikt- und Streitkompetenz, etc. In unseren Schulen und Universitäten werden viele dieser Kompetenzen gelehrt und vermittelt. Unternehmen und gesellschaftliche Institutionen integrieren durch externe Coaches und Supervisor:innen diese Kompetenzen in ihren Einflussbereichen.

2040 – ein langer Weg, der heute beginnt! Vielleicht ist diese Reise in die Zukunft für den einen oder die andere zu positiv, zu wenig zweifelnd – ich glaube jedoch fest daran, dass Businesscoaching, Coaching auch in anderen Lebensbereichen und Supervision aus unserer Zukunft nicht mehr wegzudenken sind, weil wir als Gesellschaft einen wichtigen Schritt in eine gestalterische Zukunft gegangen sind, Zusammenhänge und Möglichkeiten erkannt haben. Das einmal gedachte kann nicht zurückgenommen werden, die Weiterentwicklung unserer Demokratie braucht partizipierende Menschen, die sich reflektierend den Herausforderungen stellen. Um dies zu gewährleisten, brauchen sie eine gute Begleitung. Die wachsende Zahl der Masterstudiengänge in Coaching und Supervision, die wachsende Nachfrage multinationaler Unternehmen nach externer Coachingbegleitung und die Einrichtung von Coachingpools, die Ausweitung der DCPs – all dies sind positive Signale dafür, dass hier nicht nur eine reine Utopie beschrieben wird.

Wir als Verbände sollten gemeinsam daran arbeiten, diese Zukunft mitzugestalten und Einfluss zu nehmen, um so unserer gesellschaftlichen Rolle als Berater:innen, Impulsgeber:innen und Qualitätschecker:innen gerecht zu werden.

Die Verbände spielen bei dieser Entwicklung eine wichtige Rolle – noch! Viele der aufgezeigten Entwicklungen werden unaufhaltsam kommen, ohne, dass wir darauf Einfluss haben werden. Einfluss haben wir heute noch darauf Qualitätsmaßstäbe festzulegen, Entwicklungen mitzugestalten, wenn wir uns absprechen, koordinieren und kooperieren, kurz um, wenn wir Business Coaching und andere beratende Funktionen nicht dem Markt überlassen, sondern aktiv gemeinsam Einfluss nehmen. In den deutschsprachigen Ländern ist mit dem Round Table Coaching schonmal ein erster Schritt gemacht worden, nun fehlt der nächste Schritt einer besseren europaweiten Koordination.

Lutz Salamon

Die Zukunft des Coachings: gestalten, oder bewältigen?

„Business-Coaching" ist auf den ersten Blick klarer abgegrenzt als „Coaching". Aus Sicht unseres Dachverbandes Roundtable Coaching e.V. (RTC) könnte man diese Begriffskombination als Tautologie verstehen – zumindest vorerst noch. Der RTC definiert 2015 in der Präambel seines Positionspapiers „Coaching als professionelle Form reflexiver Beratung in der modernen Arbeits- und Berufswelt".

Wofür also steht es, wenn einzelne Verbände und Kollegen mit Renommee und besonders vielleicht der DBVC als Mitunterzeichner des oben genannten Commitments nun betont vom Business-Coaching sprechen?

Vordergründig scheint die Antwort auf der Hand zu liegen. Als Frage formuliert: Wie markiert man glaubhaft den eigenen professionellen Anspruch, wenn es „nicht mehr nur Coaches", sondern mindestens auch „Life-Coaches" und „immer noch keinen Titelschutz für professionell tätige (bzw. ausgebildete) Coaches" (Böning/Strikker 2021) gibt?

Tatsächlich gab es in meiner Wahrnehmung bis in das Jahr 2015 hinein zu keinem Zeitpunkt dieser jungen Profession im Werden „nur Coaches" im vorstehenden Sinne, denn die verfügbaren Definitionen und (Selbst-)Verständnisse von Coaching waren schon auf Grund unterschiedlicher Genese auf die eine oder andere Art selbstreferenziell, von teils divergenten Interessen getrieben und noch nicht getragen von einer Mehrheit derer, die sich gegenseitig als Professionelle anerkennen. Erst mit dem gemeinsamen Positionspapier des RTC fand glaubwürdig eine wahrnehmbare Abgrenzung von den in diesem Sinne anderen Coaches statt. Ergänzend verweise ich hier auf den Anfang letzten Jahres entstandenen Artikel „Zwischen Markt und Staat. Das gesellschaftliche Engagement der Coachingverbände für die Professionalisierung des Coachings" (Fietze/Salamon 2021).

Insofern entsteht vielleicht der Eindruck, dass ein Teil der Akteure in gewiss allerbester Absicht unter der gleichen Überschrift des Ziels einer Profession und besonders auf Verbandsebene berufspolitisch das betreibt, was er auf gesellschaftlicher Ebene implizit als ein Zuviel beklagt: Selbstverwirklichung. Vielleicht überrascht es gerade deshalb nicht, dass der RTC kaum ein halbes Jahr nach dem Ausscheiden des „Business-Coaching-Verbands" (DBVC) einen Coaching-Dachverband, den RTC e.v. gründete und damit einhergehend gemeinsame Standards definierte. Dass diese Standards auch auf Dachverbandsebene immer nur Mindeststandards sein können, liegt in der Natur der Sache.

Gleichzeitig werden mit der Begriffskombination „Business-Coaching" auch aus Sicht des RTC bedeutsame Fragen offenbar: Wie wollen die Verbände, wie wollen wir als Dachverband im Interesse der Professionsentwicklung heute Coaching verstehen und zukünftig verstanden wissen? Wodurch sehen wir unser Verständnis, unsere mögliche Definitionshoheit terminiert und welche Grenzen wollen wir dabei selbst und mit welchen Absichten und Folgen setzen?

Von den Antworten darauf wird maßgeblich abhängen, wie die Zukunft des Coachings aussehen kann. In der Gesellschaft wird der Coachingbegriff mehr denn je völlig diffus als „Allesmögliche mit Beratung" benutzt. Ob der Coachingbegriff deshalb im Rahmen der Beantwortung dieser Fragen klarer gefasst werden muss, wird sich zeigen. Der richtige Ort dafür sind sicher die Verbände und dort besonders der RTC e.V.

Hört man auf die (Fach-)Medien, dann stehen mittels der folgenden Schlagworte zuerst oft andere Fragen auch im Mittelpunkt von Coaching: Digitalisierung, Plattformen, AI, KI, AR, Metaversum; um einige zu nennen. Ist eine Frage wie „Stehen wir vor einer echten Disruption?" dann der Aufruf zu einem notwendigen Hinsehen, einem (Neu-)Ausrichten und Fokussieren oder nur der Unterstrich unter die scheinbar allgegenwärtige Verunsicherung (vgl. VUCA)?

Die genannten Begriffe wurde allesamt und teils deutlich vor der Jahrtausendwende geprägt und selbst ein „Metaversum" kaum später in eine erste Praxis umgesetzt („Second Life", Linden-Lab 2003). Alter Wein in neuen Schläuchen also? Neu ist in jedem Fall, dass all diese sich schon lange abzeichnenden, rechtzeitig erkennbaren Herausforderungen und Trends die Wahrnehmungsschwelle nun auch in der breiten Öffentlichkeit überschritten haben beziehungsweise als von persönlicher Relevanz wahrgenommen werden. Die Pandemie hat diesem Abschnitt des Hype-Zyklus nur auf die Sprünge geholfen. Bis hierhin also kein Grund zur Aufregung.

Spannend wirkt die seither im Zusammenhang mit Geschäftsmodellen von DCPs diskutierte Frage, ob Coachingprozesse digitalisierbar sind. Die deutliche Mehrheit der Verbände im RTC ist der Auffassung, dass Coaching in beziehungsbasierten dialogischen Prozessen stattfindet. Alle Instrumente, die der Etablierung, Aufrechterhaltung oder Vertiefung einer Beratungsbeziehung als zentralem Wirkfaktor im Beratungsprozess dienen, sind willkommen. Die Beziehungen und die Beratungsprozesse selbst sind per definitionem nicht berechenbar und damit auch nicht digitalisierbar. Digitale Medien und Instrumente – wie auch andere Tools und Methoden – sind kein Selbstzweck. Das zugrundeliegende Beratungsverständnis unterscheidet sich damit substanziell von „Geschäftsmodellen", die suggerieren, durch ein bestimmtes methodisches Vorgehen oder die Anwendung bestimmter Tools automatisch von Aufgabe oder Problem A zu Ergebnis oder Lösung B zu gelangen. Coaching wird sich insofern nicht ändern, aber professionell seiner neuen Möglichkeiten bedienen. Mit der Nutzung dieser neuen Möglichkeiten könnte es aber auch zu einem anderen Effekt kommen: Digitalisierungsmüde Klienten sehnen sich zunehmend nach Coaching in Präsenz. „Mehr vom Selben" wird vermutlich auch in Zukunft nur selten die richtige Intervention sein.

Zu einer Disruption wird es nicht kommen, wenn die Verbände es schaffen, ihre eigenen Coaches und die Mehrheit der anderen professionell praktizierenden Coaches dafür zu sensibilisieren, dass es eine von ihnen selbst getragene Mitte zwischen Markt und Staat braucht, um sich das „Definitionszepter" nicht abschließend aus der Hand nehmen zu lassen. Anderenfalls könnte ein Teil von Ihnen zu bloßen Erfüllungsgehilfen von Geschäftsmodellen mit systemimmanenten Befangenheiten werden. Die Selbstorganisation der Professionsangehörigen gehört untrennbar zu einer Professionsentwicklung. Aus meiner Sicht können diese Funktion auf absehbare Zeit nur die Verbände leisten, idealerweise mit ihrem Dachverband, dem RTC e.V. Das Faktum seiner Gründung und die einhergehende Definition gemeinsamer Mindeststandards sind daher ein Fortschritt. Die gesamte Szene wirkt heute trotzdem noch vielfach zersplittert. Weiterhin werden die Verbände und insbesondere auch der neugegründete Dachverband deshalb an ihrer Durchschlagskraft arbeiten und potenziellen Abnehmern von Coaching zunehmend verlässlichere Orientierung bieten.

Der mitunter beklagte Mangel an Geschwindigkeit der Verbände hat dabei mit den komplexen und langwierigen Diskurs- und Konsensprozessen zu tun, die mitunter mühsam aber unbedingt erforderlich sind, wenn die junge Profession berufs- und fachpolitische Wirkung entfalten soll. Zeit ist ein notwendiges Investment in diesen partizipativ-demokratischen Prozess. Auch deshalb wird es berufspolitisch darauf ankommen, möglichst wenig diskursive Nebenlinien aufzumachen, sich in die aktuellen verbandlichen Dialoge einzufädeln und dort an der gemeinsamen Sache mitzuarbeiten. Dies wird meiner Überzeugung nach auch deshalb gelingen, weil der RTC e.V. als Verband der Coachingverbände keine natürliche Person als Mitglied akzeptiert und so eine Kannibalisierung seiner Mitglieder ausschließt.

Fazit

Coaching ist nicht, was uns in der Zukunft geschehen wird, sondern das Ergebnis unserer heutigen Gestaltung. Die an der Profession interessierten Akteure bleiben eingeladen partizipativ berufspolitische Antworten zu finden, die über das als einzelner Verband Leistbare hinausgehen können und sollten, denn dann liegt die Zukunft von Coaching auch in der Hand der Verbände.

Literatur

Böning, U./Strikker, F.: Coaching in der zweiten Romantik: Abstieg oder Aufstieg? Zwischen individuellem Glücksversprechen und gesellschaftlicher Verantwortung, Springer essentials Fachmedien, Wiesbaden 2021

Fietze, B., Salamon, L. Zwischen Markt und Staat. Das gesellschaftliche Engagement der Coachingverbände für die Professionalisierung des Coachings. Organisationsberat Superv Coach 28, 195–210 (2021). https://doi.org/10.1007/s11613-021-00710-x

Kapitel 4
Perspektive:
Wissenschaft, Hochschule und Ausbildung

Uwe Böning & Frank Strikker

Einführung

Selbst bei einer relativ jungen Praxis und Wissenschaft wie dem Coaching sind die Stimmen aus Wissenschaft, Hochschule und Ausbildung sehr vielfältig. Eine ‚wissenschaftlich' begründete Auswahl wäre schwer zu verargumentieren. In unserem einführenden Beitrag zeigen wir bereits auf, dass der Boom von Coaching mittlerweile auch in Wissenschaft und Forschung angekommen ist, was an der Vielzahl der fachspezifischen Veröffentlichungen in den letzten Jahren erkennbar ist. Fokussierung ist also notwendig.

Wir wollen Ihnen unterschiedliche Perspektiven präsentieren: Eine junge Delphi Studie aus dem deutschsprachigen Raum (Schermuly & Graßmann), aber auch verschiedene Stimmen über die inhaltliche Weiterentwicklung (Stelter; Bachmann; Schäfer) und ausbildungsspezifische Überlegungen (Heidrun Strikker) bis hin zur ökonomischen Analyse (Stephan). Die Facetten eines heterogenen Praxisfeldes aus der Sicht verschiedener Hochschulvertreter:innen werden deutlich.

Carsten C. Schermuly & Carolin Graßmann

Die digitalen Zukünfte des Coaching

Megatrends wie die Globalisierung, der Klimawandel, ein exponentieller Wissenszuwachs, der demografische Wandel und die Digitalisierung wirken sich auf die Gesellschaft und die Art und Weise, wie Menschen zusammenarbeiten aus (Schermuly, 2021). Coaches sind auf einem direkten und indirekten Weg von diesen Trends betroffen. Dies gilt vor allem für die Digitalisierung. Direkt bedeutet, dass Coaches selbst den Transformationen ausgesetzt sind. Das, was für viele Coaches jahrelang als undurchführbar galt, wurde 2020 Realität. Die Kolleg*innen führten vermehrt Onlinecoachings durch und mussten sich mit dem Datenschutz und digitalen Tools auseinandersetzen. Indirekt werden Coaches mit der Digitalisierung durch Klient*innen konfrontiert, deren Rollen und Aufgaben sich durch die Digitalisierung verändern. Führungskräfte müssen virtuell führen und dies bedeutet eine Anpassung der Kommunikation, der Führungsmechanismen sowie der Haltung zum Thema Führung (Roscher & Berow, 2020), was zu neuen Coachinganliegen führt.

In unserem Kapitel wollen wir die langfristigen Auswirkungen der Digitalisierung auf die Arbeit von Coaches analysieren. Dafür greifen wir auf die Ergebnisse einer Delphi-Studie über die Zukunft des Coaching zurück, die von der SRH Berlin University of Applied Sciences und der Fachhochschule Nordwestschweiz durchgeführt wurde (siehe für eine ausführliche Beschreibung: Schermuly, Graßmann, Ackermann & Wegener, 2021).

Schon Popper und Lorenz (1985) wussten, dass etwas, was heute noch nicht existiert, nur schwer rational erforscht werden kann und die Zukunft daher offen ist. Die Delphi-Methode ist ein mehrwelliges Verfahren, das qualitative und quantitative Elemente miteinander verbindet und versucht, Zukunftserwartungen zu explorieren. Da die Zukunftserwartungen der handelnden Akteure einer Branche die Zukunft beeinflussen können, kann über diesen Weg zumindest eine moderate Zukunftsprognose abgegeben werden (Schermuly et al., 2012). Wenn z. B. viele Coaches glauben, dass sie in Zukunft vermehrt online arbeiten, dann werden sie dieses Format vermehrt ihren Klient*innen anbieten und die Erwartung wird somit zur Realität. Da es aber dennoch nicht die eine, sichere Zukunft gibt, sondern viele verschiedene mögliche Zustände, schreiben wir von den Zukünften des Coaching.

Die erste Phase einer Delphistudie ist qualitativ. Wir führten strukturierte Interviews mit 16 Expert*innen aus der Coachingbranche über mögliche Zukunftsszenarien. Die Interviews wurden transkribiert und in der Arbeitsgruppe anonym ausgewertet. In einem Workshop wurden aus den Interviews Gemeinsamkeiten extrahiert und die Informationen in themenspezifische Szenarien zusammengefasst. In der zweiten Phase der Delphistudie wurden die 15 Szenarien in einen Onlinefragebogen überführt. 822 Marktteilnehmende aus Deutschland, Österreich und der Schweiz nahmen an der Befragung teil (Alter M = 52,5 Jahre), die vier unterschiedliche Rollen repräsentierten: Coaches, Coachingeinkäufer*innen, Verbandsvertreter*innen und Vertreter*innen von Weiterbildungsinstituten. Die Teilnehmenden evaluierten jedes Szenario im Hinblick auf drei Aspekte auf einer siebenstufigen Skala von -3 bis +3:

1. Wie verbreitet erleben Sie das Szenario aktuell im Jahr 2020?
2. Wie verbreitet, denken Sie, wird das Szenario im Jahr 2030 sein?
3. Für wie wünschenswert halten Sie das Szenario für das Jahr 2030?

Wie üblich bei einer Delphi-Studie, wurden die Ergebnisse für die dritte Phase ausgewertet, die Teilnehmenden erneut kontaktiert und diesen verständlich zurückgemeldet. Wir nutzten dafür Balkendiagramme. Dann erhielten die Teilnehmenden die Chance, eine erneute Evaluation vorzunehmen. Davon machten im April und Mai 2020 337 Personen aus der Coachingszene Gebrauch. In unserem Kapitel konzentrieren wir uns auf die Diskussion der digital orientierten Szenarien. Diese sind in Tabelle 1 aufgeführt.

Tabelle 1 Digitale Zukunftsszenarien

Szenario Im Jahr 2030		2. Phase M	SD	3. Phase M	SD
S01. wird in Abgrenzung zum digitalen Massenprodukt ein hochwertiges und individualisiertes Coachingangebot seine Blüte erleben. Dieses highclass Coaching findet vor allem face-to-face statt und ist hochpreisig. Es ist ein sinnliches Erlebnis, das sich die Klientinnen und Klienten in einer digitalen Welt gönnen.	2030 heute Wunsch	1.38 0.57 1.77	1.27 1.50 1.48	1.70 0.79 2.04	0.92 1.17 1.16
S02. werden viele Coaches für Plattformen tätig sein. Die Coaches arbeiten für die Plattformen zu reduzierten Stundensätzen, weil ihnen Kosten für die Akquise abgenommen werden. Selbstständige Coaches schließen sich in Netzwerken zusammen, um sich gegenüber Plattformen behaupten zu können.	2030 Heute Wunsch	1.31 -0.39 -0.03	1.29 1.53 1.85	1.49 -0.20 0.19	0.96 1.31 1.67
S04. werden künstliche Intelligenzen als Assistenten von Coaches eingesetzt. Sie bereiten das Matching und den Erstkontakt mit den Klientinnen und Klienten vor. Während des Coachingprozesses analysieren sie visuelle, verbale und paraverbale Muster der Klientinnen und Klienten und machen den Coaches Interventionsvorschläge. Die künstliche Intelligenz begleitet die Klientinnen und Klienten zwischen den Sitzungen. Weiterhin hilft sie Sprachbarrieren zwischen Coaches und Klientinnen und Klienten durch Simultanübersetzungen zu überwinden und kann das Coaching evaluieren.	2030 Heute Wunsch	0.33 -2.18 -0.81	1.54 1.32 1.89	0.31 -2.50 -1.12	1.25 1.07 1.74
S07. werden standardisierbare Coachingthemen rein digital bearbeitet werden. Dies geschieht hauptsächlich über automatisierte und algorithmenbasierte Programme oder rein virtuell arbeitende Coaches. Aufgrund der geringeren Kosten und schnellem Zugang	2030 Heute Wunsch	0.77 -1.36 -0.92	1.55 1.51 1.86	0.74 -2.04 -1.28	1.33 1.27 1.79

kann eine breitere Zielgruppe erreicht werden, die sich Coaching bisher nicht leisten konnte. Diese niederschwelligen Angebote werden weniger auf die individuellen Bedürfnisse der Klientinnen und Klienten abgestimmt sein, weil sie einem Standardvorgehen folgen.

S08. wird es eine Vielzahl von Weiterbildungsanbietern geben, die Coaches für Onlinecoaching qualifizieren. Die Coachingweiterbildungen werden vollständig online durchgeführt oder sind als Blended Learning Angebote konzipiert (Videos, virtuelle Klassenräume etc.). Inhaltlich fokussieren die Weiterbildungen auf die Ausbildung spezifischer Kompetenzen für Onlinecoaching sowie die professionelle Arbeit mit ausgewählten Coachingtools.	2030 Heute Wunsch	1.34 -0.63 -0.47	1.37 1.50 1.85	1.56 -0.38 -0.24	1.05 1.44 1.93
S14. werden Coachings vermehrt in virtuellen Räumen ortsunabhängig stattfinden, wo sich Coaches mit Klientinnen und Klienten als Avatare begegnen. Mit Hilfe der fortgeschrittenen technologischen Möglichkeiten können die Gestik und Mimik originalgetreu abgebildet werden. Intensive emotionale Erfahrungen werden in der virtuellen Welt z.B. durch Simulationen beschleunigt.	2030 Heute Wunsch	0.44 -1.77 -1.03	1.55 1.43 1.85	0.41 -2.25 -1.28	1.38 1.26 1.86

Die Szenarien betreffen den Aufstieg der Coachingplattformen, den vermehrten Einsatz von künstlicher Intelligenz (KI) als Coaching-Assistenz, die Anwendung von algorithmenbasierten Programmen bei standardisierbaren Themen, Onlinecoachingausbildungen, die Praktizierung von Coaching in virtuellen Welten sowie einer Gegenbewegung (face-to-face Coaching als sinnliches Erlebnis im digital geprägten Alltag). Bei allen Szenarien zeigen sich deutliche Zuwächse beim Vergleich zwischen der Verbreitung im Jahr 2020 und 2030. Die Zukünfte des Coaching werden von den Teilnehmenden deutlich digitaler erwartet. Gleichzeitig zeigen sich bei der Erwünschtheit der digitalen Szenarien negative Vorzeichen. Im Durchschnitt scheint die Digitalisierung des Coaching in der Branche erwartet – insbesondere bei den Coachingeinkäufern, die einen stärkeren Zuwachs von Coaching mit der Hilfe von KI und Avataren erwarten. Gleichzeitig scheint diese Entwicklung aber auch abgelehnt zu werden. Ein Beleg dafür sind auch die hohen Zustimmungswerte für Szenario 1. Vor allem die Coaches in der Stichprobe wünschen sich ein hochpreisiges face-to-face Coaching, was einen sinnlichen Gegenentwurf zur digitalen Welt bilden soll. Sie wünschen sich somit das, was sie in der Vergangenheit praktiziert haben, nur gegebenenfalls zu höheren Tagessätzen. Wenn Coaches die digitalen Zukünfte vermehrt ablehnen, dann stellt sich die Frage, wer die digitalen Zukünfte heute vorbereitet? Wer gestaltet die virtuellen Welten, berät die Plattformen und legt die Grundlage für fundierte und nicht-schädliche KI, wenn dies die Coaches nicht selbst tun?

Wir wollen deshalb zunächst ein Szenario näher beleuchten, welches die Coachingbranche heute und nicht erst morgen angehen sollte: Der Einsatz von KI als Coachingassistenz. Coaching mit der Hilfe von KI kann sich hierbei auf die Begleitung von Selbstreflektions- und Lösungsfindungsprozessen beziehen, die vollständig ohne menschliche Coaches ablaufen. KI im Coaching kann aber auch bedeuten, dass Coaches die KI als ein Tool für ihre eigene Arbeit benutzen, um vor allem die standardisierbaren Aufgabenbestandteile ihrer Arbeit mit Hilfe der KI umzusetzen. Dies könnte sich beispielsweise auf die Visualisierung von Fortschritten oder auch die Evaluation der Prozesse beziehen (für eine ausführlichere Darstellung wie KI im Coaching eingesetzt werden könnte, siehe Graßmann & Schermuly, 2021).

Dadurch bieten sich etliche Chancen, wie beispielsweise die Verfügbarkeit zu Zeiten, an denen Klient*innen sich Unterstützung wünschen, aber die nächste Sitzung noch in der Ferne liegt, die

Unterstützung der Selbstreflektion und -wahrnehmung zwischen den Coaching-Sitzungen oder auch die bessere Integration von Diagnostik in den Coaching-Prozess. Die geringeren Kosten ermöglichen wahrscheinlich auch den Zugang zu einer breiteren Zielgruppe, die bisher traditionellerweise eher wenig im Coaching vorzufinden war, wie beispielsweise Mitarbeitende der unteren Hierarchieebenen oder mit geringerem Einkommen. Die geringe Präferenz dieses Szenarios lässt sich sicherlich auf die offenen Fragen in Bezug auf Ethik und Datensicherheit, Sorgen um die Wirksamkeit solcher Einsatzmöglichkeiten und eben auch die potenzielle Schädlichkeit für Klient*innen und Coaches selbst zurückführen. Tatsächlich gibt es bereits starke Bewegungen aus der Psychotherapie, digitalisierte und durch KI unterstützte Anwendungen zu entwickeln, um Klient*innen bereits ein niederschwelliges Angebot geben zu können oder auch die Zeit zu überbrücken, bis ein Therapieplatz angetreten werden kann. Hier werden bereits heute Systeme angewendet und evaluiert. Bisherige Studien zeigen, dass solche Systeme sehr wohl effektiv sein können (z.B. Merry, 2012). Es scheint eine Frage der Zeit zu sein, bis auch im Coaching eine stärkere Anwendung zu sehen sein wird.

Um KI im Coaching auf fundierte Füße zu stellen, bei denen auch die Erfahrung von Coaches und nicht nur die Ideen von Softwareentwickler*innen eingehen, bedarf es allerdings der Mitarbeit der Coaches. Die Mitarbeit würde auch dazu führen, dass KI entwickelt wird, die Coaches nicht ersetzen soll, sondern die eigene Arbeit bereichert. KI könnte die Aufgaben abnehmen, die standardisierbar sind und die Bedeutung menschlicher Coaches für die wichtigeren und komplexeren Aufgaben betonen. So bliebe in der Zeit mit den Klient*innen mehr Zeit und Kraft an den Stellen, bei denen KI schwerlich Coaches ersetzen kann. Paradoxerweise könnte das die Hoffnung der Coaches auf sinnliches high-class Coaching für zumindest einen Teil des Coachingprozesses erfüllen, auch wenn sich dies dann doch insgesamt digitaler gestalten würde als ursprünglich erwartet.

Abschließend wollen wir das Plattformszenario diskutieren. Coachingplattformen nehmen eine Mittlerposition zwischen Coaches und Klient*innen ein. Marktführer in Deutschland und Europa ist Coachhub. Coachhub wurde 2019 gegründet und hat heute über 600 Mitarbeitende. Das Unternehmen ist in über 70 Ländern aktiv und arbeitet mit ca. 3.500 Coaches zusammen. Im Zukunftsszenario, das auf den Aussagen der Expertinnen basiert, schließen sich selbstständige Coaches in Netzwerken zusammen, um sich gegenüber Plattformen behaupten zu können. Damit dies Realität werden könnte, müssten die Netzwerke Unternehmen und Klient*innen mehr Vorteile bieten, als dies die Plattformen können. Coachingplattformen stellen eine Software zur Verfügung, die ein datensicheres Onlinecoaching ermöglicht. Weiterhin sind Coachingtools und Evaluationsanwendungen in der Software integriert. Sie können Klient*innen mit einer hohen Anzahl an Coaches aus unterschiedlichen Expertisebereichen und Sprachen zusammen bringen und gleichzeitig muss das einkaufende Unternehmen nur Verhandlungen mit einem Unternehmen führen. Die Coaches verzichten auf einen Teil ihres Honorars, doch bekommen sie dafür den Vertrieb abgenommen. Durch die hohe Anzahl an Coachingprozessen pro Jahr können Plattformen potentiell Erkenntnisse gewinnen, wie Coachings wirksamer gestaltet werden können. Der kritische Aspekt scheint zu sein, ob die Coachingplattformen die kooperierenden Coaches so gut behandeln (insbesondere auch in finanzieller Hinsicht) und die Zusammenarbeit so attraktiv gestalten, dass sie dauerhaft gute Coaches für eine Kooperation begeistern können. Gelingt das, dann können sie langfristig qualitative hochwertige Coachings anbieten.

Zusammenfassend betrachtet gilt auch für Coaching: Die Digitalisierung der Branche hat durch die Coronapandemie erheblichen Zuwachs erfahren und dieser Prozess wird weiter zunehmen. Dadurch ergeben sich Herausforderungen an die Kompetenzen, aber auch die Ethik der Coaches und der Branche. Insgesamt bietet die Digitalisierung für die Branche Wachstumschancen. Unter anderen werden durch KI oder Coachingplattformen im Jahr 2030 mehr Coachingsitzungen durchgeführt als heute. Notwendig ist aber eine kritische und proaktive Begleitung durch Coaches, Coachingausbilder*innen, Coachingforscher*innen und Verbände. Zum Beispiel muss geklärt werden, ob vieles von dem, was 2030 Coaching heißen könnte, auch wirklich Coaching ist.

Referenzen:

Graßmann, C., & Schermuly, C. C. (2021). Coaching with artificial intelligence: Concepts and capabilities. *Human Resource Development Review, 20*(1), 106-126.

Merry, S. N., Stasiak, K., Shepherd, M., Frampton, C., Fleming, T., & Lucassen, M. F. (2012). The effectiveness of SPARX, a computerised self help intervention for adolescents seeking help for depression: Randomised controlled non-inferiority trial. *British Medical Journal, 344*, e2598.

Roscher, S., & Begerow, E. (2020). Führung im Homeoffice–Wandel der Führungsrolle und neue Herausforderungen. *DGUV Forum, Schwerpunkt Homeoffice,* 8, 10-13.

Schermuly, C. C., Schröder, T., Nachtwei, J., Kauffeld, S. & Gläs, K. (2012). Die Zukunft der Personalentwicklung. Eine Delphi-Studie. *Zeitschrift für Arbeits- und Organisationspsychologie,* 56, 111-122. https://doi.org/10.1026/0932-4089/a000078

Schermuly, C. C. (2021). *New Work – Gute Arbeit gestalten: Psychologisches Empowerment von Mitarbeitern* (3. Aufl.). Freiburg: Haufe.

Schermuly, C. C., Graßmann, C., Ackermann, S. & Wegener, R. (2021). The future of workplace coaching – an explorative Delphi study. Coaching: An International Journal of Theory, Research and Practice. Advanced online. https://doi.org/10.1080/17521882.2021.2014542

Popper, K. R., & Lorenz, K. (1985). *Die Zukunft ist offen.* Piper.

Reinhard Stelter

Die Zukunft des Coachings

Wie sollte sich Coaching weiterentwickeln?

Nachdem ich Anfang 2000 mein erstes Buch zum Thema Coaching herausgegeben hatte, wurde ich des Öfteren gefragt, ob Coaching nicht eine Eintagsfliege sei. Damals war ich mir nicht so sicher in der Antwort. Inzwischen kann man sich Coaching nicht wegdenken, besonders, wenn man das Wort *Coaching*, das sich bestimmt nicht bei allen der gleichen Zuneigung erfreut, durch die Umschreibung *transformativer* oder *entwicklungsorientierter Dialog* ersetzt oder erweitert wird.

Ich bin vielleicht der einzige eingeladene Autor, der nicht in Deutschland zu Hause ist. Doch hoffe ich, durch meinen Beitrag und meine Kenntnisse der skandinavischen und internationalen Coaching-Szene den Blick der Leser*innen über den eigenen Berg oder Deich hinaus erweitern zu können. Ich werde mich hier weniger mit der Coaching-Forschung befassen, sondern meine Sicht auf eine notwendige Weiterentwicklung des Feldes vorstellen, in der Hoffnung, dass diese Überlegungen bei meinen Fachkolleg*innen als Bereicherung ihrer Einstellung zum Feld erlebt werden. Ich möchte mich auf das konzentrieren, was ich für die Weiterentwicklung des Coachings als transformativer Dialog als notwendig erachte. Dieser Anspruch drückt sich sicherlich auch in der redaktionellen Auswahl der weiteren Autoren dieses Bandes aus. Ich werde Bedingungen und Handlungsperspektiven hervorheben, die meiner Meinung nach die Zukunft und fruchtbare Entwicklung des Coachingfeldes, sowohl als Praxis- als auch als Forschungsfeld, sicherstellen können. Diesen Anspruch drücke ich in folgenden Aussagen aus:

- Coaching muss in einem übergeordneten gesellschaftlichen Diskurs verankert werden
- Coaching darf nicht auf *Quick Fix* reduziert werden, sondern sollte als tiefgreifender (Werte)-Reflexionsprozess verstanden werden
- Die Stärkung der Beziehung zwischen Coach und Coachingpartner*innen ist entscheidend für die Wirkungsweise des Dialoges

- Coaching kann als Inspiration für viele Entwicklungsgespräche angesehen werden und ist deshalb nicht immer gleichzusetzten mit der Berufswahl *Coach*

Coaching muss in einen übergeordneten gesellschaftlichen Diskurs verankert werden

Schaut man in viele Handbücher zum Thema Coaching und Coaching-Psychologie, die in den letzten Jahren auf dem internationalen und deutschen Markt erschienen sind (z. B. Bachkirova, Spence & Drake, 2016; Cox, Bachkirova & Clutterbuck 2018; Greif, Möller & Scholl, 2018; Rauen, 2021), findet man kein Kapitel, das sich explizit mit dem gesellschaftlichen Umbruch als Grundlage für Coaching und mit den Bedingungen für die weitere Entwicklung des Coachings auseinandersetzt. In eigenen Publikationen (Stelter, 2014, 2019) habe ich mich bemüht, eine Gesellschaftsanalyse als Bedingung und Grundlage für die zukünftige Gestaltung des Coachings darzulegen. Coaching kann als Antwort auf postmoderne und spätmoderne Herausforderungen gesehen werden, eine Aussage, die auch für die weite Entwicklung und Verbreitung des Coachings in vielen Bereichen der Gesellschaft angesehen werden kann. Hier folgt eine kurze Darstellung der zentralen gesellschaftlichen Herausforderungen, mit denen wir uns als Individuen privat und beruflich jederzeit auseinandersetzen müssen.

Coaching als Antwort auf postmoderne und spätmoderne Herausforderungen

Unsere Gesellschaft hat sich in den letzten Jahrzehnten grundlegend und radikal verändert, und zwar in einer Weise, die tiefgreifende Auswirkungen auf alle ihre Mitglieder hat. Schon Beck (2000) hat hervorgehoben: Wir leben in einer globalen Gesellschaft. Globalität wirkt unmittelbar auf das Lokale ein. Unsere Gesellschaften sind wirtschaftlich und kulturell zunehmend ineinander verwoben. Sowohl auf der gesellschaftlichen Ebene, wie auch für jeden Einzelnen, liegt die Herausforderung darin, das Globale und das Lokale irgendwie in Einklang zu bringen. Schaut man dagegen auf den Brexit oder die USA in den Zeiten von Trump, so ist diese Aufgabe bei einem großen Teil der Bevölkerung in diesen Ländern nicht gelungen.

Eine weitere Perspektive: In der spät- oder postmodernen Gesellschaft lebt jede(r) Einzelne in den sozialen spezifischen sozialen

Welten, die jeweils ihre eigene „entwicklungsorientierte Logik" herausbilden. Unterschiedliche soziale Milieus schaffen Eigenartigkeiten von Organisation und Kultur, und ihre Mitglieder entwickeln eigene Kommunikationsweisen und Verständnislogiken, die von spezifischen Diskursen der jeweiligen Kultur geprägt sind. Gleichzeitig verliert die Gesellschaft als Ganzes an innerer Kohärenz. Der deutsche Soziologe Niklas Luhmann (1998) beschreibt die Entwicklung mit dem Begriffen „Hyperkomplexität" und „Kontingenz", die den Umstand beschreiben, dass alles in der Gesellschaft entweder unzulänglich erfasst oder unterschiedlich beschrieben und eingeordnet werden kann. Die Eindeutigkeit der Beschreibung gesellschaftlicher Phänomene und Vorgänge ist in heutiger Zeit verloren gegangen. Die sozialen Gegensätze vergrößern sich, das Verständnis füreinander reduziert sich, und es besteht eine steigende Gefahr, dass wir einander nicht länger verstehen.

In den letzten knapp zwei Jahrzehnten hat die rasch zunehmende Digitalisierung zu sich ausweitenden Kontrollmechanismen in Organisation und Arbeitsprozessen geführt. Der zunehmende Gebrauch sozialer Medien fördert eine Entwicklung, in der die Zeit immer knapper zu werden scheint. Der koreanisch-deutsche Philosoph und Gesellschaftskritiker Han (2010) beschreibt in seinem Buch *Die Müdigkeitsgesellschaft* diese Entwicklung als *Gewalt der Positivität*, „die von der Überproduktion, Überleistung und Überkommunikation herrührt" (s. 14). Wir kontrollieren uns in zunehmenden Maße selbst. Wir pressen mehr und mehr in unsere Zeitrahmen und fühlen uns häufig unzureichend. Han sieht uns in einer Kontrollgesellschaft leben, in der sich einzelne Menschen ständig beurteilen und mit anderen vergleichen. Das führt zu verschiedenen Formen von Abwehrreaktionen und psychischen Dysfunktionen. Als Individuum und Leistungssubjekt drohen wir zu Grunde zu gehen, wenn wir unseren eigenen Ambitionen und Ansprüchen nicht gerecht werden, oder wenn Überinformation und Überkommunikation uns überwältigen. Am Ende sind wir in unserer Handlung gelähmt und in letzter Konsequenz können wir in Stress, Burnout und Depression enden.

Identität wird zum zentralen Gegenstandsfeld im Coaching

Das Selbst und die Identität sind zu einer zentralen psychologischen Herausforderungen in der spät- oder postmodernen Gesellschaft geworden. Noch in der Nachkriegszeit hat das Individuum mehr oder weniger seine Identität in die Wiege gelegt bekommen.

Grundlage waren Herkunft und Hintergrund der Eltern, die prädisponierenden Einfluss auf die individuelle Entwicklung hatten. Für die Postmoderne hat der Sozialpsychologe und Sozialkonstruktionist Kenneth Gergen die Weichen für ein neues Verständnis des Individuums beschrieben, indem er die folgende aufschlussreiche Aussage machte: „The postmodern being is ‚a restless nomade'" (Gergen 1991: 173, 194). Seiner Ansicht nach bieten sich dem postmodernen Selbst einerseits unzähligen Möglichkeiten und Handlungsweisen, andererseits ist es in Bezug auf sein Tun und die Vielfalt der Möglichkeiten auch stark desorientiert. Man rückt weiter und orientiert sich laufend aufs Neue.

Wenn man gesellschaftliche, organisatorische und kulturelle Einwirkung einmal in den Hintergrund stellt, kann Coaching als Dialogform für die Identitätsentwicklung ein Angebot sein, bei dem jede(r) Einzelne – vorzugsweise in Interaktion mit anderen – die Möglichkeit erhält, über sich selbst zu reflektieren und bestimmte Positionen und das eigene Selbstverständnis zu reflektieren und weiterzuentwickeln. Identität muss als Beziehungsprozess verstanden werden, indem Coachingpartner*innen eingeladen werden, sich selbst in einem neuen Licht zu sehen. Nur systemische Grenzen sind die Ursache, die mögliche Veränderungs- und Entwicklungsprozesse beim Individuum erschweren, ja unmöglich machen können.

Der Coachingdialog als transformativer Lern- und Entwicklungsprozess

Die gesellschaftlichen Umbruchprozesse haben eine ganz neue Agenda für das Lernen und Sich-Entwickeln gesetzt, das anfangs Jack Mezirow (2000) und später andere, z.B. Lehner und Peterlini (2019), als transformativer Prozess bezeichneten. Die Art und Weise, wie wir lernen und uns entwickeln, beinhaltet oft eine Neuinterpretation unseres eigenen Selbstverständnisses. Diese Neuinterpretationen basiert auf Reflexionsprozessen, in denen das Individuum in Bezug auf bestimmte Erfahrungen zu neuen Bewertungen und Erkenntnissen gelangt. Hier spielen Dialogpartner und andere signifikante Personen eine wichtige Rolle. Lernen ist fast immer ein kommunikativer Prozess, bei dem es darum geht, die Bedeutung dessen zu verstehen, wie und was andere kommunizieren. Bestimmte Ereignisse können die Person dazu zwingen, die Perspektive oder den Blickwinkel zu wechseln, was oft in Gesprächen und dem Gedankenaustausch mit anderen geschieht. Coaching kann in diesem Sinne als *transformativer Prozess* gesehen werden, bei dem die Fähigkeit des Coaches sich darin ausdrückt, dass beim Coachpartner*innen – ja sogar bei sich selbst – ein *Perspektivenwechsel* angestoßen wird, der entscheidendes Merkmal für die erfolgreiche Gestaltung des Dialoges ist.

Aber nicht nur die gesellschaftlichen Herausforderungen erklären die Verbreitung und Bedeutung des Coachings heutzutage. Die persönlichen, sozialen und arbeitsbezogenen Herausforderungen müssen im Prozess vom Coach gründlich analysiert werden. Die Coachingpartner*innen müssen vom Coach in ihrem gesellschaftlichen Kontext gesehen werden – ganz konkret. Die sozialen Beziehungen und Bedingungen, in denen sich Klient*innen befinden und von denen sie beeinflusst werden, sind ganz konkret, weil sie die Handlungsweise des Individuums bestimmen oder die Ursache für bestimmte Barrieren darstellen, die die Handlungsfähigkeit des Individuums behindern. Der Coach agiert als eine Art Anthropologe, wobei der Coach zusammen mit der Coachingpartner*in die erlebte Realität untersucht und entfaltet und in neue Perspektiven zu rücken versucht, die schließlich neue Sicht- und Handlungsweisen eröffnen kann.

Weg von einem engen Zielfokus hin zum Reflektieren von Sinnhaftigkeit und zentralen Werten

Ursprünglich wurde Coaching mit der Sportwelt und dem damit verbundenen klaren Blick auf klare Ziele und Leistungssteigerung in Verbindung gebracht. Das GROW-Modell (Goal-Ressource-Options-Wrap-up) ist seit vielen Jahren ein möglicher Leitfaden der ersten Coaching-Generation. Inzwischen hat der vor einigen Jahren verstorbene John Whitmore, einer der Begründer des Modells, etwas Abstand von GROW-Modell genommen (vgl. Whitmore, Kauffman & David 2013). Auch in der Welt des Sports werden die Agenda und Arbeitsperspektiven des Coachings erweitert mit einer starken Einbindung des Athleten als ganzen Menschen und einem Interesse an ganzheitlicher Talentwicklung, die die Breite persönlicher Entwicklungsperspektiven im Auge hat. In der Coachingliteratur zeigen sich Anzeichen, dass ein enger Fokus auf Ziele, die sich oftmals im Verlauf des Coachings ändern können, keine Nachhaltigkeit gewährleisten (vgl. Ordóñez et al. 2009). In Anlehnung an die Organisationsforscher Weick und Sutcliffe (2007) können SMART-Ziele als langweilige Antwort auf die komplexe und wachsende Natur des Organisationslebens eingestuft werden. Die Welt ist zu komplex, um die Entwicklung anhand eng vorgegebener Ziele vorherzusagen. Basierend auf seinen empirischen und theoretischen Studien (Stacy 2001) empfiehlt der Komplexitätsforscher Stacy später die „conversational, reflexive narrative study" (2012: 95), die für alle Formen des Coachings geeignet sein können und als Alternative zu restriktiven und manualbasierten Verfahren angesehen werden kann (wie z. B. das oben erwähnte GROW-Model).

Auf welchen Grundpfeilern sollte Coaching in der Zukunft aufbauen?

Die große Frage ist nun, wie dieses Coaching aussehen kann und wie damit die Zukunft des Coachings skizziert werden kann. Es sollte eine Alternative zu GROW und ähnlichen Formen des Coachings der ersten Generation sein, die deutlich die sozialen, organisatorischen und individuellen Anforderungen des postmodernen und nachindustriellen Zeitalters besser aufgreifen und in den Dialogprozess einbeziehen können.

Als ganz persönliche aber dennoch begründete Antwort auf diese Frage schlage ich ein Coaching der dritten Generation vor (Stelter 2014), das sich auf die reflexive, narrative und kollaborative Praxis konzentriert, was meiner Meinung nach gut zu Stacys oben erwähnter Empfehlung passt. Das Coaching der dritten Generation geht einen Schritt weiter als das systemisch-sozial-konstruktivistische Coaching (Coaching der zweiten Generation), das schon durch zirkuläre Fragestrategien und mit dem Blick auf mögliche Lösungen und wünschenswerte Zukunftsperspektiven schon eine große Kreativität im Dialogprozess freisetzen kann. Das Coaching der dritten Generation, das *Third Generation Coaching*, ist eine Einladung zu Momenten von Symmetrie zwischen Coach und Coachingpartner*in(nen), bei der beide Parteien Resonanzboden füreinander sein können. Sie teilen Geschichten und entwickeln sich in kollaborativen Reflexionsprozessen gemeinsam weiter. Beide Seiten gehen von ihrem eigenen Selbstverständnis und den ihnen eigenen Identitätslandschaften aus (Stelter 2014). Der Coach ist sowohl Dialogführer als auch *außenstehender Bezeuger*, wie es in der narrativen Theorie und Praxis heißt (siehe auch Stelter & Böning, 2019).

Das *Third Generation Coaching* baut auf folgenden drei Eckpfeilern:

1. Ethisch orientierte Blick auf Werte

2. Die Suche Sinn zu schaffen
3. Der narrativ-kollaborative Dialogprozess

Ethisch orientierte Blick auf Werte

In unserer Gesellschaft, die durch eine wachsende Vielfalt der sozialen und organisatorischen Werte gekennzeichnet ist, ist der Coach aufgefordert, seine Dialogpartner*in dazu zu ermutigen, Werte als Orientierungshilfen für die Gestaltung des privaten und beruflichen Lebens zu betrachten. Diese Werte können als zeitlos und universell erscheinen, spiegeln aber oft Gewohnheiten und Diskurse lokaler Gemeinschaften, Organisationskulturen oder sozialer Systeme. In einem organisatorischen Kontext könnte das ultimative Ziel einer Wertereflexion darin bestehen, Führung, Kommunikation und Zusammenarbeit in fundamentaler Weise in die Handlungsmuster jeder einzelnen Teilnehmer*in zu verankern, nicht durch die Konzentration auf bestimmte Ziele, sondern durch die Reflexion über Grundwerte als Maßstab im menschlichen Leben und Handeln. Die antiken Griechen sprechen hier von *Phronesis*. Shotter und Tsoukas (2014) beschreiben Phronesis als die Kunst und Fähigkeit, Dinge ethisch zu bewerten und danach zu handeln. Einfach ausgedrückt spricht man oft von der *praktischen Weisheit*, von der Bereitschaft und Fähigkeit, im entscheidenden Augenblick „richtig", d.h. auf einer Grundlage verinnerlichter Werte, zu agieren. In einer Zeit, wo es mehr denn je um *Nachhaltigkeit* in allen Lebens- und Wirtschaftsbereichen geht, spielt das Ausbilden von *Phronesis* eine entscheidende Rolle, die letztlich das Überleben zukünftiger Generationen sichern kann.

Ein werteorientierter Coachingprozess ist u.a. inspiriert von der *protreptischen Form des Dialoges*, der *Protreptik* (Kirkeby, 2009). Protreptik geht auf Aristoteles zurück, der einem König die Philosophie nahebringen wollte[1]. Im modernen Verständnis ist *Protreptik* ein Meta-Coaching, damit die Kunst, sich selbst und andere dem Wesentlichen des eigenen Lebens zuzuwenden. Protreptik ist eine Methode der Selbstreflexion und Dialogführung – eine Form des philosophischen Coachings, das sich ausschließlich abstrakt auf Wertereflexionen und nicht auf konkrete aktuelle und zukünftige Handlungssituationen bezieht. Der Dialog zwischen den beiden Coachingparteien ist tendenziell und in intensiven Momenten symmetrisch, wenn beide gleichermaßen in die konkrete Reflexion bestimmter Schlüsselbegriffe und Werte eingebunden sind (z.B. Begriffe wie Respekt, Verantwortung und Freiheit). In diesen

Gesprächssituationen versuchen beide Dialogparteien sich nicht als handelnde Individuen zu verstehen, sondern als Menschen, die für etwas stehen, die Wünsche, Träume, Leidenschaften und Missionen haben und diese gerne tiefergehend untersuchen wollen. Erst nach diesen wertorientierten Reflexionen können aus diesem Dialog mögliche Konsequenzen für das weitere Handeln gezogen werden, die sich oft erst später ausformen, wenn das Gespräch schon längst abgeschlossen ist.

Die Suche, Sinn zu schaffen

Sinn zu schaffen und Sinnhaftigkeit zu erleben gilt als einer der wichtigsten Ambitionen zur Etablierung eines dialogischen Reflexionsprozesses (Stelter 2017, 2019). In der Suche nach Sinn bemühen wir uns, Erfahrungen, Handlungen und Interaktionen mit anderen sowie unserem Leben und Arbeiten besondere Bedeutung und Wertigkeit zuzuschreiben. Dinge werden als sinnvoll und sinnhaft erlebt, wenn wir unsere eigene Art zu fühlen, zu denken und zu handeln verstehen und mit uns in Einklang bringen. Dies geschieht nicht selten, indem wir Geschichten über uns selbst und die Welt, in der wir leben, erzählen. Sinnstiftung integriert vergangene und gegenwärtige Erfahrungen mit Erwartungen an die Zukunft zu einer Ganzheitlichkeit, die dann zu einer inneren Klarheit führt. Sinnhaftigkeit und Bedeutung entsteht im Zusammenspiel von Handlung, Wahrnehmung, Reflexion und Sprache. Sinnstiftung basiert auf der Integration individueller und soziokultureller Prozesse (mehr dazu bei Stelter 2014, 2019).

Der narrativ-kollaborative Dialogprozess

Die narrativ-kollaborative Perspektive ist wichtig für die Stimulierung des Reflexionsraums im Coaching-Dialog. Die Konzepte der Narrativität und der narrativen Psychologie können als Weiterentwicklung der sozialkonstruktionistischen Perspektive verstanden werden. Dieser neue Ansatz kann nach meinem Verständnis (Stelter 2014, 2019) erfahrungsbasierte und subjektiv-existentielle mit den relationalen und diskursiv-konstruktionistischen Elementen vereinigen. Erzählungen dienen dazu, Ereignisse zu strukturieren und in einer zeitlichen Chronologie zusammenzuführen. Lebenserzählungen sind die Quelle der Sinnstiftung, die bestimmte Ereignissen und Gegebenheiten als kohärent erscheinen lässt. Sie schaffen einen zeitlichen Zusammenhang und prägen Ereignisse, Handlungen, andere und uns selbst in einer Weise, dass das Leben als sinnvoll und sinnstiftend erfahren und wahrgenommen wird. Die Handlung in jeder Geschichte ist die Grundlage für die Entwicklung einer inneren Struktur und Dramaturgie (Sarbin 1986). Indem wir Geschichten erzählen und ihnen als Außenstehende zuhören, erscheint unser Leben und das anderer als (mehr oder weniger) sinnvoll.

Eine wertebasierte Aufmerksamkeit, die in den Ansätzen des Coachings der dritten Generation liegt, schärft auch unseren Blick auf die existentiellen und existentialistischen Dimensionen des Gesprächs. Der Mensch versteht sich erst durch die Zuhörerschaft der anderen. Vor allem existentialistische Philosophen wie Kierkegaard, Heidegger und Husserl und Psychologen wie Spinelli (2010) haben das Verständnis für die zwischenmenschliche Bedeutung von Dialogprozessen hervorgehoben. In einer Zeit, in der man sich selbst verliert, scheinen existentialistische Theorien eine Renaissance zu erleben. Diese existentialistische Perspektive kann auch mit Vorteil in das *Third Generation Coaching* einfließen. Sie hat in der heutigen Zeit deutlich steigende Bedeutung.

Die entscheidende Bedeutung der Dialogrelation

Die Zukunft des Coachings liegt im Ausbau der Beziehung der Dialogpartner. Coaches der dritten Generation haben ein geschärftes Bewusstsein für diese Dialog-Beziehung und ihre zentrale Bedeutung für die Weiterentwicklung und Wirkungsweise ihrer Coaching-Praxis. In der Literatur wird viel zu viel Wert auf unterschiedliche Schulen und Ansätze gelegt. Viele Coaching-Handbücher sind auch auf dieser Grundlage strukturiert. Wirft man allerdings einen Blick auf die neueste Psychotherapie- und Coachingforschung, so wird die zentrale Bedeutung der Beziehung für den erfolgreichen Ausgang des Gesprächs deutlich. In dem letzten Jahrzehnt sind mehrere Studien veröffentlicht worden, die die *Bedeutung der gemeinsamen Faktoren* im Coaching genauer untersucht haben. Studien haben folgende gemeinsame Faktoren hervorgebracht, die den positiven Einfluss des Gesprächs auf den hilfesuchenden Dialogpartner und auf die Wirkung des Gesprächs fördern (siehe z.B. de Haan et al. 2013, Gessnitzer & Kauffeld, 2015; Horvath & Bedi, 2002):

Soziale Netzwerkfaktoren

Hierbei handelt es sich um Faktoren innerhalb des sozialen Kontextes des hilfesuchenden Dialogpartners (z. B. in der Organisation, in der Familie oder im Bekanntenkreis), die entscheidenden Einfluss auf die länger anhaltende Wirkung des Gesprächs haben.

Dialogführerfaktoren

Die Art und Weise des Dialogführers, im Gespräch zu sein, trägt entscheidend auf die Wirkung das Gespräch bei. Hierzu zählen das eigene Verhalten der Dialogführer, ihre Echtheit, Empathie und das Akzeptieren der Situation der Dialogpartner.

Klientenfaktoren

Das Engagement und die Beteiligung des Klienten oder der Dialogpartnerin sind entscheidende Faktoren für den Erfolg des Dialoges.

Beziehungsfaktoren

Die Entwicklung der eigentlichen Beziehung ist eine Grundlage für den positiven Verlauf des Gesprächs: Alle Beteiligten sind aufgefordert, sich in ihrer gegenseitigen Beziehung und am Veränderungs- und Entwicklungsprozess zu engagieren. Eine produktive und fruchtbare direkte und indirekte Kommunikation sowie eine gute Zusammenarbeit zwischen den Dialogteilnehmer*innen ist wichtig für den Aufbau und das Gelingen der Beziehung.

Praxisstrategien

Jeder transformative und fruchtbare Dialog baut auf einem bestimmten Verständnis von Veränderung, Interaktion und Einwirkung auf. Hierbei sind der *überzeugende* und *sichere Gebrauch* einer Methode sowie bestimmte Dialogstrategien eine entscheidende Rolle (z. B. bestimmte Reflexionsarten, Feedback, Neugier, Aufmerksamkeit, Einsicht, emotionales Lernen, Wissen, Informationsvermittlung, Entwickeln und das Ausprobieren neuer Handlungsweisen, Erfolgs- und Bewältigungserfahrungen, Anerkennung, Vorschläge und die Art der Dialogführer, den Gegenüber zu unterstützen.)

Die Botschaft für die Zukunft des Coachings in Praxis und Ausbildung ist folgende: Es sollte eine starke Aufmerksamkeit auf die Entwicklung des dialogischen Zusammenspiels zwischen Coach und Coachpartner*in(nen) gelegt werden. In diesem

Zusammenhang bin ich besonders von Shotters Begriff des *withness thinking/talk* eingenommen (Shotter, 2006). Hier geht es darum, sich von den Gedanken und Worten seines Gegenübers berühren und sie in sich wirken zu lassen, um schließlich über das, was im Moment entsteht, weiter miteinander zu reflektieren. Das Coaching der dritten Generation hat da schon von seinem Methodenansatz her einen starken Blick auf dieses Zusammenspiel und könnte als Inspiration dienen.

Transformative Dialoge könnten viele Entwicklungsgespräche inspirieren

Wir leben in einer Zeit, in der Algorithmen der digitalen Netzwerke uns als Mitbürger*innen und Mitmenschen immer weiter auseinandertreiben und voneinander trennen Soziale Netzwerke, werden zu Echokammern, die Andersheit eliminieren. Die Fähigkeit zuzuhören nimmt ab. Han (2016) spricht von *der Austreibung des Anderen*. Doch das Andere und der/die Andere sind Grundlage für Entwicklung und Erkenntnis und ein gesundes Weltverständnis. Im wahren Dialog sind beide Seiten willig, sich zu entwickeln und Dinge neu zu verstehen. In der digitalen Welt findet dieser Dialog kaum statt, da der Algorithmus statt Andersheit nur Gleichheit fördert. Wenn wir diese Entwicklung nicht stoppen, droht das gesellschaftliche Miteinander, das schon jetzt bedroht ist, vollkommen auseinander zu reißen.

Deshalb muss der ethische Anspruch sein, das Coaching als transformativen Dialog in Zukunft auch in andere Lebensbereiche und Berufsfelder hineinzutragen. Damit ist die Kunst der Dialogführung nicht nur eine Aufgabe eines professionellen Coaches oder einer Berater*in. Der Horizont sollte sich erweitern in andere gesellschaftliche Bereiche, in Vereine, freiwilligen Organisationen, an Arbeitsplätzen und in spielerischen Formen auch in der Freizeit[2]. In Zukunft wird es viele Wege geben, sich als transformativer Dialogführer nützlich zu machen.

Auch im professionellen Bereich werden coachingähnliche Dialoge Anwendung finden. Es gibt schon Dialogführer, die in Schulen, im Gesundheits- oder Sozialwesen arbeiten: Lehrer, Erzieher, Krankenpfleger, Diätisten, Gesundheitsberater, Sozialpädagogen. Wie das Sportcoaching vor mehreren Jahrzehnten begann, die Wirtschaftswelt zu erobern, so wird das Coaching in vielen abgewandelten Formen in andere Lebensbereiche und Arbeitsfelder einziehen. Dieser Trend wird sich weiter ausprägen (siehe auch Lane et al., 2018).

Auch in den Chefetagen wird sich das dialogische Führen weiter verbreiten (Dietz, 2020; Reitz, 2017, Van Loon, 2017). Manager*innen als Helden, die allein auf der Kommandobrücke stehen, sind bereits eine Rarität. Führen ist ein Prozessgeschehen, in dem der Dialog, das Gespräch, das gegenseitige Sich-Verstehen und Reflektieren an Bedeutung gewinnen wird.

Zum Anschluss: In guter Hoffnung

Viele Akteure im Coaching sind von dem Wunsch getrieben, die Welt lebenswert zu machen, in der Überzeugung, dass das Individuum von guten Gesprächen und persönlicher Entwicklung profitiert. Aber wir dürfen die Bedeutung des Kontextes und die Bereitschaft und den ehrlichen Willen des Einzelnen zur Entwicklung nicht vergessen. Ich bin überzeugt von der Notwendigkeit einer stärkeren Verknüpfung von Individuum und Kontext als Ausgangspunkt für transformative Dialoge. Die Umstände setzen oft Grenzen. Nur zu träumen nützt nicht.

Dieses Kapitel ist trotz aller Argumentationsversuche subjektiv gefärbt und von einem Wunsch getrieben, Einfluss zu nehmen auf die Welt, die oft als unregierbar erscheint. Ich wünsche mir für meine Leser*innen, dass mein Entwurf zu einem Coaching der Zukunft, das die Dialogführer*innen als aktive und kollaborative Partner*innen des Dialoges hervorhebt, Gehör findet. Die Beziehung zueinander und der Wunsch und das Streben, sich in der Gegenseitigkeit und verspürten Resonanz zu entwickeln, ist die Hoffnung, die mein Leitmotiv ist.

Literatur

Bachkirova, T., Spence, G., & Drake (2016). *The SAGE Handbook of Coaching.* London: SAGE Publications.

Beck, U. (2000). *What is globalization?* Oxford: Policy.

Cox, E., Bachkirova, T., & Clutterbuck, D. (red.)(2018). *The Complete Handbook of Coaching.* (Dritte Ausgabe). London: Sage.

Dietz, K.-M. (2020). *Führen in der VUCA-Welt. Dialogische Orientierungen* (2., durchgesehene Auflage). Heidelberg: Menon

David, S., Clutterbuck, D., & Megginson, D. (red.) (2013). *Beyond goals – Effective strategies for coaching and mentoring.* Farnham: Gower.

Decety, J. & Ickes, W. (red.) (2009). *The Social Neuroscience of Empathy.* Cambridge, MA: The MIT Press.

de Haan, E., Duckworth, A., Birch, D., & Jones, C. (2013). Executive coaching outcome research: The contribution of common factors such as relationship, personality match, and self-efficacy. *Consulting Psychology Journal: Practice and Research*, 65, 1, 40-57.

Gergen, K. J. (1991). *The saturated self – Dilemmas of identity in contemporary life*. New York: Basic.

Gessnitzer, S. & Kauffeld, S. (2015). The Working Alliance in Coaching. *The Journal of Applied Behavioral Science,* 51, 2, 177-197.

Greif, S., Möller, H., & Scholl, W (2018). *Handbuch Schlüsselkonzepte im Coaching*. Heidelberg: Springer.

Han, B.-C. (2010). *Die Müdigkeitsgesellschaft*. Berlin: Matthes & Seitz.

Han, B.-C. (2016). *Die Austreibung des Anderen. Gesellschaft, Wahrnehmung und Kommunikation heute*. Frankfurt/M.: Fischer.

Horvath, A.O. & Bedi, R.P. (2002). The alliance. In: J.C. Norcross (red.). *Psychotherapy relationship that works. Therapist contribution and responsiveness to patients*. Oxford: Oxford University Press, 37-69.

Kirkeby, O. F. (2009). *The new protreptic – The concept and the art*. Copenhagen: Copenhagen Business School Press.

Lane, D. A., Stelter, R., & Rostron, S. S. (2018). The future of coaching as a profession. In E. Cox, T. Bachkirova, & D. Clutterbuck (Eds.), *The Complete Handbook of Coaching* (S. 417-433). Dritte Ausgabe. London: SAGE Publications.

Lehner, D. & Peterlini, H.K. (2019). Anerkennung in Ermächtigungsprozessen: Prozesse der Bildung im Spannungsfeld zwischen Subjekt und Welt, Person und Gesellschaft. In: *Lernprozesse über die Lebensspanne* (S. 68-82). Verlag Barbara Budrich, 2019.

Luhmann, N. (1998). *Die Gesellschaft der Gesellschaft*. Frankfurt/M.: Suhrkamp.

Mezirow, J. & Associates (2000). *Learning as transformation: Critical perspectives on a theory in progress*. San Francisco, CA: Jossey-Bass.

Ordóñez, L.D., Schweitzer, M.E., Galinsky, A.E., & Bazerman, M.H. (2009). "Goals gone wild: The systematic side effects of overprescribing goal setting." *Academy of Management Perspectives*, 23,1, 6-16.

Rauen, C. (2021). *Handbuch Coaching*. Göttingen: Hogrefe.

Reitz, M. (2017). Leading Questions: Dialogue in organizations: Developing relational leadership. *Leadership*, 13(4), 516–522. https://doi.org/10.1177/1742715015617864.

Sarbin, T.R. (Ed.). (1986). *Narrative psychology: The storied nature of human conduct*. New York: Praeger.

Shotter, J. (2006). Understanding process from within: An argument for withness-thinking. *Organization Studies*, 27, 585-604.

Shotter, J. & Tsoukas, H. (2014). In Search of Phronesis: Leadership and the Art of Judgment. *Academy of Management: Learning and Education*, 13(2), 224-243. DOI/10.5465/amle.2013.0201

Spinelli, E. (2018). Existential coaching. In: Cox, E., Bachkirova, T., & Clutterbuck, D. (red.). *The complete handbook of coaching.* Dritte Ausgabe (S. 81-94). London: Sage.

Stacy, R. (2001). *Complex responsive processes in organizations: Learning and knowledge creation.* London: Routledge.

Stacy, R. (2012). Comment on debate article: Coaching psychology coming of age: The challenges we face in the messy world of complexity. *International Coaching Psychology Review,* 7:1, 91-95.

Stelter, R. (2014). *A Guide to Third Generation Coaching.* Dordrecht: Springer.

Stelter, R. (2017). Sinn als Thema im Coaching. I S. Greif, H. Möller, & W. Scholl (red.), *Handbuch Schlüsselkonzepte im Coaching* (S. 1-10). Springer. https://doi.org/10.1007/978-3-662-45119-9_65-1

Stelter, R.& Böning, U. (2019). *Coaching als mitmenschliche Begegnung: Narrative-Collaborative Theory and Practice.* Heidelberg: Springer

Weick, K.E. & Sutcliffe, K.M. (2007). *Managing the unexpected.* (2. Ausgabe). San Francisco: Jossey-Bass.

Whitmore, J., Kauffman, C., & David, S.A. (2013)." GROW grows up: From winning the game to perusing transpersonal goals. In: David, S.A., Clutterbuck, D., & Megginson, D. (red.). *Beyond goals – Effective strategies for coaching and mentoring* (S. 245-260). Farnham: Gower.

Van Loon, R. (2017). *Creating Organizational Value Through Dialogical Leadership.* Cham: Springer.

---

[1] siehe: https://www.deutsche-digitale-bibliothek.de/item/XANAL4BD3 HPC6K24XILNF4KNPPIBZY44

[2] Siehe verschiedene Ideen dazu in Kapitel 10 in Stelter und Böning, 2019.

Thomas Bachmann

Coaching als Kompetenz der Zukunft

Baal: *„Alles, was über das Leben auf diesem Planeten zu sagen ist, könnte man in einem einzigen Satz von mittlerer Länge sagen. Diesen Satz werde ich gelegentlich, sicher aber noch vor meinem Ende, formulieren."* Bertolt Brecht

Vor ziemlich genau 16 Jahren, am 28.10.2005 zum 10jährigen Jubiläum von artop – Institut an der Humboldt-Universität, hielt ich auf der Festveranstaltung einen Vortrag mit dem Titel „Coaching – Kompetenz der Zukunft". Um diese These zu untermauern, formulierte ich damals folgende Begründung: „Die postmoderne Pluralität hat auf allen Ebenen unserer Gesellschaft zum Wegfall eines verbindlichen Orientierungsrahmens geführt. Hinzu kommt eine rasante technologische Entwicklung, die vor allem im Bereich der Informationstechnologie massive gesellschaftliche Umbrüche zur Folge hat. Schlagworte wie Globalisierung, Wertewandel und Individualisierung, die immer wieder in der öffentlichen Diskussion auftauchen, drücken dies anschaulich aus. Vor allem im beruflichen Kontext finden diese Entwicklungen ihren deutlichen Niederschlag: Zerstückelte Berufsbiografien, sich auflösende Berufsbilder und die damit zunehmende Bedeutung von Querschnittskompetenzen, unterschiedliche, nebeneinander bestehende Führungsmodelle, heterogene Unternehmenskulturen, konkurrierende Managementkonzepte sowie vielfältige Arbeits- und Arbeitszeitmodelle führen zu einer schier unübersehbaren Anzahl individueller Wahlmöglichkeiten für den Einzelnen im beruflichen Kontext, der sich als Unternehmer im Unternehmen selbstorganisiert eigene Wege suchen muss und damit zunehmend als lebenslang lernender Dienstleister aufgefasst werden kann und vor entsprechenden Herausforderungen steht" (Bachmann, 2005).

Zu dieser Zeit war noch keine Rede von New Work oder Agilität, jedoch waren die Entwicklungen in diese Richtung und die damit verbundene Bedeutung von Coaching als Antwort auf diese Entwicklungen damals schon absehbar und wurden von mir folgendermaßen formuliert (Bachmann, 2005):

- Die Anzahl der Wahlmöglichkeit für das individuelle oder organisationale Handeln wächst exponentiell.

- Verbindliche individuelle Entwicklungsmodelle, die im Sinne von „Vorbildern" Orientierung geben, fehlen.
- Optimierung, Effizienz und Einzigartigkeit bestimmen das wirtschaftliche und persönliche Handeln.
- Berufsbilder und Arbeitszusammenhänge diversifizieren sich zunehmend.
- Lebenslanges Lernen und permanente Veränderungen werden selbstverständlich, berufliche Entwicklung wird synonym mit „Kompetenzentwicklung".

Im folgenden Text wird untersucht, inwieweit die Prognosen von damals eingetroffen sind und welche anderen bzw. neuen Entwicklungsimpulse für Coaching entstanden sind. Abschließend werden Thesen für die Zukunft des Coaching aufgestellt und begründet.

Vielfalt

Wenn man über die Zukunft des Coaching nachdenken will, muss man sich zunächst darüber klar werden, was man unter Coaching versteht. Diese Definitionsarbeit ist keineswegs trivial, denn seit Coaching in den 2000er Jahren vor allem im Kontext von Beruf und Organisationen den Kinderschuhen und dem Schattendasein entwachsen ist, ist die Vielfalt der Ansätze, Formate, Themen, Settings, Zielgruppen, Ausbildungen, Verbände und Internetangebote für Coaching förmlich explodiert. Insofern kann es *nicht eine* Zukunft *des* Coachings, sondern nur eine Zukunft verschiedener Coachingverständnisse und -varianten geben. Das Phänomen ist hier – wie eigentlich immer in komplexen Feldern – Ursache und Wirkung zugleich. Die spätmoderne Gesellschaft der Singularitäten (Reckwitz, 2018), bringt immer mehr Vielfalt und Differenzierung in allen gesellschaftlichen Feldern hervor, welche gleichzeitig der Grund für die stetige Nachfrage nach Orientierungs- und Unterstützungsformaten sind, die sich dadurch ebenfalls immer weiter ausdifferenzieren und vice versa. Das Spektrum reicht dabei vom YouTube-Tutorial bis zum Life-Coaching, vom Business-Schamanen bis zum Management Coaching, von der Lebenshilfe-Literatur bis zum Karrierecoaching oder von der Super-Nanny bis zum Elterncoaching.

Um ein wenig Systematik in den Coachingdschungel zu bringen, können folgende Leitunterscheidungen hilfreich sein. Wie wird Coaching in seinen vielfältigen Erscheinungsformen eigentlich verstanden? Entwicklungsorientiert oder problemorientiert, als

Profession oder als Kompetenz, zur Selbstoptimierung oder zur Selbstreflexion, für Individuen oder für soziale Systeme (Gruppen, Teams, Organisationen), für Managerinnen und Führungskräfte oder für alle, inhaltlich abstinent oder beratend edukativ, erbracht von Organisationsinternen oder -externen, in Präsenz oder virtuell, kurzzeitig und punktuell oder als andauernde Begleitung, verhaltens- und handlungsorientiert bzw. personennah und persönlichkeitsorientiert? Für all diese Leitdifferenzen (von denen es sicherlich noch etliche mehr gibt) lassen sich Anwendungsbeispiele und Formate finden und das macht die folgenden Betrachtungen zur Zukunft des Coaching recht anspruchsvoll.

Wurzeln

Historisch betrachtet ist die Beratung und Begleitung – vor allem von Menschen mit Entscheidungsverantwortung – in jeder geschichtlichen Epoche und den verschiedensten Gesellschaften beobachtbar: Magier, Schamanen, Seher, Wahrsagerinnen, Meisterinnen, Prediger, Priester, Seelsorger, Lehrerinnen, Scholare, Experten, Beraterinnen, Prozessbegleiter, Sozialarbeiterinnen, Therapeutinnen, Trainer, Coaches. Das Helfen hat in der Menschheitsgeschichte eine lange Tradition und die modernen „Helfer" unserer Zeit können auf vielfältige und weitreichende Wurzeln und Ressourcen zurückblicken (Schmidt-Lellek, 2006). Und natürlich ist das Auftauchen der verschiedenen Helfertypen einer bestimmten Epoche oder in einer bestimmten Gesellschaft immer eine Antwort auf individuelle und gesellschaftliche Bedürfnisse nach Orientierung, Unterstützung, Begleitung, Unsicherheitsabsorbtion, Feedback, Resonanz, emotionale Entlastung oder Entscheidungsfindung. Coaching hat sich hier als relativ junges Format im Zeitalter zunehmender Industrialisierung und dem damit verbundenen massenhaften Entstehen von Organisationen zur Erfüllung gesellschaftlicher Bedürfnisse im Kontext von Arbeit und Beruf Ende des letzten Jahrhunderts herausgebildet.

Die Entwicklung von Coaching geht dabei auf drei Quellen zurück (Steinke & Steinke, 2019): auf das *Educational Coaching* im Rahmen von Ausbildung und Studium vor allem an Universitäten, das *Sports Coaching* und schließlich das *Managerial Coaching*. Erste Artikel über Coaching im Organisationskontext stammen aus den 1930er bzw. 1950 Jahren. Damals wurde vor allem die Unterstützung und Entwicklung von Mitarbeitenden durch ihre Führungskraft (Supervisior) unter Coaching verstanden. Die aufkommende

Human-Relations-Bewegung bereitete dann den Durchbruch für Coaching in der Arbeitswelt vor. Es ging fortan nicht mehr nur um Leistungsverbesserung, sondern auch um Lernen und Entwicklung, Klärung, Problemlösung, Reflexion. Damit verbunden hielten zunehmend auch psychotherapeutische Konzepte wie etwa die Transaktionsanalyse Einzug ins Coaching.

New Work

Die beschriebenen Entwicklungen halten bis heute an und zeigen, das Coaching als Antwort auf Bedürfnisse und Bedarfe von Menschen im zunehmend personen- bzw. teamorientierten Organisationskontext verstanden werden kann und diesen gleichzeitig prägt. So kann die derzeitige *New Work*-Bewegung, begründet durch Bergmann (2019) als die logische Weiterführung des Human-Relations-Ansatzes verstanden werden. In der New Work-Charta von Väth (2022) werden 1. *Freiheit* (Experimentieren, Kultur des Unperfekten, Vernetzung), 2. *Selbstverantwortung* (Selbstorganisation, finanzielle Beteiligung, Budget-Autorität), 3. *Sinn* (persönliches Wachstum, dreiteilige Wertschöpfung, sinnhaftes Gestalten), 4. *Entwicklung* (kollektive Lernstrukturen, Selbsterneuerung, kollektive Entscheidungen) sowie 5. *Soziale Verantwortung* (Nachhaltiges Wirtschaften, regionales Engagement, ehrbarer Kaufmann) als die fünf Prinzipien von New Work genannt. Die Umsetzung dieser Prinzipien sind momentan in nahezu jeder Organisation Gegenstand von Neuorientierung und Veränderungsprojekten. Dies wird dabei vor allem in strukturellen und prozessualen Veränderungen deutlich, die unter den Begriffen *New Organizing* bzw. *Agility* zu fassen sind.

Betrachtet man diese Entwicklung mit etwas mehr Abstand so lässt sich ein zugrundeliegender Trend erkennen: weniger Organisation – mehr Person und Interaktion. Die klassische Organisation mit ihren Strukturen, ihren formalen Prozessen, ihrem hierarchischen Aufbau und ihren definierten Einheiten bzw. Abteilungen wird zunehmend durch fluide, netzwerkähnliche bzw. evolutionäre Modelle ersetzt. Die wichtigste Einheit bildet dabei der Mensch und das Ideal von Ganzheitlichkeit, Selbstverwirklichung und Sinn (Laloux, 2014). Die Arbeit erfolgt in mehr oder weniger sich selbst organisierenden bzw. selbst führenden Teams, die sich – stets zur Veränderung bereit – um Produkte oder Prozesse herum organisieren. Mit dem Wegfall von Hierarchien, Abteilungsgrenzen und Formalismen und einer Ausrichtung der Organisationen auf Sinn,

Purpose und User Experience entstehen neben den erhofften Vorteilen natürlich auch neue Probleme. Auf Ebene der *Organisation* sind das vor allem Steuerungsprobleme, denn gezielte Entwicklung und Kontrolle über das, was in der Organisation passiert, stehen im Widerspruch zu Selbstorganisation und verteilter Führung. Darüber hinaus entstehen zahlreiche neue Anforderungen für Teams und Individuen, die sich im Wesentlichen unter der Überschrift *Selbstführung* subsummieren lassen und damit jede Menge Coachingbedarf generieren. Auf der *Teamebene* geht es dabei um die geteilte Führung durch die Teammitglieder, um kooperativ und arbeitsteilig gemeinsam Leistungen zu erbringen. Neben methodischem Knowhow wie etwa dem Arbeiten nach Scrum oder dem Anwenden bestimmter Kreativtechniken oder Entscheidungsmethoden bedeutet das vor allem die Ausbildung eines agilen Mindsets auf individueller Ebene sowie die Entwicklung einer förderlichen Kultur in der Vertrauen, Unterstützung, Experimentierfreude, Sinnorientierung und Fehlertoleranz zu ermöglichen, was u.a. von Edmondson & Lei (2014) unter dem Begriff *Psychological Safety* gefasst wird.

Auf der *Personenebene,* dem ursprünglichen Heimatgebiet von Coaching, sind mit diesen Entwicklungen ebenfalls tiefgreifende und neuartige Anforderungen verbunden, in denen sich der schon länger andauernde gesellschaftliche Trend zur *Individualisierung* widerspiegelt. Entrepreneurship, Empowerment, Partizipation fordern von Mitarbeitenden tägliche Selbstaktualisierung ihrer Rolle, die immer weniger durch die Organisation vorgegeben wird. Die Organisation formuliert nur noch ein Framework, welches durch die handelnden Organisationsmitglieder ausgestaltet wird und ausgestaltet werden muss. Alle sind gefordert, ihr unverwechselbares Narrativ zu schreiben und sich als Singularität zu behaupten. Der zunehmende Selbstentfaltungsdruck zusammen mit dem politisierten Anspruch danach, das „richtige" Leben zu leben, ruft nach Unterstützung, Reflexion und Orientierung durch Coaching. Han (2014) beschreibt dabei den Wandel der Arbeitswelt von der körperlichen Disziplinierung und Optimierung beispielsweise durch den Taylorismus, hin zum Selbstgestaltungs- und Optimierungsdruck, dem der Einzelne unter dem Diktat der Freiheit und Entgrenzung in der postmodernen neoliberalen Welt ausgesetzt ist. Human Ressources, emotionale Intelligenz, Wissensarbeit, Psyche, Gefühl, Intuition haben Hochkonjunktur. „Das Zeitalter der psychischen Optimierung und der immer bedeutsamer werdenden Wahrnehmungs-, Entscheidungs- und Handlungskompetenz sozialer

Systeme wie Gruppen, Teams und Organisationen unterscheidet sich darin von der vorangegangenen Epoche der körperlichen Disziplinierung und Optimierung des menschlichen Organismus bei dessen Implementierung in Arbeits- und Leistungsprozesse, wie sie noch im letzten Jahrhundert im Vordergrund standen. Coaching in all seinen Spielarten, in (fast) allen menschlichen Lebens- und Arbeitsbereichen, scheint die passende Antwort auf die Hinwendung der Evolution auf das Psychische und das Soziale (Netzwerk) zu sein" Bachmann (2015).

Nicht zufällig entstehen daher in modernen Organisationen immer mehr Positionen mit Coachingaufgaben zur Unterstützung von Teams und Personen bzw. werden Coachingkompetenzen zur Ausgestaltung der eigenen Rolle gebraucht. Dies zeigt sich auch an dem hohen Anteil von Teilnehmenden an Coachingweiterbildungen, die gar nicht vorhaben, einmal als organisationsexterner, professioneller Coach zu arbeiten, sondern Coachingkompetenzen in die Organisation zur Erfüllung z. B. ihrer (Führungs-) Rolle einbringen wollen.

Digitalisierung

Die Veränderungen in der Arbeits- und Organisationswelt sind eng verbunden mit dem allgegenwärtigen Trend der *Digitalisierung* aller menschlichen Lebensbereiche. „Alles was digitalisiert werden kann, wird digitalisiert werden" lautet das Mantra von Carly Fiorina der ehemaligen CEO von Hewlett-Packard. Dies ist auch im Coaching zunehmend zu bemerken. Online-Coaching ermöglicht die Arbeit über räumliche und zeitliche Grenzen hinaus und die immer größer werdenden digitalen Coachingprovider bzw. Plattformen skalieren Coaching als niedrigschwelliges Angebot zum Massengeschäft. Dabei löst sich Coaching zunehmend von seinem Begriffskern und wird als Lernen, Entwickeln und Optimieren mit betrieblicher Weiterbildung, Training und Personalentwicklung vermengt. Wie in vielen anderen Branchen schon geschehen, werden sich die Akteure und deren Leistungen in digitalisierbare und nicht-digitalisierbare Bereiche differenzieren. Triebel (2018) zeigt das anschaulich auf: Buchhandel, Musikindustrie, Mobilität, Hotels, Bekleidung. Trotz der digitalisierten (Massen-)Angebote bleiben spezielle hochwertige, nicht-digitalisierbare, maßgeschneiderte Angebote weiterhin bestehen oder können sogar Wachstum verzeichnen. Die Synthese seiner Überlegungen: *Die Mitte stirbt.*

Gegenüber der Welt der skalierten digitalen Massenangebote steht das Angebot von Manufactum: „Es gibt sie noch, die schönen Dinge".

Eine weitere Entwicklung stellt die vollständige oder teilweise Substitution des Coaches oder des Coachingprozesses durch digitale Technologien. Hier sind Entwicklungen denkbar bei denen Algorithmen bzw. künstliche Intelligenzen die Funktion des Coaches übernehmen z. B. in Form von Avataren. Coachingforscher Carsten Schermuly (Wagner, 2020) sieht diese Entwicklungen noch in den Kinderschuhen und benennt es als fraglich, ob künstliche technische Systeme jemals in der Lage sein werden, komplexe Fragestellung und die damit verbundenen Emotionen zu erkennen, zu „verstehen", emphatisch zu bearbeiten und Resonanz auf Basis einer intersubjektiven Beziehung zu geben.

Coaching-Society

Neben den oben beschriebenen Megatrends *New Work, Individualisierung* und *Digitalisierung*, wie sie vom Zukunftsinstitut (2022) beschrieben werden, kann davon ausgegangen werden, dass auch die anderen Tiefenströmungen der westlichen Gesellschaften ihren Einfluss auf das Coaching haben. Hier werden vor allem *Globalisierung, Wissenskultur, Silver Society, Diversität, Ökologie, Digitalisierung, Gender Shift* und *Gesundheit* immer neue Coachingthemen, -angebote und -formate hervorbringen, denn alle Megatrends verlangen von den Individuen einer Gesellschaft, sich mit diesen Themen auseinander zu setzen. Die Megatrends spülen Fragen und Entscheidungen an die gesellschaftliche Oberfläche, die von den Individuen beantwortet werden müssen. Indem Coaching diese gesellschaftlich relevanten Themen aufgreift, dazu Wissensbestände und Methoden entwickelt und diese ergebnisorientiert mit Klienten bearbeitet, werden sich seine inhaltliche Basis und sein Wirkungskreis immer mehr verbreitern. Damit wird Coaching zunehmend zum Orientierungsgeber in modernen pluralistischen Gesellschaften und könnte langfristig anderen Formaten wie etwa der Psychotherapie, zumindest im nicht-psychopathologischen Bereich den Rang als zentrales Unterstützungsformat ablaufen. Dies nicht zuletzt aufgrund der leichteren Verfügbarkeit von Coaching und des niedrigschwelligen Zugangs.

Szenarien

Im Ergebnis dieser Überlegungen können für die Zukunft des Coachings folgende Szenarien abgeleitet werden:

1. Coaching wird sich hinsichtlich Zielgruppen, Themen, Settings und Formaten immer weiter ausdifferenzieren und alle gesellschaftlichen Bereiche erobern.
2. Coaching wird Nachbarformate, mit denen es Überschneidungen gibt, wie Psychotherapie, Supervision, Familientherapie, Teamentwicklung oder Organisationsberatung teilweise mit abdecken und somit absorbieren.
3. Coaching wird sich vor allem im Arbeits- und Organisationskontext neben dem exklusiven hochpreisigen maßgeschneiderten Angebot für Personen mit Führungs- und Managementaufgaben als ein niedrigschwelliges Angebot für alle entwickeln.
4. Coachingkompetenzen werden zu Schlüsselkompetenzen für den beruflichen Erfolg werden.
5. Die Profession Coaching, vertreten durch externe professionelle, ausgebildete Coaches mit Verbandszugehörigkeit wird eine exklusive Minderheit im Sog des Massenphänomens Coaching werden.
6. Coaching, welches von organisationsinternen Personen mit Coachingaufgaben erbracht wird, wird eine immer größere Rolle im Vergleich zum Coaching von professionellen, externen Coaches einnehmen.
7. Die Digitalisierung von Coaching wird weiter voranschreiten und immer neue Angebote und Formate hervorbringen und somit ein wesentlicher Treiber der Entwicklung von Coaching sein.

Wenn ich also in 16 Jahren wieder über die Zukunft des Coaching nachdenken sollte, werde ich mich aus diesem Feld bereits zurückgezogen haben. Eine neue Generation wird gestalten, was wir heute Coaching nennen und neue Ideen und Konzepte entwickeln, von denen ich heute noch keine Vorstellung habe. Vielleicht sind meine Zukunftsszenarien bis dahin Realität geworden. Vielleicht werden die Entwicklungen eine ganz andere Richtung einschlagen, denn die momentane Zeit der massiven Umbrüche und der großen Transformationen der Gesellschaften sind keine gute Ausgangslage für langfristige Prognosen.

Literatur

Bachmann, T (2005). Coaching – Kompetenz der Zukunft. Vortrag anlässlich des 10jährigen Jubiläums von artop – Institut an der Humboldt-Universität zu Berlin.

Bachmann, T. (2015). Coaching: Schnelle Reparatur oder gründliche Reflexion? Wirtschaft und Weiterbildung 4/2015. S. 44-47.

Bergmann, F. (2019). New work new culture: Work we want and a culture that strengthens us. Hampshire: John Hunt Publishing.

Han, B. C. (2014). Psychopolitik: Neoliberalismus und die neuen Machttechniken. S. Fischer Verlag.

Edmondson, A. C., & Lei, Z. (2014). Psychological safety: The history, renaissance, and future of an interpersonal construct. Annu. Rev. Organ. Psychol. Organ. Behav., 1(1), 23–43.

Laloux, F. (2014). Reinventing organizations: a guide to creating organizations inspired by the next stage in human consciousness. Nelson Parker.

Reckwitz, A. (2018). Die Gesellschaft der Singularitäten. In Kultur-Interdisziplinäre Zugänge (pp. 45-62). Springer VS, Wiesbaden.

Wagner, M. (2020). Wie sieht das Coaching der Zukunft aus? Interview mit C. Schermuly in Training aktuell 12/20. managerSeminare Verlag.

Schmidt-Lellek, C (2006). Ressourcen der helfenden Beziehung. Bergisch Gladbach: EHP.

Steinke, I & Steinke, J. (2019). Was ist Coaching? Die Ursprünge von Coaching als Methodik. BoD.

Triebel, C. (2018). Alles wird digital, alles wird anders. In J. Heller & al (Hrsg.), *Digitale Medien im Coaching* (S. 7–13). Heidelberg: Springer.

Väth, M. (2022). Die New Work Charta. https://humanfy.de/new-work-charta/ (Abgerufen am 15.11.2021)

Zukunftsinstitut (2021). Megatrends. https://www.zukunftsinstitut.de/dossier/megatrends/ (Abgerufen am 15.11.2022.

Erich Schäfer

Transformationscoaching mittels Transflexing

Die auf individueller, organisatorischer und gesellschaftlicher Ebene als Folge disruptiver Entwicklungen stattfindenden vielfältigen Transformationsprozesse offenbaren die Dringlichkeit einer kontinuierlichen Selbsterneuerung von Systemen. Unsere Gesellschaft verändert sich gerade in einem rasanten Tempo. Es ist nicht nur der Wandel vom Analogen zum Digitalen und die damit verbundene Befürchtung einer Herrschaft von Digitalfirmen, unter der Bildung und Beratung gänzlich zur Ware zu werden drohen. Drei gesellschaftliche Paradigmenwechsel vollziehen sich aktuell getrieben durch die Pandemie.

Paradigmenwechsel

Erstens erleben wir eine noch nie dagewesene *Politisierung des Körpers*, die an den dystopischen Roman „Corpus Delicti" von Juli Zeh (2010) erinnert. Hier wird das Spannungsfeld von Sanitas, Libertas und Securitas ausgeleuchtet. Im Vergleich zu vorausgegangenen gesundheitspolitischen Risikodiskursen haben wir es heute mit einem „,vermachteten' Diskurs zu tun, in dem strategisch kommunizierende Akteur:innen deutlich überrepräsentiert sind, namentlich die politische Exekutive und Vertreter von Partialinteressen (...). Zivilgesellschaftliche Gruppen (Kollektivinteressen) und wissenschaftliche Akteur:innen sind demgegenüber deutlich unterrepräsentiert" (Leidecker-Sandmann & Lehmkuhl 2021, S. 12). Zudem erleben wir eine Militarisierung der Gesundheitspolitik; die Ernennung eines Generalmajors zum Chef des neu geschaffen Corona-Krisenstabs im Bundeskanzleramt ist ein Ausdruck hierfür.

Zweitens wird das *Private radikal öffentlich*. Exemplarisch lässt sich dies zum einen an den durch die Corona-Pandemie stark eingeschränkten Datenschutz-Grundrechten und zum anderen an der öffentlich aufgeheizten Diskussion zu ganz persönlichen Impfentscheidungen erkennen. Welche Entscheidung Individuen getroffen haben, wird Anfang des Jahres 2022 bei Personen mit einer gewissen Bekanntheit in Einzelfällen in einem öffentlich ausgetragenen Diskurs thematisiert. Nicht so bekannte Menschen müssen sich zum Teil mit äußeren Merkmalen (z.B. farbigen Bändchen) – die zu tragen, in bestimmten Kontexten vorgeschrieben sind – in Bezug auf ihren Impfstatus outen. Den Beginn des Verschwindens der öffentlichen Sphäre und des Prozesses einer „Intimisierung" der Gesellschaft hat der Soziologe Richard Sennett (1977) bereits im 19. Jahrhundert ausgemacht.

Drittens wird Krankheit der *Unverfügbarkeit* (Rosa 2018) menschlicher Existenz entrissen. Früher war Krankheit Schicksal. In der Pandemie wird die Erkrankung zur Folge eines schuldhaften Verhaltens. Der Soziologe Hartmut Rosa (2020) ermutigt zu „akzeptieren, dass Leben dort gelingt, wo man Momente der Unverfügbarkeit, des Kontrollverlusts akzeptiert. Resonanz findet dort statt, wo wir uns von einem anderen Menschen, einer Sache oder einer Idee berühren lassen, die uns fremd ist und bei der wir nicht wissen, was am Ende dabei herauskommt." In dem Umgang mit der Pandemie wird die Gesellschaft mit einer Ohnmachtserfahrung angesichts eines Allmachtversprechens bezüglich Kontrollier- und Beherrschbarkeit konfrontiert. Das Weltverhältnis ist nachhaltig gestört. Corona offenbart, dass das kulturelle Programm der Moderne, das Verfügbarmachen von Welt, eine problematische Kehrseite hat.

Neben den aufgezeigten Paradigmenwechseln findet eine zunehmende *ökonomische, digitale und soziale Spaltung* der Gesellschaft statt, es zeichnet sich eine kaum mehr umkehrbare ökologische Katastrophe ab und gesellschaftlich lässt sich ein Rückfall in tribale Herrschaftsstrukturen beobachten, die wir für weitgehend überwunden glaubten. Corona brachte nie dagewesene Grundrechtseinschränkungen. Von staatlichen und/oder privaten Organisationen wird zum Teil ein bedingungsloser Konformismus eingefordert. Die Verlockung, mühsame diskursive Aushandlungsprozesse durch autoritäre Mechanismen zu ersetzen, ist eine Gefahr, die in der Lage ist, das Vertrauen in das politische und gesellschaftliche System zu unterminieren. Es bleibt zu hoffen, „dass das Krisenerlebnis nur begrenzt und nur eingeschränkt den Prozess der zunehmenden Beteiligungserwartung in Organisationen unterbricht" (Strikker & Strikker 2021, S. 176). Dies ist deshalb so wichtig, weil das Coaching auf ein kulturelles Umfeld angewiesen ist, um sein Potenzial und seine Wirkung voll zu entfalten (Loebbert 2019, S. 15 f.). Eine Kultur der Selbststeuerung, des Empowerments und der kontinuierlichen Selbsterneuerung erfordert einen sanktionsfreien Erfahrungsraum; tribale und konformistische

Organisationsmodelle schaffen deshalb für Coachingprozesse keine förderlichen Kontexte.

Die hier aufgezeigten Transformationen stehen exemplarisch für Umstülpungen[1] bisheriger Gewissheiten. Diese Veränderungen betreffen auch das Coaching, das gefordert ist, seine individuumzentrierte Ausrichtung zu erweitern (Böning & Strikker 2020, S. 6, 10), um der Gefahr einer Optimierung der Selbstausbeutung des Coachees zu entgehen (Geißler 2016, S. 59). Ein *Transformationscoaching* (Böning et al. 2021, S. 438 ff.) kann – so die vertretene These – durch ein *Transflexing* befördert werden. Der Begriff der Transformation wird hier in einem umfassenden Sinne, der einen tiefgreifenden Wandel umfasst, verstanden. Dies schließt auch die digitale Transformation von Lernen und Arbeiten (Schäfer & Ebersbach 2021) ein, geht aber weit darüber hinaus.

Eine systemische Sichtweise verlangt das Bekenntnis zu einer systemischen Mitverantwortung bei der Gestaltung des gesellschaftlichen Diskurses zu diversen Transformationen. In der jüngeren Vergangenheit hat sich das Coaching nicht nur als Personalentwicklungsinstrument bewährt, sondern sich auch als ein wirksames Werkzeug in der Organisationsentwicklung etabliert. Ebenfalls im Kontext von Programmen zur politischen Bildung wird Coaching eingesetzt, um die gesetzten Ziele zu erreichen und nachhaltig abzusichern. Exemplarisch sei hier das Programm für bürgerschaftliches Engagement und demokratisches Handeln „Zusammenhalt durch Teilhabe" genannt. In diesem Programm werden Personen zu Demokratietrainer:innen ausgebildet, die innerhalb ihrer Organisationen für das Erkennen antidemokratischer Haltungen sensibilisieren, die Entwicklung von Präventionsstrategien begleiten und im Konfliktfall vor Ort beraten (Bax & Schäfer 2019).

Bislang konnte man bei der Betrachtung von Systemen davon ausgehen, dass der Fokus auf einer Balancierung sich komplementär ergänzender Polaritäten von Flexibilität und Stabilität gerichtet ist. Heute gewinnen Systeme zunehmend ihre Stabilität durch die eigene Flexibilität. Veränderung ist der Ausdruck für eine *dynamische Stabilität* (Schäfer 2016). Insbesondere Systeme, deren Kernprozess die Kommunikation ist, haben keinen dinglichen Charakter, sondern sind Prozesse; sie können „nur durch ständigen Zerfall stabil bleiben" (Eidenschink & Merkers 2021, S. 12). Parallel hierzu erfinden sie sich stets neu.

Transformation

Unter einer *Transformation* wird ein tiefgreifender Wandel verstanden, der nicht nur einzelne Elemente eines Systems verändert, sondern grundlegend dessen Strukturen, Prozesse und Spielregeln. Es handelt sich um eine Umstülpung des bisher Bekannten und Vertrauten.

Um erfolgreich mit den Herausforderungen umfassender Transformationsprozesse bei einer gleichzeitig erlebten Beschleunigung von disruptiven Veränderungen (von Mutius 2017) in der VUKAD[2]-Welt umgehen zu können, sind Organisationen auf individueller, Team- und Führungsebene herausgefordert, sich kontinuierlich selbst zu erneuern. Das Drei-Phasen-Modell von Lewin (1947), ein Klassiker der Organisationsforschung zur Beschreibung von Change-Prozessen, gilt heute nicht mehr. Die Annahme, es gäbe jeweils stabile Zustände am Beginn und am Ende von Veränderungsprozessen, die mit der Abfolge von „Auflockern" (Unfreezing), „Hinüberleiten" (Moving) und „Verfestigen" (Freezing) beschrieben werden, trifft nicht mehr zu. Heute haben wir es mit einer Gleichzeitigkeit von Veränderungsprozessen zu tun. An die Stelle des episodischen Wandels ist der kontinuierliche Wandel getreten, der nur über ein höheres Maß an kontinuierlicher Selbsterneuerung[3] zu erreichen ist. Letztere ist die Voraussetzung für eine Veränderung, die als ‚Permanent Beta' bezeichnet wird; hier ist der Wandel die einzige Konstante.

Im Gegensatz zum *Change*, der immer formal und geleitet auftritt, kann eine *Transformation* einerseits *selbstgesteuert* und andererseits *informell* stattfinden, so dass vier Varianten auftreten können: formal-gesteuert, formal-selbstgesteuert, informell-gesteuert und informell-selbstgesteuert. In der Realität begegnet uns eine Melange aus all diesen Varianten.

Entspricht das hier skizzierte Verständnis von Transformation auch dem, das von Akteur:innen in der Wirtschaft geteilt wird? Antworten hierauf liefert eine im Zeitraum von November 2020 bis Februar 2021 durchgeführte Online-Befragung bei Führungskräften, Akteur:innen und Begleiter:innen von Veränderungsprozessen in allen Branchen und Unternehmensgrößen der Wirtschaft (North et al. 2021). Das Untersuchungsdesign folgt einem Transformationsmodell in drei Handlungsfeldern: Erkennen, Ermöglichen und Gestalten.

Am Anfang stehen das *Erkennen und Verstehen von Signalen der Veränderung*, „damit alle Beteiligten (...) ein gemeinsames und bewusst getroffenes Verständnis für die Notwendigkeit von Wandel sowie dessen Tiefe haben" (ebd., S. 7). Zwar wird von den Befragten ein hoher Transformationsdruck wahrgenommen und als Anlass der Transformation generell die Zukunftsfähigkeit genannt, aber es gibt ‚eher kein', (26 %) oder nur ein ‚schwaches gemeinsames Verständnis' (52 %), warum die Organisation sich tiefgreifend wandeln soll.

„Im zweiten Schritt geht es darum, mit einem überzeugenden, zugkräftigen *Zukunftsnarrativ der Transformation* Richtung und Energie zu geben. Die Antwort von 90 % der Befragten, bei ihrer Veränderungsarbeit keiner überzeugenden, zugkräftigen Zukunftsvision zu folgen, zeigt Handlungsbedarf für Management und Transformationsbegleiter. Es erfordert ein Verständnis für Narrationen und die Gestaltung narrativer Prozesse in Organisationen" (ebd., S. 8).

Der Blick auf die Bedingungen des Erfolgs bzw. Scheiterns tiefgreifender Veränderungen zeigt die herausragende Bedeutung des Vorhandenseins einer klaren Vision, die mit Zielen untersetzt ist und konsequent mit einer entsprechenden Grundeinstellung und den vorhandenen Gestaltungsmöglichkeiten verfolgt wird.

Mit der *Umsetzung*, dem dritten Schritt, haben die Studienteilnehmer:innen weniger Schwierigkeiten. Aber auch hier ist die Bilanz ernüchternd: 45 % geben an, ‚eher effektiv' bei der Umsetzung zu sein. Etwas mehr, nämlich 48 %, sagen sogar, ‚eher nicht effektiv' gewesen zu sein.

In der Untersuchung zeigt sich, dass die Befragten versuchen, einen tiefgreifenden Wandel mit Vorgehensweisen einer optimierenden Veränderung zu bewältigen. Hier bedarf es anderer Mechanismen. Das Mindset, aus dem heraus die Transformationen angegangen werden, verkennt, dass „Organisationen nicht optimierbar sind" (Eidenschink 2021, S. 16). Woran es fehlt, ist Selbstbeobachtung und Selbstregulation auf dem Weg zur kontinuierlichen Selbsterneuerung, die sich als emergenter Prozess in den alltäglichen Abläufen der Organisation vollzieht.

Ein wichtiger Erfolgsfaktor für die gelingende Veränderung von Kulturen, Prozessen und Formen der Zusammenarbeit ist es, die Mitarbeitenden zu involvieren. Dies macht es erforderlich, an die Stelle etablierter hierarchischer Strukturen agile Formen der Kollaboration in heterogenen selbstorganisierten Teams zu etablieren. Die neuen *Führungsstrukturen* manifestieren sich in (unternehmens-)übergreifenden, flexiblen Netzwerken. Diejenigen

Menschen, die – zum Teil zeitlich oder gegenstandsbezogen befristet – Führungsaufgaben übernehmen, sollten in der Lage sein:

- Veränderungsprozesse begleiten und gestalten zu können,
- Potenziale der Mitarbeitenden zu erkennen und zu fördern sowie
- den Mitarbeitenden die Sicherheit zu geben, eigenverantwortlich zu handeln.

All dies sind Faktoren, die die Wahrscheinlichkeit des Gelingens von Transformationen nachhaltig positiv beeinflussen.

Damit Transformationen gelingen können, sind sie auf Reflexion angewiesen. In Abhängigkeit von den entsprechenden Settings ist das Individuum, das Team, die Organisation bzw. die ganze Gesellschaft aufgefordert, sich zu reflektieren.

Reflexion

Der Begriff der *Reflexion* gehört nicht nur für Coaches, sondern für alle in helfenden und beratenden Berufen tätigen Menschen zum Standardrepertoire ihres Handelns. Führungskräfte sind hier besonders gefordert. Reflexion beginnt mit der Selbstreflexion. Diese beruht auf der Theorie der Selbstaufmerksamkeit und Selbstreflexion (Frey et al. 1984).

Die Selbstreflexion setzt Selbstaufmerksamkeit voraus. Um selbstreflexiv über das eigene Selbstkonzept sowie das eigene Verhalten und Handeln nachzudenken, bedarf es besonderer Auslöser. Einer kann eine *Diskrepanzerfahrung* sein, z. B. zwischen den spezifischen Anforderungen einer Situation und den Fähigkeiten und Fertigkeiten, um damit verbundene Herausforderungen zu meistern, oder die Konfrontation mit anderen Auffassungen oder Werten. Wenn die Differenzerfahrung zu einem *Wandel* der bisherigen Wahrnehmungs-, Deutungs- und Handlungsstrukturen eines Systems führt, findet eine *Umstrukturierung* von Erfahrungen statt. Die veränderten Denk- und Handlungsprozesse unterliegen sodann einer *Habitualisierung,* bis sie wieder irritiert werden. Diesen sich spiralförmig immer wieder auf neuen Ebenen vollziehenden Transformationsprozess bezeichnen wir als Lern- oder Bildungsprozess. Dieser findet nicht nur auf individueller, sondern auch auf teambezogener bzw. organisationaler Ebene statt. Sein Gelingen hängt entscheidend von der jeweiligen *Lernkultur* ab, zu der auch die Reflexionskultur zählt.

In Abhängigkeit der Reflexions-Settings ist das Individuum, das Team, die Organisation bzw. die ganze Gesellschaft aufgefordert, sich zu reflektieren.

Das Verständnis der Reflexion ist in Abhängigkeit vom Bezugskontext unterschiedlich:

- In der *Physik* wird unter Reflexion das Zurückwerfen von Wellen an einer Grenzfläche verstanden,
- in der *Philosophie* ein prüfendes und vergleichendes Nachdenken und
- in der *Programmierung* spricht man von der Reflexion bzw. Introspektion und meint damit, dass ein Programm seine eigene Struktur kennen und diese eventuell modifizieren kann.

Im *Coaching* finden wir im übertragenen Sinne alle drei angeführten Verständnisse: sowohl das Feedback, das Nachdenken als auch die Umwandlung. Die Reflexion beschreibt den Prozess einer geistigen, gedanklichen Bewegung, die Auswirkungen auf das eigene Denken und Handeln haben kann und ihrerseits in einer Interaktion mit den Reflexionsprozessen anderer Systeme steht. Denken und Handeln sind einerseits der Anlass für das Reflektieren und andererseits ihre Wirkung.

Die Reflexion markiert einen analogen wie digitalen Raum, der im Schnittpunkt von anderen Räumen entsteht, die sich durch unterschiedliche funktionale Qualitäten auszeichnen. Im *Inspirationsraum* werden Menschen begeistert und machen bedeutungsvolle Erfahrungen, im *Lernraum* gewinnen Menschen Erkenntnisse und entwickeln Kompetenzen, im *Treffpunkt* werden aktuelle Probleme diskutiert und die Möglichkeit zum Entspannen geboten und der *performative Raum* gewährt Zugang zu Werkzeugen und Materialien, die kreatives und künstlerisches Gestalten ermöglichen (Jochumsen et al. 2014).

Transflexing

Mit der Wortschöpfung *Transflexing* wird der Zusammenhang von Reflexion und Transformation zum Ausdruck gebracht. Wenn im Folgenden von Transflexing die Rede ist, so sind drei Dimensionen zu unterscheiden. Transflexing ist ein Prozess, ein Rahmenkonzept sowie eine Intervention (Schäfer 2021, S. 136 ff.).

(1) Unter dem *Prozess des Transflexings* verstehen wir die bewusste, formale oder auch informelle selbstgesteuerte

Veränderung eines Systems im Sinne einer kontinuierlichen Selbsterneuerung, die systematisch gekoppelt ist mit Reflexionsformaten, die gezielt und methodisch kontrolliert eingesetzt werden. Die Systeme können personalen, gruppenbezogenen oder auch organisationalen Charakter haben.

(2) Für den Aufbau einer Lernkultur in Unternehmen und Organisationen und eines darin eingebetteten Reflexionssystems liefert das Transflexing ein *Rahmenkonzept* (Kühl et al. 2018, S. 59ff.). Konstitutiv im Begriff des Transflexings mitgedacht sind die folgenden Prinzipien:

- die *dialogische* Orientierung in der Kommunikation,
- die *Passung* zwischen Person, Team und Organisation sowie
- die *innere Haltung* der Organisationsmitglieder als Ausgangspunkt jeglicher Handlungen, die entscheidend für den Erfolg von Interventionen ist.

Die genannten Prinzipien gelten gleichermaßen für Individuen, Teams und Organisationen; hiermit korrespondieren die Beratungsformate auf den entsprechenden Ebenen; es sind

- das sich primär an Individuen richtende *(Selbst-)Coaching*,
- die *Intervision und Supervision*, die für Gruppen gedacht sind, sowie
- die *Organisationsentwicklung*, kombiniert mit dem Coaching im Rahmen von Organisationsentwicklungsprozessen.

Das Transflexing sieht die Ausgestaltung eines Reflexionsraumes vor, der einen konzeptionellen Rahmen für verschiedene Beratungsformate bietet.

Metaphorisch lässt sich Transflexing im Sinne eines verglasten und mit Vorhängen versehenen Separees verstehen; damit soll zum Ausdruck gebracht werden, dass im Arbeitsleben zunehmend Räume für methodisch gestaltete Reflexions- und Transformationsprozesse zur Verfügung gestellt werden sollten. Diese vom Arbeitsplatz der Fach- und Führungskraft abgegrenzten, jedoch angesichts der Verglasung in ihren organisationsbezogenen Dimensionen transparenten und hinsichtlich persönlicher Anteile vertraulichen Reflexionsräume können durch Führungskräfte, Mitarbeitende sowie externe bzw. interne Beratungsprofis ausgestaltet und flexibel genutzt werden. Sie sind einerseits von informellen

Gesprächen und andererseits von den Meetings- bzw. Dienstbesprechungskulturen abzugrenzen.

(3) Das Transflexing ist drittens eine *Intervention*. Diese kann von allen beteiligten Akteur:innen gesetzt werden. Das Spektrum der Interventionen erstreckt sich über das gesamte Repertoire, das in den unterschiedlichen Beratungsformaten zur Verfügung steht. Entscheidend ist dabei zum einen, aus welcher Rolle heraus und mit welcher daran gekoppelten Art der Intervention und zum anderen aus welchem ‚Betriebssystem' die Interventionen initiiert werden. Die dynamische Stabilität wird nämlich aus der Rollenflexibilität und der Art des ‚Betriebssystems' gewonnen.

Innerhalb der Systeme gilt es, deren ‚Betriebssysteme' (Scharmer 2020; Laloux 2015), in denen gecoacht wird, zu berücksichtigen. In konformistischen Systemen mit einem hierarchischen Bewusstsein wird mit großer Wahrscheinlichkeit maximal ein *anlassbezogenes individuelles Coaching* möglich sein. In leistungsorientierten Systemen mit einem Egosystem-Bewusstsein wird sich ein *personalentwicklungsorientiertes Coaching* anbieten. In pluralistischen Systemen mit einem Stakeholder-Bewusstsein kann ein *passungsorientiertes ressourcenbezogenes Coaching* zielführend sein. In einem integralen evolutionären System mit Ökosystembewusstsein wird ein *transformatives potenzialbezogenes Coaching* seine Wirkung entfalten können.

Das Transflexing kann als Teil der Aufgaben in einer Führungsrolle, von der Selbstführung über die Führung von Teams und Organisationen bis hin zur politischen Führung des Gemeinwesens verstanden werden. Gerade die in der aktuellen Führungsliteratur zum Ausdruck kommende Abkehr von einem dominanten, charismatischen und die Hinwendung zu transformationalen und dienenden Führungsstilen, macht die Notwendigkeit der Abgrenzung transparenter aber auch geschützter Beratungsräume erforderlich. Das Transflexing knüpft mit dem Ansatz des Coachings durch die Führungskraft an die genealogische Urform des Coachings von Mitarbeitenden im Sinne entwicklungsorientierten Führens durch Vorgesetzte an (Kühl & Schäfer 2019, S. 7ff.); es weist – ethisch fundiert (ebd., S. 68 ff.) – mit seinem Gesellschaftsbezug jedoch deutlich darüber hinaus, indem es dem Gedanken der Corporate Social Responsibility verpflichtet ist.

Unter der Prämisse, dass Coaching den berechtigten Anspruch hat, eine Profession zu sein bzw. zu werden, die sich vom Beruf durch ihre besondere gesellschaftliche Funktion, einen daraus resultierenden Status sowie eine hohe Autonomie und Kunstfertigkeit auszeichnet (Rappe-Giesecke 2021, S. 161), wird hier Coaching im Sinne eines Transflexings als individuums-, gruppen – und organisationsbezogene Beratung verstanden, die auf der Basis von Werten handelt, einen transdisziplinären Wissenschaftsbezug mit akademischem Anspruch und praxisbezogenen Ausbildungen aufweist sowie in einer berufsständischen Vertretung organisiert ist. Diese Profession bietet auf der Basis unterschiedlicher theoretischer Ansätze und methodischer Formate sowie Settings ihre Beratungsdienstleistungen an. Die weitere erfolgreiche Professionalisierung des Coachings wird stärker als bisher eine Differenzierung anhand der *Transformationskontexte* Individuum, Organisation und Gesellschaft zu berücksichtigen haben, ohne dabei den je spezifischen Zusammenhang dieser Sektoren im konkreten Beratungsfall zu vernachlässigen. Parallel hierzu ist eine *Ausdifferenzierung der Praxisfelder* mit unterschiedlichen Kompetenz- und Inhaltsbereichen sowie entsprechenden Rollenanforderungen notwendig.

Welche Rolle die digitalen Coaching-Provider im Prozess der Professionalisierung spielen werden, ist derzeit noch eine offene Frage (Middendorf & Ritter 2021, Strikker & Wagner 2021). Auch die Option, zu prüfen, ob es nicht auch möglich wäre, interessante Non-Profit-Plattformen zu schaffen, sollte ernsthaft eruiert werden. Für die Professionalisierung des Coachings wird entscheidend sein, ob und wie es gelingt, das Privileg auf kollegiale Selbstkontrolle – ein unveräußerliches Merkmal einer Profession – zu realisieren; hier sind insbesondere die Coachingverbände gefordert, sich auf einheitliche Standards zu verständigen.

Fazit

Ein Transformationscoaching mittels Transflexing setzt auf die Hebel- und Resonanzpunkte von Veränderungsprozessen. Es denkt Gegensätze zusammen, weiß, dass Innovationen an den Rändern entstehen und Innen und Außen gleichzeitig sein können. Es setzt darauf, dass die Welt umstülpbar ist und dort, wo es nur zwei Alternativen zu geben scheint, zumindest ein Drittes existiert. Schließlich betrachtet es technologische Fragen immer im Zusammenhang mit sozialen (Schäfer 2021, S. 129). Transformationscoaching mittels Transflexing kann einen wichtigen Beitrag zur Resilienz von Individuen, Teams, Organisationen und Gesellschaften leisten.

Literatur:

Bax, A. & Schäfer, E. (2019). Projektvorstellung: Weltoffene Heimatpflege und mehr Partizipation. In: WISSEN SCHAFT DEMOKRATIE, Heft 5. (S. 40 f.). Hrsg. v. Institut für Demokratie und Zivilgesellschaft. Jena: IDZ.

Böning, U., Möller, H. & Giernalczyk, T. (2021). Neuorientierung für das Business-Coaching. Anfragen zur gesellschaftlichen Verantwortung von Coaches. In: OSC Organisationsberatung Supervision Coaching 28 (3), S. 425–443.

Böning, U. & Strikker, F. (2020). Coaching in der zweiten Romantik: Abstieg oder Aufstieg? Wiesbaden: Springer.

Eidenschink, K. & Merkers, U. (2021): Entscheidungen ohne Grund. Organisationen verstehen und beraten. Göttingen: Vandenhoeck & Ruprecht.

Fietze, B. & Salamon, L. (2021). Zwischen Markt und Staat. Das gesellschaftliche Engagement der Coachingverbände für die Professionalisierung des Coachings. In: OSC Organisationsberatung Supervision Coaching 28 (2), S. 195–210.

Geißler, H. (2016). Die Bewertung von Coachingprozessen als ethische Herausforderung. In: R. Wegener, M. Loebbert & A. Fritze (Hrsg.) Coaching und Gesellschaft (S. 49–72). Wiesbaden: Springer.

Gergs, H.-J. (2016): Die Kunst der kontinuierlichen Selbsterneuerung. Acht Prinzipien für ein neues Change Management. Weinheim & Basel: Beltz.

Jochumsen, H., Skot-Hansen, D. & Hvenegaard-Rasmussen, C. (2014). Erlebnis, Empowerment, Beteiligung und Innovation: Die neue Öffentliche Bibliothek. In: Formierungen von Wissensräumen: Optionen des Zugangs zu Information und Bildung (S. 67–80). Hrsg. v. O. Eigenbroodt & R. Stang. Berlin/Boston: De Gruyter.

Kühl, W. & Schäfer, E. (2019): Coaching und Co. Wiesbaden: Springer.

Kühl, W., Lampert, A. & Schäfer, E. (2018): Coaching als Führungskompetenz. Konzeptionelle Überlegungen und Modelle. Göttingen: Vandenhoeck & Ruprecht.

Laloux, F. (2015): Reinventing Organizations. Ein Leitfaden zur Gestaltung sinnstiftender Formen der Zusammenarbeit. München: Verlag Franz Vahlen.

Leidecker-Sandmann, M. & Lehmkuhl, M. (2021). Politisierung oder Aufklärung? Zur Rolle wissenschaftlicher Expert:innen im öffentlichen Diskurs über Covid-19. In: 6. Jahrestagung der DGPuK-Fachgruppe Gesundheitskommunikation. Tagungsabstracts, S. 10–14. Universität Hohenheim: DGPuK.

Lewin, K. (1947). Frontiers in group dynamics. Concept, method and reality in social science. Social equilibria and social change. In: Human Relations. Bd. 1, Nr. 1, S. 5–41.

Loebbert, M. (2019). Coaching in der Personal- und Organisationsentwicklung. Wiesbaden: Springer.

Middendorf, J. & Ritter, M. (2021). Coaching-Branche: Zur Professionalisierung gezwungen. In: OSC Organisationsberatung Supervision Coaching 28 (2), S. 211–224.

North, K., Haas, O. & Pakleppa, C. B. (2021): Transformationskompass 2021. Bonn: p4d | partnership for development GmbH. https://p-4-d.org/wp-content/uploads/2021/04/Transformationskompass-2021.pdf. Zugegriffen: 31. 10. 2021.

Rappe-Giesecke, K. (2021). Von den Beratungsformaten zur neuen Profession – Eine Standortbestimmung und Vorschläge zur Professionalisierung. In: In: OSC Organisationsberatung Supervision Coaching 28 (2), S. 147–164.

Rosa, H. (2020). Jetzt müssen wir einen «Wir-Sinn» schaffen. Interview von Cornelia Krause mit Hartmut Rosa über die Folgen der Corona-Krise. https://reformiert.info/de/recherche/les-wird-der-sinn-gescha erft-der-andere-ist-eine-moegliche-bedrohung-r-18807.html. Zugegriffen: 16. 01. 2022.

Rosa, H. (2018). Unverfügbarkeit. Salzburg: Residenz Verlag.

Scharmer, C. O. (2020). Theorie U – Von der Zukunft her führen. 5. Aufl. Heidelberg: Carl-Auer.

Schäfer, E. (2021). Mathematische Impulse zu einem Hexenwerk. Coaching durch die Führungskraft – Transflexing, eine innovative Perspektive. In: Zeitschrift für Sozialmanagement 19 (2). S. 127–146.

Schäfer, E. (2016): Gewinnung von dynamischer Stabilität durch Rollenflexibilität: Coaching für die Führungskraft – Die Führungskraft als Coach. In: Zeitschrift für Sozialmanagement 14 (1). S. 11–21.

Schäfer, E. & Ebersbach, A. (2021). Die digitale Transformation in der Weiterbildung. Befunde, Konzepte und Perspektiven. Berlin: Springer.

Sennett, R. (1998/1977). Verfall und Ende des öffentlichen Lebens. Die Tyrannei der Intimität. Frankfurt/Main: Fischer.

Strikker, H. & Strikker, F. (2021). Coaching bei minimaler Führung und maximaler Beteiligung. In: J. Surzykiewicz, B. Birgmeier, M. Hofmann, & S. Rieger (Hrsg). Supervision und Coaching in der VUCA-Welt (S. 173–188). Wiesbaden: Springer.

Strikker, F. & Wagner, Y. (2021). Technikaffinität versus Coaching Kompetenz – zum fachlichen Background von Gründer:innen und Geschäftsführer:innen von Online-Coaching-Plattformen. Vortrag anlässlich der Fachtagung „Coaching meets Research".18.11.2021 Olten.

von Mutius, B. (2017): Disruptive Thinking: Das Denken, das der Zukunft gewachsen ist. Offenbach: Gabal.

Zeh, Juli (2010). Corpus Delicti: Ein Prozess. 28. Auflage. München: btb-Verlag.

---

[1] Mit dem Begriff der Umstülpung wird eine Terminologie des Künstlers, Technikers und Erfinders Paul Schatz aufgegriffen. Durch die mathematische Umstülpung eines Würfels erfand er das Oloid. Es ist sowohl eine geometrische Gestalt als auch eine Form der Bewegung

[2] und wird hier als Metapher für sozio-kulturelle Transformationen betrachtet.

[2] Die Ergänzung des Begriffs VUKA durch den doppelten Buchstaben D soll zum Ausdruck bringen, dass weitere relevante Aspekte zu integrieren sind. Das erste D steht für Dynamic und das zweite D für Diversity.

[3] Gergs (2016) unterscheidet vier Idealtypen von Veränderungsprozessen: die Optimierung bisheriger Praxis, das operatives Krisenmanagement, die radikale Transformation und die kontinuierliche Selbsterneuerung.

Heidrun Strikker

Den schlafenden Riesen wecken –
Zur Didaktik bei Coaching-Ausbildungen

Der Sinn einer wertebasierten Coaching-Ausbildung liegt darin, interessierte Menschen auf die spezifische Gestaltung einer beruflichen Beziehung in einem besonderen Umfeld achtsam vorzubereiten – ziel- und lösungsorientiert, methodisch sicher, inhaltlich fit und praktisch variabel – um für kleine wie große Organisationen, Behörden, NGO's, im privaten wie öffentlichen oder politischen Umfeld tätig werden zu können. Als Coach:in und Berater:innen werden die Teilnehmer:innen in ihrer späteren beruflichen Praxis oft mit Personen aus unterschiedlichen Fachdisziplinen konfrontiert. Die Akzeptanz des Fachwissens und die Wertschätzung der jeweiligen beruflichen Erfahrung sind unabdingbare Voraussetzungen für den eigenen beruflichen Erfolg. Die entsprechende innere Haltung können die Teilnehmenden im gemeinsamen Lernen und im Feedback von Lehrenden und Peergroups erleben und erlernen. Zur Erreichung dieser ambitionierten Zielsetzung braucht eine Coaching-Ausbildung einen ebenso ambitionierten Aufbau, der klare Strukturen, virtuose Verknüpfung von Theoriewissen und Praxisnähe, weitreichende Kompetenzen der Anbieter:innen und eine umfassende methodische wie ethische Anleitung sicherstellt. Eine solche werthaltige Ausrichtung einer Coaching-Ausbildung ist in der aktuellen Zeit bei weitem nicht selbstverständlich. Wir leben heute in einem sich rasant verändernden Coaching-Umfeld, das nicht allein mit VUCA umschrieben werden kann im Lichte von Flüchtlingsströmen, Umweltzerstörung, Klimaschutz, Hungersnöten und weltweiten Naturkatastrophen. Wie soll Coaching darauf reagieren? Welche Themen und Kriterien muss eine Coaching-Ausbildung aufweisen, um mit den Teilnehmenden diese Wirklichkeiten aufzugreifen, Menschen angemessen mit ihren Anliegen und Zielsetzungen anzunehmen und sie in ihrer persönlichen, komplexen und kontextuellen Umgebung professionell und hilfreich zu begleiten?

    Business Coaching kann sich angesichts dieser gesellschaftlichen, wirtschaftlichen und ökologischen Entwicklung nicht länger als neutral begreifen, in der Beobachtung verharren und sich nicht einmischen wollen in bestehende Verhältnisse und organisationale

Verquickungen – die Zeiten der Zurückhaltung in Beratung und Coaching sind vorbei, die eigene Meinung ist gefragt. Es gilt, Position zu beziehen und selbstkritisch zu beleuchten, welche Konsequenzen es hat, sich in Beratung und Coaching weiterhin der Wertneutralität und „Hilfe zur Selbsthilfe" zu verschreiben. Besonders gilt dies für Coaches und Ausbildungen im Top-Management, wo eine enge vertrauliche Nähe besteht zu den Entscheidern der Wirtschaft und zu exklusiven Informationen.

Lernarrangements und ermöglichende Räume

Bis vor wenigen Jahren wurden Coaching-Ausbildungen vornehmlich in einer analogen Lernumgebung, vis à vis im direkten Begegnungsformat, von diversen Instituten, Einzelpersonen und an Hochschulen angeboten – häufig von Professionals „aus der Szene" mit gewissem Bekanntheitsgrad bzw. mit anerkanntem, langjährigen Erfahrungshintergrund. Aktuell zeigt der Blick auf virtuelle wie analoge Coaching -Angebote, dass sich die Anbieter:innen-Seite gewandelt hat und sich nicht länger am Erfahrungswissen der Expert:innen, sondern an den teils sehr unterschiedlichen Voraussetzungen und Vorkenntnissen ihrer Interessent:innen orientiert. Daher sind die jeweiligen Zugangsvoraussetzungen ebenso breit gestreut wie die erworbenen Abschlüsse und Zertifikate. Die Themenauswahl ist üppig, das Internet bietet unzählige Formate an und es gibt niedrigschwellige Wochenendworkshops in freier Natur wie mehrwöchige zeitintensive Ausbildungsformate. Angesichts dieser offenen Wettbewerbssituation sehen sich, spätestens durch die COVID-19-Pandemie ausgelöst, auch die Anbieter:innen eher traditionell ausgerichteter Coaching-Ausbildungen an Hochschulen und Universitäten veranlasst, ihre Lernumgebungen neu zu gestalten und mit ihren entsprechenden wissenschaftlichen Kriterien und qualitativen Anforderungen ihre Inhalte und Theorie-Inputs, Vorträge und Lernformate zu reformieren und zu digitalisieren. Durch die verstärkte Diversifizierung von Masterstudiengängen ist in diesem Feld zudem eine eigene Wettbewerbs-Entwicklung zu beobachten, die zu einer unterschiedlichen Gewichtung von Praxis und Theorie führt.

Zwar lässt die ansteigende Zahl unterschiedlichster Angebote von Coaching-Ausbildungen auf eine starke Nachfrage schließen, allerdings ist nicht zu erkennen, dass sich parallel allgemeine Qualitätskriterien gebildet haben, auf die sich Verbände geeinigt hätten oder an denen sich die Anbieter:innen mehrheitlich orientieren. So stellt sich die Frage nach einer professionellen Didaktik bzw. didaktisch-methodischen Vorgehensweise als Unterscheidungsmerkmal eines wertigen Coaching-Ausbildungsprozesses umso mehr.

Seit Rolf Arnold Ende der 1990er Jahre einen Wandel der Lernkultur in der Erwachsenenbildung anmahnte (Arnold & Siebert 2006), hat sich eine intensive Diskussion entwickelt über die Bedeutung von Theoriewissen, über die Orientierung an wissenschaftlichen Modellen, insbesondere am Konstruktivismus und über eine offene Lernumgebung, die eine hohe Beteiligung der Lernenden ebenso fördert wie gleichberechtigte Lernformen und -methoden von den Lehrenden einfordert. Erste Hinweise auf eine zukunftsfähige Coaching-Ausbildung könnten folgende Aspekte geben:

- Ein offener und situativ zu gestaltender Lernprozess auf Augenhöhe zwischen Lehrenden und Lernenden
- Zukunftsgerichtete Angleichung der Inhalte und Methoden an veränderte Bedarfe von Personen und in Organisationen
- Vermittlung einer ethisch begründeten inneren Haltung
- Hohe Beteiligung der Teilnehmenden und Praxisnähe
- Wachsende Befähigung in der Beobachtung und Selbstreflexion
- Individuell begleitetes Selbstlernen mit reflexiven Anteilen
- Klarheit über Kontrakting, eigene Werte und ethisches Selbstverständnis
- konkrete Instrumente zur Vorbereitung, Durchführung und Reflexion unterschiedlicher Coaching- und Beratungssituationen
- Rollen und Erwartungen im Business Coaching aus Sicht der Organisationen

Didaktische Meta-Ziele einer anspruchsvollen Coaching-Ausbildung sind sorgfältig arrangierte Lernprozesse. In einem zirkulären Prozess wird fundiertes theoretisches Wissen aus dem Bereich der Humanwissenschaften mit Praxisfeldern für das Handeln in Organisationen transparent verbunden. Beide Themenbereiche stehen in enger inhaltlicher Verbindung zueinander und entsprechen den hohen Anforderungen an Führungskräfte, Teams und Mitarbeitern:innen in Unternehmen und Institutionen. Die Lerneinheiten sollten daher durchgängig einen professionellen Wechsel zwischen gruppendynamischer Zusammenführung der jeweiligen Teilnehmenden, prozessorientiertem Lernen, Theorie – Input, dem Durchführen praktischer Übungen (einzeln oder in Kleingruppen) sowie beispielhaftem Lernen am Modell sicherstellen. Die didaktische Architektur sorgt dafür, dass die Methoden und Übungen aufeinander aufbauen, die Teilnehmenden ihre theoretischen Erkenntnisse parallel vertiefen und die praktische Handlungsfähigkeit bzw. die Kompetenzen der Teilnehmenden nach und nach erhöhen, sowohl im virtuellen Lernraum für Online-Coaching als auch in Präsenzveranstaltungen für den Umgang mit vis à vis-Begegnung (Abb. 1).

Abbildung 1: Kompetenzen in Seminaren (Eigene Darstellung)

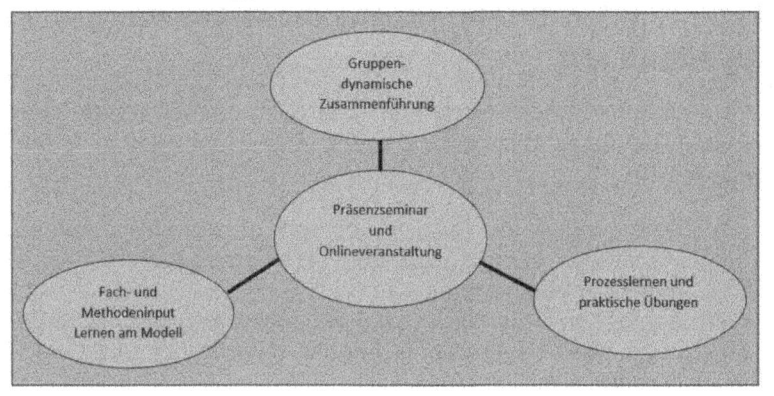

Als grundlegendes Lernfeld sollten drei Perspektiven bzw. Rollen für die Professionalisierung von Business Coaching angesehen und von den Teilnehmenden eingenommen und vielfältig erprobt werden:

- Die Rolle des Coachs mit aufeinander aufbauenden, ansteigenden Kompetenzen in der Gesprächsführung, beim Einsatz von Tools, Interventionen, Visualisierungen von Themen und Fragestellungen sowie variablem Methodenrepertoire zur sicheren Handhabung konkreter Coaching-Themen und zur Steigerung der Selbstlösekompetenz des Coachees, Abgrenzung zu Beratung und Therapie. Erfassen von Haltung und Ethik im Business Coaching.
- Die Rolle des Coachees als Selbstlern- und Erfahrungsfeld zur persönlichen Reflexion eigener Themenstellungen, Erfassen professioneller Empathie und Distanz, Erfahrungslernen durch eigene Praxisthemen.
- Die Rolle des Beobachtenden, Schärfen der eigenen Wahrnehmung und Abgrenzung von Interpretation und

vorschneller Bewertung mit Fokus auf wahrnehmbares Verhalten, Prozess-Aufmerksamkeit und Entwicklung von Kriterien für wahrnehmbares Verhalten, Feedback und passenden Einsatz von Methoden.

Sukzessive können so die für die Tätigkeit im Business-Kontext notwendigen kommunikativen Kompetenzen und Handlungsfelder sowie die mentale Haltung als Coach entwickelt und praxisnah ausgebaut werden.

Siebenmeilen-Stiefel für Business Coaching – Ausbildungen

Als die sieben wichtigen Merkmale einer werteorientierten Didaktik im Rahmen einer Business-Coaching-Ausbildung gelten erfahrungsgemäß:

1. Darlegung eines Curriculums mit didaktischem Aufbau, vielfältigen Lernumgebungen und konsequenter Theorie-Methodenverknüpfung
2. Analoge und digitale Lernumgebungen als persönliche Begegnungen für Lernende, Angebot synchroner sowie asynchroner Lernräume
3. Qualifizierte Lernbegleiter:innen, möglichst Supervision/Peerlernen für die Dozent:innen
4. Verbindlicher Zeitverlauf der Seminare, Selbstlernmaterialien
5. Modulare Struktur mit Theorie- und Praxisanteilen:
    a. Onboarding und Zielklärung individuell
    b. eigenes Metathema für die Ausbildung mit klaren Zielsetzungen, Lernschritten, Feedback durch Lerngruppe und Dozent:innen und Evidenz-Erfahrungen
    c. Theoretische Inhalte basieren auf Modellen und Methoden der humanistischen Psychologie, bspw. ergänzt um Schwerpunkte zur angewandten Systemtheorie, um Aspekte des Konstruktivismus und Erkenntnisse aus den Neurowissenschaften
    d. Zirkuläre Verzahnung von theoretischem Wissen und praktischen Lernerfahrungen
    e. Peer-Lernen in Workshops/ Seminaren, Supervision und Peer-Supervision für Lernende

f. Vor- und nachbereitende Kommunikation durch Aufgaben und Feedback der Dozent:innen zur Zielerreichung und persönlichen Entwicklung
g. Kreative Testings und spielerische Szenarien zur Selbstlernkontrolle sowie persönliches Feedback von Lehrenden und Lernenden zur eigenen Kompetenz- und Persönlichkeitsentwicklung
6. Praxisbezüge durch Fallbeispiele und Beschreibung unterschiedlicher Einsatzfelder von Coaching im Management – in unterschiedlichen Unternehmensbereichen, in der Personalentwicklung und in der Weiterbildung von Profit- und Non-Profit-Organisationen
7. Neue Anforderungen an Führungskräfte wie Moderation und Steuerung von selbstorganisierten, agilen Teams.

Das prozesshafte Erlernen von Business Coaching-Instrumenten und -Methoden zielt in wissenschaftsnahen, zeitintensiven Coaching-Ausbildungen auf einen sorgfältigen Kenntnisaufbau der spezifischen persönlichen sowie beruflichen Situation und der äußeren Bedingungen im Kontext der Teilnehmenden. Der Kontext ist die Organisation, in der die Teilnehmer:innen als einzelne Personen agieren und spezifische Aufgaben, Rollen und Funktionen einnehmen. Veränderungs- oder Change Management ist für viele Führungskräfte und Mitarbeiter:innen eine sowohl individuelle als auch organisationsspezifische permanente Herausforderung, die sich in kurzen Zeitzyklen, temporär hoher Belastung und unvorhersehbaren Ereignissen ausdrückt.

Umweltveränderungen, Krieg, Ressourcenknappheit, Pandemiefolgen wirken auf alle Prozesse und beteiligte Personen innerhalb und außerhalb der Unternehmen. Daher spielt es eine wichtige Rolle für die persönliche Entwicklung und den Aufbau methodischer Kompetenzen in einer Coachingausbildung, in welchen Gruppen und mit welchen Teams die Teilnehmenden in ihrem System in Berührung kommen, wo sie Verantwortung tragen, wo es Schnittstellen zu anderen Personen/ Abteilungen/ Gruppen gibt und wie Kommunikation und Zusammenarbeit geregelt und verteilt sind. Der organisationale Aufbau und die internen Prozesse und Strukturen haben eine ebenso große Bedeutung wie die Positionierung als Familienunternehmen, Konzern oder Handwerksbetrieb. Dieser „Dreiklang" von Person, Gruppe und Organisation/Kultur wird ergänzt um ein viertes Element, das der spezifischen Umfeldbedingungen des Marktes oder der Branche, der regionalen und internationalen Einflüsse und der besonderen Art und Weise, wie das

Unternehmen auf das Umfeld einwirkt und wie es diesen eigenen Einfluss verantwortlich gestaltet. Vor allem die aktive Beteiligung an ressourcenschonenden Maßnahmen und nachhaltigem Beitrag zum Klimaschutz rücken das Umfeld von Organisationen immer mehr ins öffentliche Bewusstsein. Daher ist es notwendig, die gesellschaftlichen, wirtschaftlichen und politisch-ökologischen Wirkfaktoren verantwortungsvoll einzuordnen und während der gesamten Coaching-Ausbildung immer wieder aufzugreifen.

Zirkulär arrangieren – selbstwirksam lernen im Business-Kontext

Diese wiederkehrend angeordneten Elemente sollten methodisch aufeinander aufbauen und in einer sog. Doppelschleifen-Didaktik sinnvoll mit vertiefenden Lernelementen in Präsenz und Theorievermittlung verbunden werden. Die vier Kernperspektiven sind:

    a. <u>Personen</u>, Individuen (persönliche Perspektive, privat wie beruflich/ öffentlich, Ambitionen, Ziele im Leben, Sinnhaftigkeit im eigenen Handeln)
    b. <u>Gruppen</u>, Abteilungen/Bereiche, agile Teams, internationale/interkulturelle Teams (Dynamik, Rollen, Nähe und Distanz in Gruppen, Gewohnheiten, Absprachen, Regeln, Zusammensetzung, Wir-Gefühl etc.)
    c. <u>Organisationen</u>, Firmen, Konzerne, Verbände, Behörden, Familienunternehmen, Branchen, Produkte/Produktion, Start Ups (Strukturen, Aufbau, Bindung, Zugehörigkeit, Funktionen, Artefakte, Zugehörigkeit, Führung, Hierarchie), Change Management
    d. <u>Umwelt und Transformation</u>, Sinnhaftigkeit in Wirtschaft, Politik, Gesellschaft, Beitrag zum Gemeinwohl, kulturelle Aktivitäten, Umgang mit Ressourcen, Positionierung / Verantwortung in der internationalen Welt (Markt, Umfeld, Umwelt, Natur, Klima, Greenwashing, USP, politische/ökonomische-ökologische Orientierung, Frage nach Gemeinwohlökonomie etc.).

Das bedeutet konkret, diese Mehrperspektiven-Betrachtung sowohl als didaktisches Strukturelement zu verstehen als auch die Teilnehmenden in ihren realen, operativen Rollen mehrdimensional anzusprechen und mit konkreten Transferaufgaben und Fallbeispielen praxisnah zu begleiten. In dieser synchronisierten Theorie- und Praxisvermittlung sowie der umfassenden Methodenkenntnis im Kontext von Business Coaching liegt der entscheidende Unterschied zu Ausbildungen wie Life-Coaching und diversen anderen Coaching-Weiterbildungsangeboten am Markt und drückt den Wunsch nach Professionalisierung des Berufsbildes „Business Coach" aus.

Mit Blick auf Selbstwirksamkeit und persönliche Entwicklungspotentiale der Teilnehmenden bedeutet es für Coaching-Ausbildungen, sich mit den Veränderungsprozessen in Wirtschaft, Gesellschaft und Natur auseinanderzusetzen und sich nicht allein auf organisationales Change Management als Business Kontext zu beziehen. Transformationsprozesse in Organisationen und Regionen, eigenverantwortliches Handeln im Alltag, Gemeinwohlorientierung und Generationenaustausch, Umweltbewusstsein, Digitalisierung und Pandemiebekämpfung – all diese Phänomene zeigen, welche Wechselwirkungen in der Welt bestehen und sollten daher selbstverständlicher Teil der entsprechenden Ausbildungen sein.

Zusammenfassend lässt sich darlegen, welche didaktischen Kernelemente die Professionalisierung von Coaching-Ausbildungen speziell im Business stärken:

1. Methodenübergreifende, mehrperspektivische Modelle ermöglichen eine individuelle Auswahl und geben wichtige theoretische Orientierung, um zunächst die eigene, später die Veränderungsfähigkeit der Coachees zu fördern.
2. Die Auseinandersetzung mit den eigenen inneren Werten, Einstellungen und die aktive Gestaltung der persönlichen Gegenwart und Zukunft erweitert auf diese Weise die Handlungskompetenz der Teilnehmenden und sie können bereits während der Ausbildung das erworbene Wissen aktiv im eigenen Kontext kommunizieren und umsetzen.
3. Wie ein roter zirkulärer Faden sollten daher die Praxismodule einer Coachingausbildung von Theoriewissen gerahmt und mit Selbstlerntools verbunden werden.
4. Als wiedererkennbare Elemente, aufeinander aufbauend, sollten die Praxisinhalte auf vier Dimensionen ausgerichtet und mit den entsprechenden Wirkfaktoren bearbeitet werden – die Ebene des Individuums, die der Gruppe/Teams, die des Systems/Umfelds und die Veränderungsprozesse im Kontext der Beteiligten.

5. Mit diesem Verständnis gleichwertiger Perspektiven im Coaching können die späteren Coach:innen die Anliegen und Themen ihrer Coachees mehrdimensional verstehen und komplementär bearbeiten.
6. Die didaktische Neuorientierung gilt auch für die Gestaltung von Prüfungen, die auf Augenhöhe durchgeführt werden sollen, z.B. indem Lernende sich selbst verantwortungsvoll prüfen, indem Peers als Prüfende fungieren und letztlich Lernende wie Ausbildende gemeinsam in Prüfungssettings ihre Kompetenzen erweitern.

Überfällig? Generationswechsel im Coaching

Die besondere Verknüpfung von systemischen, methodischen und individuellen Perspektiven einer wertigen Ausbildung bietet die Möglichkeit, die eigene professionellen Haltung als Coach:in zu definieren, zu aktualisieren und in den sich stetig verändernden Coaching-Markt einzubringen – was notwendig ist, denn im Verlauf der Digitalisierung und Mobilität gibt es, neben den bekannten analogen/ digital „veredelten" Formaten, seit ca. 15 Jahren differenzierte Blended Learning-Konzepte mit unterschiedlichen Online-Angeboten zu Coaching-Ausbildungen. Hier hat sich eine Angebotsvielfalt entwickelt, die sich vor allem mit der digitalisierten, methodischen Vermittlung von Lerninhalten befasst, parallel zur Schaffung neuer, virtueller Tools für spezifische Coaching-Methoden wie bspw. Systemaufstellungen. Neben der analog recht etablierten Coaching-Szene sucht und findet inzwischen die jüngere Generation der Millenniums und Digital Natives – oft als GenZ abgekürzt – neue, virtuelle Lernräume.

Diese Generation hat sich in den Unternehmen, in Organisationen, mit Start Ups und als Entscheider:innen am Bildungsmarkt als starke Zielgruppe für innovative Coaching-Angebote und -Ausbildungen etabliert und sucht eigene Formate der Wissensvermittlung und des selbstbestimmten, individuellen Transfers. Sie ist die am besten informierte Generation seit den Babyboomern, nutzt virtuos Zugänge zu Wissen und ist sich bewusst, wie stark sie von den Klimaveränderungen und ökologisch-sozialen Verwerfungen unserer Gesellschaft schon heute betroffen ist. Mittlerweile gibt es daher nicht nur „bisherige" gewohnte und daneben neue, innovative Angebote von Coaching-Ausbildungen am Markt, sondern es zeigen sich in den Social-Media-Kanälen auch völlig neue Lernräume für Coaching oder Coaching-verwandte Angebote, siehe verschiedene Lernvideos u.a. Youtube. Schon heute bringen junge Menschen völlig klare Perspektiven in Organisationen ein und fragen bei Recruiting-Gesprächen nach mobilen, selbstbestimmten Arbeitsplatzmöglichkeiten, erwarten konkrete Umweltschutzaktivitäten der Arbeitgeber:innen und nachhaltige, ressourcenschonende Energieversorgung in den Produktionsabläufen.

Diese „Millenniums" und „Digital Natives" sind erst seit einigen Jahren im Arbeitsmarkt und werfen viele neue Fragen und Redebedarf auf – im Rahmen von Coaching-Ausbildung, zwischen den Generationen, den Anbietenden, den Professionals und den an Coaching Interessierten. Was Coaching in diesem Social Media-Kontext bedeutet, wird seit der Corona-Pandemie und der zunehmenden Digitalisierung von kommunikativen Begegnungen deutlich. Neben verschiedensten Expert:innen und Blog-Anbieter:innen mit respektablen Fan-Communities gibt es zunehmend junge Influencer:innen, die sich in spezifischen Kommunikationsräumen zeigen und sowohl ihre eigenen Erfahrungen und Erkenntnisse zu verschiedensten Themen anbieten als auch Produkte und Service-Leistungen in großer Vielfalt prüfen, empfehlen und zum Kauf arrangieren. Es ist daher im Kontext von Business Coaching wichtig zu erfassen, dass sich in diesen virtuellen Begegnungsräumen eine eigene, junge und Marketing-affine Coaching-Welt etabliert hat, die sich mit Unbefangen und großem Selbstverständnis bspw. auf YouTube und Instagram an ihre Klientel wendet, um mit mentalen und körperlichen Fitness-Tipps und bunten Beispielen an die inneren Kräfte und Selbst-Wirksamkeit ihrer Follower zu appellieren und als Coach:in Kernbotschaften mit konkreten Anregungen und persönlichen Beziehungs-Botschaften anzureichern.

Im zielgruppenspezifischen Social Media-Kontext haben viele vor allem jüngere Nutzer:innen gelernt, dass solche Angebote neue Chancen bieten, eine eigene und freie „Coaching-Lernkultur" zu nutzen, die sich mit kleinen Tools und interaktiven Selbstlernprozessen selbst erschaffen hat und sich deutlich von bestehenden Ausbildungskonzepten unterscheidet – sowohl in der Ansprache, den inhaltlichen Anforderungen als auch im Marktauftritt der herkömmlichen Formate. Es wird zu beobachten sein, inwieweit sich diese virtuellen Angebote durchsetzen und sich einen deutlichen Vor-Sprung in die Zukunft von Coaching-Ausbildungen verschaffen können als herkömmliche, digital „veredelte" Formate aus der gewohnten Coaching- Ausbildungswelt.

Es könnte vor allem vielen jungen Menschen mit GenZ- Zugehörigkeit wichtig werden, ob und wie die bekannten Coaching-

Professionals ihre Methoden und Kompetenzen neu bewerten und bereit sind, ihre viele Jahre gewohnte „Komfort-Zone" der Neutralität zu verlassen und sich im Dialog mit dem GenZ-Klientel bewusst zu werden über:

- Klarheit in der eigenen Haltung, Glück und Sinnhaftigkeit als hohe Werte, Infragestellen bestehender Wirtschaftstheorien, Kapitalismuskritik
- Neutralität als gemeinsame Herausforderung für Coach:in und Coachee
- Friedliche Konfliktlösungskonzepte und Beitrag zur gesellschaftlichen Transformation
- Motivation für Umweltschutz-Aktivitäten bei den Führungskräften und Mitarbeitenden, mobile Arbeitsbedingungen
- Radikale Besinnung auf nachhaltigen Nutzen von Produkten und Dienstleistungen, sinnhaltige Zielsetzungen der Organisationen, Fördern und Fordern des eigenen Beitrags – eindeutige Positionierung.

Schlafende Riesen und wirksame Schlummerlieder

Didaktik in diesem Sinne zu verstehen, bedeutet, über Lernkultur und Werte zu sprechen. Zwischen der Neutralität als Haltung in einer von aktuellen politisch-ökologisch-ökonomischen Themen geprägten Diskussion und einem professionell neutralen Verhalten im Rahmen von Coachinggesprächen muss deutlich unterschieden werden. Geht es bei Fragen zu organisationaler Verantwortung um den eigenen Beitrag für Umweltschutz und Klimarettung, bedeutet Neutralität ggf. Nichts-Tun und damit Mitverantwortung gegenüber den Folgen. Für viele Expert:innen und externe wie interne Auftraggebende hat Neutralität aber eine andere Bedeutung und gilt nach wie vor als wesentliches Qualitätsmerkmal für die Auswahl von meist externen Coach:innen und soll in der Regel sicherstellen, dass Probleme in den Unternehmen ohne Eigeninteresse und mit distanziertem Blick moderiert und bestenfalls gelöst werden. Hier geht es um Neutralität gegenüber Konfliktparteien in einem Unternehmen oder als Thema im Coachinggespräch zur Befriedung eines Streits und bedeutet für Coach:innen, wertschätzend mit Blick auf Lösungen zu agieren. Dieser Wunsch ist sowohl nachvollziehbar als auch erfüllbar – eine moderierende und zugleich wertschätzende Haltung im Kontext zwischenmenschlicher Kommunikation oder innerer Konflikte kann heute als Qualitätsmerkmal von Business Coaching wie auch von entsprechend wertigen Ausbildungen erwartet werden.

Eine klare Grenzziehung ist allerdings – je nach Inhalt und Zielsetzung im Business Coachings – durchaus heikel, wenn es um vertraulich zu behandelnde Fragen zur Verschleierung von Umweltverschmutzung, zur „geräuschlosen" Vorbereitung von Massenentlassung oder um unfaire Praktiken gegenüber Mitarbeitenden oder Führungskräften geht. Sehr schnell sind hier ethische und moralische Grenzen erreicht, das Gebot der Neutralität wird dann – zumindest indirekt – zur Mitverantwortung. Angesichts der drängenden Veränderungsprozesse in Natur und Gesellschaft ist das grundsätzliche Beharren auf Neutralität an vielen Punkten nicht mehr aufrechtzuerhalten. Vor allem in der Ausbildung von zukünftigen Coach:innen ist es bedeutsam, Risiken, Chancen und Grenzen in der inneren Haltung aufzuzeigen – nicht nur gegenüber der Therapie und Fachberatung, sondern insbesondere bei Fragen zur Zukunftsgestaltung und eigenen Positionierung. Letztlich muss sich jede:r Business Coach:in selbst fragen, welchen Beitrag Coaching an dieser Stelle leisten bzw. klären muss und welche Kontrakte ggf. aufgelöst werden müssen – oder sich das Schlummerlied des Wegschauens und Weghörens ein weiteres Mal vorzusingen. Da ein objektives Handeln angesichts des Wissens über Konstruktionen und subjektive Realitäten ohnehin theoretisch abwegig ist, wirkt das zu lange Festhalten an Neutralität wie ein bequem gewordener, schlafender Riese, der mit seiner Größe den Blick auf neue Wege versperrt, bedrohlich wirkt und sich selbst ein Lied singt, um weiter zu schlummern und die Zukunft zu blockieren. Dieser Riese namens „Neutralität" verschläft eine offene Auseinandersetzung mit jungen Menschen und eine aktive Beteiligung und Umkehr im Denken innerhalb der Unternehmen und Organisationen.

Business-Coach:innen und Coaching-Anbieter:innen können sich wesentlich stärker in den Zukunftsdialog einbringen als es derzeit erkennbar ist, wenn sie das gesammelte Wissen und die Kraft der methodischen Vielfalt als verändernde Ressourcen verstehen und sich mit ihrem Anliegen und ihrer Professionalität konstruktiv positionieren. Coaching-Ausbildungen können als Qualitätsmerkmal transparente Ziele und Werte fokussieren, auf Aktivist:innen, junge engagierte Menschen zugehen und sie zum Dialog und Mitmachen einladen. Bisher sind es vor allem Selbstwirksamkeit und innovative Lernprozesse, die als didaktische Bezugspunkte in den gemeinsam gestalteten, geschützten Lernräumen gelten. Es geht heute zusätzlich darum, anzuerkennen und offen anzusprechen, dass Nicht-Handeln in der Welt inaktives Handeln bedeutet und dazu führen kann, nicht einzugreifen, wo es notwendig wäre. All die Konsequenzen der persönlichen Haltung kann Business Coaching in den eigenen Ausbildungen auf Dauer nicht ausblenden, sondern sollte damit beginnen, sich mit neuen Themen aufzurichten, kreative Lernräume anzubieten und mit den Beteiligten aktive Verhaltensänderungen für eine bessere Zukunft auszubauen. Lernkonzepte einer in diesem Sinne professionellen Coaching-Ausbildung geben einer radikal neuen Didaktik den nötigen Raum für ihren Beitrag zum Leben und zu einer lebenswerten Zukunft.

Literatur:

Arnold, R. & Siebert, H. (2006) Konstruktivistische Erwachsenenbildung (5. Aufl.) Baltmannsweiler: Schneider Verlag.

Michael Stephan

Die Sicht eines Ökonomen auf das Coaching und seine Zukunft

Prolog

Ich spreche gerne über Coaching, speziell über Business Coaching. Ich selbst bin aber kein Coach. Ich bin Ökonom und Innovationsforscher und auf diese Feststellung lege ich großen Wert. Dennoch spreche und reflektiere ich gerne über Coaching, streng genommen über die Entwicklung des Coaching-Marktes aus der Perspektive der Sozial- und Wirtschaftswissenschaften. Als Urheber und Verantwortlicher der Marburger Coaching-Studie beobachte ich die Entwicklungen des (deutschsprachigen) Marktes für Business Coaching nun seit über fünfzehn Jahren, aus neutraler Position und mit kritischer Distanz.

Aktuell scheint sich eine disruptive Transformation im deutschsprachigen Coaching-Markt zu vollziehen – es wird derzeit sehr viel über Strukturbrüche, Paradigmenwechsel und einen radikalen Wandel diskutiert. Offenbar treffen mehrere und scheinbar neue Einflussfaktoren und Megatrends aufeinander, die nun auch das Selbstverständnis im Coaching zu verändern scheinen: Die VUKA-Welt, befeuert durch Digitalisierung und Konnektivität, durch Plattform-Geschäftsmodelle und den Wertewandel getragen von den Generationen ‚Y‘, ‚Z‘, ‚Millennials‘, trifft den Coaching-Markt mit voller Härte und wird diesen tiefgreifend transformieren, so gemeinhin die Schlussfolgerung.

Das Leitmotiv meiner Reflexion greift die Leitfrage von Böning und Strikker auf, ob sich das Coaching ändern wird bzw. ändern muss, wenn sich die Rahmenbedingungen ändern? Vieles ist hierzu bereits geschrieben worden, insbesondere von den betroffenen Coaches. Ich betreibe eine Analyse aus der Außensicht. Vorab will ich gleich kundtun, dass ich in der Außenbetrachtung und Diagnose als Ökonom nicht zu grundlegend anderen Schlussfolgerungen kommen werde wie die Coaches mit ihrer Binnensicht. Das klingt zunächst einmal beruhigend. Ob Coaching in Anbetracht der aktuellen Transformation bzw. in der ‚zweiten Romantik‘, wie Böning und Strikker es formulieren, vor dem Aufstieg oder Abstieg steht, das wird vor allem von der strukturellen Entwicklung des Marktes abhängen. Hierzu später mehr. Zunächst will ich aber zeitlich etwas weiter ausholen. Denn um die zweite Romantik zu verstehen, muss man zunächst betrachten, was sich zuvor zugetragen oder eben nicht zugetragen hat.

Was geschah vor Beginn der ‚Zweiten Romantik'? Erkenntnisse der Marburger Coaching-Studie

Die Marburger Coaching-Studie wurde Anfang der 2000er Jahre initiiert und beleuchtet seither in zweijährigen Abständen die Entwicklung des Marktes für Business Coaching im deutschsprachigen Raum. Im Panelteil analysiert die Studie, wie sich die Marktstrukturen im Angebot und in der Nachfrage verändern. Neben allgemeinen Strukturparametern werden auf der inhaltlichen Ebene die Coaching-Anlässe adressiert sowie sensiblere Aspekte wie Preise oder Qualifizierungshintergründe der Coaches abgefragt. In Ergänzung zum standardisierten Panelteil ist jede Studie durch einen eigenen Schwerpunktteil geprägt, in dem aktuelle Trends und neue Entwicklungen thematisiert und vertieft werden. So hat sich die letzte Coaching-Studie mit der Akademisierung der Coaching-Ausbildung beschäftigt und bereits Mitte der 2010er-Jahre wurde das Thema ‚Coaching mit neuen Medien' beleuchtet, lange vor dem Digitalisierungsschub und ‚Zoom-Boom' infolge der aktuellen Pandemie. Der eigentliche USP und Anker der Inhaltsvalidität der Ergebnisse der Marburger Coaching-Studie ist zweifelsohne, dass beide Marktseiten und -perspektiven abgefragt und miteinander verglichen werden: Die Sichtweise der Coaches und die Sicht der Nachfrageseite, vertreten durch Führungskräfte, Personalmanager und leitende Personalentwickler.

Coaching als Boomendes Biotop

Vergleicht man die Ergebnisse der Marburger Coaching-Studien seit Beginn der 2000er Jahre im Zeitverlauf so wird deutlich, dass sich der Markt für Business Coaching im deutschsprachigen Raum evolutionär, d. h. in kleinen, inkrementellen Schritten entwickelt hat. Es haben sich bis Ende der 2010er Jahre keine disruptiven Veränderungen vollzogen. Business Coaching blieb in den letzten fünfzehn bis zwanzig Jahren ein boomendes Biotop. Von einem ‚boomenden' Biotop ist zu sprechen, weil der Markt beständig gewachsen ist und mitunter sogar zweistellige jährliche Wachstumsraten verzeichnen konnte. Selbst die Wirtschafts- und Finanzkrise in 2008 und 2009 konnte der Wachstumskurve des Marktes nur eine kleine Delle zufügen. Das Wachstum wurde gezogen von einem Anstieg der Nachfrage nach Coaching-Dienstleistungen, verstärkt im Mittelstand und im mittleren Management. Getrieben wurde das Wachstum durch das zunehmende Angebot, d. h. den beständigen Zustrom neuer Coaches in den Markt. Trotz des Zustroms neuer Coaches hat sich aber zum Glück kein vergleichbarer Wildwuchs im Angebot vollzogen wie im Life Coaching-Markt. Sowohl seitens der Coaches als auch seitens der Klienten bestand der deutliche Wille zur Abgrenzung zum Life Coaching und mithin eine große Sehnsucht nach Professionalisierung. Auch um Qualitätssicherung war man deshalb stets bemüht. Man achte in diesem Zusammenhang aber bitte auf die Formulierung. Im Zeugnis für das Fach Qualitätsmanagement steht nämlich geschrieben: *„Der Kandidat war stets bemüht…..“*. Die Professionalisierung hat aber zweifelsohne stattgefunden und ist u. a. daran erkennbar, dass sich der Markt über die letzten zwanzig Jahre sehr stark ausdifferenziert hat. War Coaching zu Beginn der 2000er Jahre meist eine pauschale Maßnahme für Führungskräfte der oberen Hierarchieebenen, so haben sich die Coaching-Anlässe und auch die Zielgruppen ausdifferenziert und viele Coaches entsprechend spezialisiert. Mit dieser Spezialisierung ging in vielen Fällen eine Qualitätssteigerung einher. Ferner hat die Akademisierung der Ausbildung erste wichtige Beiträge zur Qualitätssteigerung der Profession geleistet, auch wenn diese Akademisierung noch in den Kinderschuhen steckt und große Entwicklungsdefizite aufweist. Diese Defizite sind dem Umstand geschuldet, dass die Akademisierung bislang nicht im Gleichschritt mit der wissenschaftlichen Durchdringung der Ausbildungsinhalte erfolgte. Die Tatsache, dass mehr und mehr Hochschulen oder An-Institute von Hochschulen das lukrative Geschäft für berufsbegleitende Zertifikats- oder Aufbaustudiengänge zum Coaching für sich entdeckt haben, adelt die darin dargebotenen Coaching-Lehrinhalte nicht automatisch mit dem Prädikat *‚wissenschaftlich wertvoll'*. Eine konsequente wissenschaftliche Weiterentwicklung der Inhalte und Methoden verbunden mit einer Ächtung bzw. Aussonderung unseriöser Ansätze und Methoden hat bislang nicht im notwendigen Masse stattgefunden. Wenig Bewegung hat es bis vor kurzem auch in der Struktur der Angebotsseite im Coaching-Markt gegeben. Noch bis 2020 war die Struktur des Marktes sehr stark fragmentiert und geprägt durch Einzelanbieter bzw. vernetzte Einzelanbieter. Eine Konsolidierung und Durchdringung des Marktes durch Personalberatungs- bzw. Personalentwicklungsdienstleister analog zum angelsächsischen Raum ist ausgeblieben. Diese Fragmentierung ist bis heute auch auf der Verbandsebene zu konstatieren. Es gibt bis heute noch immer eine verwirrend große Zahl von Verbänden. Die Zahl ist nicht exakt zu beziffern, es müssen aber über 20 sein.

Versumpfung oder Wandel im Biotop?

Man darf angesichts dieser Schilderungen nicht den Eindruck von Stillstand oder Versumpfung im Biotop erwecken. Treffender lässt sich der Zustand mit dem bereits oben bemühten Begriff des ‚*Evolutionären Wandels*' beschreiben: Der deutschsprachige Markt für Business Coaching hat sich über die letzten 20 Jahre inkrementell weiterentwickelt. Angesichts der viel zitierten VUKA-Welt[1] ist es aber doch überraschend, dass sich bis Ende der 2010er Jahre keine disruptiven Veränderungen im Coaching vollzogen haben. Denn viele strukturbrechenden Megatrends der VUKA-Welt betreffen als Disruptionstreiber seit langem im Kern auch den Coaching-Markt, zumindest im Prinzip aber eben nicht faktisch. Exemplarisch seien drei dieser strukturbrechenden Megatrends angesprochen: (1) ‚*Globalisierung*', (2) ‚*Digitalisierung*' und ‚*Künstliche Intelligenz*' sowie (3) ‚*Konnektivität*'. Warum hat der Megatrend ‚*Globalisierung*' den deutschen Coaching-Markt bislang nicht mit der gleichen Wucht getroffen wie die Coaching-Märkte in anderen entwickelten Industrienationen? Während sich im angelsächsischen Raum und in anderen europäischen Ländern Konzentrationsprozesse vollzogen und global agierende Personalberatungsunternehmen wie die ‚Big Five' *Korn Ferry International*, *SpencerStuart*, *Egon Zehnder*, *Russel Reynolds Associates* oder *Heidrick & Struggles* bedeutende Marktanteile im Executive Coaching für sich vereinnahmt haben, blieb deren Marktdurchdringung in Deutschland bislang bescheiden. Gemäß der letzten Marburger Coaching-Studie machten in 2017 Einzelanbieter bzw. vernetzte Einzelanbieter über 80 Prozent des Angebotes aus.[2] Vor dem Hintergrund der starken Konzentration in anderen westlichen Industrieländern und der globalen wirtschaftlichen Vernetzung seitens der großen aber auch mittelständischen Unternehmenskunden im Business Coaching verwundert diese besondere Angebotsstruktur in Deutschland. Ebenso verwunderlich ist der geringe Einfluss der beiden anderen Megatrends auf das Coaching-Angebot im deutschsprachigen Raum: Warum haben die Megatrends ‚*Digitalisierung*' und ‚*Künstliche Intelligenz (KI)*' sowie ‚*Konnektivität* ' bis Ende der 2010er Jahre den deutschen Coaching-Markt nicht mit der gleichen Intensität umgekrempelt wie andere wissensintensive Dienstleistungsbranchen? Gerade (wissensintensive) Dienstleitungsbranchen gelten gemeinhin als Pionieranwender und Innovationstreiber für digitale und konnektive Technologien.[3] Konsequenterweise sind in vielen Dienstleistungsmärkten Vernetzung und Digitalisierung tief in die Geschäftsmodelle der Unternehmen eingedrungen und haben diese radikal transformiert. Zu nennen sind exemplarisch soziale Medien (z. B. Facebook, Instagram, LinkedIn, Pinterest, TikTok, Twitter), Online-Partnervermittlungen und -Fahrdienstplattformen (z. B. UBER, BlaBlaCar) oder Online-Buchungs- und Vermietungsplattformen (z. B. AirBnB). Auf den deutschsprachigen Coaching-Markt hatten jedoch weder die Digitalisierung noch die zunehmende Vernetzung bis Ende der 2010er Jahre einen nennenswerten Einfluss. Sicher, fast alle Coaching-Anbieter im deutschsprachigen Raum besitzen seit langem einen eigenen Webauftritt, welcher den meisten aber lediglich als passiv genutzte Online-Visitenkarte dient. In die Geschäftsmodelle des Coachings sind diese Megatrends bis Ende der 2010er Jahre kaum eingedrungen.

Evolutionärer Wandel mit Chronischen Innovationsdefiziten

Der kaum merkliche Einfluss der Disruptionstreiber bis Ende der 2010er Jahre lässt sich exemplarisch an der Akzeptanz der Nutzung digitaler Medien im Coaching zeigen. Mitte der 2010er Jahre wurde das Thema ‚*Coaching mit neuen Medien*' in der dritten Marburger Coaching-Studie abgefragt. Die damaligen Befunde waren ernüchternd. *Geißler* und *Stephan* (2014) diagnostizierten in diesem Zusammenhang das ‚*medien-technische Innovationsdefizit*' im deutschsprachigen Coaching-Markt.[4] Bis Ende der 2010er-Jahre hat sich daran auch nichts Grundlegendes geändert. Neben dem ‚*medien-technischen Innovationsdefizit*' konnte man im Coaching bis vor kurzem auch ein ‚*Konnektivitätsdefizit*' feststellen. Während viele personenbezogene Dienstleistungsbranchen infolge digitaler Vernetzung und plattformbasierter Geschäftsmodelle durch sogenannte ‚*Peer2Peer*'-Leistungen oder ‚*Crowd-Sourcing*'-Lösungen disruptiv transformiert wurden (siehe die oben genannten Beispiele UBER, BlaBlaCar oder AirBnB), kamen bis vor kurzem Coaching-

Leistungen überwiegend über traditionelle analoge und vertragsbasierte Vermittlungswege zwischen Angebots- und Nachfrageseite zustande. Offene Plattformmodelle oder gar kooperativ organisierte Coaching-Leistungen in Peer2Peer-Netzwerken waren bislang Tabus. Sicher, es gibt seit langem über die zahlreichen Verbände das Angebot von Online-Coach-Datenbanken mit dem Ziel der Vermittlung und Mitte der 2010er Jahre kam auch einmal der Gedanke des Cross-Mentorings im Gedanken einer Peer2Peer-Beratung auf. Aber das volle Disruptionspotenzial der Konnektivität kam im Coaching bislang ebenso wenig zur Entfaltung wie das der Digitalisierung. Und erneut ist es augenfällig, dass im angelsächsischen Raum sowie in anderen europäischen Coaching-Märkten plattformbasierte Geschäftsmodelle bereits vor Jahren größere Bedeutung erlangt haben.[5]

Resilienz oder Pathologischer Bewegungsmangel?

Als Zwischenfazit ist festzuhalten, dass sich der Coaching-Markt im deutschsprachigen Raum trotz VUKA und vieler relevanter strukturbrechender Megatrends bis Ende der 2010er Jahre nicht grundlegend verändert hat. Man kann diesen evolutionären Wandel nun in zwei grundsätzlich verschiedene Richtungen auslegen, kommentieren und bewerten: Die Wohlgesinnten werden von der Robustheit und Resilienz des Coachings, von gesunder Stabilität und vom Fels in der disruptiven Brandung der VUKA-Welt sprechen. Kritiker dagegen werden zu pathologischen Befunden neigen und dem Coaching Bewegungsmangel und chronische Innovationsdefizite attestieren, welche gerade angesichts der disruptiven Veränderungstreiber zu einem existenziellen Risikofaktor herangereift sind. Welche Deutung ist treffender? Die Folgen von Corona haben zunächst einmal der zweiten, kritischen Deutung Vorschub geleistet!

Pandemie aktiviert das Disruptionspotenzial im Markt

Die abrupte und universelle Veränderung des gesellschaftlichen Lebens und mithin auch des Arbeitslebens haben zweifelsohne das volle Disruptionspotenzial der strukturbrechenden Technologie- und Megatrends im Coaching-Markt losgetreten. Infolge des ersten Lockdowns ab dem 22. März 2020 konnte das Coaching in

Deutschland für die Dauer von fast anderthalb Jahren nur noch mit ‚Neuen Medien' stattfinden. Noch bis zum Tage des Lockdowns wurde diesen ‚Neuen Medien' eine mangelnde Eignung attestiert. Coaching sei ein komplexer, reflexiver Prozess, der in den meisten Prozessschritten ein soziales Miteinander und persönliche Treffen erfordere, so die mantraartig vorgetragenen Glaubenssätze vieler Coachs. Die mangelnde Informationsreichhaltigkeit (‚Media Richness') und Unpersönlichkeit der ‚Neuen Medien' lasse diese ungeeignet für die meisten Coaching-Anlässe und Prozessschritte erscheinen. Innerhalb weniger Wochen bzw. Monate war diese ablehnende Glaubenshaltung und aversive Konditionierung im Coaching jedoch überwunden, das ‚medien-technische Innovationsdefizit' der 2000er und 2010er Jahre plötzlich Geschichte. Im Zuge der kurzfristigen Digitalisierung von Arbeits- und Geschäftsprozessen, befeuert durch New Work- und Homeoffice-Formate, musste auch das Coaching landauf landab digital und virtuell werden. Und tatsächlich hat der überwiegende Teil der etablierten Business Coaches sehr schnell auf virtuelle Formate und Online-Videokonferenzsysteme wie Cisco-Webex, Google Meet, Jitsi, MS Teams, Skype oder Zoom umgestellt. Unter dem Druck der Corona-bedingten Kontaktbeschränkungen waren Coaches wie Klienten gezwungen, analoge Formate in den digitalen Raum zu verlagern. Krisen erzeugen Veränderungsdruck, das hat sich nun auch im Coaching bestätigt.

Plattformökonomie wird im Coaching sichtbar und attraktiv

Im Sog dieser Digitalisierung hat sich plötzlich auch die Sichtbarkeit der ‚neuen' Coaching-Plattformen erhöht. Und zumindest ‚gefühlt' hat auch die faktische Relevanz dieser Plattformen zugenommen. Coaching-Plattformen sind nicht nur innovative Geschäftsmodelle, sondern bilden auch eine neue Akteursgruppe im Coaching-Markt. Coaching-Plattformen folgen dem bereits oben erwähnten Wandel hin zu Plattformökonomie und treten als aktive Mittler zwischen Coaches und Klienten auf. Es liegt in der Natur der digitalen Plattformen, dass sich die meisten auf die Vermittlung digitaler Coachings konzentrieren. Neben der reinen Vermittlungs- und Matchingaktivität werden von den Plattformen auch zahlreiche sekundäre Dienste rund um das Coaching angeboten, wie Fakturierung und Rechnungslegung, Feedback oder zusätzliche Lern-Pakete für die Klienten zu den im Coaching besprochenen Themen. Coaching-Plattformen sind natürlich kein unmittelbares Produkt der Corona-Krise. Im angelsächsischen Raum und auch im west- bzw. nordeuropäischen Auslands sind Coaching-Plattformen längst etabliert. Tatsächlich wurden aber auch im deutschsprachigen Raum bereits Mitte der 2010-Jahre erste Coaching-Plattformen als Geschäftsmodelle von Start-ups gegründet.[6] Die Anzahl der Plattformen hat über die letzten Jahre beständig zugenommen und mittlerweile ist das Angebot recht unübersichtlich geworden: Neben Start-ups wie ‚bettercoach.de', ‚Coachfox', ‚CoachHub', ‚CoachNow', ‚emotion', ‚echt.JETZT', ‚Leadership Choices', ‚Sharpist' oder ‚7fields' (Coaching Center Berlin) dringen auch etablierte Akteure wie *Kienbaum Consultants International* mit ‚Evelop_Me', ‚CAI' oder die Haufe Gruppe mit ‚Haufe Coaching' in den Markt. Studien zufolge hatte die Mehrheit der etablierten Coaches im deutschsprachigen Raum bis zu Beginn der Pandemie *„kein intrinsisch motiviertes Interesse daran, Coaching über digitale Plattformen anzubieten und durchzuführen."*[7] Manchen Personalentwicklern in den Unternehmen waren die Plattformen bis vor kurzem sogar gänzlich unbekannt.

Im Sog des Digitalisierungsschubes durch die Pandemie sind diese Plattformen nun deutlich sichtbarer geworden. Es zeigen sich auch die vermeintlichen Vorteile des digitalisierten Coachings, das über Plattformen abgewickelt werden kann, und zwar für alle im Coaching beteiligten Akteure. Für die Klienten selbst reduzieren sich die Transaktionskosten und -aufwendungen. Man muss sich nicht mehr selbst durch die Vielzahl der Internetauftritte der einzelnen Coaches klicken um aus der verwirrenden Vielfalt des Angebots das richtige herauszufiltern. Die Coaching-Plattform hat ja bereits eine qualitätssichernde Vorselektion durchgeführt, so das Versprechen der Plattformbetreiber. Auch die Durchführung als Online-Video-Call ist bequem und spart Zeit. Zudem übernimmt die Plattform die Vertragsabwicklung und auch das Feedback am Ende ist sichergestellt. Für die Coaches reduzieren sich die Transaktionskosten. Ist man einmal im Pool der Plattform, muss man sich nicht mehr selbst um Akquise kümmern, die Klienten strömen selbsttätig zu und auch die lästigen Rechnungslegungspflichten übernimmt die Plattform. Und schließlich haben auch die Personalentwickler und Coaching-Verantwortlichen in den Unternehmen ihre wahre Freude an den outgesourcten Diensten der Plattformen: Man ist selbst nicht mehr in der Pflicht, einen Coach-Pool aufzubauen und zu managen. Die Qualitätssicherung einschließlich der

Vorselektion und permanenten Evaluation der Coaches übernimmt die Plattform. Und auch die Plattformbetreiber freuen sich, denn ihre Dienste erfolgen beileibe nicht ‚pro bono'. Sowohl Kunden bzw. Klienten als auch die Coaches zahlen für die Vermittlung. Die hohen Renditeerwartungen der Plattformbetreiber lassen sich an den hohen Unternehmensbewertungen ablesen: Teilweise werden zweistellige Millionenbeträge als Risikokapital von Investoren abgerufen und in die Plattform-Start-ups gesteckt .... und das, obwohl diese teils noch keine nennenswerte Umsätze erwirtschaften.[8] Schöne neue Plattformwelt, so möchte man meinen und die eingestellte Frage, ob sich das Coaching ändert, wenn sich die Rahmenbedingungen ändern, mit einem lauten ‚Ja' beantworten!

Plattformen verändern das Wesen des Coachings

Tatsächlich bergen Digitalisierung und Plattform-Ökonomie jedoch auch tiefgreifende Gefahren, weil diese Disruption nicht nur in die Markt- und Transaktionsstrukturen eingreift, sondern auch das Coaching selbst dem Wesen nach verändert. Und hier unterscheidet sich der Coaching-Markt übrigens deutlich von anderen digitalisierten Plattformmärkten: Während UBER und BlaBlaCar die eigentliche Personenbeförderungsleistung im Kern nicht verändert haben und auch die Gäste bei einer über AirBnB gebuchten Übernachtung nach wie vor in einem (hoffentlich) bequemen Bett schlafen werden, so greifen demgegenüber die Geschäftsmodelle der Coaching-Plattformen mit ihren digitalen Formaten auch in den Kernprozess und die Inhalte des Coachings ein! Wie ist das genau zu verstehen? Im etablierten Verständnis der Profession ist Coaching eine individuelle, personenbezogene professionelle Beratung und unterstützende Begleitung des Klienten – in der Regel Personen mit Führungsaufgaben oder Experten in Schlüsselpositionen. ‚Beratung' darf im Coaching nicht mit Ratschlag verwechselt werden, sondern basiert auf einem reflexiven und auf Vertrauen angelegten Prozess zwischen Coach und Klient. ‚Beratung' in diesem Sinne bezieht sich auf einen durch den Coach methodisch gestalteten Prozess, bei dem die Eigenbemühungen und Reflexion des Klienten unterstützt und seine Fähigkeit zur Erreichung der angestrebten Ziele verstärkt werden sollen.[9] Coaching ist zwar kein auf Dauer angelegter Prozess, aber die methodische Intervention und Reflexion nimmt bei den meisten Coaching-Anlässen doch einen mittelfristigen Zeithorizont in Anspruch.

Das Geschäftsmodell vieler (aber eben nicht aller!) Coaching-Plattformen folgt der generellen Logik der Plattform-Ökonomie und diese gehorcht einigen grundlegenden ökonomischen Spielregeln: Plattformen schaffen einen digitalen Marktplatz für die Vermittlung von Angebot und Nachfrage und im Gegensatz zu herkömmlichen Märkten sind die Geschäftsmodelle auf Hyper-Skalierbarkeit, d. h. auf schnelles Wachstum ausgerichtet. Es werden sich im Wettbewerb nur jene Plattformen durchsetzen, die über starkes Wachstum in möglichst kurzer Zeit eine hohe Zahl an Nutzern, d. h. Coaches und Klienten attrahieren können. Man spricht hier von sogenannten ‚Netzeffekten' und einer kritischen ‚Installed Base'. ‚Netzeffekte' bzw. die ‚Installed Base' beschreiben ein Phänomen, das man bereits seit längerem von sozialen Netzwerken her kennt. Es überleben im Wettbewerb nur jene Netzwerke oder Plattformen, die es schaffen, eine kritische Nutzerzahl zu erreichen. Beispielhaft sei an den Konkurrenzkampf zwischen StudiVz./MeinVz./SchülerVz. und Facebook erinnert, den nur letztgenanntes Netzwerk überlebt hat. Auch bei Musik- und Film-Streaming-Plattformen vollzieht sich infolge von Netzeffekten aktuell ein solcher Konzentrationsprozess. Und analog hierzu müssen Coaching-Plattformen als zweiseitige Märkte auf beiden Seiten des Marktes um eine kritische Nutzerzahl buhlen. Dies animiert die Plattformen zu aggressivem Marketing mit *„halbreligiösen Zukunfts- und Leistungsversprechen."*[10] Und dies zwingt die Geschäftsmodelle der Coaching-Plattformen in leicht skalierbare Formate hinein. Plattformen haben ein systemimmanentes Grundinteresse an einer möglichst hohen Standardisierung der zu vermittelnden Coaching-Dienstleistung. Diese Standardisierung betrifft zunächst die Prozessebene, indem einheitliche Zeitformate zur Minimierung von Transaktionskosten à la *„6 Sitzungen à 60 Minuten"* vorgegeben sind. Um den Zugang zur Plattform für Klienten überdies niedrigschwellig zu halten, sind kürzere Formate zu bevorzugen. Klienten mit einem *„Coaching durch Ratschlag in 60 Minuten"* zu locken ist niedrigschwelliger, einfacher und flexibler als das Angebot einer mehrmonatigen Coaching-Sequenz für einen individuell zu gestaltenden Reflexionsprozess. Diese niedrigschwelligen Zeitformate senken die Eintrittshürden für alle Parteien, sowohl für die Klienten als auch für die Coaches. Und auch die Unternehmen können von dieser Flexibilität profitieren, so wie es der Plattformbetreiber *CoachNow* bewirbt: *„Mit diesem Coaching-Paket erhalten Sie Stunden-Kontingente, die*

Sie ohne Zeitdruck für Mitarbeiter-Coachings einsetzen können." Eine reflexive Prozessbegleitung anlässlich komplexer und tiefergreifender Führungsfragestellungen ist in einem solchen modularisierten Standardkorsett mit *„Stunden-Kontingenten"* kaum darstellbar. Die standardisierten Geschäftsmodelle gepaart mit dem verkürzten zeitlichen Format greifen zwangsläufig in die inhaltliche Ebene des Coachings ein. Und ein weiterer kritischer Punkt ist zu vermerken, der sich quasi über die Hintertür in die Inhalte und Qualität der über die Plattformen vermittelten Coaching-Leistungen hineinschleicht: Niedrigschwellig müssen nicht nur die Eintrittshürden für die Klienten gehalten werden, sondern ebenso die für die Coaches. Denn auch auf der Angebotsseite der Plattform muss eine kritische Zahl an Coaches attrahiert werden, um die Skalierbarkeit gewährleisten zu können. Und so ist es nachvollziehbar, dass die Qualifizierungsanforderungen an die Coaches trotz hoher Qualitätsversprechen der Plattformen abgesenkt werden.

Gefahr der Kannibalisierung durch Coaching2Go-Formate

Im Sog des coronabedingten Digitalisierungs- und Konnektivitätsschubes treffen diese auf kurzfristige Lösungsfindung und Beratung ausgerichteten Plattform-Formate im Coaching offenbar den Zeitgeist und den Bedarf so mancher Klientel: Schnelle Ratschläge und inhaltliche Tipps sind in diesen niedrigschwelligen und kurz getakteten Formaten gewünscht und werden geliefert. Mit ‚*Coaching2Go*', ‚*Coaching on Demand*' oder ‚*Burger King-Coaching*' werden sie zwar despektierlich, im Kern aber treffend umschrieben. Jedoch können diese Formate weder prozessual noch inhaltlich das leisten, was typische Coaching-Anlässe im professionellen Coaching-Verständnis erfordern: Eine auf Vertrauen angelegte Beziehung zwischen Coach und Klient und einen individualisierten, klientenzentrierten Reflexionsprozess zur Bewältigung komplexerer Herausforderungen, für die es keine Standardlösungen auf Basis von einfachen Ratschlägen geben kann. Viele Plattform-Angebote werben aber genau mit dem Versprechen solch schneller Lösungen. Sie bedienen kurzfristige Beratungsanliegen. Die Rolle des Coachs wird reduziert auf einen Ratschlaggeber. Komplexere und vielschichtig gelagerte Fragestellungen finden in diesem Format keinen Reflexionsraum.

Die Plattform als innovatives Format beeinflusst also Prozess und Inhalt. Vor dem Hintergrund dieser inhaltlichen Veränderungen darf die Frage „*Ändert sich das Coaching, wenn sich die Rahmenbedingungen ändern?*" nun nicht mehr mit einem lauten und naiv ausgesprochenen „*Ja gerne*' beantwortet werden. Denn infolge der Digitalisierung, der zunehmenden Konnektivität und der Markttransformation durch Plattformen besteht die Gefahr, dass sich Coaching in Format und Inhalt verändern wird, und zwar in Richtung eines Abstiegs in Form der Verschmelzung mit klassischen Beratungs- und Trainingsleistungen! Diese Gefahr besteht und deshalb muss an dieser Stelle an die mahnenden Worte des Publizisten und Aphoristikers *Karl Kraus* erinnert werden:

> „*Es ist das wahre Wunder der Technik, dass sie das, wofür sie entschädigt, auch ehrlich kaputt macht.*" (Karl Kraus, in: Die Fackel, Nr. 360, 1912, S. 3)

Tatsächlich liegt die Gefahr der geschilderten Disruption durch die digitalen Coaching-Plattformen darin, dass sie über die Prozesse und die Inhalte in den Wesens- und Wertschöpfungskern eingreifen und diesen damit „*kaputt*" machen, wie *Karl Kraus* mahnt. Eine solche Wesensveränderung ist nicht zwangsläufig bei allen Plattform-Geschäftsmodellen die Folge. Es sei nochmals an AirBnB erinnert. Trotz digitaler Buchungs- und Vermittlungsplattform kann der Übernachtungsgast am Ende in einem bequemen Bett schlafen. Dieses Bett als Sinnbild für die Kernwertschöpfungsleistung wird durch die Coaching-Plattformen jedoch dem Wesen nach verändert. Und es steht zu befürchten, dass Coaching im Plattform-Kaffeebecher nicht mehr das zu leisten imstande ist, was es bislang zu leisten vermochte. Mit dem Übergang zu leichten und bekömmlichen Trainings- bzw. Beratungsformaten entzieht sich das Coaching selbst die Grundlage, es kannibalisiert sich selbst.

Weil Coaching im Plattform-Kaffeebecher nicht das leisten kann, was es bislang zu leisten vermochte und weil die anspruchsvollen Anlässe für professionelles Coaching in der VUKA-Welt nicht weniger, sondern eher mehr werden, so wird der Bedarf nach Coaching im reflexiven und auf Vertrauen angelegten Beziehungsformat bleiben, sofern die Formate bleiben. Ein sehr generischer Anlass für reflexives Coaching ist die VUKA-Welt selbst. Aus den Abfragen nach Coaching-Anlässen in den letzten Marburger Coaching-Studien wissen wir, dass viele Coachings auf sogenannte ‚*ambidextre Führungsherausforderungen*' zurückzuführen sind.

Dies gilt insbesondere für die Führungskräfte auf den oberen Managementebenen. Was genau bedeutet ‚Ambidextrie'?

Ambidextrie als Schlüsselkompetenz in der VUKA-Welt

‚Ambidextrie' ist eine Schlüsselkompetenz zur erfolgreichen Bewältigung von Innovations- und Change-Prozessen in Organisationen und bedeutet schlicht ‚Beidhändigkeit.'[11] Als Metapher wird ‚Ambidextrie' auf Individuen und Organisationen übertragen und beschreibt die Sicherstellung der richtigen Balance zwischen Kontinuität und Veränderung. Organisationen, die sich in der VUKA-Welt zu stark an Bewährtes klammern, werden genauso wenig erfolgreich im Wandel bestehen können wie Organisationen, die sich ständig Hals über Kopf in radikale Transformation stürzen. Die richtige Balance zu finden ist ein unternehmerischer Drahtseilakt, der von vielen internen und externen Einflussfaktoren abhängt. Führungskräfte tragen hier eine zentrale Verantwortung einerseits in der Gestaltung der passenden organisatorischen Strukturen (strukturelle Ambidextrie) und anderseits im eigenen Führungsverhalten (kontextuale Ambidextrie). Führungskräfte müssen mit der einen Hand explorativ sein, also neues Terrain erkunden, Wandel anstoßen, Innovationsprojekte steuern und Veränderungen implementieren, und mit der anderen Hand exploitativ agieren, d. h. auf Effizienz in den Kernprozessen und Profitabilität im Stammgeschäft achten. Kontextuale Ambidextrie, d. h. Beidhändigkeit auf der persönlichen Denk- und Handlungsebene stellt Führungskräfte vor große Herausforderungen. Die zentrale Herausforderung liegt darin begründet, dass beide Aktivitätsmuster selbstverstärkend wirken und in einer Trade-off-Beziehung zueinander stehen, d. h. ein inhärenter Zielkonflikt zwischen Exploration und Exploitation besteht. Eine Balance kann nur durch permanente Reflexion des eigenen Führungsverhaltens gelingen. Coaching leistet hier, wie es die Marburger Coaching-Studien zeigen, einen wichtigen Beitrag. Jedoch kommt es entscheidend auf das Format an. Ratschläge im Coaching2Go-Format können punktuelle Hilfestellung geben, ein nachhaltiger Kompetenzaufbau setzt dagegen reflexive, prozessbegleitende Formate voraus.

VUKA-Welt fordert Reflexive Formate

Vor diesem Hintergrund bleibt festzuhalten, dass sich Coaching im Kern nicht ändern darf, wenn es weiterhin einen wichtigen Beitrag zur Bewältigung von Führungsherausforderungen in der VUKA-Welt leisten soll. Der Bedarf ist zweifelsohne vorhanden, man muss ihm nur gerecht werden. Der Umgang mit paradoxen und mehrdeutigen Führungssituationen in Change- und Transformationsprozessen erfordert reflexive Prozessbegleitung. Nicht umfassend gerecht wird diesem Bedarf das Coaching2Go-Format. Für solche kürzer getaktete Beratungsformate, wie sie von vielen Plattformen angeboten werden, gibt es zweifelsohne einen wachsenden Bedarf. So ist es sehr wahrscheinlich, dass sich der Markt für Business Coaching zukünftig in verschiedene Segmente spalten wird, so wie das auch viele Brancheninsider vermuten. Es wird auf der einen Seite Segmente geben, die sich stärker auf Coaching on Demand (Coaching2Go) fokussieren, in denen es inhaltlich um abgegrenzte Themen- bzw. Problemstellungen geht. Der Klient ist vorinformiert und hat ein klar umrissenes Anliegen. Hier stehen die Beratung und der Ratschlag im Mittelpunkt der Coaching-Leistung. Hierfür sind kürzere und auf einzelne Module begrenzte Settings passend. Neue synchrone Medien wie Video-Konferenzen aber auch asynchrone digitale Medien wie Email oder Messenger-Dienste sind effizient und komfortabel.

Auf der anderen Seite wird ein großer Bedarf nach Coaching im reflexiven, prozessbegleitenden Format bleiben. Die obigen Ausführungen zur Ambidextrie haben lediglich einen, in der VUKA-Welt jedoch sehr typischen Coaching-Anlass beschrieben. Coaching als prozessbegleitende Reflexion kann schwer in modularen Happen verabreicht werden, es erfordert eine längerfristige und auf Vertrauen angelegte Begleitung. Jedoch muss Coaching als prozessbegleitende Reflexion nicht zwangsläufig nur in einem persönlichen Face-to-Face-Format stattfinden. Auch synchrone digitale Formate können den persönlichen Kontakt ergänzen. Es ist an dieser Stelle aber zu betonen, dass der Einsatz digitaler Medien im prozessbegleitenden Coaching ‚*voraussetzungsvoll*'[12] ist und ausgeprägte digitale Medienkompetenz erfordert. Coaching im traditionellen prozessbegleitenden Format steht also keineswegs im Widerspruch zum Einsatz digitaler, neuer Medien. Ganz im Gegenteil, hierin kann auch eine Chance liegen, indem sich neue Zielgruppen erschließen lassen. Aber digitale Formate im prozessbegleitenden Coaching erfordern eben eine entsprechende Medienkompetenz.

Dies ist neben den Inhalten sicherlich ein kritisches, neues Themenfeld zur Professionalisierung der Profession.

Epilog

Während ich im Hauptteil meines Beitrages in meiner Reflexion vieles aus innerster und wissenschaftlichster Überzeugung bekräftigt habe, was Uwe Böning in seinem Artikel und auch bereits in vorangegangenen Standpunkten dargelegt hat, so will ich in diesem Nachwort die Gelegenheit ergreifen, um in einem zentralen Punkt zu widersprechen. Ich übe Widerspruch am gegenwartsbezogenen Begriff der VUKA-Welt. Dies tue ich in erster Linie aus einer ehrlichen inneren Abneigung heraus gegen die aktuell inflationäre Verwendung des VUKA-Begriffs und in zweiter Linie aus großer Lust an der Rechthaberei. Meine Rechthaberei bleibt aber schließlich nicht ohne Konsequenz für das Coaching, das Böning auf eine *„ikonografische Figur des Übergangs von der Moderne zur Postmoderne"* reduziert. Was konkret stört mich? Konkret störe ich mich als Innovationsforscher an der Feststellung, dass *„die heutige Welt global als VUKA-Welt gilt"*, wie Uwe Böning in seinem Artikel einleitend zu seinem dritten Kapitel schreibt. Mein Widerspruch gilt weniger der Zuschreibung von VUKA als *‚globales'*, als vielmehr der Reduktion von VUKA auf ein *‚gegenwärtiges'* Phänomen. VUKA ist nichts Neues und Romantik war schon immer! Die Welt ist schon immer schneller, dynamischer, ungewisser, komplexer und widersprüchlicher geworden und die Menschen hatten schon immer ein romantisches Grundbedürfnis nach Reflexion, Innehalten und Exerzitien. *‚Schon immer'* mag übertrieben klingen, aber VUKA ist nicht nur prägend für die 2000er Jahre, sondern ist prägend für das Anthropozän, also dem Zeitalter das mit der Aufklärung angestoßen wurde und im Zuge der Industrialisierung durch die anthropogene Formung der Erde durch menschgemachten, systematischen technologischen Fortschritt und Umformung der Gesellschaften seinen Ausdruck findet. Man könnte hier sogar noch eine Epochen-Schippe drauflegen und anmerken, dass bereits das Mittelalter eine Zeit der Innovationen war und zumindest punktuell von VUKA geprägt wurde: *„Architekten, frühe Ingenieure und Vertreter des Handwerks überschritten Grenzen traditionellen Wissens. Sie schufen Neues im Bauwesen in der Mühlen- und Waffentechnik oder im Textilgewerbe, sie erfanden die Brille, die mechanische Uhr und den Buchdruck.*[13] Innovationen haben also auch schon im Mittelalter die Lebensbedingungen der Menschen geformt und verändert. Die Behauptung, die Dynamik habe immer weiter zugenommen und VUKA sei ein exklusives gegenwärtiges Phänomen zeugt von einem gewissen Chauvinismus der Moderne bzw. Postmoderne. Die Wahrnehmung von Veränderungsdynamik und der Geschwindigkeit von gesellschaftlichem Fortschritt ist nämlich sehr subjektiv geprägt. Es gibt keinen objektiven, gesellschaftlichen Tachometer zur Messung von Fortschrittsgeschwindigkeit und Veränderungsdynamik. Ich behaupte, dass auch die Menschen im ausgehenden Mittelalter und zu Beginn der Aufklärung eine VUKA-geprägte Welt wahrgenommen haben, auch wenn sie diesen Begriff natürlich nicht benutzt haben, da er aus der Postmoderne stammt. Und weil auch davon auszugehen ist, dass in zukünftigen Epochen der Postmoderne und Post-Postmoderne nicht Stillstand, sondern Veränderung prägend sein wird, so wird es auch stets einen Bedarf nach reflexiven Formaten geben. In meinen obigen Ausführungen habe ich hoffentlich überzeugend dargelegt, dass Coaching als Format der begleitenden Reflexion in Veränderungsprozessen sehr wertvoll sein kann. Vor diesem Hintergrund stellt sich mir die Frage, warum man Coaching als moderne Form der Exerzitien und Heilsbringer auf eine ikonografische Figur *„des Übergangs von der Moderne zur Postmoderne"* reduzieren sollte?

---

[1] Für eine ausführliche Erläuterung des Begriffs ‚VUKA' siehe den Beitrag von Uwe Böning.
[2] Siehe Stephan/Rötz (2018): Coaching-Marktanalyse 2017, Marburg 2018.
[3] Burr, W./Stephan, M. (2019): Dienstleistungsmanagement, 2. Auflage, Stuttgart 2019.
[4] Geißler, H./Stephan, M. (2014): „Das medien-technische Innovationsdefizit von Coaching und eine Möglichkeit, es zu überwinden", in: Weber, S. M. et al. (Hrsg): Organisation und das Neue, Wiesbaden 2014, S. 351-361.
[5] Vgl. Ammons, G. et al. (2021): ICF Coaching Platforms Study, Lexington (KY) 2021.
[6] Vgl. dazu auch Böning, U. (2021): Positionen – Coaching-Plattformen: Verheißung oder Gefahr? In: Beiträge zur Beratung in der Arbeitswelt, Nr. 2/2021, Deutsche Gesellschaft für Supervision und Coaching 2021.
[7] Vgl. Bachmann, Th. (2020), Coachingprofession im Sog der Digitalisierung, in: wirtschaft + weiterbildung, Heft 7/8 2020, S. 32-36
[8] Ein beeindruckender Überblick hierüber lässt sich über die Tech-Start-up- und Investoren-Datenbank Crunchbase (www.crunchbase.com) gewinnen.
[9] Vgl. dazu Greif, S. (2021): Was ist Coaching? Osnabrück 2021 insbesondere S. 5 ff.

[10] Böning (2021), S. 7.
[11] Vgl. dazu und im Folgenden Stephan, M./Kerber, W. (2010): „Ambidextrie": Der Unternehmerische Drahtseilakt zwischen Ressourcenexploration und -exploitation, München 2010.
[12] Aussage von Claudia Salowski im Rahmen einer Fokusgruppendiskussion im August 2021 zur Vorbereitung der kommenden Marburger Coaching-Studie 2022.
[13] Popplow, M. (2010): Technik im Mittelalter, München 2010.

Kapitel 5
Perspektive:
Digitale Coaching Plattformen

Uwe Böning & Frank Strikker

Einführung

Die Beobachtungen des Coaching Marktes zeigen eindeutig, dass Digitale Coaching Plattformen/Provider die neuen Markt-Player der Szene sind. Die Ausrichtungen der Plattformen sind unterschiedlich: Einige bieten Tools an, andere den Matchingprozess zwischen Coach und Kunden, wieder andere den gesamten Coachingprozess von der Anbahnung eines Coachingprozesses bis zur Rechnungstellung (Strikker & Wagner 2021).

Bei der Auswahl der Digitalen Coaching Plattformen haben wir uns auf Plattformen konzentriert, die vor allem im Feld Business Coaching aktiv sind.

Wie schnelllebig und volatil der digitale Markt ist, zeigt sich u.a. daran, dass bereits während der Erstellung des Buches Veränderungen der Besitzverhältnisse bei den Plattformen zu beobachten sind. Aufgrund der Private Equity Finanzierung der meisten Plattformen etabliert sich ein neues Geschäftsmodell am Markt, das künftig vermutlich für disruptive Veränderungen sorgen wird (Böning 2021).

Literatur

Böning, U. (2021): Coaching-Plattformen: Verheißung oder Gefahr? In: Positionen – Beiträge zur Beratung in der Arbeitswelt Heft2/2021

Strikker, F. & Wagner, Y. (2021). Technikaffinität versus Coaching Kompetenz – zum fachlichen Background von Gründer*innen und Geschäftsführer*innen von Online-Coaching-Plattformen. In: Fachhochschule Nordwestschweiz-Olten 18.11.2021, 6. Int. Coachingkongress 'Coaching meets Research' Coaching Essentials 1980 – 2050

Elke Berninger-Schäfer

Von der Digitalisierung, Künstlichen Intelligenz und Unverfügbarkeit

Böning & Strikker (2020) sprechen in Ihrer Veröffentlichung „Coaching in der zweiten Romantik: Abstieg oder Aufstieg? Zwischen individuellem Glücksversprechen und gesellschaftlicher Verantwortung" von Coaching als ikonographischer Kulturfigur der Selbstverwirklichungs-Gesellschaft in der späten Moderne, die sich einem großen Wandlungsprozess befindet.

Die technologische Entwicklung und die damit zusammenhängenden Veränderungen der Digitalisierung aller Lebensbereiche hat weitreichende Konsequenzen für die Profession Coaching, ihr Selbstverständnis, ihre gesellschaftliche Bedeutung, ihre wissenschaftliche Erforschung und ihre Markt-Positionierung.

Die Autoren rufen daher Coachs, Coaching-Verbände und wissenschaftliche Einrichtungen auf, sowohl positive Zukunftsentwicklungen zu verstärken als auch auf kritische, fragwürdige Entwicklungen hinzuweisen. Die Coaching-Szene wird somit zu einem kritisch-wertschätzenden, gesellschaftlichen Diskurs aufgefordert, der durch Coaching-Knowhow angereichert werden könnte. Gleichfalls stellt sich Frage, inwiefern angesichts der digitalen Veränderungen mit ihren vielen positiven Möglichkeiten, neue produktive Anwendungsfelder für Coaching entstehen könnten. Damit hängt die Frage zusammen, wie mit den Schattenseiten der digitalen Veränderung umgegangen werden kann.

Auf diese Schattenseiten geht Yuval Harari in seinem 2019 erschienen Buch „21 Lektionen für das 21. Jahrhundert" ein, wenn er beschreibt, wie eine winzige Elite mit Marktmacht durch Daten und Algorithmen bestimmt, was die Masse der Menschen glaubt gestalten zu können.

Der Autor behauptet, dass Menschen längst gehackt und ständig durch lernfähige Algorithmen beobachtet werden. Gentechnisch veränderte Körper, intelligente Maschinen, Algorithmen, die mehr über uns wissen als wir selbst und uns präzise emotional und kognitiv manipulieren können und Informationsfluten, die mit menschlichen Kapazitäten nicht mehr analysierbar sind, stellen ein

Szenario dar, welches nicht nur Zukunftsmusik ist, sondern sich bereits in der Gegenwart verwirklicht (Harari, 2019).

Wir müssen uns somit fragen, welche Chance wir noch haben, über unsere Entscheidungen selbst zu bestimmen und was uns noch Würde angesichts solcher Vorstellungen gibt.

Worauf wir uns verlassen können ist jedoch, dass die Digitalisierung gekommen ist um zu bleiben und, dass wir uns weiterhin in einer permanenten, rasanten Entwicklung befinden werden. Dies gilt auch für unsere berufliche Identität und die Art und Weise wie wir diese ausleben. Die Angst vor dem Verlust derselben und vielleicht auch die Lust auf Mit- und Neugestaltung machen die Fragestellung der Autoren so bedeutsam.

Die Gefahr der ökonomischen und gesellschaftlichen Bedeutungslosigkeit von Coachs als Solo-Unternehmer*innen scheint mit der Bedeutung von Coaching-Plattformen zu wachsen. Dabei müssen Plattformen nach verschiedenen Kriterien beurteilt werden. Hierzu gehören z. B. Multimedialität, Vorhandensein von professionellen Online-Tools und -Formaten, Datensicherheit, Abbildung von digitalen Coachingprozessen, Klienten- und Zeitmanagement sowie Evaluationsmöglichkeiten.

Vertriebsplattformen, die unter dem Oberbegriff DCP (Digital Coaching Provider) fungieren, nehmen zu und versprechen den Coachs Kund*innen und den Organisationen ein Matching mit geeigneten Coachs aus ihrem Pool. Die Autoren erwähnen in diesem Zusammenhang Sharpist und CoachHub.

Ihnen kommt Marktmacht zu, da das Vertriebsversprechen viele Coachs zu User*innen der Plattformen macht.

Vor der Corona-Krise standen noch viele Coachs dem Online-Coachings eher skeptisch gegenüber. Coachs gingen davon aus, dass die Beziehungsgestaltung zu Klient*innen und der Umgang mit der emotionalen, assoziativen und physiologischen Ebene im Online-Geschehen nicht möglich oder zumindest erschwert sei. Die Bereitschaft, sich für die wissenschaftlichen Grundlagen des Online-Coachings zu interessieren und Medien- bzw. Medienkommunikationskompetenz zu erwerben, war eher gering.

Durch die Corona-Pandemie musste sich auch die Coaching-Szene notgedrungen mit Online-Coaching beschäftigen, wobei dies oftmals unreflektiert und unter Missachtung des Datenschutzes geschah und geschieht. Der Einsatz eines digitalen Kommunikationsmediums alleine genügt jedoch nicht um den Anforderungen professionellen Online-Coachings gerecht zu werden (Berninger-Schäfer, 2020). Coachs sind aufgerufen sich für ihre Dienstleistungen, die sie online anbieten, zu professionalisieren und nicht einfach das übliche Präsenzverhalten in ein Medium zu übertragen.

Neben digitalen Kompetenzen gehören zu dieser Professionalisierung auch der Erwerb von Medienkommunikationskompetenzen, welche sich auf medial vermitteltes Sehen, Hören, Lesen und Schreiben beziehen. Weiterhin geht es um Beziehungsmanagement online, den Umgang mit assoziativen, emotionalen und physiologischen Aspekten in Coaching, Supervision, Beratung und Therapie, wenn diese online durchgeführt werden. Zur Medienkompetenz gehört auch die Fähigkeit geeignete Medien und Plattformen beurteilen zu können, z. B. bezüglich Datenschutz und der digitalen Unterstützung professioneller Vorgehensweisen.

Eine Plattform, die speziell für Online-Coaching, nicht nur technisch, sondern auch inhaltlich entwickelt wurde, ist die CAI Plattform. Sie bietet einen großen Funktionsumfang für Collaboration, Coaching und Leadership.

Sie gewährt Datenschutz mit Server- und Firmensitz in Deutschland, Datensicherheit und DSGVO-Konformität.

Die Coaching-Sitzungen in der CAI-Plattform sind nicht flüchtig, sondern bleiben für die zugelassenen Personen bestehen. Somit können Coachees und Coachs auch zwischen den Terminen darin weiterarbeiten, da alle Inhalte automatisch dokumentiert werden. Diese Inhalte entstehen durch den Einsatz der vorhandenen Coaching-Tools, z. B. systemische Aufstellung, Inneres Team, Soziogramm, Bildmaterialien, Visualisierungstools, die auch auf Whiteboards genutzt werden können, Tetralemma, Team-Uhr, Ressourcenbaum, Frage-Sets, uvm.

Die CAI Plattform ist für den Einsatz in Einzel- Gruppen- und Teamsettings geeignet und bildet verschiedene Formate mit passenden Abläufen und Tools ab, z. B. Business-Coaching, Team Development, Konfliktmanagement, Design Thinking, Transfercoaching, uvm.

Präsentation, Desktop-Sharing, Audio-Wiedergabe, Chat und Whiteboard sind ebenfalls Bestandteile der CAI-Plattform.

Es ist jedoch das Zusammenspiel des Tooleinsatzes mit einer Prozesssteuerung und der Möglichkeit eine Audio-Video-Funktion zu nutzen, ergänzt um ein Klienten- und Dokumentenmanagement, sowie Kompetenzeinschätzung und Evaluation, die die Besonderheit und Vielfältigkeit der CAI – Plattform ausmachen.

Für Weiterbildungsanbieter bietet sie nicht nur die Nutzung der virtuellen Räume mit ihren Prozessabläufen und Tools an, sondern auch die CAI-Buchungsplattform, um Anmeldeprozesse und Seminarverwaltung zu digitalisieren und zu erleichtern.

Über Coach-on Demand können potentielle interessierte Einzelpersonen oder Firmen über eine Filterfunktion den gewünschten Coach finden und sofort mit ihr oder ihm in Kontakt treten.

Die CAI-Plattform macht dennoch kein Vertriebsversprechen, sie erhebt vielmehr den Anspruch qualitativ hochwertiges, ethisch fundiertes Online-Coaching zu ermöglichen und zu unterstützen. Sie wird regelmäßig wissenschaftlich evaluiert.

Im Markt schlägt jedoch häufig das Vertriebsversprechen den Qualitätsanspruch.

Dies mag aus ökonomischen Nöten heraus verständlich sein, ist jedoch sehr kurz gedacht, wenn man die technischen Entwicklungen betrachtet. Als Beispiel sei hier auf die Entwicklung der Künstlichen Intelligenz und ihren Konsequenzen für Coaching hingewiesen.

Graßmann & Schermuly (2020) diskutieren Vorhersagen, wonach KI-Coaching das Coaching mit einem persönlichen Coach für Standardthemen ersetzen und zur Unterstützung von persönlichen Coachingprozessen genutzt werden wird.

Die CAI-Plattform kann ihre Angebote in diese Richtung weiter ausbauen, wobei der Name bereits Programm ist. Das „C" in CAI steht für „Cyber", das „A" für „Anthropoethic" und das „I" für „Intelligence". Das bedeutet, dass es zu intelligenten Lösungen kommt, wenn man die Möglichkeiten des virtuellen Raumes (cyber) mit menschlichen Möglichkeiten auf einer ethisch fundierten Basis (anthropoethic) kombiniert. KI kann durchaus unterstützend eingesetzt werden.

Die CAI-Plattform existiert bereits seit 2014 und wird ständig weiterentwickelt. Hier fließt auch das Feedback der vielen Coachs ein, welche die Plattform nutzen. Während bereits vor der Corona-Pandemie Coachs professionelle Lösungen für Online-Coaching gesucht haben, hat sich die Zahl der Nutzer*innen der CAI-Plattform seit der Pandemie drastisch erhöht. Die meisten gehen davon aus, dass sie auch nach einer Entschärfung des aktuellen viralen Geschehens online weiterarbeiten werden, teilweise ausschließlich oder in Mischformen.

Diesem Zukunftsbild entsprechen auch die Ergebnisse einer Studie von Schermuly, in welcher es um Szenarien bis 2030 geht. Danach ist der wichtigste Trend die Fähigkeit von Coachs, flexible und individualisierte Angebote in verschiedenen Formaten, offline und online anbieten zu können (Webers, 2020). Die digitale Kompetenz der Coachs ist somit unerlässlich.

KI-Coaching wird definiert als ein technisch unterstützter systematischer Prozess, welcher KlientInnen dabei hilft, Ziele und Lösungen zur Zielerreichung ohne Beteiligung eines persönlichen Coachs zu finden. KI basiert üblicherweise darauf, aus einer Menge von Daten zu lernen, z. B die besten Tools oder Fragen auszuwählen, die zu Zielen und Lösungen bei Klient*innen führen.

In Abgrenzung hierzu handelt es sich bei Online-Coaching um Coaching durch einen persönlichen Coach in Kombination mit der Nutzung von Kommunikationsmedien, wie Video, Audio Chat und Online-Coaching-Tools. Blended Coaching ist eine Mischung zwischen face-to-face Coaching und Mediennutzung im weitesten Sinne.

Es gibt Überschneidungen zwischen KI-Coaching und Selbstcoaching, insofern als es in beiden Fällen um Coaching ohne professionellen Coach geht. Beim Selbstcoaching werden beispielsweise Videos oder Selbsteinschätzungen genutzt. Weiterhin kann es computergestützt mit standardisierten Abläufen stattfinden. Im Unterschied hierzu ist eine KI lernfähig und kann sich durch wiederholte Coachingprozesse optimieren, indem sie z. B. Emotionen, Augenkontakt, Stimmlage, Sprache und den Coachingfortschritt auswertet und als empathische(r) Gesprächspartner*in fungiert (social Chatbots).

Laut Graßmann und Schermuly (2020) können KI – Chatbots aktuell noch nicht selbstständig denken, es entsteht vielmehr die Illusion einer intelligenten Konversation. Sie können keine motivationale Klärung durchführen und herausfinden, um was es den Coachees wirklich geht. Im Coaching fehlen wichtige Kennzeichen einer KI, wie z. B. ein klar definiertes Ergebnis, Kriterien, wonach dieses erfasst werden kann und eine logische Kette von Schritten zur Problemidentifikation und -lösung.

Vordefinierte Themen, wie Stress, Reflexion der psychischen Befindlichkeit, Prüfungsangst oder Zeitmanagement können mit Wissensvermittlung und Verhaltensanweisungen bearbeitet werden. Diagnostikinstrumente mit normierten und visualisierbaren Ergebnissen können ebenfalls eingesetzt werden. Hier kann KI wirksam werden, wobei es noch den persönlichen Coach braucht, wenn es um die individuellen Interpretationen von diagnostischen Daten geht.

Bei der Zieldefinition in Coachingprozessen, z. B. anhand der SMART Regel, kann KI wiederum unterstützen, wenn auch nur eingeschränkt.

Beim Lösungsbrainstorming, der Priorisierung von Lösungsschritten und dem Feedback dazu, ob die Lösungsschritte entsprechend der eigenen Auswahl umgesetzt worden sind, wäre wiederum der Einsatz von KI denkbar, genauso wie bei der Evaluation der Zielerreichung.

KI wäre allerdings überfordert damit, die ethischen Implikationen von Zielen, Lösungen und Entscheidungen zu verifizieren.

Insofern kann KI derzeit nur eine Ergänzung zu persönlichem Coaching darstellen, z.B. für bestimmte Hausaufgaben oder Zielklärungen, welche im Anschluss mit einem Coach reflektiert und evaluiert werden müssten. Die Entwicklung geht jedoch rasant voran.

Bei einem Promotionsprojekt an der TH Köln wird derzeit ein entscheidungs- und textbasierter StudiCoachBot entwickelt mit dem Ziel die Selbstreflexion Studierender zu ihren Lern- und Arbeitsstrategien zu vertiefen. Dies geschieht durch eine Gesprächsstruktur, offene Fragen und die Bereitstellung von Materialien, wie Zusammenfassungen, Videos, Tests, sowie Skalierungen und Visualisierungen zur Entwicklung von Zielen (Mai und Richert, 2020).

Die Qualität der Beziehung zwischen Coach und Coachee ist entscheidend für den Coachingerfolg. Diese wird durchgehend neu ausgehandelt. In einer solchen Arbeitsbeziehung wird ein Einverständnis zwischen Coach und Coachee bezüglich der Coachingziele und deren Umsetzung hergestellt. Es herrscht eine affektive Bindung, die auf Vertrauen, Respekt und Sympathie beruht. Aus der Psychotherapieforschung ist bekannt, dass Patient*innen auch zu ihrem virtuellen Gegenüber Bindungen entwickeln und zu einer höheren Selbstoffenbarung neigen (Berninger-Schäfer, 2018, Lee et al, 2020).

Microsoft entwickelt mit XiaoIce einen social Chatbot (Zhou et al. 2019), der als KI eine emotionale Verbindung zu den User*innen herstellen soll. Er soll über die Verbindung von IQ (Intelligenzquotient) und EQ (emotionale Intelligenz) Gefühle und Absichten erkennen und die menschlichen Bedürfnisse nach Zuneigung, Kommunikation und sozialer Zugehörigkeit befriedigen.

In diesem Zusammenhang stellt sich die Frage, inwieweit dies auch mit KI Coaching verwirklicht werden kann.

Vorteile von KI-Coaching:

- Anonymität,
- Entscheidungsfreiheit wann und wo Coaching stattfindet
- Ständige Verfügbarkeit
- Höhere Bereitschaft sich zu offenbaren
- Hohe Skalierbarkeit
- Niederschwellig
- Große Reichweite
- Kostengünstig

Organisationen müssten somit ein großes Interesse daran haben, KI-Coaching zur Weiterentwicklung von Mitarbeiter*innen einzusetzen.

Die Zukunft des Coachings wird somit von der Weiterentwicklung technischer Möglichkeiten und ihrer Konsequenzen, sowie von der Bereitschaft der professionellen Coaching-Szene zur Mitgestaltung derselben, abhängen.

Wenn die Qualität von KI-Coaching hoch ist und die Kosten gering sind, so hat dies Implikationen für die Entwicklung von Coaching als Profession. Hier ist Forschung nötig, z. B. für welche Personengruppen, Themen und Vorgehensweisen KI- Coaching passt. Wenn strukturierte Prozessabläufe mit Standardthemen gut abgedeckt werden können, dann stellt sich die Frage, mit welchem Rollenmodell und mit welcher Vorgehensweise der persönliche Coach in Zukunft gefragt sein wird. KI-Coaching als Massengeschäft macht den persönlichen Coach zur elitären Ausnahme. Der Streit um den Kuchen wird heftiger.

All diese Überlegungen sind Versuche, sich auf die veränderte Gegenwart und die Herausforderungen der Zukunft einzustellen, was einerseits sehr wichtig ist, andererseits aber auch der Unverfügbarkeit unterliegt.

Aus unserer neueren Vergangenheit haben wir auf alle Fälle eines lernen können: die Veränderungen der mittelbaren und unmittelbaren Zukunft sind nicht vorhersehbar.

Hartmut Rosa (2020) spricht davon, dass der kulturelle Antrieb der modernen Lebensformen die Vorstellung, der Wunsch und das Begehren seien, die Welt verfügbar zu machen. Der Autor führt aus, dass die spätmodernen Gegenwartsgesellschaften individuell, kulturell, institutionell und strukturell auf die Verfügbarkeit der Welt abzielen würden.

"Lebendigkeit, Berührung und wirkliche Erfahrung entstehen aus der Begegnung mit dem Unverfügbaren" (Rosa, H., 2020, S.8).

Es geht um das Wechselspiel zwischen Verfügbarem und Unverfügbarem.

Coachs sollten die Chance nutzen, ihr Wissen und ihre Professionalität bei der Entwicklung neuer Technologien beizusteuern um Mitgestalter*innen zu werden und nicht in einem Bedrohungsszenario zu verharren, wie das Kaninchen vor der Schlange.

Im Hinblick auf die Unverfügbarkeit als Teil menschlicher Existenz geht es darum, mit dem Unbekannten in großer Flexibilität, mit Interesse, Entdeckergeist und Gelassenheit zu tanzen.

Literatur:

Berninger-Schäfer, E. (2020). Online-Coaching: Fakten und Mythen. Coaching-Magazin online

Berninger-Schäfer, E. (2018). Online-Coaching. Heidelberg: Springer

Böning, U. & Strikker, F. (2020). Coaching in der zweiten Romantik: Abstieg oder Aufstieg? Zwischen individuellem Glücksversprechen und gesellschaftlicher Verantwortung. Wiesbaden: Springer

Graßmann, C. & Schermuly, C.C. (2020). Coaching With Artificial Intelligence: Concepts and Capabilities. Human Resource Development Review, I-21,2020.

Harari, Y.N. (2019). 21 Lektionen für das 21. Jahrhundert. München: C.H.Beck

Lee, Y.-C., Yamashita, N. & Huang, Y. (202). Designing a Chatbot as a Mediator for Promoting Deep Self-Disclosure to a Real Mental Health Professional. Proc. ACM Hum.-Comput. Interact., Vol. 4, No. CSCW1, Article 31. Publication date: May 2020.

Mai, Vanessa und Richert, Anja (2020): AI Coaching: Effectiveness factors of the work-ing alliance in the coaching process between coachbot and human coachee – an ex-plorative study. EDULEARN20 Proceedings (Hrsg.), S. 1239-1248. DOI: https://li-brary.iated.org/view/MAI2020AIC (15.03.2021).

Rosa, H. (2020). Unverfügbarkeit. Suhrkamp Taschenbuch

Webers, T. (2020). Die Zukunft des Coachings. Eine Delphi-Studie liefert erste Einblicke. Ein Interview mit Carsten Schermuly. Wirtschaftspsychologie aktuell, 3|2020, S. 56-61.

Zhou, L., Gao, J., Li, D. & Shum, H-H. (2019). The Design and Implementation of XiaoIce an Empathetic Sochail Chatbot. https://arxiv.org/pdf/1812.08989v2.pdf, 23.06.2021

Tina Deutsch

Den Herausforderungen der VUCA-Welt mit einer (digitalen) Coaching-Kultur erfolgreich begegnen

Welche ökonomischen Entwicklungen haben aus Ihrer Sicht einen besonderen Einfluss auf Coaching?

In den vergangenen Monaten hat unsere VUCA-Welt eine gänzlich neue Dimension erfahren. Die Herausforderungen für die Welt, aber auch für Unternehmen sind noch komplexer geworden – und kommen mit einer nie da gewesenen Geschwindigkeit daher.

Dazu zählen etwa die hybriden Arbeitssettings, die im Zuge der Corona-Pandemie zum „New Normal" geworden sind. Diverse Studien zeigen, dass Mitarbeitende auf zumindest zwei bis drei Tage Homeoffice in der Woche nicht mehr verzichten möchten. Unternehmen haben zudem erkannt, dass das standortunabhängige Arbeiten funktioniert. Allerdings ist das neue Setting – bestehend aus Büro und Homeoffice – deutlich schwieriger zu managen als ausschließlich digitale Teams zu führen.

Führungskräfte müssen einen beständigen Informationsfluss zwischen beiden Welten gewährleisten. Dazu bedarf es eines strukturierten Wissensmanagements. Die Mitarbeitenden im Homeoffice dürfen nicht aufs Abstellgleis geraten. Das heißt: Die Kultur und das Mindset im Unternehmen sollten dahin entwickelt werden, dass Remote Work nicht nur toleriert, sondern aktiv gefördert wird. Hier kommt Coaching ins Spiel. Mit den psychologisch fundierten Methoden, die im Coaching angewandt werden, gelingt es Führungskräften, ihre Führungswirkung zu reflektieren und sich neue Blickwinkel und Handlungsoptionen zu erschließen. Beispielsweise wie Konstellationen für regelmäßige bilaterale Settings aussehen können oder auf welche Weise Teammeetings stattfinden sollten.

Führungsverantwortung wird zukünftig eine neue Dimension an „Teamcare" und menschlichem Feingefühl brauchen. Denn zum einen dürfen die Motivation und das Wir-Gefühl – ohne die persönliche Begegnung – nicht verloren gehen. Zum anderen sollten Vorgesetzte – unter dem Eindruck gewachsener Stressoren – auch gesundheitliche Aspekte stärker in den Blick nehmen. Denn die Zahl der Menschen, die Symptome – wie Angstzustände, Motivationsverlust oder gar Burnout – zeigen, ist in den vergangenen Jahren gewachsen, so das Resumée zahlreicher Expert:innen aus Medizin und Psychotherapie.

Auch Führungskräfte sind nicht selten von Überlastungssymptomen betroffen, können diese aber nur limitiert nach außen transportieren. Die Krise hat ihnen einiges abverlangt – was vor allem auch darauf zurückzuführen ist, dass sich die Verantwortung in der Pandemie vielerorts wieder nach oben verlagert hat. Wir erlebten punktuell eine Rückbesinnung der eher hierarchischeren Führungsausdeutung. Gerade Führungskräfte im mittleren Management spielen viele Themen zum Top Management zurück bzw. binden das Top Management viel häufiger ein als es notwendig wäre.

Mit Blick auf Coaching heißt das: Resilienz, Entscheidungssicherheit und Selbstführung gehören zu den wichtigsten Voraussetzungen, um Mitarbeitende durch unwegsame Zeiten zu navigieren, insbesondere da die Handlungsfelder im Zuge der wachsenden Globalisierung größer werden. Und bei der Entwicklung dieser Fähigkeiten kann man sich unterstützen lassen.

Die Digitalisierung eröffnet neue Chancen, Märkte und Teamkonstellationen. Unternehmen müssen in der Lage sein, diese Möglichkeiten zu nutzen. Ohne kontinuierliche Weiterentwicklung wird diese Mammutaufgabe nur schwer gelingen. Die Krise hat einmal mehr gezeigt, dass das Erfolgsrezept des lebenslangen Lernens auch vor der Chefetage nicht Halt macht. Denn gerade in schlechten Zeiten zeigt sich eine gute und starke Führung. In der Krise offenbaren sich Entwicklungsfelder deutlicher denn je. Das „New Normal" hybrider Arbeitssettings, der gewachsene Anspruch an „Teamcare" und die neue Umschlagsgeschwindigkeit sind nur einige Herausforderungen, in denen Führungskräfte als entscheidender Hebel für Teamerfolge fungieren. Sind Führungskräfte in der Lage, diese Entwicklungen als Chance für Lernprozesse und Weiterentwicklung zu begreifen, können sie Veränderungen im positiven Sinne vorantreiben.

Coaching ist eines der effizientesten Entwicklungsinstrumente, wenn es darum geht, persönliche Fertigkeiten auszubilden und Handlungsspielräume zu erweitern. Gibt man Führungskräften die Möglichkeit, die eigenen Gedanken und Entscheidungen zu reflektieren und ihre Persönlichkeit auf professioneller Ebene weiterzuentwickeln, können sie in die Herausforderungen einer postpandemischen Zeit hineinwachsen und ein modernes Führungsbild prägen.

Wie könnte/sollte sich Coaching intensiver mit gesellschaftlichen Entwicklungen auseinandersetzen?

Was zwar in der Öffentlichkeit und den Medien thematisiert wird, aber im Arbeitsumfeld nur selten zur Sprache kommt, ist die besorgniserregende Entwicklung der mentalen Gesundheit vieler Menschen. Die Unsicherheit um den Arbeitsplatz und die finanzielle Situation oder die Sorgen um die Gesundheit, aber auch politische Spannungsfelder – all das belastet die Menschen kontinuierlich. Hinzu kommen die Kontaktbeschränkungen oder hybride Arbeitssettings, die einer zunehmenden Isolation und Abgrenzung Vorschub leisten.

Diese Entwicklungen haben bei vielen Menschen zu einem Gefühl des Ausgelaugtseins geführt, wenn nicht sogar zu Burnout oder Angstzuständen. Dieser Zustand des Nicht-mehr-Wollens und -Könnens wird im beruflichen Kontext allerdings selten artikuliert. Dabei kann genau das sehr befreiend und erleichternd sein, weil man nur so wieder eine gemeinsame Sprache mit den Betroffenen findet.

Wollen Führungskräfte, dass ihre Mitarbeitenden motiviert weiterarbeiten, müssen sie die Gesundheit ihrer Belegschaft stärker im Blick behalten. Was lange als nettes „Add-On" galt, ist nicht nur für viele Arbeitnehmer:innen ein Kriterium bei der Wahl ihres Arbeitsplatzes, sondern auch ein Thema, das in Zeiten mentaler Belastungen unabdingbar wird.

Achtsamkeit und mentale Gesundheit sind daher Themen, die auch im Coaching stärker Berücksichtigung finden müssen. Sprich:

- Wie finde ich als Führungskraft den Zugang zu diesen Themen?
- Auf welche Weise bringe ich mehr Vertrauen und Menschlichkeit in meine Teamkultur?
- Wie kann ich als Vorbild Stärke signalisieren und dennoch zeigen, dass Verletzlichkeit erlaubt ist, damit auch meine Mitarbeitenden den Mut finden, sich zu öffnen?

Insbesondere auch die neue Normalität des hybriden Arbeitens sorgt dafür, dass die Distanz zwischen allen Teammitgliedern größer geworden ist. Wechseln Mitarbeitende flexibel zwischen Büro und Homeoffice, sehen sie sich automatisch weniger. Der kurze Flurfunk oder der spontane Besuch im Nachbarbüro fällt weg. Das Wir-Gefühl schwindet. Auch die Identifikation mit Chef oder Chefin und dem Unternehmen kann erheblich leiden. Hinzu kommt eine allgemeine Videokonferenz-Müdigkeit – auch genannt „Zoom-Fatigue" – die bei Mitarbeitenden zu Erschöpfung und Konzentrationsschwäche führen kann.

Auf diese Entwicklungen muss das Coaching reagieren und Führungskräfte dafür wappnen, entgegenwirken zu können. Dabei geht es beispielsweise um Fähigkeiten wie aktives Zuhören, Authentizität und achtsame Kommunikation. Aber auch in die Lage versetzt zu werden, strukturelle Rahmenbedingungen zu schaffen. Beispielsweise: Trotz hybriden Arbeitens bilaterale Treffen zu ermöglichen und darauf zu achten, dass die Remote-Worker nicht diskriminiert werden.

Kurzum: Teamcare und Maßnahmen zur Aufrechterhaltung der Gesundheit werden zum entscheidenden Pfeiler für Führungsverantwortung und müssen daher auch in den Coachinginhalten deutlich stärker fokussiert werden.

Verändern sich das Verhalten bzw. die Wertehaltungen von Führungskräften und Mitarbeitern durch die Digitalisierung? Falls ja: In welche Richtung(en)?

Das Wertegerüst von Führungskräften und Mitarbeitenden ändert sich nicht allein durch die Digitalisierung, sondern im Zusammenspiel mit dem Generationenwechsel.

Jüngere Generationen sind mit der Digitalisierung groß geworden. Das heißt: Sie sind es gewohnt, digital zu buchen, zu shoppen, zu lernen und sich weiterzubilden. Sie wachsen in einer Plattformökonomie auf und wünschen sich auch für ihr Arbeitsumfeld digitale Angebote. Unternehmen müssen diesen Kulturwandel mitgehen und neben den Arbeitsabläufen etwa auch die Weiterbildung digitalisieren.

Inzwischen gibt es viele Angebote, die interaktives Lernen – beispielsweise im virtuellen Klassenverband oder in einer Augmented Reality-Umgebung – fördern. Mitarbeitende können dabei aus verschiedensten Lernformaten wählen, die auf einer Plattform gebündelt werden und auf den individuellen Lernerfolg zugeschnitten sind.

Auch die Buchung eines Coachings ist über eine Online-Plattform längst wesentlich einfacher und transparenter möglich. Damit rückt Coaching wesentlich näher an die Bedürfnisse der digitalaffinen Generation heran. Über eine App kann jeder Mitarbeitende seine Anfrage stellen und erhält dann eine Auswahl geeigneter Coaches, die mit den Anforderungen und der Persönlichkeit des Coachees harmonieren.

Was für die Coachinginhalte ebenfalls eine Rolle spielt, ist das gewandelte Werteverständnis in Bezug auf das Zusammenspiel aus Arbeit und Privatleben. Jüngere Generationen suchen verstärkt nach der Sinnhaftigkeit ihrer Tätigkeit („Purpose Economy"), wollen zudem mehr Souveränität und Verantwortung – bei gleichzeitig erhöhter Work-Life-Balance. Und sind auch schnell bereit, den Arbeitgeber zu wechseln, wenn ihre Wünsche nicht erfüllt werden.

Um beim Talent Fishing weiter mitmischen zu können, sollten Unternehmen daher auf diese Bedürfnisse reagieren. Die Anforderungen an Führungskräfte werden damit wiederum größer. Denn es liegt in ihrer Hand, Sinn zu vermitteln, Verantwortung zu teilen und Fehler zu tolerieren. Gelingt es dem oberen Management, eine Kultur des Vertrauens in ihren Teams zu etablieren, befeuern sie damit nicht nur die Motivation ihrer Mitarbeitenden, sondern auch die Innovationskraft des gesamten Unternehmens. Denn bewegen sich die Digital Natives im richtigen Umfeld, gehen sie auch mutiger und selbstbewusster mit digitalen Herausforderungen um. Sie sind bereitwilliger, Neues zu wagen, zu experimentieren und Fehler zu machen. Das macht den Weg frei für Kreativität und Innovation.

Welchen Einfluss hat nach Ihrer Einschätzung die Digitalisierung auf das Coaching?

Die Digitalisierung ist ein großer Gewinn für den Coachingmarkt – mit zwei entscheidenden Vorteilen für Führungskräfte und Unternehmen, die diese Weiterentwicklungsmethode in Anspruch nehmen möchten.

Zum einen bietet die Digitalisierung des Coaching-Prozesses eine neue Dimension an Transparenz und Usability. Plattformen sind für jedermann im Unternehmen einfach zugänglich und handelbar. Dabei erzielen sie bessere Ergebnisse für die Coachees bei weniger Aufwand für die Personalabteilung. Denn der Coaching-

Anbieter übernimmt in der Regel das gesamte Handling, vom zeitintensiven Auswahlprozess der richtigen Coaches bis hin zu Rechnungstellung und Erfolgsmessung. Auch über die Qualitätssicherung muss sich die Personalabteilung keine Gedanken machen. Bei guten Plattformen ist die fundierte Expertise und Erfahrung der Coaches durch einen Auswahlprozess gewährleistet. Hinzu kommt die Passgenauigkeit zwischen Coach und Coachee, die über digitale Angebote wesentlich besser abgedeckt werden kann. Denn Coaching ist ein hochgradig individuelles Instrument, der Erfolg hängt damit stark von dem persönlichen Match beider Parteien ab. Jeder Coach agiert anders, hat eine andere Persönlichkeit und Herangehensweise. Mithilfe eines Matching Algorithmus, der beiden Seiten gezielte Fragen stellt, können alle Faktoren im Sinne einer hohen Passgenauigkeit berücksichtigt werden.

Zum anderen sorgt die Digitalisierung der Coachingkanäle, die in den vergangenen zwei Jahren erheblichen Rückenwind erfahren hat, für eine zeitgemäße Flexibilität. Räumliche und zeitliche Hürden sind weitestgehend aufgehoben. Durch das Angebot virtueller Coachings können Mitarbeitende in Unternehmen eine:n Coach nicht nur unglaublich schnell buchen, sondern auch während des Coachingsprozesses spontane und schnelle Unterstützung erhalten – unabhängig davon, wo sie sich befinden. Ein Remote-Coaching spart Reisezeiten, ist schneller realisierbar und zeitlich flexibel.

Remote Coaching kann gerade in einer Krisensituation schnelle Hilfe zur Selbsthilfe schaffen. Denn in herausfordernden Situationen kommt es auf schnelle Entscheidungen und Souveränität an. Ein externer Sparringspartner kann hier noch einmal den nötigen Reflexionsraum und eine größere Sicherheit geben. Häufig fehlt es nämlich genau daran: einem Austausch auf Augenhöhe. Soll heißen: Manchmal reicht es schlichtweg, Gedanken offen auszusprechen, um Klarheit zu gewinnen.

Mit der Digitalisierungsgeschwindigkeit der Pandemie haben sich auch virtuelle Coachingformate weiterentwickelt. Sie greifen auf moderne Tools zurück, die die Interaktivität und den Reflexionsprozess fördern. Heute ist ein Coaching remote ebenso effektiv wie Face-to-Face. Sogar ein Teamcoaching ist über die Web-Cam möglich. Über digitale Pinnwände, Quiz-Module oder virtuelle Nebenräume können qualifizierte Coaches die Teamentwicklung kurzweilig und effizient gestalten. Voraussetzung ist, dass der:die Coach entsprechend ausgebildet ist.

Welche Erfahrungen haben Sie bisher mit Coaching-Plattformen gemacht, die seit einiger Zeit auf dem Markt sind?

Die großen Vorteile von Coaching-Plattformen sind ihre Transparenz, ihre Schnelligkeit und das einfache Handling. Wählen Unternehmen den Weg über eine Plattform, die all das bietet, können sie ihre Coaching-Ergebnisse verbessern und immensen Zeitaufwand sparen.

Denn schon allein die Coach-Auswahl ist meist mit einer mühseligen Recherche verbunden. Anbieter gibt es viele am Markt. Die Bezeichnung „Coach" ist nicht geschützt. Die Vergleichbarkeit hinkt allerdings und wäre für HR mit einer aufwendigen Datenpflege verknüpft.

Eine gute Coaching-Plattform hat diese Arbeit bereits erledigt. Jede:r Coach muss sich vor Aufnahme in die Plattform einem anspruchsvollen Auswahlprozess unterziehen. Als wichtigste Qualitätskriterien gelten dabei langjährige Erfahrung als Coach und Führungskraft, Methodenkompetenz, anerkannte Zertifizierungen, regelmäßige Weiterbildungen und höchste Integrität. Der sorgfältig ausgewählte Pool bietet meist eine umfassende Auswahl an Coaches, Ländern und Sprachen. Die Datenbank wird kontinuierlich aktualisiert – ein Zeitaufwand, der für HR neben dem Tagesgeschäft nur schwer zu stemmen ist. Nach Anfrage erhalten Coachees dann in kürzester Zeit konkrete Vorschläge bzgl. passender Coaches. Unterstützung ist also schnell gegeben, die Qualität gesichert.

In einigen Fällen vereinfachen Coaching-Plattformen nicht nur die Coach-Suche, sie begleiten und vereinfachen den gesamten Prozess. Damit lassen sich Coaching-Erfolge dann auch wesentlich besser nachvollziehen und messbar machen. Dazu stehen auf ausgewählten Online-Plattformen Auswertungen und Dashboards zur Verfügung. Diese bilden in Echtzeit ab, wie viele Coachinganfragen in einem Unternehmen zu welchen Themen gestellt wurden, wie die Zufriedenheit der Kolleg:innen mit den Coachings ausfällt und wo auf der Zeitachse sich die Coaching-Zusammenarbeit befindet. Daraus lassen sich Handlungsempfehlungen für Abteilungen oder sogar das gesamte Unternehmen ableiten.

Neben der Prozess-Optimierung für Personalabteilungen gehen die besten Plattformen noch einen Schritt weiter: Sie helfen dabei, Coaching als Tool für echte Unternehmenstransformation einzusetzen. Also weg von der rein individuellen Perspektive – hin zu einer Überlegung, wie ich Strategiewandel oder Kulturänderung über Coaching in die Breite bringen und greifbar machen kann. Damit wird Coaching zu einem kritischen Instrument für die signifikante Erhöhung der Wirksamkeit von Geschäftsstrategien.

Welche Zukunftsentwicklungen halten Sie für Coaching wünschenswert?

Die Krise – bzw. der krisenhafte Dauerzustand der letzten zwei Jahre – hat einmal mehr gezeigt, dass die Mitarbeitenden das wichtigste Kapital eines Unternehmens sind und den Geschäftserfolg maßgeblich beeinflussen. In die eigene Belegschaft zu investieren, sie fit zu machen für digitale Herausforderungen und Verantwortungsfähigkeit zu fördern, sollte daher ein zentraler Pfeiler jeder Unternehmensstrategie sein. Umso mehr als gerade jüngere Generationen selbst immer mehr Verantwortung und Eigenständigkeit einfordern. Eine Entwicklung, die großes Potenzial für Unternehmen mit sich bringt: Denn sind die Mitarbeitenden entscheidungsfähiger, können sie auch ihre Vorgesetzten mehr entlasten. Eine mündige Belegschaft ist ein entscheidender Vorteil, wenn es darum geht, flexibel zu agieren und Innovationen voranzutreiben.

Als eine der effektivsten Methoden für die persönliche Weiterentwicklung sollte Coaching daher nicht nur auf den Führungsetagen ein fest etabliertes Instrument sein. Vielmehr sollte diese Erfolgsmethode jedem:r Mitarbeitenden zugänglich gemacht werden, um eigene Stärken auszubilden, Pain Points zu identifizieren und neue Handlungsperspektiven zu eröffnen. Ein motiviertes Teammitglied mit einer hohen Resilienz und Entscheidungskraft, das dazu noch achtsam mit seinen Kolleg:innen umgeht und sich selbst gut führen kann, fördert nicht nur die eigene Leistungskraft, sondern die des gesamten Unternehmens.

Lukas Mundelsee

Die Zukunft des Coachings? Sehr wahrscheinlich wird sie blende(n)d!

Die Digitalisierung ist in den letzten Jahren in viele Lebensbereiche vorgedrungen und stellt die Gesellschaft nicht zuletzt durch die Corona-Pandemie vor neue Herausforderungen. Auch Coaches und Berater:innen können sich dem Online-Setting, also dem Coaching und der Beratung auf Distanz, nicht mehr gänzlich entziehen. Dabei haben die elektronischen Kommunikationsformen sowohl in der Medizin als auch in der Psychologie eine lange Tradition (für einen Überblick siehe Sammons et al., 2020). Beispielsweise wurden bereits 1879 Telefone in der Medizin eingesetzt, um einen Besuch von zu behandelnden Personen in der Praxis zu vermeiden. Weit vor der Corona-Pandemie gingen Expert:innen daher davon aus, dass sich das Distanz-Setting in Coaching und Beratung in Deutschland sowohl als Alternative vom Präsenz-Setting als auch als dessen Ergänzung immer weiter verbreiten wird (z. B. Berninger-Schäfer et al., 2016). Dies wurde unter anderem auch damit begründet, dass sich für Distanz-Beratungen sowohl wissenschaftlich als auch in der eigenen Praxis bestätigen würde, was die Forschung über die Nachbardisziplin, die Distanz-Therapie, durch mehrere Meta-Analysen bereits umfangreich belegen konnte: Demnach gilt die Distanz-Therapie nicht nur als allgemein durchführbar, sondern auch als ähnlich wirksam wie die Präsenz-Therapie (für Übersichten siehe z. B. Backhaus et al., 2012; Geißler & Metz 2012; Ghods & Boyce 2013). Selbst die für die Therapie so wichtige Therapeut:innen-Klient:innen-Beziehung lässt sich auf die Entfernung aufbauen, ohne sich vorher in Präsenz getroffen zu haben (Simpson et al. 2020). Doch obwohl das Distanz-Setting zudem einige offenkundige Vorteile, wie die wegfallenden Reisekosten, -wege und -zeiten, mit sich bringt (für Übersichten siehe Hörmann et al., 2019; Mundelsee, 2021) und auf Seiten der Ratsuchenden akzeptiert und manches Mal sogar bevorzugt wird (Simpson et al. 2020), wird deren Ein- und Durchführung von Seiten der Beratenden in mehreren neueren Studien skeptisch gesehen (Mitchel, 2020; Smith et al., 2020). Bleibt das auch in Zukunft so?

Eine aktuelle eigene Studie (Römer & Mundelsee, 2021) untersuchte die Ursachen dieser Skepsis und fand eine negativere Einstellung u.a. mit einer höheren Berufserfahrung assoziiert. Es bleibt spekulativ, ob das ein erster Anhaltspunkt ist, dass die nachwachsenden Coaches-Generationen aufgrund der eigenen „digitaleren Sozialisation" dem Thema offener gegenüberstehen.

Neben Fragen des Datenschutzes gilt die schwierige Umsetzung von Coachingmethoden gerade bei den erfahreneren, älteren Coaches als häufig genannter Kritikpunkt am Online-Setting. Je nach Ausbildungshintergrund nutzen sie im Präsenz-Setting beispielsweise systemische, gestalttherapeutische oder kunsttherapeutische Methoden mit Figuren oder Malutensilien. Die räumliche, haptische und kinästhetische Dimension solcher Methoden bringt eine eigene Qualität in den Prozess. Hierauf im Online-Setting in Gänze zu verzichten, wäre verständlicherweise eine massive Eingrenzung des eigenen Handlungsspielraums.

So erging es auch dem Autor dieses Kommentars sowie befreundeten Beraterkollegen zu Beginn der Corona-Pandemie: Bei der Arbeit an einer Methodensammlung für das Online-Coaching (Sawatzki et al., 2021) fiel auf, dass sich einige Methodenklassiker der Beratung nur schwerlich über die zu der Zeit verfügbaren digitalen Tools, wie Whiteboard oder Zeichentools, in einer adäquaten äquivalenten Form abbilden ließen. Gemeinsam mit Informatikern entstand daraufhin auf coachingspace.net nach und nach eine umfassende Online-Coaching-Plattform. Kerngedanke war und ist es, Coaching-Methoden mit deren jeweiligen Erfindern derart in den digitalen Raum zu transformieren, dass dessen Mehrwert genutzt wird. So wurden beispielsweise das Innere Team mit dem Schulz von Thun Institut, das Systembrett mit Ulrich Wilken und Kurt Ludewig (Erfinder des Familienbretts) sowie die Positionierungskarten mit Antonia Klein-Nikolaidis (Künstlerin von coachingcard.de) entwickelt. DSGVO-konformes Videokonferenzsystem sowie eine Klientenverwaltung für eine optimale Nachbereitung ist ebenfalls integriert. Viele weitere Coaching-Methoden, wie das Genogramm, die Timeline und die Bildkartenabfrage befinden sich bereits in der Entwicklung. Die Methoden sind zudem in einem virtuellen Beratungszimmer integriert, das sich individualisieren lässt. Das soll dazu beitragen, dass sich Berater:innen und Klient:innen wohlfühlen, wie in einem analogen Beratungszimmer, und sich Hemmschwellen dadurch schneller abbauen. Ebenso lassen sich neue Funktionen in altbekannte Methoden integrieren. Ein Beispiel dafür ist der Perspektivenwechsel der Methode des Systembretts, mit der sich in die Perspektive einer auf das Brett gestellten Figur wechseln lässt. Durch diese Möglichkeit erhält diese altbewährte Methode – im wahrsten Sinne des Wortes – eine weitere, ganz neue Dimension. Ob dadurch ein sogenannter „Immersionseffekt" (Brill 2008) erzeugt wird, der das Beratungserlebnis verstärkt, sollte Gegenstand zukünftiger Forschung sein.

Nicht die bewährten Methoden „zur Hand" zu haben, sollte somit als Argument gegen das Setting selbst bei Online-Coachingskeptikern der Vergangenheit angehören. Doch während sich in Zeiten der Lockdown-Maßnahmen eine Art Zwangskontext ergab, bei denen Berater:innen und Coaches nicht immer ganz freiwillig auf das Präsenz-Setting verzichteten, stellt sich für die Zukunft die Frage: Welchen Stellenwert wird das Online-Setting zukünftig im Kanon der anderen Coachingformen einnehmen?

Interessanterweise hatte in unserer Studie (Römer & Mundelsee, 2021) auch die Berufsrolle einen signifikanten Einfluss (die Probanden konnten auswählen, ob sie sich zur Berufsrolle Coaching, Beratung und/oder Therapie zählen; eine Mehrfachauswahl war möglich). Eine positivere Einstellung gegenüber dem Distanz-Setting zeigten jene Studienteilnehmende, die sich der Berufsrolle Coaching zuordneten. Wird sich die Zukunft also zumindest im Coaching überwiegend online auf Distanz abspielen?

Vermutlich gilt hier, wie so oft, das systemische „sowohl als auch": Neben den unbestrittenen Vorteilen des Distanz-Settings geht auch dieses mit einigen Schwächen einher (z.B. fehlende soziale Hinweisreize, körpersprachliche Signale und paraverbale Informationen; für Übersichten siehe Hörmann et al., 2019; Mundelsee, 2021), sodass zukünftig vielmehr die Frage steht, wie Distanz-Coachings das Präsenz-Setting bzw. asynchrone die synchronen Formen optimal ergänzen können und sich somit die Vorteile aller Formen und Settings nutzen lassen (Kupfer & Mayer 2019). Mischformen, sogenannten Blended-Konzepte („blended" = dt. „gemischt"), gehört deshalb nicht nur in meinen Augen die Zukunft. Auch Umfragen unter Berater:innen und Coaches sowie Trainer:innen kommen zu diesem Ergebnis: Beispielsweise gab 83 Prozent der Befragten aus diesen Arbeitsfeldern in einer Umfrage an, dass sich eine solche Mischung nach der Corona-Pandemie etablieren wird (managerSeminare, 2020; siehe auch die Umfrage des mmb Trendmonitors, 2020).

In Anlehnung an Hörmann et al. (2019) lassen sich Blended-Konzepte definieren als systematische, konzeptionell fundierte, passgenaue Kombination verschiedener Formate und verschiedener Settings. Die Formate lassen sich unterscheiden anhand der verwendeten Medien (digital und analog), der räumlichen Nähe von Coaches und Coachees (Distanz und Präsenz) sowie deren Synchronität (synchron, simultan und asynchron). Die Settings unterscheiden sich u.a. in ihrer Zielstellung (z.B. Coaching, Supervision, Beratung usw.) und welche Personen beteiligt sind (z.B. Privatpersonen, Führungskräfte, Paare, Gruppen, Teams, Vereine usw.) (siehe auch Mundelsee & Sawatzki, 2022).

In Blended-Konzepten in Coaching und Beratung ergeben sich somit eine Vielzahl an möglichen Kombinationsmöglichkeiten, die zur Frage führen, wie diese am sinnvollsten miteinander kombiniert werden können. Hierfür sind mehr systematische Studien wie die von Hörmann et al. (2019) notwendig. Eine interessante systematische Einteilung für die Praxis bietet Weiß (2013). Sie unterscheidet insgesamt vier Blended-Konzepte in Coaching und Beratung: (1) *Veränderung online*, bei der das Erstgespräch in Präsenz und der eigentliche Coachingprozess dann auf Distanz stattfindet. Laut Weiß eigne sich dieses Konzept z. B. für komplexe Problemsituationen, bei denen der Klärungsprozess viel Zeit in Anspruch nimmt. Durch das Online-Setting ließe sich eine effiziente Begleitung durch häufige Kurzkontakte ermöglichen. (2) *Orientierung online*, bei der der Erstkontakt online verläuft und man sich danach in Präsenz trifft. Hier kämen die Niedrigschwelligkeit, Anonymität und Unverbindlichkeit des Distanz-Settings zum Tragen, sodass für dieses Konzept v. a. Coachinganlässe mit stigmatisierenden, schambesetzten Themen in Frage kämen sowie Klient:innen mit Berührungsängsten und Hemmschwellen. Sobald das Vertrauen zu den Coaches aufgebaut sei, könne man sich dann in Präsenz treffen und die Beratung dort fortsetzen. (3) *Abschluss online*, bei dem nach Abschluss des in Präsenz stattfindenden Coachingprozesses zusätzliche Distanz-Sitzungen zur Nachsorge angeboten werden. Dieses Konzept fände v. a. in therapeutischen Settings Anwendung, bei denen zunächst stationär behandelt und dann eine Nachsorge in Distanz aufgrund des Wegfalls der An- und Abreise angeboten werden könnte. Ebenso könnten aber auch andere Beratungsbereiche möglich sein, in denen beispielsweise die in der Beratung erarbeiteten Schritte nochmals nach einiger Zeit punktuell nachbesprochen werden. (4) *Flexibler Wechsel*, bei dem Präsenz- und Distanz-Settings situativ, bedarfs- und zielorientiert alternieren. Dabei spielten konzeptionelle Überlegungen zu Nutzungsmotiven, Zielen, Schwerpunkten und einem differenzierten Blick auf die Klientinnen und Klienten eine Rolle.

Während Weiß (2013) lediglich auf On- und Offline-Beratung fokussiert, wird mit Blick auf die weiter oben genannten weiteren Beratungsformate und -settings deutlich, dass neben dieser vier Blended-Konzepten viele weitere Kombinationen möglich sind (vgl. Mundelsee, 2021). Durch die zunehmende technische Entwicklung und die dadurch entstehenden neuen digitalen Möglichkeiten eröffnen sich zudem weitere Optionen: Auf der Plattform coachingspace speichern sich so zum Beispiel die angewendeten Methoden im Hintergrund automatisch ab und lassen sich zu einem beliebigen späteren Zeitpunkt sowohl mit als auch ohne Coach nochmals aufrufen, sodass daran auch asynchron weitergearbeitet und die Beratung prozessorientiert gestaltet werden kann (Hörmann et al., 2019). Eine weitere Option ergeben sich durch mobile Endgeräte, wie das Smartphone oder Tablet, auf denen sich Plattformen wie coachingspace ebenfalls ausführen lassen und die in Blended-Konzepten genutzt werden können. Beispiele hierfür hat der Autor an anderer Stelle ausführlich beschrieben (Mundelsee, 2021). Spannend bleibt zudem die Entwicklung von Virtual-Reality (kurz VR-) Brillen, die wahrscheinlich zukünftig ebenfalls vermehrt in Coachings eingesetzt werden und das Beratungserlebnis auf Distanz noch näher an jenes in Präsenz heranführen könnten.

Apropos Zukunft: In die Kristallkugel kann niemand schauen. Wenn man es könnte, würden dennoch sehr wahrscheinlich zwei Dinge in Bezug auf die Zukunft des Coachings sichtbar werden: Zum einen dürfte sich der deutsche Coaching-Markt weiterhin positiv entwickeln. Zum wiederholten Male attestiert die RAUEN Coaching-Marktanalyse dem deutschen Markt ein hohes Entwicklungspotenzial (Rauen, 2020). Erwartungsgemäß ergab die Befragung zudem, dass das Distanz-Setting einen starken Schub erfuhr. Der Anteil von Online-Coachings wuchs von 8 Prozent im Vorjahr auf 37 Prozent. Mit diesem Kommentar sollte deutlich geworden sein, dass die notwendige Technik für das Distanz-Setting und damit auch für Blended-Konzepte im Coaching inzwischen vorhanden ist – zumal neben coachingspace mehrere weitere Online-Coaching-Plattformen (beispielsweise CAI World) existieren, die hierfür genutzt werden können. Hinzu kommen die voranschreitenden technischen Entwicklungen von VR-Brillen und künstlicher Intelligenz, die die Digitalisierung im Coaching ebenfalls verbreiten und verbreitern werden (Bredl et al., 2012; Grams, 2019; Strong & Terblanche, 2020).

Somit und zum zweiten wird es zukünftig nicht mehr die Frage sein, *ob* die Digitalisierung im Coaching weiter voranschreitet, sondern vielmehr, *wie* sich diese sinnvoll in bestehende etablierte Prozesse integrieren lässt. Forschung und Praxis dürften darauf noch genauere Antworten geben – „die richtige Mischung macht's" wohl auch hier. Und somit bleibt der abschließende Eindruck: Die Zukunft des Coachings – sie wird sehr wahrscheinlich blende(n)d.

Literatur:

Backhaus, A., Agha, Z., Maglione, M. L., Repp, A., Ross, B., Zuest, D., Rice-Thorp, N. M., Lohr, J., & Thorp, S. R. (2012). Videoconferencing psychotherapy: A systematic review. *Psychological Services*, 9(2), 111–131.

Berninger-Schäfer E., Kupke H., Ulmer A., & Wernert, F. (2016). *Online-Coaching: Trend und Qualität*. In: Wegener R., Deplazes S., Hasenbein M., Künzli H., Ryter A., Uebelhart B. (Hrsg.). *Coaching als individuelle Antwort auf gesellschaftliche Entwicklungen*. Wiesbaden: Springer.

Bredl, K., Bräutigam, B., & Herz, D. (2012). Avatarbasierte Beratung und Coaching in 3D. In H. Geißler, M. Metz (Hrsg.), *E-Coaching und Online-Beratung. Formate, Konzepte, Diskussionen*. Wiesbaden: Springer VS, 121-136

Brill, M. (2008). *Virtuelle Realität: Informatik im Fokus*. Berlin: Springer.

Geißler, H., & Metz, M. (2012). E-Coaching und Online-Beratung. Wiesbaden: VS Verlag für Sozialwissenschaften/ Springer Fachmedien. https://doi.org/10.1007/978-3-531-19155-3

Ghods, N., & Boyce, C. (2013). Virtual Coaching and Mentoring. *The Wiley-Blackwell Handbook of the Psychology of Coaching and Mentoring*, 501-523.

Grams, B. (2019). Künstliche Intelligenz in der Coaching-Praxis: Was leisten Chatbots im Coaching? *Coaching-Magazin 12*(4), 34-38.

Hörmann, M., Aeberhardt, D., Flammer, P., Tanner, A., Tschopp, D., & Wenzel, J. (2019). *Face-to-Face und mehr – neue Modelle für Mediennutzung in der Beratung* (Schlussbericht zum Projekt). Olten: Hochschule für Soziale Arbeit FHNW.

Kupfer, A., & Mayer, M. (2019). Digitalisierung der Beratung: Onlineberatung für Kinder und Jugendliche und die Frage nach Möglichkeiten des Blended Counseling in der Kinder- und Jugendhilfe. *Soziale Passagen, 11.* 243-265.

Ludewig, K., & Wilken, U. (Hrsg.). (2000). *Das Familienbrett: Ein Verfahren für die Forschung und Praxis mit Familien und anderen sozialen Systemen*. Göttingen: Hogrefe.

managerSeminare (2020). *Beratung & Coaching in der Corona-Zeit: Ergebnisse der Umfrage Nr. 1 von April 2020*. Abgerufen am 16.03.2021 unter: https://www.seminarmarkt.de/Infothek/Wie-wirkt-sich-die-Krise-auf-die-Weiterbildungsexperten-aus,4344/

mmb Institut (2020). *mmb Trendmonitor*. Abgerufen am 16.03.2021 unter: https://www.mmb-institut.de/mmb-monitor/mmb-trendmonitor/

Mitchel, E. (2020). "Much more than second best": Therapists' experiences of videoconferencing psychotherapy. *European Journal Qualitative Research in Psychotherapy*, 10, 121-135.

Mundelsee, L. (2021). The New Normal? Blended-Konzepte in der Systemischen Beratung an Beispielen mit dem "Coachingspace". *Zeitschrift für systemische Therapie und Beratung*, 4. 151-158.

Mundelsee, L., & Sawatzki, D. (2022). *50 Coachingkarten Blended Coaching und Counseling: Das Methodenset für einen gewinnbringenden Formate-Mix*. Weinheim: Beltz.

Rauen, C. (2020). Coaching-Marktanalyse März 2020. *RAUEN Coaching*. Abgerufen am 18.11.2021 unter: https://www.rauen.de/verlag/coaching-marktanalyse.html

Römer, C., & Mundelsee, L. (2021). Einstellung gegenüber Online-Beratung: Eine Umfrage unter Berater:innen, Coaches und Therapeut:innen. *Coaching Theor. Prax*. 1-12. https://doi.org/10.1365/s40896-021-00061-5

Sammons, M. T., VandenBos, G. R., & Martin, J. N. (2020). Psychological Practice and the COVID-19 Crisis: A Rapid Response Survey. *Journal of Health Service Psychology*, 46, 51-57.

Sawatzki, D., Hoffmann, A., Lambeck, B., & Mundelsee, L. (2021). *50 Coachingkarten Online-Coaching: Das Methodenset für digital gestützte Beratung*. Weinheim: Beltz.

Simpson, S., Richardson, L., Pietrabissa, G., Castelnuovo, G., & Reid, C. (2020). Videotherapy and therapeutic alliance in the age of COVID-19. *Clinical Psychology & Psychotherapy*, 1-13.

Smith, A. C., Thomas, E., Snoswell, C. L., Haydon, H., Mehrotra, A., Clemensen, J., & Caffery, L.J. (2020). Telehealth for global emergencies: Implications for coronavirus disease 2019 (COVID-19). *Journal of Telemedicine and Telecare*, 26(5) 309–313.

Strong, N., & Terblanche, N. (2020). Chatbots as an instance of an artificial intelligence coach. In: R. Wegener, S. Ackermann, J. Amstutz, S. Deplazes, H. Künzli, A. Ryter (Hrsg.), *Coaching im digitalen Wandel*. Göttingen: Vandenhoek & Ruprecht, 51-62

Weiß, S. (2013). *Blended Counseling: Zielorientierte Integration der Off- und Onlineberatung*. Hamburg: Diplomica Verlag.

Simone Mählmann

Wenn nichts mehr einen Sinn ergibt: Coaching als Vehikel in der VUCA-Welt – eine Erkundung

1. Einleitung

Wie mächtige Lawinen verändern Megatrends das Leben aller Menschen weltweit (Zukunftsinstitut, 2021). Tiefreifende Veränderungen – wie die Digitalisierung, Globalisierung oder Individualisierung, um nur einige zu nennen – durchziehen alle Bereiche unseres Lebens, auf gesellschaftlicher, wirtschaftlicher, politischer, ökologischer und individueller Ebene. Das als VUCA beschriebene Phänomen und Akronym – bestehend aus den vier Gegenstandsbereichen *volatility* (Volatilität), *uncertainty* (Unsicherheit), *complexity* (Komplexität) und *ambiguity* (Mehrdeutigkeit) – ist schon lange kein hohles Buzzword mehr, sondern blanke Realität: Wir bewegen uns in einer von Volatilität, Unsicherheit, Komplexität und Mehrdeutigkeit geprägten Welt, in der simple Ursache-Wirkungs-Logiken nicht mehr gelten, sondern ein hohes Maß an Vernetzung und damit Komplexität stets mehrdeutige Situationen schafft. Was gestern noch galt, wird heute auf den Prüfstein gestellt und sieht morgen schon wieder ganz anders aus. Das Außen kann kein klarer Kompass sein. Wer, wenn nicht wir selbst, sollte uns jetzt Orientierung geben? Denn: „Einer komplexen Außenwelt kann man nur erfolgreich mit einer komplexen Innenwelt begegnen" (Schermuly, 2019a, S. 42). Und genau hier kommt Coaching ins Spiel, das personenbezogene Lern- und Entwicklungsformat zur persönlichen Potenzialentfaltung und psychischen sowie mentalen Bewältigung aktueller sowie zukünftiger sozialer Veränderungen – bereits heute und morgen erst recht!

2. Transformationsherausforderungen – Gesellschaft, Arbeitswelt und Selbst-Transformation

Als „Große Transformation" wird das Phänomen hin zu einer Zukunft moderner Gesellschaften bezeichnet (vgl. Dörre et al., 2019) und steht quasi als großer Elefant in unser aller Raum. Gravierende Umwälzungen manifestieren ein krisenhaftes Geschehen einhergehend mit großer Desorientierung in allen Arbeits- und Lebensbereichen – in der Gesellschaft, der Arbeitswelt, für jeden einzelnen Menschen. Diese großen Transformationen bilden die Ursache für die komplexe Welt, in der wir heute leben und aus der heraus wir unsere Zukunft gestalten. Das Phänomen VUCA als Hype abzutun, käme einer naiven Vereinfachung gleich. Grundlegende gesellschaftliche Veränderungen stellen vollkommen neue Herausforderungen an Arbeit und Führung in Organisationen, an das Individuum und damit an Business Coaching (vgl. Lenz, 2017). Böning et al. (2021) plädieren dafür, Coaching – nachdem der Einbezug des organisationalen Kontextes im Business Coaching eine zu erwartende Selbstverständlichkeit geworden ist – um die gesellschaftliche und politische Dimension zu erweitern. Sie formulieren die Frage: „Wie kann Coaching dabei helfen, die Welt ein wenig besser zu machen?" (S. 432).

2.1. Transformation in der Gesellschaft als individuelle Herausforderung

Die mit den großen Transformationen einhergehenden Herausforderungen ziehen nicht unbemerkt an den einzelnen Menschen vorbei und erfordern sowohl ein Umdenken als auch perspektivisch ein neues Handeln. Böning und Strikker (2020) gliedern in ihrem Buch „Coaching in der zweiten Romantik: Abstieg oder Aufstieg?" – Anstoß für den hier vorliegenden Text – u. a. in folgende Rahmenbedingungen mit unmittelbarer Relevanz für die Neuformulierung von Coaching:

- Politik und Gesellschaft,
- Klimakrise und Umweltbewusstsein,
- Digitalisierung,
- soziale Folgen der Corona-Krise.

Der auf allen Ebenen stattfindende Wandel wirkt sich unmittelbar auf unsere individuelle Realität aus: Die Digitalisierung – beschleunigt durch die mit der Corona-Krise einhergehenden Auflagen – verändert die Art und Weise, wie wir leben, arbeiten, kommunizieren, konsumieren, uns in der Welt bewegen. Der Klimawandel klingt für den Einzelnen schwarzmalerisch, die Zahlen sprechen für eine echte Bedrohung. Globale Megatrends übersteigen das Vorstellungsvermögen des und der Einzelnen, Aspekte unserer

Umgebung lassen sich immer weniger gut einordnen. Spätestens seit den Erfahrungen der sozialen und mobilen Einschränkungen in akuten Corona-Zeiten ist auch in unserer westlichen Welt klar: Auf die Ordnung der Dinge ist nicht zwingend Verlass, von einem Tag auf den anderen kann die ganze Welt Kopf stehen – auf globaler, gesellschaftlicher und individueller Ebene. Aus den Transformationsprozessen auf gesellschaftlicher Ebene ergeben sich individuelle Herausforderungen, die wiederum das Coaching der Zukunft auf ganz neue Art und Weise fordern. Denn: Mit steigender Komplexität neigt das Individuum zum Festhalten an Gewohntem, der Verteidigung der eigenen Position in dem objektiv betrachtet eher verzweifelten Versuch, die Komplexität zu reduzieren. Wenn die von außen gegebenen Transformationsprozesse so massiv und unaufhaltsam sind: Wie kann Coaching auf individueller Ebene dabei unterstützen, die Herausforderungen der VUCA-Welt neugierig und offen zu betrachten? Wie kann Coaching Einzelne zum Experimentieren ermutigen, zur iterativen Annäherung an persönliche Ziele, die organisationale und gesellschaftliche Kontextvariablen ebenso einbeziehen?

2.2. Transformation in der Arbeitswelt als individuelle Herausforderung

Auch die Arbeitswelt unterliegt einem großen Wandel. Der Begriff *New Work* – einst von Frithjof Bergmann eingeführt und kapitalismuskritisch geprägt mit dem Ziel, aus der „Knechtschaft der Lohnarbeit" (Bergmann, 2017) zu befreien und Selbstbestimmung zu fördern – wird längst nicht mehr alleinig von sinnsuchenden Randgruppen rezipiert, sondern ist quasi als Allgemeinplatz in unseren heutigen Sprachgebrauch der Organisationen eingezogen. Heutige New Work-Definitionen stehen jedoch eher im Kontext unterschiedlicher, organisationaler Maßnahmen, die auf die Realisierung von sinnstiftender und selbstbestimmter Arbeitsweise zur Bindung qualifizierter Arbeitnehmender abzielen (vgl. Schermuly, 2019a). Traditionelle Formen der Arbeitsgestaltung werden zunehmend von neuen Arten der Zusammenarbeit abgelöst (vgl. Laloux, 2015). Die klassische Führungsrolle verliert an Bedeutung – es kommt stärker darauf an, Gefolgschaft zu erzeugen und Mitarbeiter und Mitarbeiterinnen in ihrer Selbstführung zu stärken, mithilfe von Transparenz und Verbindlichkeit Orientierung zu geben, in einer von Desorientierung geprägten Welt. Fließende oder flache Hierarchien definieren den Einflussbereich der Mitarbeitenden in

Organisationen neu. Formale Machtstrukturen verlieren, Expertise, Engagement und Entscheidungskompetenz des und der Einzelnen hingegen gewinnen an Bedeutung. Diese Transformationsprozesse fordern das Individuum: Selbstführung, das Streben nach Ganzheit und evolutionärem Sinn (vgl. Laloux, 2015) sind Chance und Bürde zugleich. Das Agieren im Umfeld zunehmender Komplexität und Vernetzung unserer heutigen VUCA-Welt fällt leichter, realisiert eine Organisation mit den Menschen in ihr diese bei Laloux (2015) als „drei Durchbrüche" bezeichneten Aspekte. Verteilte Hierarchien fordern jedoch mehr Selbstführung. Und diese wiederum setzt die Bereitschaft und Fähigkeit des und der Einzelnen voraus, die volle Verantwortung für getroffene Entscheidungen und das eigene Handeln zu übernehmen. Das Streben nach Ganzheit, der Anspruch, dass Menschen sich am Arbeitsplatz voll einbringen und entwickeln können, bedeutet für die Mitarbeiter und Mitarbeiterinnen eine neue Form des Sich-Einlassens. Denn wer neben der fachlich-professionellen Rolle auch andere Facetten der eigenen Persönlichkeit zeigt, macht sich damit oft auch verletzlicher.

Führungskräfte und Mitarbeitende befinden sich damit häufig in einem Spanungsfeld aus erlebter Entlastung einerseits (ich darf mich als ganze Person einbringen) und totaler Überforderung anderseits (ich weiß nicht, wo es langgeht und soll in dieser komplexen, unsicheren Situation mehr von mir zeigen). Allein dieses Beispiel zeigt: Mut und gegenseitiges Vertrauen gewinnen in der neuen Arbeitswelt umso mehr an Relevanz. Das Phänomen der Sinnsuche – *Purpose* als Hype-Begriff der aktuellen Welt – zieht sich durch alle Bereiche: Ganze Gesellschaftsgruppen verlieren an Orientierung und sind auf der Suche nach dem „höheren Sinn", Organisationen legitimieren ihre Strategien auf Basis ihres „Warums", jeder und jede Einzelne ist mehr und mehr gefordert, eine Antwort zu finden auf die Frage: Wofür lohnt es sich zu leben und zu arbeiten? Was bedeutet solch ein „evolutionärer Sinn" (Laloux, 2015) für den einzelnen Mitarbeiter, die einzelne Mitarbeiterin: Es gibt keinen festen Plan, keine eindeutige Richtung für die Zukunft, stattdessen ist jeder und jede Einzelne gefragt, den Sinn der Organisation ständig mit weiterzuentwickeln. Die Phänomene der Arbeitswelt im Wandel sind vielfältig. Es wird deutlich: VUCA ist die Realität – das Lösen komplexer Probleme, das Agieren in netzwerkartigen Systemen, das Treffen von Entscheidungen unter diesen herausfordernden Bedingungen, Konflikt- und Kooperationsfähigkeit, Empathie; Fähigkeiten, die sich laut Kosslyn (2019) am schwierigsten automatisieren lassen und auch zukünftig dem

Menschen einen Vorteil gegenüber Robotern bieten werden, sind erfolgskritisch.

Heifetz et al. (2009) unterscheiden so treffend zwischen *technical challenges* und *adaptive challenges*. *Technical challenges*, sind Probleme, die sich als solche zu erkennen geben und in der Regel gut fachlich-sachlich durch entsprechende Experten lösbar sind. *Adaptive Challenges* hingegen sind schwierig zu identifizieren – und dadurch leicht zu verleugnen; reines Faktenwissen verspricht oft keine Lösung, sondern vielmehr die Kollaboration unterschiedlicher Stakeholder miteinander, ebenso wie ein Experimentieren und Wagen ganz neuer Wege (vgl. Heifetz et al., 2009). Auch entlang dieser Logik wird ersichtlich: Die Transformation der Arbeitswelt verlangt dem Individuum weniger reinen Wissenszuwachs ab, besonders gefragt sind vor allem sozial-emotionale Kompetenzen sowie die Bereitschaft zur Selbstreflexion und Fähigkeit zum Perspektivwechsel – Kompetenzen, die seit jeher im Coaching eine wichtige Rolle spielen. Denn: *New Work needs Inner Work* (vgl. Breidenbach & Rollow, 2019).

2.3. *Self-transformation* als Notwendigkeit in Zeiten des Wandels

Die Spannungsfelder der VUCA-Welt stellen den einzelnen Menschen vor vielleicht nie zuvor dagewesene Herausforderungen. In der Arbeitswelt werden ehemals bewährte Strukturen über den Haufen geworfen, individuelle Rollen, Einstellungen und Kompetenzen unterliegen einer Transformation hin zu mehr Hinterfragen, Freude am Experimentieren und reflektierter Emotionalität. Die individuelle Transformation erscheint als Notwendigkeit in Zeiten des Wandels. So konstatieren auch Heid und Köhler (2017) bezugnehmend auf Kegan und Lahey (2016) sowie Laloux (2015), dass die komplexe, moderne Welt erfordert, dass Menschen höhere Entwicklungsstufen erlangen. Denn: „Mit höherer mentaler Komplexität lässt sich die komplexe Welt eher bewältigen" (Heid & Köhler, 2017, S. 60). Das Modell von Kegan (1994, 2009) stellt die Idee der vertikalen Entwicklung hin zu mehr „Selbst-Transformation" dar. Der Entwicklungspsychologe geht davon aus, dass die Entwicklung eines Menschen nicht zu einem bestimmten Zeitpunkt als abgeschlossen gilt, sondern dass auch Erwachsene sich während ihres gesamten Lebens weiterentwickeln können. Kegan unterscheidet in seinem Modell zwischen unterschiedlichen „Entwicklungsstufen des Selbst" (1994). Er beschreibt einen dynamischen

Prozess eines qualitativen Wachstums- und Reifungsprozesses, der mit jeder erreichten Entwicklungsstufe ein Mehr an Komplexität und Selbstreflexivität und steigende Handlungsmöglichkeiten der Person bereithält. Insbesondere der Aspekt der Integration von Komplexität im Rahmen der Transformation einer Person macht Kegan's Modell an dieser Stelle so interessant. Der konstruktivistische Ansatz folgt der Idee: Es geht bei der Entwicklung im Erwachsenenalter nicht allein darum, neue Dinge zu lernen, sondern um eine grundlegende Transformation des Selbst, um die Veränderung der Art und Weise, wie wir die Welt erleben und verstehen. Besonders relevant für unsere komplexe Welt ist die letzte und fünfte Stufe der Entwicklung nach Kegan (1994) – das *self-transforming mind*. Das *self-transforming mind* beschreibt einen Zustand, in dem Menschen in der Lage sind, über sich selbst zu reflektieren, sie sind sich ihrer selbst bewusst und verfügen über die Fähigkeit, sich selbstständig fortwährend weiterzuentwickeln. Sie haben sich die Erkenntnis zu eigen gemacht, dass immerwährender Wandel zum Leben dazu gehört, in ihrer Umgebung ebenso wie für sie persönlich. In dem Zustand des *self-transforming mind* erleben Personen sich in ihrer Persönlichkeit als Ganzes, auch oder trotz aller vorhandenen Unvollständigkeit und immerwährenden Transformation, sie können Widersprüche und unterschiedliche „Wahrheiten" nebeneinanderstehen lassen und trotzdem in komplexen Situationen fundierte Entscheidungen treffen. Lässt man die Errungenschaften des *self-transforming mind* auf sich wirken, resultiert das Bild: Dieser Zustand ist wie gemacht für die VUCA-Welt. Und die Coaching-Brille aufgesetzt: Sollte nicht genau dieses individuelle Beratungsformat einen Beitrag dazu leisten können, mehr Menschen auf diese Entwicklungsstufe zu heben?

3. Coaching in Zeiten von VUCA

Die VUCA-Welt ist nicht nur global und kollektiv mit enormen Herausforderungen verbunden, sondern bringt auch das Individuum zunehmend in Bedrängnis, neu zu denken und zu handeln. Coaching als individuelles Format zur persönlichen Potenzialentfaltung darf und sollte sich heute und in der Zukunft einmischen und gezielt seine Stärken ausspielen, um einen Beitrag zur psychischen und mentalen Bewältigung der aktuellen und zukünftigen Veränderung zu leisten. Denn Coaching ist nicht nur ein Medium, um besser in der VUCA-Welt zurecht zu kommen, die VUCA-Welt ändert und erhöht auch den Bedarf nach Coaching (vgl. Wegener et al., 2020).

3.1. Beschleunigung erfordert Resonanz und self-transformation

Wenn Böning und Strikker (2020) von einer „überfordernden Geschwindigkeitssteigerung" (S. 5) sprechen, fordern sie zurecht, dass sich Coaching als „ikonografische Kultfigur der Selbstverwirklichungsgesellschaft" (S. 1) diesen Veränderungen stellen muss. Bezieht man sich auf Hartmut Rosa (2013, 2019), der in seinen Werken kritisch die soziale Beschleunigung unserer Zeit reflektiert, und Resonanz, einen Modus tiefer Beziehungsqualität, als Lösung vorschlägt, drängt sich die Frage auf, ob es nicht genau das ist, was die Menschen in dieser Welt, geprägt von einer fortschrittsbedingten Dynamisierung und permanenten Steigerungslogik (vgl. Rosa, 2019), benötigen: vertrauensvolle Reflexionsräume in einer persönlichen Begegnung, wie es Coaching in seiner dyadischen Konstellation zu bieten vermag. Aus der Wirksamkeitsforschung von Coaching ist bekannt, dass die Beziehungsqualität zwischen Coach und Coachee einen wichtigen Wirkfaktor für den Erfolg von Coaching darstellt (vgl. De Haan et al., 2013). Hierzu zählt vor allem auch das gegenseitige Einlassen auf diese dyadische, vertrauensvolle Beziehung. Und genau um dieses Sich-Einlassen geht es auch bei dem Phänomen der Resonanz, denn zur Resonanz kommt es, wenn wir uns auf Fremdes, Irritierendes einlassen, auf all das, was sich außerhalb unserer kontrollierenden Reichweite befindet (vgl. Rosa, 2019).

Böning und Strikker (2020) werfen in ihrem Buch die Kernfrage auf, inwieweit Coaching angesichts all der enormen externen wie internen Veränderungen und Herausforderungen selbst Impulsgeber mit gesellschaftlicher Bedeutung ist, oder eine vorübergehende, langsam sich in der Bedeutungslosigkeit verlierende Profession. Die Beantwortung der Frage wird niemals linear und eindeutig sein können, festhalten lässt sich jedoch: Vermag es Coaching, Menschen – konfrontiert mit stetigen Schwankungen unterliegenden, unsicheren, komplexen und mehrdeutigen Rahmenbedingungen – in ihrer Resilienz und inneren Reife zu stärken, werden diese eher in der Lage sein, der ständigen Veränderung offen zu begegnen. Denn: Ein hohes Maß der Fähigkeit zur „Selbst-Transformation" (in Anlehnung an Kegan's *self-transforming mind*, 1994) ist nicht nur heute, sondern auch morgen gefragt.

Heid und Köhler (2017) unterscheiden zwischen vertikaler und horizontaler psychologischer Entwicklung und stellen die Bedeutsamkeit vertikaler Entwicklung im Kontext unserer komplexen Welt heraus. Während horizontale Entwicklung die Aneignung neuen Wissens oder praktischer Fertigkeiten bedeutet, erfolgt die vertikale Entwicklung auf einer anderen Ebene: Es findet eine individuelle Transformation statt. Dies geht mit einer veränderten Wahrnehmung einher und bietet neue Handlungsmöglichkeiten (vgl. Heifetz, 2009, Kegan & Lahey, 2016). Coaching erscheint, insbesondere in Abgrenzung zu anderen Formaten der individuellen Personalentwicklung, prädestiniert zur Begleitung dieses inneren Reifungsprozesses. Denn genuines Coaching ist eine tiefe, reflexive Beziehung zur Unterstützung individueller Transformation und grenzt sich von eher transaktionalen Interaktionen der Wissensvermittlung wie beispielsweise in Trainings oder auf digitalen Lernplattformen ab (vgl. Clutterbuck, 2020). Heid und Köhler (2017) stellen fest, dass vertikale Entwicklungssprünge durch die ausbalancierte Mischung aus Herausforderung und Reflexion, mutiges Experimentieren, sowie das emotionale Durchleben neuer Erfahrungen erfolgt. Auch hier fällt der Bezug zum Coaching leicht, stehen doch Selbstreflexion und vertrauensvolle Konfrontation, ebenso wie das Ausprobieren neuen Handelns – erst im geschützten Raum der Coach-Coachee-Beziehung und zunehmend als Transfer in den realen Arbeitsalltag – im Zentrum des Verständnisses dieses entwicklungsorientierten Formates. Was Heid und Köhler (2017) auf das Konzept der Führungskräfteentwicklung beziehen, lässt sich gut auf Coaching übertragen: Echte, herausfordernde Probleme verbunden mit Leidensdruck und Veränderungswille und die Fokussierung des Coaches an der zu coachenden Person anstatt auf ihr Problem – das ist die Basis für tiefgreifende individuelle Veränderung, *self-transformation* kann stattfinden.

3.2. Psychologisches Empowerment stärken

Organisationen, die Aspekte wie Selbstbestimmung, Bedeutsamkeit und Kompetenzentwicklung – wie sie sich in Konzepten der *Reinventing Organizations* (Laloux, 2015) und *New Work* (Bergmann, 2017) wiederfinden – in den Vordergrund stellen, sind erfolgreicher in der Bewältigung unserer modernen, dynamischen Welt. Das Erleben von Kompetenz, Bedeutsamkeit, Selbstbestimmung und Einfluss am Arbeitsplatz – Dimensionen die unter dem Fachbegriff psychologisches Empowerment bekannt sind – leisten einen wesentlichen Beitrag zu der positiven Transformation der Arbeitswelt im Sinne eines aktualisierten Begriffs von *New Work* (vgl. Schermuly, 2019a). Denn Menschen, die sich psychologisch empowert fühlen, erleben ihre Tätigkeit als sinnvoll und trauen sich ihre Arbeitsaufgaben zu. Das führt auf individueller Ebene zu erhöhter intrinsischer Motivation, die Produktivität der Organisation steigt. Mehr psychische Gesundheit, mehr Innovation, mehr Leistung und weniger Fluktuation sind resultierende Wirkversprechen (vgl. Schermuly, 2019b). Schermuly (2019b) zeigt auf, dass Organisationen als Reaktion auf die VUCA-Welt mit der Einführung von New Work-Maßnahmen (z. B. Verabschiedung von starren und steilen Hierarchien) ihre Organisationsstrukturen und Arbeitsprozesse demokratisieren, häufig dabei jedoch den Menschen zu wenig in den Fokus nehmen. Er betont die Chance von Coaching – als unterstützende Maßnahme zur Entwicklung psychologischen Empowerments. Studien zur Wirksamkeit von Coaching (u. a. Theeboom et al., 2014; Bozer & Jones, 2018) zeigen, dass Coaching Facetten des Empowerment-Erlebens (z. B. arbeitsbezogene Einstellungen, berufliche Selbstwirksamkeit) stimulieren kann (vgl. Schermuly, 2019b). Mit Coaching können beispielsweise neue Bewältigungsstrategien in Bezug auf die steigende Komplexität entwickelt werden. Der typische Teufelskreis – Angst und Stress als Reaktion auf die steigende Komplexität, ein resultierender Kontrollwunsch und daraus sich aufdrängendes Mikromanagement, in der Folge Frustration bei den Mitarbeitenden und damit wiederum noch mehr Desorientierung – kann durchbrochen werden, wenn Coaches ihre Klienten an das Konzept des empowerment-orientierten Führungsstils heranführen (vgl. Schermuly, 2019a). Ein zentrales Thema spielt hierbei Vertrauen als Gegenteil von Kontrolle. Diesen Zustand der Verletzlichkeit als positive Herausforderung zu begreifen, ist dann ein wichtiges Thema im Coachingprozess, denn perspektivisch ermöglicht es allen Beteiligten mehr Handlungsmöglichkeiten. Durch Kompetenz im Unsicher-Sein, anstelle von scheinbarer Sicherheit durch Kontrolle, entstehen neue Räume, der VUCA-Welt mutig zu begegnen.

4. Transformative Verantwortung von Coaching

Mit der Grundannahme, dass eine reflektierende, experimentierfreudige Haltung Erfolg in einer dynamischen Zeit verspricht, kann es ein Schritt in Richtung Lösung sein, den aktuellen und zukünftigen Herausforderungen auf diese Art und Weise zu begegnen.

Vorausgesetzt Coaching vermag es, Individuen in der VUCA-Welt so zu entwickeln, dass sie besser mit der steigenden Komplexität, den vorherrschenden Widersprüchen, ständigen Überraschungen, dem Nichtwissen zurechtkommen: Welche Verantwortung kann und sollte Coaching dann übernehmen?

4.1. Gesellschaftliche Verantwortung des Berufsfelds Coaching

In einem Positionspapier zur gesellschaftlichen Verantwortung im Berufsfeld Coaching appelliert der Deutsche Bundesverband Coaching e. V. (DBVC, 2020) an das Bewusstsein der Coaches für Ihr Tun und Lassen, für die Impulse, die „Denk- und Fühl-Anstöße", die sie setzen und die damit handlungsleitend für die Klienten werden können und sensibilisiert für die darin liegende Verantwortung. Eine Verantwortung, die über den individuellen Rahmen hinausgeht, denn jedes Coaching sollte nicht allein die Person des Coachees einbeziehen, sondern ebenso den organisationalen Kontext und folgerichtig wiederum den Kontext der Organisation, die Gesellschaft. Daraus folgt: Business Coaches ebenso wie Unternehmer und Unternehmerinnen sind dem Gedanken einer gesellschaftlichen Verantwortung verpflichtet. Coaching kann laut Böning et al. (2021) aktiv die Rolle übernehmen, Führungskräfte in großen Transformationen (hier am Beispiel der Nachhaltigkeit) zu empowern, sie in einen Zustand der Reflexivität bringen, in dem sie sich selbst hinterfragen, eigenes Verhalten kritisieren und Handlungsdruck hin zu nachhaltigerem Agieren aufbauen. Durch die Entwicklung persönlicher Unsicherheits- und Spannungstoleranz im Coaching sind die Führungskräfte eher in der Lage, aufreibende Aushandlungsprozesse auf dem Weg in eine veränderte Zukunft zu begleiten und der psychisch harten Arbeit stetiger Verständigungsbereitschaft standzuhalten (vgl. Böning et al., 2021). Wenn Einzelne im Coaching in ihrer Selbstreflexion, in ihrer vertikalen Entwicklung (Kegan, 1994, Heid & Köhler, 2017) gefördert und in die Lage versetzt werden, die Grenzen des eigenen Bewusstseins, der eigenen Identität fortwährend zu erweitern: Wie übersetzt sich diese Reflexivität, dieses psychologische Empowerment einzelner Personen dann in Handeln in Bezug auf das Berufsfeld Coaching?

Hier können zwei Aspekte von besonderer Bedeutung sein. Erstens: Coaches sollten sich selbst psychologisch empowert fühlen. Denn wer sich als selbstbestimmt, bedeutsam, kompetent und bei seiner Arbeit einflussnehmend erlebt, kann wiederum andere

Menschen besser in dieses Erleben führen (Schermuly, 2019b). Zweitens: Coaches sollten ihren eigenen Reflexionsrahmen um die gesellschaftliche Verantwortung erweitern (DBVC, 2020). Verbinden sie beides – psychologisches Empowerment und den um die gesellschaftliche Perspektive angereicherten Bezugsrahmen, können und dürfen folgende Fragen entstehen: Wie stark darf ich mich einmischen an der Schnittstelle von Individuum, Organisation und Gesellschaft, um gleichzeitig meine professionelle Neutralität zu wahren? Inwiefern möchte ich, dass meine Arbeit als Coach nicht nur wertvoll für meine Coachees und deren Organisation ist, sondern ebenso einen Unterschied in der Gesellschaft macht – und z. B. Wirtschaftlichkeit und Gemeinwohl als wechselseitig voneinander abhängig integriert? Welche Kompetenzen muss ich selbst noch entwickeln, um der gesellschaftlichen Verantwortung gerecht zu werden? Wie bewusst bin ich mir meines eigenen Einflusses in Bezug auf das möglicherweise aus einem Coachingprozess resultierende Handeln meines Coachees? „Nicht nur die Führungskräfte und Mitarbeitenden in den Unternehmen müssen [...] ihre Identität neu schreiben, sondern ebenso die sie begleitenden Coaches selbst. Das neue Coaching braucht vor allem Haltung [...]!", so formulieren es Böning et al. (2021, S. 437).

4.2. Coaching als das Individuum entlastende Intervention

Herausfordernde Lebensbedingungen stehen auf der Tagesordnung. Die Antizipation von Krisen, die Anpassungsfähigkeit an völlig neue Rahmenbedingungen, die Regeneration von und das Lernen aus Krisen werden immer wichtiger für eine erfolgreiche Lebens- und Arbeitsgestaltung; diese Krisenkompetenz heißt Resilienz (vgl. Heller, 2018). Die Fähigkeit mit Druck von außen umzugehen, ohne dabei Schaden zu nehmen, ist nicht ohne Grund in den vergangenen Jahren zu einem Modewort avanciert und wird als Zukunftskompetenz deklariert. Wer flexibel auf neue Anforderungen reagiert und Warnzeichen sich anbahnender Krisen frühzeitig erkennt, bleibt handlungsfähig – das ist für Individuen wie Organisationen gleichermaßen attraktiv. Demgegenüber stehen gesundheitspolitische Zahlen, die zum Nachdenken anregen: Die Prävalenz von psychischen Erkrankungen liegt in Deutschland bei über einem Viertel, d. h jedes Jahr ist mehr als eine von vier Personen der erwachsenen Bevölkerung von einer psychischen Erkrankung betroffen; insbesondere bei Anpassungsstörungen gibt es großen

Zuwachs (DGPPN, 2021). Die Zahl der Krankschreibungen aufgrund psychischer Erkrankungen nimmt seit Jahren stetig zu (vgl. Statista, 2021). Zwar wäre die Behauptung eines direkten Zusammenhangs zwischen den Anforderungen der VUCA-Welt und dem Anstieg psychischer Erkrankungen vermessen. Von der Hand zu weisen ist es jedoch nicht, dass mit wachsenden und ganz neuen Herausforderungen die psychische Belastungsgrenze jedes Einzelnen und jeder Einzelnen enorm strapaziert wird. Coaching kann und darf in klarer Abgrenzung zur Psychotherapie nicht dem Anspruch folgen, psychisches Leiden zu heilen. Sehr wohl kann Coaching jedoch als unterstützende Maßnahme in diesem herausfordernden Kontext einen wichtigen Beitrag zur individuellen Entlastung leisten. Denn Coaching wirkt sich nachweislich positiv auf das individuelle Wohlbefinden und den Umgang mit Stress und Herausforderungen aus (Theeboom et al., 2014). Die Praxis zeigt: In einer rasanten und komplexen Arbeitswelt, in der sich ganze Organisationen transformieren und damit die Mitarbeitenden vor große Herausforderungen stellen, kann die Integration von Coaching als individuelle Intervention ein besonderes Maß an Wertschätzung den Bedürfnissen der Einzelnen gegenüber zum Ausdruck bringen. Der vertrauensvolle Reflexionsraum im Coaching bietet ein Innehalten und Reflektieren inmitten der Dynamik der organisationalen Transformation. Gelingt eine Unterstützung darin, flexibel mit ungewissen Situationen umzugehen, Entscheidungen in einem widersprüchlichen Umfeld zu treffen, ein Aushalten von inneren und äußeren Spannungsfeldern zu bewältigen – also eine Unterstützung hin zu vertikaler Entwicklung (Heid & Köhler, 2017, Kegan, 1994), trägt Coaching zur Entlastung und indirekt zum Erhalt der psychischen Gesundheit von Mitarbeitern und Mitarbeiterinnen bei. Die einzelne Person, die Organisation und – spannt man den Bogen zurück zu den gesellschaftspolitischen Bedeutungen psychischer Gesundheit – die Wirtschaft profitieren. Psychisch und mental leistungsfähige, im besten Fall sich erfüllt fühlende, Mitarbeitende gestalten aktiv den Wandel mit!

5. Fazit

Die Welt ist komplex und das Erlangen individueller innerer Reife mithilfe von Coaching kann dabei unterstützen, einen neuen Orientierungsrahmen zu schaffen. Die Entwicklung hin zu einem *self-transforming mind* (vgl. Kegan, 1994) erscheint in einem dynamischen Umfeld voller Widersprüche erstrebenswert. Ein reifer, gesunder Umgang mit Komplexität hilft nicht nur dem oder der Einzelnen, sondern durch die Erweiterung von mentalen Grenzen und der Gewinnung neuer Handlungsspielräume auch der Organisation und damit der Gesellschaft, in der die Organisation agiert, bei der Bewältigung großer Veränderungen. Ist das Individuum psychisch stabil, widerstands- und anpassungsfähig, zufrieden und erlebt sich als psychologisch empowert, liegt es nahe, dass auch die Leistungsfähigkeit bewahrt und gestärkt wird und Krisen als Zustände des Lernens erkannt und genutzt werden können. Große Transformationen im Außen verlieren ein Stück ihrer Bedrohlichkeit, wenn sich das Individuum im Kern seiner Person, mit ihren individuellen Bedürfnissen berücksichtigt fühlt. Coaching ist nur eine Möglichkeit, Dinge zu verändern. In jedem Fall aber eine, die so nah und tief am Individuum ansetzt, dass sie nachhaltige, persönliche Transformationen mit unterstützen kann. Und wenn Coaching als personenbezogenes Lernformat innere Reife und psychologisches Empowerment entwickeln, einen Beitrag zur psychischen und mentalen Stabilität leisten kann sowie das Berufsfeld Coaching seine Perspektive um den gesellschaftlichen Kontext erweitert, ist ein erster wichtiger Grundstein gelegt: Aktuelle und zukünftige Veränderungen können besser bewältigt und gestaltet werden.

Literatur:

Bergmann, F. (2017). *Neue Arbeit – Neue Kultur* (6. Aufl.). Freiburg: Abor.

Böning, U., Möller, H. & Giernalczyk, T. (2021). Neuorientierung für das Business-Coaching. Anfragen zur gesellschaftlichen Verantwortung von Coaches. *Organisationsberatung, Supervision, Coaching 28*(3), S. 425-443.

Böning, U. & Strikker, F. (2020). *Coaching in der zweiten Romantik: Abstieg oder Auf-stieg? Zwischen individuellem Glücksversprechen und gesellschaftlicher Verantwortung.* Wiesbaden: Springer. Essentials.

Bozer, G., & Jones, R. J. (2018). Understanding the factors that determine workplace coaching effectiveness: a systematic literature review. *European Journal of Work and Organizational Psychology, 27*(3), S. 342–361.

Breidenbach, J. & Rollow, B. (2019). *New Work needs Inner Work.* Berlin: im Selbst-verlag erschienen.

Clutterbuck, D. (2020). The challenges of coaching and mentoring in a digitally connected world. In: Wegener, R. (Hrsg.) (2020). *Coaching im digitalen Wandel.* Göttingen: Vandenhoeck & Ruprecht, S. 19-29

De Haan, E., Duckworth, A., Birch, D., & Jones, C. (2013). Executive coaching out-come research: The contribution of common factors such as relationship, personality match, and self-efficacy. *Consulting Psychology Journal: Practice and Research, 65*(1), S. 40-57.

DBVC (2020). *Positionspapier 05 des Präsidiums. Gesellschaftliche Verantwortung im Berufsfeld Coaching.* Osnabrück: DBVC Geschäftsstelle.

DGPPN (2021). *Basisdaten: Psychische Erkrankungen.* Berlin: DGPPN Wissenschaftlicher Dienstag.

Dörre, K., Rosa, H., Becker, K. Bose, S. & Seyd, B. (Hrsg.) (2019). *Große Transformation? Zur Zukunft moderner Gesellschaften: Sonderband des Berliner Journals für Soziologie.* Wiesbaden: Springer.

Heid, E. & Köhler, M. (2017). Führungskräfteentwicklung auf die nächste Stufe heben. *Organisationsentwicklung: Zeitschrift für Unternehmensentwicklung und Change Management* (3), S. 60-67.

Heifetz, R. A., Linsky, M. & Grashow, A. (2009). *The Practice of Adaptive Leadership: Tools and Tactics for Changing Your Organization and the World.* Harvard Business Review Press.

Heller, J. (Hrsg.) (2018). *Resilienz für die VUCA-Welt: Individuelle und organisationale Resilienz entwickeln.* Wiesbaden: Springer.

Kegan, R. (1994). *Die Entwicklungsstufen des Selbst. Fortschritte und Krisen im menschlichen Leben* (3. Aufl.). München: Kindt.

Kegan, R. & Lahey, L. L. (2009). *Immunity to Change: How to Overcome It and Unlock the Potential in Yourself and Your Organization.* Harvard Business Review Press.

Kegan, R. & Lahey, L. L. (2016). *An Everyone Culture. Becoming a Deliberately Developmental Organization.* Harvard Business Review Press.

Kosslyn, S. M. (2019). Are You Developing Skills That Won't Be Automated? *Harvard Business Review.* [aufgerufen am 24. August 2021: https://hbr.org/2019/09/are-you-developing-skills-that-wont-be-automat-ed?utm_medium=social&utm_campaign=hbr&utm_source=LinkedIn&tpcc=orgsocial_edit]

Laloux, F. (2015). *Reinventing Organizations: Ein Leitfaden zur Gestaltung sinnstiftender Formen der Zusammenarbeit.* München: Vahlen.

Lenz, U. (2017). Coaching für mehr Resilienz in der VUCA-Welt. Grenzen verschieben, integrativ arbeiten und neue Perspektiven zulassen. *Coaching-Magazin* (3). [aufgerufen am 24. August 2021: https://www.coaching-magazin.de/fuehrung/coaching-resilienz-vuca-welt.]

Rosa, H. (2013). *Beschleunigung und Entfremdung. Entwurf einer kritischen Theorie spätmoderner Zeitlichkeit.* Berlin. Suhrkamp.

Rosa, H. (2019). *Resonanz: Eine Soziologie der Weltbeziehung.* Berlin: Suhrkamp.

Schermuly, C. C. (2019a). *New Work – gute Arbeit gestalten: Psychologisches Empowerment von Mitarbeitern* (2. Aufl.). Freiburg: Haufe.

Schermuly, C.C. (2019b). New Work und Coaching – psychologisches Empowerment als Chance für Coaches. *Organisationsberatung, Supervision, Coaching 26*(2), S. 173-192.

Statista (2021). *Entwicklung von Arbeitsunfähigkeitsfällen und -tagen aufgrund psychischer Erkrankungen in Deutschland in den Jahren 2009 bis 2019.* [aufgerufen am 24. August 2021: https://de.statista.com/statistik/daten/studie/246810/umfrage/arbeitsunfaehigkeit-aufgrund-psychischer-erkrankungen/]

Theeboom, T., Beersma, B. & van Vianen, A. E. M. (2014). Does coaching work? A meta-analysis on the effects of coaching on individual level outcomes in an organizational context. *The Journal of Positive Psychology, 9*(1), S. 1-18.

Wegener, R., Ackermann, S., Amstutz, J., Deplazes, S., Künzli, H. & Ryter, A. (2020). Einführung. Coaching im digitalen Wandel – Thesen und Perspektiven. In: Wegener, R. (Hrsg.) (2020). *Coaching im digitalen Wandel.* Göttingen: Vandenhoeck & Ruprecht. S. 9-18

Zukunftsinstitut (2021). *Megatrend-Map.* [aufgerufen am 24. August 2021: https://www.zukunftsinstitut.de/fileadmin/user_upload/Megatrend_Doku/MT_Maps_und_Grafiken/Megatrend-Map_2021.jpg]

Kapitel 6
Innovationen:
Eine schöne neue Coaching-Welt?

Uwe Böning & Frank Strikker

Einführung

Gibt es sie noch, die schöne alte Coaching-Welt der persönlichen Face-to-face-Begegnung? Ist digitales Coaching nur die Fortsetzung der alten Vorgehensweise im neuen technischen Gewand? Was bringt eine Coaching-World Tour wirklich: Nur Reise-Spaß oder auch verwertbare Erkenntnisse?

Ist die junge Generation der Coaches wirklich schon lange auf dem Weg zu einer neuen digitalen Coaching-Welt im Light-Format? Zeigt die junge Generation nur eine andere Sprache als die „alte" Coach-Generation? Auch bei den schreibenden Jungen gibt es solche mit beachtlicher praktischer Erfahrung... Gibt es noch kritische Diskussionen über die Vor- und Nachteile der analogen wie der digitalen Coaching-Variante? Sind wir noch im allmählichen Übergang oder haben wir die ersten Schritte in die schöne neue Technik-Welt schon hinter uns? Wie ist sie denn, die virtuelle Welt durch die Brille gesehen? Handhabbar nur für die Jungen oder auch etwas für die Silver-Coaches?

Anna Schnell & Nils Schnell

Digitales Coaching stärken.
Coaching bei einer Modern Work Tour

Sich digital coachen zu lassen, war für viele Menschen lange Zeit undenkbar. *"Nur vor Ort im persönlichen Kontakt, anders funktioniert es nicht"*, waren Aussagen, die wir in den letzten zehn Jahren unserer Coaching-Arbeit viel gehört haben. Zugegeben, zu diesem Zeitpunkt waren die digitalen Tools auch bei weitem noch nicht so weit entwickelt, daher war der Bedarf nicht vorhanden. Das ist heute aber nicht mehr der Fall und spätestens seit 2019 mit Beginn der COVID-19-Pandemie bei uns in Deutschland hat sich die Perspektive verändert (Schermuly 2020). Die Grundannahme unseres Beitrags besteht darin, dass aufgrund der veränderten Anforderungen in der Arbeitswelt auch ein neues Verständnis von und eine andere Gestaltung im Coaching erforderlich wird.

Im Rahmen unserer Modern Work Tour, einer Modernen Walz (Schnell/Schnell 2021), hatten wir bereits seit 2018 die Gelegenheit, das Konzept des digitalen Coachings auf die Probe zu stellen: Mit unserer Expertise im Rucksack sind wir von Mai 2018 bis April 2020 in 34 Ländern gewesen und haben mit über 130 Unternehmen zusammengearbeitet. Dabei haben wir nicht nur GeschäftsführerInnen und Führungskräfte vor Ort gecoacht und beraten, sondern KundInnen in Deutschland durch Online-Coaching (Berninger-Schäfer 2018) begleitet. Zum einen zwang uns die Moderne Walz förmlich, digitales Coaching auszuprobieren, zum anderen entstand so die Möglichkeit, die KundInnen weiterhin zu betreuen und nicht zu verlieren. Von vielen Coaches in unserem Umfeld wurden wir dafür misstrauisch beäugt, denn die meisten hielten von unserer Idee nicht all zu viel. Auch heute, mit den Erfahrungen der letzten zwei Jahre, ist die Atmosphäre in der Coachingbranche zwiegespalten, fast schon paradox: Während die meisten Coaches davon ausgehen, dass sich die Digitalisierung mit großen Sprüngen auch im Coachingmarkt etablieren wird, reagieren andere äußerst skeptisch, fast schon ablehnend gegenüber Online-Coaching und sehnen sich nach dem klassischen Face-to-Face-Coaching (Schermuly 2020). Doch für uns ergab sich schon zu Beginn der Modern Work Tour ein größerer Sinn, nämlich von anderen weltweit zu lernen und Neues nach Deutschland mitzubringen – weswegen wir trotz der Bedenken vieler loszogen.

Doch nicht nur KollegInnen waren skeptisch, sondern auch einige KundInnen reagierten wenig begeistert als wir ihnen mitteilten, wir würden sie in den kommenden Jahren zu 100% digital und remote durch unsere Coaching-Sitzungen führen. Für manche von ihnen war das keine Option, andere wiederum waren bereit und teilweise neugierig, sich auf das Experiment digitales Coaching einzulassen. Das war für uns einerseits eine Erleichterung und andererseits auch eine neue Herausforderung. Interessanterweise bestätigten alle KundInnen, die während der Modern Work Tour remote von uns gecoacht wurden, dass sie so viel besser auf die Corona-Krise reagieren konnten, ein paar KundInnen kamen sogar währenddessen zurück, um sich nun online coachen und beraten zu lassen. Das Vertrauensverhältnis was bereits vorhanden, durch COVID-19 entstand nun auch die Notwendigkeit zu dieser Veränderung. Wir glauben nicht, dass das Thema Online-Coaching nach Corona wieder verschwinden wird, vielmehr wird es auch in Zukunft eine wichtige Rolle spielen (Schnell/Schnell 2021; Schermuly 2020).

Für uns bedeutet es aber auch, dass sich innerhalb unserer Branche das Verständnis von Coaching und die Einstellungen der Coaches verändern müssen. So werden beispielsweise Unternehmen stetig weniger hierarchisch strukturiert sein (Laloux 2017). Besonders Themen wie Selbstorganisation und Agilität werden das Rollenverständnis von Geschäftsführungen, Führungskräfte sowie MitarbeiterInnen stark verändern. Coachs sollten schon jetzt Experten für diese Transformationsprozesse sein, benötigen aber auch Kompetenzen, die aus der Auseinandersetzung mit neuen Wegen der Organisationsentwicklung einhergehen. Die Moderne Walz hat uns hierzu vielfältige Einblicke in verschiedenen Branchen geliefert, die sich länderbezogen stark unterschieden haben, wie beispielsweise die STAN-Länder[1] und Asien.

Durch Online-Coaching konnten wir unseren KundInnen eine neue Erfahrung bieten, die sehr wahrscheinlich auf die neuen Kompetenzen in der Arbeitswelt (Schmitz 2020) einzahlt. Im ersten Schritt mussten wir uns als Coaches in diese Future Work Skills (Fischer 2022) einarbeiten und lernen, unsere Arbeit neu zu strukturieren: Auf der Modern Work Tour merkten wir schnell, dass es ein paar grundlegende Dinge zu beachten gibt. Diese sind durch die Pandemie wahrscheinlich für viele von uns schon fast selbstverständlich geworden:

- **Gewährleistung einer guten Internetverbindung durch Coach und Coachee**: Hier ist zu klären, dass beidseitig die Rahmenbedingungen dafür geschaffen werden müssen. In einem Kontraktgespräch sollte das ein gesonderter Punkt – ggf. auch mit dem Arbeitgeber des Coachees sein.
- **Schaffung einer positiven Atmosphäre im digitalen Raum**: Dazu gehört, für ein flüssiges Video und einen angenehmen Klang bzw. Ton zu sorgen. Auch das reibungslose Arbeiten mit und in den verschiedenen Videomeeting-Programmen wie Zoom, MS Teams etc. gehört dazu.
- **Individuelle Anpassung an die Bedarfe des Coachees nutzen**: Auf der Modern Work Tour haben wir festgestellt, dass ein neuer Mehrwert durch Remote Coaching entsteht, den viele KundInnen vorher weder bedacht noch erkannt hatten. Wenn sich das Coaching von einem festen Ort löst, entsteht die Möglichkeit, zeitlich und räumlich flexibel zu agieren. So überlegten sich viele Coachees zum ersten Mal, zu welcher Uhrzeit und an welchem Ort sie eigentlich am meisten Fokus auf die Inhalte des Coachings legen konnten. War es vorher ein bestimmter Raum im Unternehmen oder ein extra angemieteter Raum in einem Hotel, konnten sich die Coachees beispielsweise von Zuhause aus, aus ihrem Büro oder von einem anderen Ort zum Coaching hinzu schalten. Zudem nahmen viele Coachees gerne die Möglichkeit an, in den frühen Morgenstunden (zwischen 5-8 Uhr) oder in den Abendstunden (18-23 Uhr) ihr Coaching durchzuführen, je nachdem wie es ihnen am besten passte. Da wir in den meisten Fällen mit Zeitunterschied zu Deutschland zugeschaltet waren, hatten wir hierbei ohnehin eine größere Flexibilität. Doch auch nach der Modern Work Tour haben wir für unsere KundInnen diese zeitliche Flexibilität beibehalten.
- **Neue Formen der Auftrags-Gestaltung im Coaching:** Durch die zunehmende Flexibilisierung von Coaching nicht nur auf der zeitlichen, sondern auch auf der inhaltlichen Ebene werden neue Formen von Coachingaufträgen notwendig. Durch die Arbeit mit crossfunktionalen und vor allem internationalen Teams, mit denen wir auf der Modern Work Tour zusammengearbeitet haben, stellten wir fest, dass Ungleichzeitigkeiten in Veränderungen auch mehr Einfluss auf das Coaching haben. Die Konsequenz daraus war für uns Coaching vielmehr als ein

Entwicklungsprogramm innerhalb eines Unternehmens zu sehen. Coaching-Kontingente fördern die Zukunftskompetenzentwicklung der Mitarbeitenden passgenauer als Workshops oder Seminare.

- **Coaching als Förderung der Eigenverantwortung und Selbstbestimmung:** Coaching im Pull-Verfahren (Schnell/Schnell 2019) einzuholen, kann im Rahmen von Coaching-Kontingente im Unternehmen erfolgen. Dafür haben wir über Slacknachrichten und Videobotschaften unseren KundInnen erläutert, was Coaching ist und wie ein Coaching gepullt werden kann. So konnten Coachings im Rahmen eines Veränderungsprozesses von allen Beteiligten auf allen Ebenen abgerufen werden ohne weitere Absprachen mit der Führungskraft zu organisieren. Dies stärkt die Eigenverantwortung und zeigt auf, dass individuelle Erfahrungen auch einen Beitrag zu der Entwicklung der Organisation leisten (Laloux, 2017).

Mit diesen Punkten machten wir auf der Modern Work Tour ausgesprochen gute Erfahrungen mit unseren Coachees im gemeinsamen Coaching-Prozess. Das bedeutet aber nicht, dass lediglich organisationale Kompetenzen hinzukommen müssen, sondern auch, dass Coaches in Zukunft ebenso digitale Kompetenzen oder eben Future Work Skills (Fischer 2022) benötigen, um Coaching in verschiedenen Formaten anbieten und auswählen zu können (Schermuly 2020). Denn Coachingprozesse werden zunehmend in einen hybriden Gestaltungsraum integriert werden, der aus virtuellen und realen, langen und kurzen Online- und Offline-Coachingsitzungen bestehen wird (Schermuly 2020). Dafür muss uns als Coaches das digitale Medium liegen und wir müssen in der Lage sein, darin effektiv arbeiten zu können, um einen direkten und spürbaren Mehrwert für unsere KundInnen zu bringen. Hybride Lösungen wie auf unserer Modern Work Tour bieten sich an: So haben wir beispielsweise gleich zu Beginn des Coachings-Prozesses zwei intensive Coaching-Sitzung analog und vor Ort durchgeführt, während die darauffolgenden Sitzungen bis zum Ende des Coachings digital gestaltet wurden. Für AuftraggeberInnen liegt der Mehrwert auf der Hand: Es werden Anfahrtskosten und ggf. Übernachtungskosten gespart, sowohl für uns Coaches als auch für Coachees. Dieses gesparte Geld kann wiederum in weitere Sitzungen gesteckt werden und den inhaltlichen Mehrwert erhöhen oder dem Unternehmen ganz konkret Geld sparen.

Was auf der Modern Work Tour als Experiment begann, wurde dann in 2020 zu einer knallharten und vor allen unfreiwilligen Notwendigkeit. Auch wir mussten aufgrund der Corona-Krise unsere Moderne Walz unterbrechen und wurden in einer Rückholaktion der Bundesregierung zurück nach Deutschland gebracht. Unseren Wissensvorsprung im digitalen Arbeiten und Coachen haben wir – so ist unser Eindruck – inzwischen (zum Glück) verringert, weil viele sehr gute, digitale Initiativen und Arbeitsweisen entstanden sind. Unserer Meinung nach bedeutet das keinen Nachteil, im Gegenteil: Mehr Menschen erhalten die Chance, flexibler der eigenen Arbeit nachzugehen. Das entspricht auch den gegenwärtigen Tendenzen in der Wirtschaft (Hofmann/Piele/Piele 2020). Sofern es möglich ist, bieten wir unseren KundInnen die Möglichkeit frei zu wählen, ob das Coaching analog oder digital stattfinden soll. Wir konnten unsere Reichweite durch dieses hybride Angebot stark erhöhen, denn Coachings im digitalen Raum durchzuführen, beschränkt sich so nicht nur auf das Land, in dem wir uns aktuell aufhalten. Coaching wird so internationaler und überwindet vorher dagewesene Grenzen.

Nicht alleine aufgrund der internationalen Kontexte, in denen sich viele Wirtschaftszweige zunehmend bewegen, wird zudem eine interkulturelle, sehr wahrscheinlich sogar auch eine sprachliche Kompetenz benötigt. Unterschiedliche Erfahrungen gilt es sowohl im Blick auf gesellschaftliche als auch berufliche Sozialisation in Organisationen einzubringen sowie Führungskräfte bei der Findung ihres transformativen Führungsstils, der Kultur in der Organisation mitgestaltet, zu unterstützen (Al Dahani/Abduhhla, 2020). Das ist nicht immer in der jeweiligen Muttersprache möglich. Auf der Modern Work Tour haben wir festgestellt, dass insbesondere Englisch als Sprache im Coaching erforderlich ist.

Verändert sich die Qualität des Coachings durch die Digitalisierung dieser Beratungsform? Für die Zukunft des Coachings wird es wichtig bleiben zu schauen, welchen Mehrwert wir als Coaches bieten können. Dabei sollte es aber nicht darum gehen, dass Coaching zukünftig mit der Fokussierung eingesetzt wird, die Leistung der KundInnen zu maximieren und den Coach als den Antreiber zur Höchstleistung zu betrachten (Eilers 2020, Schermuly 2020). Vielmehr werden wir die Kompetenzanforderungen sowie die Ausbildung von Coaches stärker hinterfragen müssen. Das kann gelingen, indem wir die Coaching-Ausbildung stärker akademisieren (Schermuly 2020) und unsere Branche auch bereit ist, neu zu lernen und sich zu verändern.

Ganz gefahrlos ist dieses "New Coaching" allerdings nicht und geht mit Grenzen einher, die branchenintern bearbeitet werden sollten. In wenigen Jahren wird Coaching den Beratungsmarkt erobert haben, so dass Coaching und Beratung noch mehr unabhängig voneinander betrachtet werden als es ohnehin schon der Fall ist. Folglich wird das Angebot aus Kombinationen beider Arbeitsformen wachsen (Schermuly 2020). Eine Abgrenzung der Kompetenzbereiche wird noch entscheidender werden. Besonders weil Coaches zunehmend crossfunktional mit BeraterInnen in interdisziplinären Teams zusammenarbeiten werden, um komplexe Veränderungen in Organisationen zu unterstützen (Schermuly 2020); oder weil sie in einem Change-Prozess mit inhaltlich unterschiedlichen Fragestellungen konfrontiert werden, auf die sie innerhalb ihrer Kompetenzbereiche reagieren müssen.

Weiter lauern beim digitalen Coaching inzwischen gleich zwei Gefahren, die sich die Branche genauer ansehen sollte:

1. Digitale Arbeit wird als weniger "entlohnungswert" angesehen als analoge Arbeit. Dies ist in unserer Erfahrung ein Trugschluss. Und es ist ein wichtiger Appell an alle KollegInnen: Nur weil digital gecoacht wird, sollte nicht von Unternehmensseite aus der Preis gedrückt werden. Es ist dieselbe Expertise, die wir im Coaching einbringen und derselbe Erfahrungshintergrund. Wir haben sogar festgestellt, dass wir uns neue Kompetenzen aneignen müssen, so dass die Vorbereitungszeit auf Coaching sogar steigt. Die Problematik der Entlohnung wird besonders durch Coaching-Plattformen sichtbar, die darauf abzielen, die Preise mit der Zeit radikal zu drücken – den Qualitätsanspruch aber beizubehalten. Dies funktioniert vor allem dann, wenn gut ausgebildete Coaches sich darauf einlassen zu niedrigen Preisen dieselbe Arbeit zu leisten, die sie sich vor Ort sehr viel höher entlohnen lassen.
2. Wenn Coaching in Zukunft digitaler wird, werden sich nicht nur Coachingplattformen langfristig festsetzen, sondern Künstliche Intelligenzen (KI) werden Coachs als Assistenten im Coachingprozess unterstützen (Schermuly 2020). Es wird entscheidend werden, wer die KI mit Daten, Wissen und Expertise versorgt. Wenn unserer Coachingbranche das nicht tut, läuft sie Gefahr, dass Konzerne wie Google oder Apple das Coaching der Zukunft maßgeblich gestalten werden. Auf den digitalen Coachingplattformen ist bereits

jetzt zu erkennen, dass es nicht immer Coachingexperten sind, die diesen Markt besetzen (Schermuly 2020).

Ziel für die Zukunft

Für uns gibt es eine ganz klare Position zum digitalen Coaching: Der Mehrwert, der darin entsteht, wirkt sich bei flexiblen und gut ausgebildeten Coaches immer exponentiell aus. Wenn sich eine Verhaltensweise, eine Denkart oder sogar eine Lebensweise verändert, verändert sich mit der Zeit immer mehr auch das System. Es ist wichtig, in Vertragsverhandlungen deutlich zu machen, dass der Mehrwert eines Coachings sich über die Zeit weiter entfaltet und deswegen seinen Wert hat.

Wir sehen für die Zukunft zwei parallel laufende Szenarien zum Coaching, die schon heute zu beobachten sind:

- Coaching wird für die breitere Masse verfügbar gemacht, indem die Preise stark sinken. Dadurch können sich zwar mehr Einzelpersonen sowie Unternehmen Coaches leisten, aber die Gefahr eines Qualitätsverlust ist höher. So gerät nicht nur die Branche in eine finanzielle Bedrängnis, die Arbeit wird auch tatsächlich weniger wert. Diese selbsterfüllende Prophezeiung hängt vor allem von uns Coaches ab.
- Coaching entwickelt sich in Abgrenzung zum digitalen Massenprodukt zu einem hochwertigen und individualisierten Beratungsangebot, das vor allem Privilegierten vorbehalten ist. Dieses Angebot findet in der Regel Face-to-Face statt, ist hochpreisig und vor allem ein sinnliches Erlebnis, das sich die KundInnen in einer digitalen Welt gönnen (Schermuly 2020).

Mit MOWOMIND werden wir auch in Zukunft viel digital coachen – zu fairen Preisen und mit zusätzlichen Weiterbildungen. Denn unsere Erfahrungen mit Online-Coaching auf der Modern Work Tour und darüber hinaus sind zu gut, um damit wieder aufzuhören. Zusätzlich merken wir aber auch, dass besondere Coaching-Formate wie das "Walk & Talk" oder unser "Tandem Power Coaching" (Schnell/Schnell 2021) eine stärkere Nachfrage erfahren: Intensive Coachingtage fernab der Zivilisation oder in einem luxuriösen Umfeld – im Tandem mit zwei Coaches. Wenn inhaltlicher Nutzen mit einem tatsächlich erlebbaren Mehrwert beim Coachen entsteht, dann macht Coaching Sinn und es lohnt sich, in Coaching zu investieren. Dann können wir als Coaches auch auf veränderte

Coachinganlässe angemessen reagieren und die Gestaltung von Coaching bedarfsorientiert anpassen. Unsere Kompetenzen müssen wir erweitern und unser Verständnis bzw. unsere Rolle als Coach hinterfragen, um angemessen auf die neue Arbeitswelt reagieren und darin arbeiten zu können.

Literatur:

Al Dhahani, A. & Abduhla, N. H. (2020): *The Impacts of Organizational Culture and Transformational Leadership Style on The Employee's Job Performance: A Case Study at UAE'sPetrochemical Company.* Journal of Human Resources Management Research. Vol. 2020 (2020), DOI: 10.5171/2020.379522

Berninger-Schäfer, E. (2018): *Online-Coaching.* Wiesbaden: Springer Fachmedien.

Eilers, F. (2020): *Arbeiten in zwei Welten.* In: In: Harvard Business manager: Die New-Work-Lüge. In vielen Unternehmen scheitert neues Arbeiten an überforderten Führungskräften. Wie Sie es richtig machen. Ausgabe 42, Dezember 2020, Schwerpunkt New Work. Hamburg. S. 30-33.

Fischer, D. (2022): *Future Work Skills. Die 9 wichtigsten Kompetenzen für deine berufliche Zukunft.* Offenbach: Gabal Verlag.

Hofmann, J. /Piele, A. & Piele, Ch. (2020): *Arbeiten in der Corona-Pandemie. Leistung und Produktivität im »New Normal«.* Fraunhofer-Institut für Arbeitswirtschaft und Organisation IAO in Kooperation mit der Deutschen Gesellschaft für Personalführung (DGFP). Stuttgart.

Laloux, F. (2017): *Reinventing Organizations. Ein illustrierter Leitfaden sinnstiftender Formen der Zusammenarbeit.* München: Vahlen Verlag.

Schermuly, C. C. (2020): *Wie sieht das Coaching der Zukunft aus?* In: Training*aktuell.* Die Zeitschrift für Training, Beratung und Coaching. 31. Jahrgang Nr. 12/2020, 30. November 2020. Bonn: Verlag manager-Seminare. S. 5-8.

Schnell, A & Schnell, N. (2019): New Work Hacks. 50 Inspirationen für modernes und innovatives Arbeiten. Wiesbaden: Springer Gabler Verlag.

Schnell, A. & Schnell, N. (2021): *Die Modern Work Tour. Eine Weltreise in die Zukunft unserer Arbeit.* Offenbach: Gabal Verlag.

Schmitz, C. (2020): *Arbeitswelt 4.0. Neue Kompetenzen in der Arbeitswelt 4.0.* Braunschweig: Westermann Verlag.

---

[1] STAN-Länder: Kasach*stan*, Usbeki*stan*, Turkmeni*stan*, Tadschiki*stan*, Kirgi*stan*

Dominique Stroh

Coaching Hype –
Fluch und Segen im agilen Kontext

Der sogenannte Agile Coach ist inzwischen fester Bestandteil agiler Organisationen und derer, die es werden wollen. Dabei wird der Schwerpunkt an fachlicher und methodischer Expertise unterschiedlich gehandhabt.

Es gibt auf der einen Seite Verfechter:innen aus der Scrum Ecke mit einem eher technisch profunden Wissen und die hiesige Ecke von Personal- und Organisationsentwickler:innen, die in ihrer bekannten Rolle zu finden sind.

Da wären wir auch schon beim Fluch. Denn seit Anbeginn des Coachings ist immer wieder die Thematik nach der Qualität und letztlich nach der Qualifizierung der Coaches offen. Diese Fragen betreffen das Vorgehen, den Prozess und die Evaluation oder eben welchen fachlichen Hintergrund, wie etwa eine psychologische oder pädagogische Ausbildung, der Coach mitbringt.

Und nun ist alles anders.

Während sich in Coaching-Verbänden Diskussionen auftun, ob Start ups, die digitale Lösungen für Coaching und Psychotherapie anbieten, den gewünschten Standards entsprechen. Oder womöglich durch den fehlenden persönlichen Kontakt, ein Coaching Gespräch nicht gänzlich ersetzt werden kann, wurde nebenbei eine Welle von Agile Coaches in die Arbeitswelt „entsandt". Welchen Standard haben diese? Und wo fängt die Bemessung derer an?

Die Aufgabe von Agile Coaches ist, vereinfacht gesagt, Organisationen dabei zu helfen, agile Konzepte erfolgreich anzuwenden und die Organisation im agilen Sinne weiterzuentwickeln. Respektive Teams.

In der Einfachheit liegt auch die Krux, denn jegliche Transformation – also Veränderung – birgt eine hohe Unsicherheit bei den Beteiligten. Schon Edgar Schein (2018) hatte damals angelehnt an Lewin das erste Mal in den 60er Jahren psychologische Sicherheit als sehr wichtig in Veränderungsprozessen erachtet. Hierbei ist ein weiterer zentraler Faktor, dass durch die veränderte Arbeitsweise in einer komplexen (Arbeits)welt, Menschen mit ihrem Selbst viel stärker konfrontiert werden, nicht zuletzt wegen neuer Formen der Abstimmung, wie auch durch die transparente und kollaborative

Zusammenarbeit. Derartige Zusammenarbeitsmodelle können bei Entscheidungsprozessen sogar dazu führen, dass eine Führungskraft abgewählt wird oder Entscheidungen wegen fehlender Einschätzung der Konsequenzen in Teams zu Dauer – Diskussionen werden.

Konflikte sind also vorprogrammiert!

Also ist es einfach, ein Agile Coach zu sein? Ist es angemessen, dass Zertifizierungskurse meist 2 Tage bei einem Scrum Master, maximal 6 Monate bei einem Agile Coach vorliegen? Und ein „Laien Wissen" von einer Transaktionsanalyse, Luhmann und Dysfunktionen ausreichen sollen?

Liebe Coaches, wacht bitte auf und packt mit an!

Coaching kann einen „neuen" Schwung gewinnen; dafür braucht es echtes Fach – und Methodenwissen, denn das wird mehr denn je gebraucht.

Also der Segen.

Unsere schöne, neue, bunte Arbeitswelt, die wir uns aktuell erschaffen wollen, hat strukturell, wenn wir in Hygienefaktoren denken, sicher Taylors „one best way" abgelöst. Aber kulturell stecken die meisten Organisationen vor echten Herausforderungen.

Wie bereits beschrieben, entstehen durch die neuen Formen der Zusammenarbeit andere Formen von Konflikten.

Was bedeutet Selbstorganisation?

Wie Silos aufbrechen, da wir eine Netzwerkorganisation sein möchten?

Was braucht es an Führung?

Wie können „neues" Arbeiten und „altes" ineinandergreifen?

Wie lernen Mitarbeitende (respektive in Retros) wirklich offen miteinander zu kommunizieren?

Wie gestaltet sich Selbstwert im permanenten Veränderungsprozess?

Was macht an agilen Methoden Sinn und vielleicht an anderer Stelle doch nicht?

Und wie wird ganz grundsätzlich reflektieren gelernt?

Wie gestaltet sich Lebenslanges Lernen in Organisationen?

Business Coaching und Supervision bieten hierauf bereits zentrale Antworten, die sich aus der Systemtheorie und Verhaltensökonomie speisen. Nur das Selbstverständnis darf gerne eine Revolution erleben. Denn wahrscheinlich war Coaching noch nie so wichtig wie jetzt.

Es gibt immer noch keine finale Lösung einer perfekten agilen Organisation und ebenso wenig Klarheit, was Führung nun darstellen soll, dafür ist noch zu viel „alte Welt" in den Organisationen kulturell verankert. Aber der Wandel ist im Gange und Coaching wird ein zentraler Schlüssel sein.

Aber was kann Coaching nun tun?

Erst einmal kann Coaching sich als einen zukunftsfähigen und wichtigen Faktor der Personal- und Organisationsentwicklung verstehen. Es als Selbstverständnis sogar weiterentwickeln und Agile/Transformation-Coaching in das „klassische" Business Coaching integrieren, gar zu innovieren.

In einer Delphi-Studie „The future of workplace coaching" wird die Wichtigkeit von Coaching in der „neuen Arbeitswelt" verdeutlicht. Ich möchte darüber hinaus gerne aus der Praxis heraus Ideen und Beispiele skizzieren, die Ansätze zur weiteren Ausarbeitung darstellen.

Coaching als fester Bestandteil in Organisationen

„Den Menschen muss es gut gehen, sodass diese ihr Potenzial entfalten können" – ein starker Satz von Gerald Hüther, der sich gut zitieren lässt, zumal er diesen in seinen Vorträgen immer oft wiederholt.

Ob in Interviews, seinen Büchern oder Vorträgen verweist er immer wieder auf die Wichtigkeit von Selbstorganisation. Die Verantwortung liegt allerdings bei jedem Einzelnen. Ebenso gilt zu berücksichtigen, dass wir als soziale Wesen außerhalb hierarchischer Systeme lernen dürfen zu interagieren – Potenziale zu entfalten.

Agilität scheint dabei die Antwort. Und gleichzeitig ist es ein Buzzword voller Herausforderungen.

Aktuell ist die große Herausforderung, dass viele Unternehmen ihre Mitarbeitenden in eine „agile Unternehmenswelt" transformieren, sie aber nicht befähigen, in dieser zurecht zu kommen. Sobald eine Transformation, meist mit der strukturellen Organisationsentwicklung als abgeschlossen gilt, werden die kulturellen Herausforderungen und die Sozialisierung der Mitarbeitenden oft komplett vernachlässigt.

Dabei kann Coaching ein wichtiger Bestandteil werden und sollte direkt zu Beginn integriert werden.

Ich sehe hierzu wesentliche Ansätze als notwendig, um organisationales Lernen im Kontext der Selbstorganisation zu fördern:

Individuum: **Learning Journey als Ansatz des individuellen und selbstorganisierten Lernens.**
Umsetzung: Anstatt alle sechs oder zwölf Monate aufwändige, meist einseitige Mitarbeitergespräche zu führen, erhält jeder Mitarbeiter seine jährliche Learning Journey. Diese umfasst seine/ihre drei persönlichen Entwicklungsziele, die Aufgabe sich 360°-Feedback aus seinem/ihrem Arbeitskreis über das Jahr zu holen und daraus zu lernen – und ein Budget, dass Mitarbeiter:innen für Coaching, Schulungen oder Bücher ausgeben können. Mit seinem/ihrem erwählten Mentor:in wird dann Jahr für Jahr hieraus ein Reflexionsgespräch gestaltet.

Teams, Gruppen, Bereiche: **Trafo – Coaching als Begleiter für methodisches, wirtschaftliches und menschliches Zusammenarbeiten.** Diese Organisationsfunktion muss zentraler Schlüssel und etablierter Service für Teams sein.
Es bedarf Unterstützung für die Teams in deren Teamentwicklung bis hin zur Selbstorganisation und zum wirtschaftlichen Erfolg, mit dem Ziel, „den Kunden wirklich im Fokus" zu sehen.

Das System: **Die lernende Organisation: Inspect & Adapt anstatt Ignore and Repeat.**
In einer Organisation sind es die Mitarbeitenden, die für das Unternehmen lernen. Dementsprechend sollte Lernen als Instrument der gemeinsamen Reflexion und des Erlebens gestaltet werden, zugleich das Wissen aller zur Verbesserung der Organisationsentwicklung beizutragen. Wichtig hierbei sollte der Gedanke sein, dass die Wettbewerbsfähigkeit von Organisationen in einem entscheidenden Maß von der Lernfähigkeit ihrer Mitglieder:innen abhängt, während zugleich aber zu wenig Führungsaufmerksamkeit auf diesen Aspekt gerichtet wird.
Dementsprechend wäre es ratsam, den ständig resultierenden Diskrepanzen zwischen den konstruierten Management – Erwartungen, KPIs oder sonstiger Reportings und den tatsächlichen Ergebnissen von Handlungen die Möglichkeiten für Lernen zu nutzen, die zu einer Veränderung von mentalen Modellen und Handlungstheorien führen können und eine echte Lernkultur zu etablieren.

Was bleibt: Sozialisiert oder Selbstorganisiert?!

Verantwortung, Vertrauen und Erleben sind zentrale Schlüssel, um Verhaltensänderung als natürlich zu definieren und dafür zu motivieren.

Veränderung bedeutet Unsicherheit. Coaching kann als Begleiter Sicherheit ermöglichen und Potenziale entfalten.

Literatur:

https://www.alemannenschule-wutoeschingen.de/

Argyris, C. & Schön, D. (2008) Die lernende Organisation, Schäffer Poeschel Verlag

Schermuly, C.C. & Graßmann, C. & Ackermann, S. & Wegener, R. (2021): The future of workplace coaching – an explorative Delphi study: https://www.tandfonline.com/doi/abs/10.1080/17521882.2021.2014542

Hüther, G. (2015). Etwas mehr Hirn, bitte. Eine Einladung zur Wiederentdeckung der Freude am eigenen Denken und der Lust am gemeinsamen Gestalten. Vandenhoeck & Ruprecht. https://www.amazon.de/Etwas-mehr-Hirn-bitte-Wiederentdeckung/dp/3525404646

Kühl, S. (2020): Brauchbare Illegalität: Vom Nutzen des Regelbruchs in Organisationen. Campus Verlag

Schein, E. (2018): Organisationskultur und Leadership, 5.Auflage, VAHLEN

Stroh, D. (2021): Mythos Agilität, Wie New Work wirklich gelingt, Schäffer Poeschel Verlag

Uwe Böning & Swen Schneider

Übergang vom f-2-f Coaching zum Digitalen Coach mit Avataren und Bots

1. Einführung

Neue Technologien verändern das Coaching radikal. Die neuen Coaching-Plattformen als Intermediäre zwischen Coaches und Klienten zählen hierzu genauso wie die Entwicklungen im Bereich Homeoffice und New Work. Auch die Fortschritte im Bereich der Künstlichen Intelligenz (KI) stellen Herausforderungen für Coaching dar.

1. Warum sollten Sie unseren Artikel lesen?
    - Weil sich das gesamte Arbeitsumfeld für Coaching und von Coaches technisch und kommunikativ radikal verändert – nicht nur für Business-Coaching. Aus Gründen, die unser ganzes Leben, nicht nur die Arbeit, vor neue Herausforderungen stellen
    - Weil sich deshalb das Coaching-Feld selbst als solches dramatisch verändert
    - Weil viele Coaches vermutlich die Tiefe der anstehenden arbeits- und lebensbezogenen Änderungen noch nicht ganz ausgemessen haben und die Reichweite der persönlichen Betroffenheit und den damit verbundenen persönlichen Änderungsdruck bzw. den Entwicklungszwang in der Tragweite erst noch erfassen müssen
    - Weil wir uns sowohl mit der Technik-Entwicklung beschäftigen sollten wie mit der Coaching-Entwicklung, weil sie uns vor Herausforderungen stellen werden, die in die Frage münden: Stellt sich die Zukunft auf uns ein oder müssen wir uns auf die Zukunft einstellen?

Der folgende Artikel klassifiziert die Arten des aktuellen und zukünftigen Coachings und stellt hierfür einige neuere technische Entwicklungen dar, von denen zu erwarten ist, dass sie wichtige Strömungen der gegenwärtigen Coaching-Entwicklung darstellen und gleichzeitig auf Sie zurückwirken. Dabei erkennen viele Coaches die Entwicklungen, können oder wollen aber nicht auf die disruptiven Veränderungen reagieren. Denn die disruptiven Angebote sind zu Beginn qualitativ oft schlechter, sind z.T. mit weniger Umsatz/Gewinn versehen und kommen oft von Branchenfremden. Ähnlich wie Kodak die iPhone-Kamera durchaus wahrnahm, aber nicht auf Umsätze aus dem traditionellen Film/Kamerageschäft verzichten konnte. Auch waren die Kodakfilme und Kameras zu Beginn noch qualitativ besser. Bis dann die Kameras der Smartphones überlegen und praktischer waren – und viel Umsatz generierten.

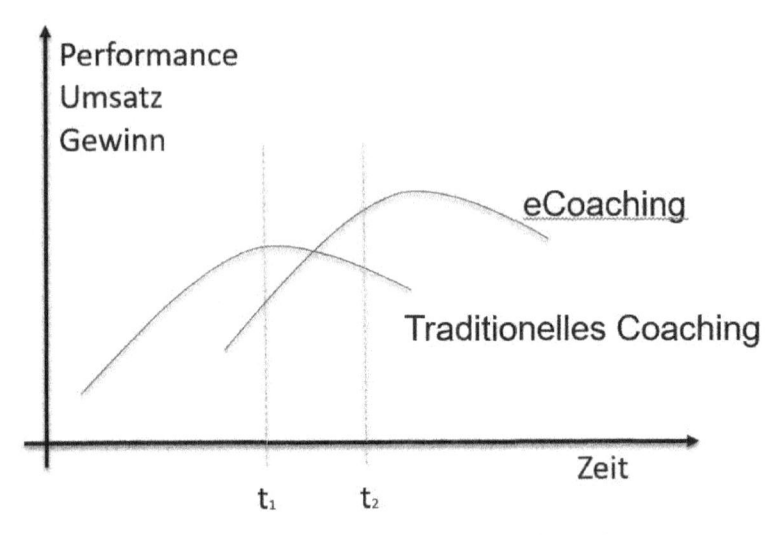

Quelle: Weiterentwicklung nach Clayton M. Christensen [Christ16]

Der Umstieg für Kodak kam dann aber schließlich zu spät (vgl. e-Coaching in Abbildung unten). In t1 gibt es keinen Grund für einen Marktführer zu wechseln, in t2 ist es zu spät für einen Wechsel. Den Schnittpunkt finden die Entscheider leider oft gar nicht oder erst viel zu spät.

2. Coaching Digital als Integration technischer Aspekte in den traditionellen Coaching Prozess

Natürlich sind Messenger-, eMail-, und Videokommunikation schon längst im Alltag der Coaches angekommen. Selbstverständlich kommt es zu gemischten (Blended-)Coaching-Angeboten durch die

Verknüpfung von persönlichen (face-to-face-) Anteilen und z.B. dem Einsatz der Digitalen Video-Technik für ein dem face-to-face ähnliches Coaching Digital. Hier kann angenommen werden, dass weitere Tools aus den Bereichen Groupware und den sich erweiternden Videokommunikationsmöglichkeiten (u.a. durch Augmented Reality) die Grenzen weiter verschwimmen lassen. Das Ergebnis: Die immer häufiger werdenden Remote-Treffen werden sich in der Zukunft vermutlich zunehmend „echter" anfühlen und unvermeidbar in den Vordergrund rücken.

Durch die Digitalisierung und innovative Technologien werden weitere Formen der orts- und zeitunabhängigen Zusammenarbeit realisierbar und auch tatsächlich genutzt – was letztlich auch dem Coaching neue Möglichkeiten eröffnet.

Raum / Zeit	Gleiche Zeit (Synchron)	Verschiedene Zeit (asynchron)
Gleicher Ort	Face-to-Face Einzel-Coaching Gruppenbesprechungen	Coaching Webforen Coaching-wikis Flipcharts
Verschiedener Ort	Videokonferenz oder Chat mit dem Coach Bildschirm- und Applikationen teilen Gruppeneditoren	E-Mail oder Voicemail, Wikis Video- und Audioaufzeichnungen Gemeinsame Dokumentenbearbeitung

Quelle: Verändert nach https://wiki.infowiss.net/CSCW

Diese neuen, durch Technik unterstützen Formen der Zusammenarbeit zwischen Coach und Coaching-Partner verringern allerdings im Vergleich zu physischen Treffen die soziale Interaktion, was nicht nur eine Kanalreduktion darstellt, wie irrtümlich oft vereinfachend ausgeführt wird. So besagt die Media Richness Theorie, dass die mediale Reichhaltigkeit verschiedener Medien sich unterschiedlich eignet für bestimmte Kommunikationserfordernisse [Daft86]. Wobei die Kommunikation mit innovativeren Technologien immer besser (reichhaltiger) unterstützt werden kann, bis zu virtuellen Räumen, welche mit 3D Brillen erkundet werden können. Solche Treffen in virtuellen Räumen (Virtual Reality) bieten reizvolle Ansätze, um Coaching zu erweitern und für alle flexibler zu gestalten. Spezielle 3D Brillen oder später auch Kontaktlinsen – wie Sie in der Spiele-Branche üblich sind – ermöglichen den Beteiligten die Nutzung ganz neuer Methoden und virtueller Erlebnisse. Virtuelle Realitäten erlauben also neue – und vielleicht inspirierende – Erfahrungen im Bereich der Selbstreflektion und Selbsterkenntnis durch die Benutzung von Avataren.

Aber es geht nicht alleine um die sensorische Kanalreduktion, sondern auch um die technisch, organisatorisch und rechtlich erzwungene Umgehensweise mit den von den externen Technologiekonzernen oder auch die von den Plattformen veranlassten Standardisierungen. Diese führen bewusst oder unbewusst zu mentalen Neuausrichtungen der Nutzer, die mit den formatierten und vorgegebenen Antwortmöglichkeiten seitens der Technologie einverstanden sein müssen – ob sie wollen oder nicht. Hier wird eine im Sinne des Kunden angeblich erforderliche, aber eigentlich nur eine von den Herstellern durch Algorithmen vorgegebene und damit suggerierte oder erzwungene Antwort aus der Vielzahl der kreativen Möglichkeiten angeboten. Anders gesagt: Die vorformatierten Antwortkategorien bzw. die erzwungenen Verhaltensweisen zur Benutzung der Tools führen zur Kanalisierung von Antwortmöglichkeiten. Dies führt ungefragt – und z.T. auch ungewollt(?) – zu einer Neuausformung bzw. einem Anpassungsdruck in Richtung der zugrundeliegenden Einstellungen und Verhaltensweisen, deren subtiler und oft auch massiver Anpassungsdruck nicht mehr oder aus Gewohnheit heraus nicht mehr direkt wahrgenommen, sondern als neue Realität einer neuen Wirklichkeit und einer verbesserten Welt ausgegeben werden.

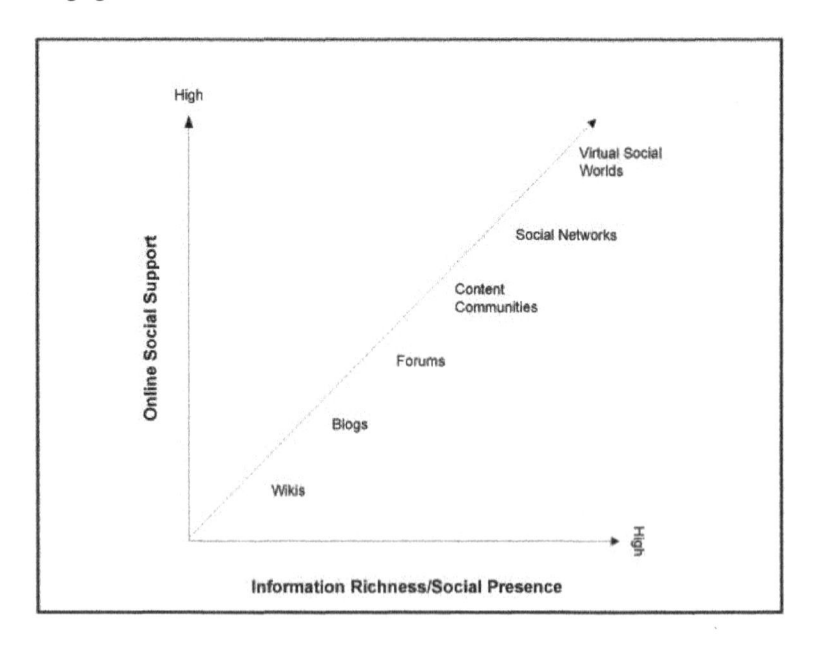

Die Begründung ist einfach: New School schlägt Old School! Die vielen ungelesenen Zustimmungsseiten über die rechtliche Belehrung der Nutzung der Endgeräte und Services genügt den Herstellern. Hersteller und Nutzer wissen: Nachdem die Nutzer allgemein nun seit Jahren akzeptieren, dass die Benutzung der digitalen Technik immer auch mit der unumgänglichen Bezahlung der Gerätenutzung mit Daten einhergeht, wird mit jeder weiteren Konformitätsanforderung immer ergebener umgegangen.

Zum Trost kann man heute schon sagen, dass davon ausgegangen werden kann, dass mediale Einschränkungen (z.B. fehlende Mimik) durch Nutzerverhalten (social information processing theory [Walther92] und innovative Kommunikationstechnologien voraussichtlich immer weiter ausgeglichen werden können.

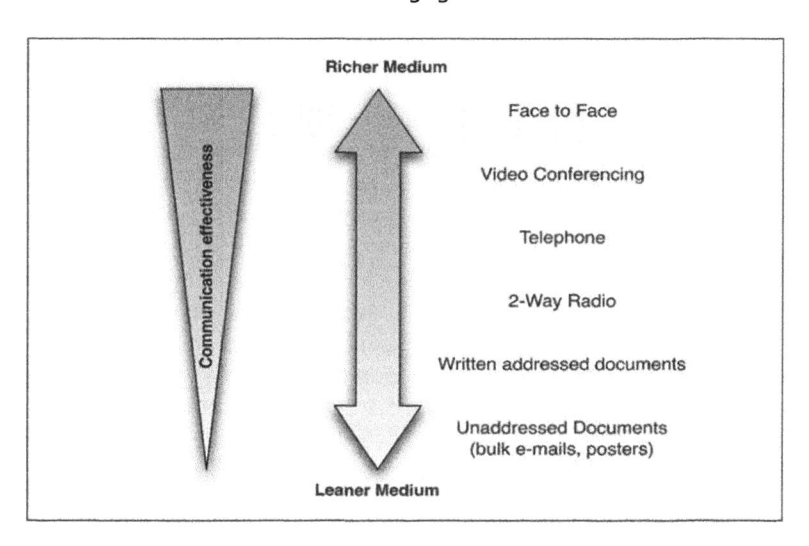

```
                        Richer Medium
                              ▲
                              |        Face to Face
                              |
                              |        Video Conferencing
   Communication              |
   effectiveness              |        Telephone
                              |
                              |        2-Way Radio
                              |
                              |        Written addressed documents
                              ▼
                                       Unaddressed Documents
                                       (bulk e-mails, posters)
                        Leaner Medium
```

3. Digital Coaching als Unterstützung bei der Aneignung neuer Kompetenzen im Digitalen Zeitalter

Auf jeden Fall ist festzuhalten, dass Digitales Coaching zusätzlich neue und z.T. auch andere Fähigkeiten bei Coaches abfordern wird und dem Kunden andere Aspekte des Lernens abverlangen wie ermöglichen wird. Also taucht die Frage auf: Welche neuen Kompetenzanforderungen wird ein erfolgreiches Digitales Coaching auf Seiten des Coaches benötigen? Sind es nicht zwei verschiedene Kompetenz-Profile – nämlich eines für das grundsätzliche

Coaching-Know-How und eines für das technische Nutzer-Know-How, das mehr sein dürfte als lediglich das Bedienungs-Know-How für die „Maschine". Weiter gefasst: Der Coach wird mehr Medienkompetenz benötigen. Einmal, weil er selbst im Coaching-Prozess mehr Medien einsetzen kann/soll/wird, aber auch weil sein „Beratungsprodukt" und seine Klienten im geschäftlichen Alltag immer mehr über neue Medien interagieren und zwangsläufig umso mehr Medienkompetenz benötigen werden. Die Klienten /Kunden werden neben dem Einsatz geeigneter Coaching-Methoden zusätzlich die souveräne Nutzung von Tools und der Technik überhaupt erwarten, die dem Zeitgeist und der aktuellen technologischen Entwicklung entsprechen.

Daraus ergibt sich die Frage: Welche neuen oder veränderten Kompetenzen werden zukünftig von Führungskräften erwartet – nicht nur von den operativen Ebenen unten und in der Mitte der Hierarchie, sondern auch von den oberen und obersten Stufen der Hierarchie bis zur letzten Entscheider-Ebene?

Die Antwort: Zum einen neue technische Fertigkeiten wie den Umgang mit neuen Medien. Heute genügt noch das bescheidene Wissen darum, wie man eine Videokonferenz aufsetzt und die bereitgestellten Funktionen nutzt, ohne „live" unter Stress zu geraten oder eine erfolgreiche Kommunikation über Messenger etc. Hier muss mit einer Entwicklung gerechnet werden wie im Sekretariatsbereich, im Rahmen dessen (insbesondere die mittleren) Führungskräfte mittels Softwaretools nun selbst Texte verfassen oder soziale Interaktionen planen. Viele Routinetätigkeiten wie Reisen buchen oder Meetings aufsetzen werden, unterstützt mit neuen Softwaretools und Technologien werden künftig von Führungskräften selbst vorgenommen, aber gleichzeitig mit höheren Anforderungen an das eigene Zeit- und Selbstmanagement wie das der Mitarbeitenden verknüpft sein. Die effektive und effiziente Bedienung und der routinemäßige Umgang mit der Technik und der Organisation sollte also von den Führungskräften beherrscht werden, auch um als Vorbild für ihre Mitarbeiter zu fungieren.

Wobei aber hier festzuhalten ist, dass diese Veränderungen auch zu Veränderungen der Rollen und des Selbstverständnisses aller Beteiligten führen können, was nicht nur zu Vorzügen reichen könnte: Es könnte vor allem für die oberen und obersten Führungskräfte der Unternehmen zum Tragen kommen, die gewohnt sind, dass sie als Entscheider viel zugearbeitet bekommen. Machen sie auch künftig immer mehr „alles gleich selbst" – das Einberufen von Meetings mit Mitarbeitenden und das Entwickeln von Strategien oder Unternehmenskultur-Maßnahmen sowie das Repräsentieren des Unternehmens in wichtigen Netzwerken? Oder bilden sich hier im Laufe der Zeit offen oder verdeckt neue hierarchische Strukturen ab, die die angeblich geringe Distanz in Jeans und Rollkragen oder T-Shirt de facto konterkarieren – entgegen der selbstverständlich offen gepflegten Unternehmenskultur im Marketing und in der Werbung?

Wie dem auch sein wird: Der Coach kann im Rahmen der anstehenden Veränderungen hier u.U. schnell als Berater für technische Funktionen oder Softwaretools gefragt sein, auch wenn seine Rolle viel wertvoller in der Begleitung kommunikativer/kollaborativer Prozesse und im Aufbau von adäquaten Verhaltensweisen (beim Technikeinsatz) sowie beim Aufbau von neuen Einstellungen zu Veränderungen und der Umsetzung eines neuen Verhaltens in den anstehenden Transformationsprozessen liegen dürfte.

Die Digitalisierung wird das „traditionelle" Coaching mit Macht verändern, weil davon auszugehen sein wird, dass sie sich an den technischen Anforderungen und Arbeits- wie Lebenswelten der Post-Postmoderne und der kommenden Generationen ausrichten wird. Anzunehmen ist gleichzeitig auch, dass es das traditionelle Coaching natürlich noch eine lange Zeit weiterhin geben wird – vielleicht als Exklusiv-Formate für spezielle Gruppen – doch dürften nach aller Erfahrung die „digitalen Formate" unvermeidbarerweise an (weit?) überwiegender „Verbreitung/Marktmacht" gewinnen. Denn die zeitlichen, mobilen und räumlich-flexiblen Vorteile sind unbezweifelbar (siehe oben). Wobei der Kundennutzen durch die Kombination von agilen Organisationsveränderungen plus der dazu gehörenden psychologischen Komplementärberatung erheblich (siehe unten) breiter werden könnte. Dabei ist mit der hier gemeinten Komplementärberatung die Ergänzung der rein technischen und organisationalen Aktionsoptimierung durch die psychologischen Prozesse der Selbstreflexion, der Kommunikationsoptimierung zwischen allen Beteiligten, der verbesserten Entscheidungsfindung im Veränderungsprozess sowie der psychologischen Konfliktbearbeitung gemeint. Dies dient der sachgerechten Einführung, Umsetzung und der Nachhaltigkeit der neu aufzustellenden Prozesse im Rahmen der agilen Transformation. Diese gelingen am besten, wenn nicht nur die sachlichen und technischen Fragen durch die neuen Prozesse beantwortet werden, sondern im gesamten Prozess auch die offenen oder verdeckten individualbezogenen Entwicklungsbedürfnisse der Beteiligten aufgegriffen und unterstützt werden, seien es Kommunikationsverbesserungen zwischen den Beteiligten, Konflikte untereinander oder auch spezifische Führungskompetenzen der Beteiligten, die einen wichtigen Bestandteil der organisationalen Veränderungsprozesse darstellen. Denn Nachhaltigkeit gelingt nur, wenn auf der mentalen Ebene, die erforderlichen Voraussetzungen dafür geschaffen worden sind. Anders gesagt: Wo Verhaltensänderungen angestrebt werden, genügt es nicht, deren Notwendigkeit zu betonen. Denn Mindset-Änderungen können im Alltag meist nur schwerer herbeigeführt werden als erfolgreich Gold zu schürfen! Mindset-Änderungen sind meist erst das Ergebnis von schwierigen psychologischen Umstellungen, nicht einfach deren Voraussetzungen. Das lernt jeder schnell, der sich einmal darum bemüht hat, Anwohner von überflutungsgefährdeten Fluss-Ufern von ihren angestammten Wohnorten in Flussnähe in höher gelegene Wohnungen oder Häuser zu „verpflanzen"...

Was bieten die neuen Technologien?

Neue Technologien werden z.B. die Möglichkeit geben, Selbsttests durchzuführen oder durch multimediale Inhalte und Tracking-Uhren sowie Apps preiswerte Möglichkeit anbieten, seine Persönlichkeit, seine Rollenflexibilität und seine Gesundheit wie auch sein Kommunikations- und Führungsverhalten etc. zu entwickeln. Sensoren z.B. können endlos viel Sofort-Feedback in bestimmten Situationen liefern und so die Selbstreflektion unterstützen oder neues Verhalten anstoßen (Quantified Self-Bewegung [Lup16]). Und neue superleichte Videobrillen können voraussichtlich bald Daten, Bilder und Selbstermutigungen (Selbstinstruktionen zum angemessenen Verhalten in spezifischen Situationen) so schnell einspeisen, dass Verhaltenskorrekturen schneller und präziser vorgenommen werden können als bisher – mit oder ohne den über die Ferne dazugeschalteten Coach, der seine Coaching-Partner ähnlich situativ beobachtet, auswertet und weiter anweist oder noch anders unterstützt wie heute schon die Fußballtrainer am Spielfeldrand der laufenden Bundesliga- und Champions League-Spiele das tun.

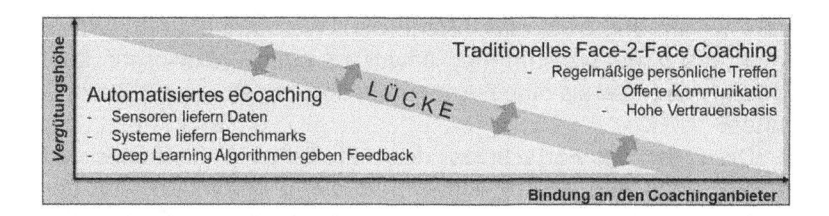

```
┌─────────────────────────────────────────────────────────────┐
│ ↑                         Traditionelles Face-2-Face Coaching│
│ höhe                       - Regelmäßige persönliche Treffen │
│ Automatisiertes eCoaching   LÜCKE    - Offene Kommunikation  │
│ Vergütungs  - Sensoren liefern Daten   - Hohe Vertrauensbasis│
│             - Systeme liefern Benchmarks                     │
│             - Deep Learning Algorithmen geben Feedback       │
│                                  Bindung an den Coachinganbieter│
└─────────────────────────────────────────────────────────────┘

Allerdings ersetzen diese Formate das traditionelle Coaching voraussichtlich nur teilweise, d.h. aber in jedem Fall, dass sie Marktanteile erobern werden.

Folgerichtig werden voraussichtlich auf der einen Seite das digitalisierte Coaching auf den unteren und mittleren Ebenen der Unternehmenshierarchien den Löwen-Marktanteil abschöpfen und auf der anderen Seite sich das Expertentum für Spezialgruppen auf den oberen Rängen der Hierarchien etablieren.

Die zwangsläufige Aussicht: Die „Mitte" verschwindet. Also wird es auf der einen Seite kostengünstige automatisierte digital Coachings geben – und gleichzeitig werden gute personalisierte face-to-face Coachings zu einem dann ggf. höheren Preis als heute bestehen bleiben.

Neben mehr spontanen Treffen/Unterstützung via Videokonferenzen ermöglichen die digitalen Technologien eine bessere Vorbereitung der Treffen oder auch eine Integration von eCoachings mit einer späteren face-to-face Besprechung. Wie könnten solche Selbstlern- oder Multimediasysteme zusätzlich noch im Coachingprozess helfen?

Viele Menschen verwenden immer mehr Technik im Alltag und setzen diese auch im geschäftlichen Bereich ein. Also kommt die Frage auf: Können sich jüngere Menschen ein Leben ohne Smartphone überhaupt noch vorstellen? Und sind die „Jüngeren" der einzige Maßstab für die anderen, „Älteren" und „Alten", die eben keine digital naives sind? Wer setzt für die Menschen den Maßstab? Und ist er dann angemessen, noch sozial gerecht oder einfach schon totalitär verordnend – natürlich nur leise und vielleicht einfach so nebenbei?

Wir installieren Smart Homes, autonomes Fahren, etc.. Die Interaktionsmuster werden für „alle" technischer, bis hin zu Dating Plattformen und dem Eingehen wesentlicher Beziehungen (nur heute noch?). Ist das nur einfach „Fortschritt" oder darf man das schon eine Technisierung der zwischenmenschlichen Kommunikation, ja sogar eine „Quasi-Zwangserziehung" nennen? Oder muss
```

man – wegen und trotz aller öffentlichen Werbung überall – diese demokratisch unabgestimmte, bewusste oder unbewusste Entwicklung nicht klar als eine Form der Zwangserziehung zur Zukunft nennen?

Die Ideen des Fortschritts, des materiellen Wohlstandes und des internationalen Wettbewerbs: Sind sie in Verbindung mit der Befriedigung der Bedürfnisse der kleinen und großen Spielkinder am bunten Screen an Laptop und an Smartphones einfach nur Gutes für die Zukunft, weil es in der Zukunft immer technischer werden wird, wie die Priester des angekündigten Paradieses frohgemut und völlig selbstüberzeugt behaupten? Muss die Kommunikation zwischen Menschen so reduziert und formatiert, reduziert auf die Freiheit der bloßen Auswahl von vorgegebenen Handlungsalternativen ablaufen? Darf Kommunikation nur die technische Verständigung genannt werden, während die zwischenmenschliche Kommunikation, d.h. der tägliche Umgang mit den „Zukunftsmedien" auf das sachlich Nötigste reduziert und ohne Ansehen der Wertschätzungsbedürfnisse der Menschen bei der Nutzung von Laptops und Smartphone abläuft? Muss Digitalisierung im und außerhalb des Coachings nur so stattfinden, dass der rüde Ton eines angeblichen Pragmatismus im Alltag auch hier im Coaching stattfindet? Wenn die körperliche Interaktion schon durch die digitalisierte Welt ersetzt zu werden droht: Muss oder kann dann die zwischenmenschliche Kommunikation auch erkalten?

Sollen Sprache und ein persönlicher körperlicher Umgang den humanen Touch verlieren, der Vertrauen spürbar oder vielleicht sogar erst möglich macht? Der Liebe schön macht? Der Laune, Freude, Vertrauen und Kreativität erzeugen kann, wenn die „Vibrations" stimmen? Soll Höflichkeit im Umgang der Achtlosigkeit in der digitalisierten Welt weichen, die im realen Umgang miteinander sofort auffällt, aber im digitalisierten Umgang fast ohne Nachdenken dem absolut gesetzten (oder vorgegebenen) Wert der sog. „Effizienz" geopfert wird?

Halten wir fest: Fast jeder wird heute oder morgen zwangsläufig mehr oder weniger zum (Amateur-) IT'ler. In der digitalen Welt.

Es wird immer mehr Tools geben, um Ideen auch als Nicht-IT'ler in Maschinenprogramme/Apps umzusetzen (Low Coding). Ein grundsätzliches IT Verständnis wird somit immer wichtiger, auch in den verschiedensten Fachabteilungen, um sich mit den „Kern-IT-lern" unterhalten – und wenn es geht, sogar verständigen zu können.

Ist es nicht ein Sieg des normativen Zwangs der Technik über die emotionale Realität der Subjekte?

4. Digitale Transformation als Auslöser der Veränderung zum eCoaching

Dass die Digitale Transformation in Unternehmen weiträumig Abläufe und Verhaltensweisen verändert, konnte man spätestens seit der Corona-Krise feststellen: siehe z.b. HomeOffice und CoWorking-Spaces – was letztendlich u.a. auch zu veränderten Abläufen im Coaching geführt hat und noch weiter führen wird.

Während schon die Lean Management-Ansätze im letzten Jahrhundert Führungsebenen eliminiert haben, werden vermutlich insbesondere bei agilen Vorgehensweisen und Organisationen immer weniger Führungskräfte im traditionellen Sinne benötigt.

Beim Scrum Vorgehen z.B. gibt es einen Product Owner, der zwar den Auftrag gibt, aber nicht weisungsbefugt ist. Oder den Scrum Master, dessen Rolle als der Problemlöser beschrieben werden kann. Im Team hingegen werden die Rollen öfter neu verteilt, es bilden sich eher informelle Hierarchien, die durch Wissen, Fertigkeiten und Kommunikationsfähigkeiten geprägt sind. Werden nun die bisherigen Kompetenzen und damit auch das Coaching überflüssig? Nein, nur werden solche Kompetenzen bei Allen erforderlich, die ggf. auch nur temporär diese benötigen ...

Viele dieser Entwicklungen erschließen unvermeidbarerweise neue Kundengruppen. Wobei zu vermuten ist, dass eCoaching und das persönliche face-to-face Coaching überwiegend verschiedene Zielgruppen haben dürften. Gleichzeitig ist anzunehmen, dass sich neue Chancen auftun werden, die in einer Erweiterung des Marktes (d.h. neue Zielgruppen s.o.) und in neuen inhaltlichen Beratungsprodukten liegen dürften. Hier wird es durch die Digitale Transformation nach allen Vermutungen zu einer Ausweitung der Zielgruppen kommen, die von den einen als Demokratisierung von Führung und Coaching gefeiert werden und von den anderen als „Coaching to go"- Verminderung bezeichnet werden oder als „Mac Donald-Coaching" bzw. als „Mentalen Schnell-Imbiss" infrage gestellt werden. An Feindbildern oder anderen Herabsetzungen dürfte es im Konkurrenzkampf um die Kunden keinen Mangel geben...

Die kritische Alternative, dass eCoaching durch Ausbreitung, Verkürzung und Mengenanwendung der Gefahr ausgeliefert ist, zu einem „Commoditiy-Produkt" herabgestuft zu werden, wird kaum zu vermeiden sein. In Verbindung mit dem weiteren Aufkommen und dem disruptiven Wachstum von Coaching-Plattformen, dürften sich diese Entwicklungstendenzen voraussichtlich noch weiter verstärken [Böning21].

Man darf fragen und vermuten: werden sich eCoaching und persönliches face-to-face-Coaching unterscheiden? Im Ganzen oder vielleicht nur in ihren Wirkungskomponenten? Eine Frage, die durch die in der Zukunft möglichen Untersuchungen mithilfe der Computer-Tomographie am Gehirn zu spezifizieren sein dürfte. Bald oder in fernen Zeiten? Wir wissen es heute noch nicht.

Damit könnten z.b. die nachfolgenden Fragen in den Vordergrund rücken: Gibt es Erfolgs-Unterschiede zwischen dem klassischen face-to-face – Coaching und dem digitalen Ansatz? Wie sind die jeweiligen Erfolgsquoten bei den gleichen Themen, den gleichen Zielen und den gleichen Zielgruppen – und mit welchen Prozessen? Bei welchen Themen und/oder methodischen Ansätzen gibt es Wirkungsunterschiede der angewendeten methodischen Konzepte? Weisen verschiedene Nutzergruppen verschiedene Kurzfrist-Auswirkungen und/oder Langfrist-Wirkungen auf (Stichwort: Nachhaltigkeit)? Wie verarbeiten die Nutzer mit vergleichbaren Themen bzw. Zielen und verschiedenen Vorgehens-Konzepten das Coaching kurzfristig und langfristig?

Man könnte die Behauptung aufstellen, dass Zielgruppen immer weniger relevant werden, da im Internetzeitalter jeder Nutzer automatisiert persönlich angesprochen werden kann (vgl. one-to-one Marketing), um dann, nach dem Prinzip des Mass Customization, die Industrielogik auch auf die Dienstleistungsbranche umzulegen. Es ist zu vermuten, dass im eCoaching vermehrt datenzentrierte automatisierte und individuelle Produkte zu finden sein werden – aber keiner weiß so genau, wann das sein wird.... Dieser Gedankengang muss aber weiter durchdrungen werden, weil Milieus ja nicht einfach obsolet werden. Auch die Gemeinsamkeiten von z.B. Wohnort, Schulausbildung, Berufserfahrung, Alter oder die grundsätzliche Welteinstellung fallen in Ihrer Bedeutung nicht weg, sondern werden durch die individualisierte Datenerhebungen ergänzt. Mittels Machine Learning – Algorithmen werden dann neue Empfehlungen und Angebote im Rahmen des eCoachings entstehen, die den Kunden automatisierte Verhaltensrückmeldungen geben.

In jedem Falle bietet die Digitalisierung die ungeheure Chance, eine Coaching-Differenzial-Diagnostik zu entwickeln, die einen erheblichen Schub in der Diagnostik wie in der Intervention auslösen kann, auf den man bisher seit Jahren verzichten musste.

Wobei an dieser Stelle ausdrücklich – wenngleich vielleicht nicht für viele Menschen – explizit noch einmal darauf hinzuweisen ist, dass Digitalisierung und Digitales Coaching oder eCoaching bzw. Coaching-Plattformen sehr verschiedene „Dinge, Themen und Aspekte" sind, die nicht verwechselt werden dürfen!

5. Zukunft I: Neue Ansätze und Ausblicke im eCoaching

Ansätze aus der Games Branche

Serious Games und Gamification werden aller Voraussicht nach die eCoaching – Angebote bereichern. Bei Serious Games werden spielerische Elemente in die Software oder eGames integriert, bei dem der Benutzer immer wieder bestimmte Situationen trainiert, um einen Level zu absolvieren resp. sich selbst neue Verhaltensweisen anzueignen. Dabei werden weitere Fertigkeiten erlernt, ohne dass der Spieler dies bewusst als Lernen wahrnimmt. Beim Gamification werden Anreizsysteme geschaffen, die die Basis für neue Ansätze im eCoaching liefern können. So konnte z.B. bisher schon lange immer dann, wenn eine bestimmte erwünschte Verhaltensweise durchgeführt wurde, dies in einem eKonto registriert werden – also eine einfache Erfolgsstatistik des Erfolgs als Belohnung.

In der Games Branche erfolgt die Monetarisierung durch Buy2play, Pay-2-Play oder inApp-Käufe, Free-to-play & Freemium [Anderie20]. Solche Elemente werden in digitalen Coaching-Plattformen Einzug halten können. Dabei gibt es im Coaching sogar schon so etwas wie Probstunden, die bei genauerem Hinsehen, wohl dem Freemuim Ansatz entsprechen. Auch könnten Plattformen im Sinne der „inAppkäufe" bestimmte Funktionalitäten oder Verhaltenstrainings erst später gegen Bezahlung freischalten. Und In eGames ist es wie gesagt auch schon möglich, bestimmte Fähigkeiten selbst zu trainieren (was lange dauert), oder gleich zu erwerben.

Ansätze durch Big Data

Durch die Sammlung von Daten in den unterschiedlichsten Formen, eMails, Bilder, Kommentaren in Sozialen Medien entsteht Big Data. Aber auch Gesundheitsdaten (EKG, Schweiß als

Stressindikator, etc.) können gesammelt und mit den entsprechenden Situationen in Verbindung gebracht werden. Es werden dadurch automatisierte Angebote möglich die in der jeweiligen Situation den Klienten ad hoc unterstützen (Ambient Intelligence e-Coaching). Big Data bildet dann die Basis für Big Data Analytics. Hierbei werden die Daten mit (erfolgreichen) Verhaltensmustern verglichen und entsprechende Vorschläge vorgestellt. Je mehr Daten ein Klient preisgibt, desto besser sein kalkuliertes Persönlichkeitsprofil und seine Beratungsmöglichkeit – je höher aber auch sein Risiko, dass diese Daten ggf. in falsche Hände geraten oder missbräuchlich ausgewertet werden können.

Ansätze aus dem Marketing

Wird Coaching zu einem Commodity? Wie sich vor 100 Jahren nur der Adel geschminkt hat, so wird sich Coaching in Zukunft fast jeder leisten können – zumindest in den kostengünstigen Varianten. Durch eCoaching werden solche Angebote im Markt unvermeidbarerweise zu finden sein. Die Gefahr besteht darin, dass im Sinne eines Commodity nur noch der Preis eine ausschlaggebende Rolle spielt – was es im Interesse der Coaching-Branche wie auch zum Nutzen der Kunden mit Ihren differenzierten Erwartungen und unterschiedlichen Beratungsbedarfen selbstverständlich durch differenzierte Angebote für spezifische Themen und Ziele zu verhindern und zu leisten gilt.

Ansätze aus dem Bereich der KI

Datensätze können die Basis für maschinelles Lernen oder Deep Learning Ansätze sein, die dann die eigene Persönlichkeit auch in einem persönlichen Bot widerspiegelt.

Was aber, wenn Führung sich verändert? Wenn Führungskräfte nur noch manchmal persönlich und ansonsten via Social Bots mit den Mitarbeitern interagieren [Giegler/Schneider20]? Oder die Mitarbeiter ebenfalls ihren Bot senden, um Aufgaben zu besprechen. Dann interagieren schließlich Bots im Namen der Protagonisten miteinander. Welche Funktionen, Fähigkeiten, Kompetenzen werden solche Bots haben oder brauchen? Noch spannender ist die Frage, welche Verantwortung wir bereit sind, an diese Bots „auszulagern"? Gehen wir bis zur Gehaltsverhandlung

> Bots sind kleine Computerprogramme, die durch den Besitzer konfiguriert werden können und in seinem Namen Handlungen durchführen

und Kündigung? Oder wird es eher bei der reinen Aufgabenkoordination bleiben? Auch die Bots benötigen ja neben ihrer Programmierung dann auch Handlungskompetenzen, die von Coaches antrainiert werden müssen – siehe unten).
Gibt es dann aber vielleicht auch schon eCoaching Bots die die Klientenbots coachen...?

Ausblick: Die Zukunft des Coachings und der Persönlichkeitsentwicklung

Wenn nun Führungskräfte und Mitarbeiter neben der face-2-face Kommunikation auch Bots einsetzen, dann müssen auch die Bots gecoached werden. Hier eröffnet sich ein neues Feld, bei dem „Verhaltensweisen" von Maschinen mit menschlichen Zügen und nach ethischen Prinzipien trainiert werden müssen. Auch die Ethik von Maschinen in der Kommunikation mit Menschen steht auf dem Programm, genauso wie die Frage, wie korrekt mit anderen Menschen oder Maschinen verhandelt werden soll, muss – oder kann nicht...?

Entwicklungsfelder des Coachings in der Zukunft:

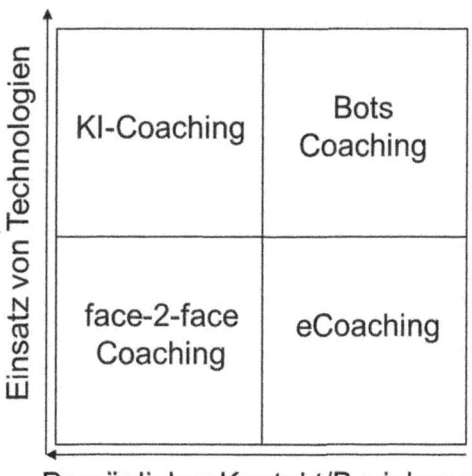

Einsatz von Technologien ↑	KI-Coaching	Bots Coaching
	face-2-face Coaching	eCoaching

→ Persönlicher Kontakt/Beziehung

Unsere Annahme ist: Coaching und der Coaching Markt werden sich weiter differenzieren. Sowohl das Angebot, die Nachfrage, als auch die Kundengruppen werden mit Sicherheit diverser. Das traditionelle (face-2-face) Coaching wird seinen Platz aber (für bestimmte Zielgruppen wie auch spezifische Anlässe genauso finden wie eCoaching und KI-Coaching. Auch werden vermutlich neue Formate wie Bots-Coaching hinzukommen.

6. Zukunft II: Erste Ansätze aus der Robotik und der Sensoren

Im Sinne des Transhumanismus werden Menschen immer mehr Körperteile und Organe durch künstliche Teile ersetzen, welche gewartet werden müssen, aber auch Daten senden. Ist das ein Horrorszenario oder schon Realität – vielleicht in 10, 15 oder 30 Jahren? Vielleicht statten dann die Future-Coaches der neuen Generation ihre Kunden mit Sensoren aus wie heute die Intensivpatienten im Krankenhaus versorgt werden. So wird alles Wichtige dem Coach mitgeteilt, z.B. Blutdruck, Ort, Zeit, Handlungssituation, erlebter Stress, Angaben darüber, wer mit dem Klienten sich sonst noch im Raum aufhält, ggf. mit Mikrophon (dass man die Gesprächssituation erfassen kann) und Headsets (zum einflüstern in real time...). Dann kann der Kunde den Future-Coach bei Bedarf zu jeder Zeit (auch mitten in der Nacht – ein Alptraum?) anrufen und um Unterstützung wie Rat bitten: sozusagen als eine coachingstandby-Variante.

Und vielleicht noch konsequenter vorausgedacht: Wer das alles nicht mitmacht, dem springen die Kunden ab und wenden sich zum KI-Coach hin: Denn der arbeitet immer, ist immer verfügbar, rund um die Uhr (vgl. Ambient Intelligence eCoaching).

Ach ja: Und was passiert mit dem Datenschutz? Vermutlich nichts, denn diesen haben wir dann in diesen Zeiten absehbarerweise sowieso nicht mehr....

Wir sprechen dann vermutlich schon seit einiger Zeit vom „Epochenbruch" oder von einer Zeitenwende ähnlich wie vor ca. 11-12 tausend Jahren, als die Menschen angeblich die Landwirtschaft entdeckten und allmählich sesshaft wurden. Vielleicht sprechen wir dann irgendwann künftig davon, dass wir Avatare zum Nachmittags-Kaffee einladen oder Verhandlungen mit eCoaching Bots im Gehirn-Implantat miterleben, wie sie Verhandlungen mit anderen Avataren führen über die weltweit gültigen Austragungsmodalitäten von militärischen Auseinandersetzungen außerhalb der Erdumlaufbahn in irgendeiner Galaxie, die wir bis dahin noch gar nicht kannten...

Abschlussfrage:

Warum stellen wir die Frage nach der Freiheit des Menschen überhaupt nicht mehr? Weil sie vielleicht total überholt und völlig sinnlos geworden ist? Wann hören wir auf, von der Freiheit des Individuums zu sprechen, weil wir die Vor-Roboter-Zeit schon längst hinter uns haben und uns konsequent auf dem Weg zur voll-kontrollierten Gesellschaft befinden?

Dabei ist diese philosophische Frage des freien Willens schon uralt. Auch Schopenhauer formulierte im 18. Jahrhundert, dass der freie Wille des Menschen eigentlich nur eine Illusion sei und in Wirklichkeit dieser durch äußere komplexe (auch soziale) Umstände determiniert werde. Zitat: „Der Mensch kann zwar tun, was er will, aber er kann nicht wollen, was er will."

Haben wir noch Zeit, uns private und öffentliche Reservate zu bauen, in denen wir die erste lange Zeit im neuen Zeitalter noch überdauern können oder wie seltene Tiere aus grauer Vorzeit im Menschen-Zoo ausgestellt werden, damit man uns noch eine gewisse Zeit durch Anthropologen und Archäologen beforschen kann wie früher die indigenen Gesellschaften aus den voreuropäischen Zeiten etwa vor 3000 Jahren vor Christi Geburt bis ins 2. Jahrtausend nach seiner Geburt hinein?

Brauchen wir dann überhaupt noch so etwas wie Emotionale und Soziale Intelligenz? Sind das nur „Übergangsphänomene"?

Wir nehmen an, die Antwort wird vielleicht derjenigen ähneln, die man heute oft hört, wenn jemand nach irgendetwas gefragt wird und völlig überfordert nur noch sagen kann:

„Gute Frage...."

Uns fällt an dieser Stelle Columbo ein, jener zerknitterte und unkonventionelle, aber geniale Detective aus den vergangenen 70- und 80-er Jahren des amerikanischen TV, der Jüngeren nicht mehr bekannt sein dürfte, aber vielen Älteren, weil er sich bei seiner Aufklärungsarbeit dem Ungeklärten mit überraschenden Fragen näherte – und dabei einfach richtig lag.

Wir nehmen an, Columbo hätte an dieser Stelle, auf der Schwelle zum Hinausgehen aus dem Raum, noch eine kleine Frage:

„Was denken Sie: Sind IT-ler eine besondere Spezies Mensch, die Ihre Interaktionsgewohnheiten einfach auf alle Menschen übertragen will?"

Literatur

[Anderie20] Anderie, L.: (2020): Quick Guide Game Hacking, Blockchain und Monetarisierung: Wie Sie mit Künstlicher Intelligenz Wertschöpfung generieren; Gabler

[Böning21]. Böning, U.: (2021): Coaching-Plattformen: Verheißung oder Gefahr?, Beiträge zur Beratung in der Arbeitswelt 2/21, DGSv

[Christ16] Christensen, C.: (2016) The Innovator's Dilemma; Harvard Business Review Press;

[Daft86] Daft, Richard L.; Lengel, Robert H.: (1986) Organizational Information Requirements, Media Richness and Structural Design. In: Management Science, Vo. 32, No. 5., S. 554-571. 1986 S. 560

[Gieg/Schn00] Giegler, N.; Schneider, S.: (2020) Leadership und Digitalisierung; https://fhffm.bsz-bw.de/frontdoor/deliver/index/docId/6231/file/Working_Paper_16_2020_Giegler_Schneider.pdf

[Lup16] Lupton, D: (2016); The Quantified Self; Polity

[Walther92] Walther, J. B. (1992). Interpersonal effects in computer-mediated interaction. A relational perspective. Communication Research, 19(1), 52–90. https://doi.org/10.1177/009365092019001003

Timon Dürr

Business Coaching mit Virtual und Mixed Reality. Ein Ausblick über den Lerntransfer von Morgen

Die Art und Weise wie wir miteinander arbeiten, lernen und interagieren hat sich durch die COVID-19 Pandemie grundlegend verändert. Da Präsenzveranstaltungen ohne gesundheitliches Risiko nicht mehr in dem Maße möglich sind wie zuvor, mussten neue Brücken der gesellschaftlichen Zusammenarbeit gebaut werden – und das mit enormer Geschwindigkeit. Homeschooling und -office waren einst Randerscheinungen und wurden innerhalb von Wochen State of the Art. Tools für Videokonferenzen wie ZOOM oder Microsoft Teams erfuhren innerhalb kürzester Zeit einen enormen Zulauf und wurden zu den Klassenzimmern, Meetingräumen und Arbeitsplätzen von heute.

COVID-19 führte zu einem Umdenken in der Arbeitsweise mit unseren Mitmenschen und zu einem psychologischen Dammbruch, computergestützte Möglichkeiten der physischen Präsenz vorzuziehen. Mit ein paar Klicks können wir innerhalb von Sekunden Menschen sehen und hören, ohne die eigene Wohnung zu verlassen und einen aufwändigen Fahrtweg auf uns zu nehmen. Alles, was wir dazu brauchen, sind ein Computer oder ein Smartphone mit Webcam und eine Internetverbindung. Ein Setup, das nahezu jedem zur Verfügung steht.

Das Bedürfnis ortsunabhängig miteinander zu Interagieren in Kombination mit der Entwicklung und Verfügbarkeit von Internet, Interaktionssoftware und computergestützten Ausgabegeräten ebnet den Weg hin zur nächsten Evolutionsstufe des obigen Szenarios: Virtual und Mixed Reality. (In den nachfolgenden Ausführungen verwende ich die maskuline Formulierung, stellvertretend für alle Geschlechteridentitäten, für einen besseren Lesefluss.)

Ein Blick in die Matrix

Virtuelle Meetings und alltägliche Officeanwendungen werden üblicherweise mittels zweidimensionaler Ausgabegeräte, wie

Computerbildschirme oder Smartphones wiedergegeben. Baut man einen Bildschirm in eine blickdichte Brille, sodass keine Umgebungsreize wahrgenommen werden können, erhält man eine Virtual Reality (VR) Brille. Ist der Bildschirm halbtransparent, sodass die reale Umgebung durch computergenerierte Inhalte ergänzt werden kann, erhält man eine Mixed Reality (MR) Brille. Mithilfe von VR ist es daher möglich, eine vollständig computergenerierte Wirklichkeit in Form von 360°x360° Bildern, Videos und Welten zu erschaffen, mit der durch Eingabegeräte, wie Controller oder Datenhandschuhe, interagiert werden kann (Bendel, 2021). Die Brille erkennt die Kopfbewegung und damit die Blickrichtung, wodurch die simulierte Umgebung in alle Richtungen erkundbar wird. Dadurch kommt es zur Immersion: das Gehirn denkt, aktiver Teil der Computerwelt zu sein, wodurch eine vollständig neue Wahrnehmung geschaffen wird. Diese lässt sich durch Audiosound mittels Kopfhörer und Bewegungen sowie Interaktionen noch verstärken. VR bietet damit die höchste Telepräsenz (Grothus, Thesing & Feldmann, 2021, S. 15 ff.).

Ausgangspunkt für das Coaching von Morgen

Auf dem Hintergrund des hohen Erlebnisgrads, den die VR und die dadurch entstehende Immersion bietet, stellt sich die Frage, welche Möglichkeiten diese Technologie dem Business Coaching eröffnet. Es gibt valide Hinweise dafür, dass sich durch VR und AR (Augmented Reality) nicht nur ein Lerntransfer darstellen, sondern auch beschleunigen lässt (Dürr, 2020). Das bestätigen auch praktische Interventionen aus anderen Disziplinen: Gerade in Trainingssituationen bei der Ausbildung von Medizinern der Universität Essen wird AR verwendet, um an Dummies internistische Eingriffe zu üben. Dabei bilden AR-Brillen die Anatomie eines menschlichen Organismus ab, während Medizinstudenten endoskopieren (SkillsLab Essen, o.D.). Bereits seit den 90er Jahren arbeitet die Konfrontationstherapie mit VR, um Phobien zu behandeln. Hierin werden etwa Spinnen oder Höhen simuliert, um die Patienten näherungsweise an die Angstsituation zu gewöhnen (Wagner, 2019). Der Vorteil liegt auf der Hand: die Simulationen sind kostengünstig und effektiv, da das Szenario kontrolliert, individualisiert und beliebig oft wiederholt werden kann (Becker & Hoyer, 2005, S. 87 f.).

Im Coaching Magazin bin ich insbesondere auf den Lerntransfer eingegangen und habe dargestellt, welche Komponenten eine VR- und AR-Simulation aufweisen muss, damit ein Lerntransfer gegenüber alternativen Methoden im Business Coaching beschleunigt stattfindet (Dürr, 2021). In den nachfolgenden Ausführungen möchte ich ein Bild über die virtuelle Zukunft des Business Coachings zeichnen. Dafür muss zunächst geklärt werden, welche Kernaufgaben durch VR und MR visualisiert werden sollen.

Das iterative Coachingprozessmodell des DBVC gemäß Bachmann & Steinke (2019, S. 75 ff.) gibt dazu einen ersten Überblick. Demnach kennzeichnet sich ein professionelles Business Coaching in folgende sieben Phasen:

1. Initiierung (Bedarfsermittlung, Auswahl von Coach & Coachee, Erstgespräch)
2. Auftragsklärung (Diagnose, iterative Zielklärung, Kontraktangebot)
3. Kontextexploration (Anliegenkonstruktion, Kontextanalyse, Zieljustierung)
4. Vertiefung (Musterveränderung durch Selbstreflexion)
5. Lösung & Strategie (Handlungsalternativen, Lösungsansätze, Planung)
6. Umsetzungshilfe (Probehandeln, Lernbegleitung, Transfer)
7. Evaluation (Bilanzierung, Feedback, Learnings)

Beim Business Coaching handelt es sich also um die handlungsorientierte Beratung und Begleitung zum Aufbau von Kompetenzen von einzelnen Personen oder Teams. Darüber hinaus gilt es zu beachten, welche Kriterien zu einer Wirksamkeit der Interventionen führen. Dazu hat Lindart (2017) eine Metaanalyse verschiedener Studien durchgeführt und zusammenfassend folgende Wirkfaktoren identifiziert:

- Kommunikation: Fragenstellen, Zuhören, Feedback
- Individuelle Anpassung an die Klientensituation und Analyse
- Arbeitsbeziehung: Empathie, Wertschätzung, Vertrauen, Commitment
- Zielklärung & -konkretisierung
- Ressourcenaktivierung
- Ergebnisorientierte Problem- und Selbstreflexion
- Evaluation im Verlauf
- Umsetzungsunterstützung
- Methodenvielfalt seitens des Coaches

Zusammen mit den Wirkfaktoren kennzeichnen die beiden typischen Coachingsituationen die Rahmenbedingungen für ein gelingendes Business Coaching.

Im Folgenden werde ich herleiten, inwiefern VR und MR Coachingsituationen adäquat abbilden können und was das für die Zukunft des Coachings bedeutet. Meine Blickwinkel richten sich nach der Inhaltsanalyse von 13 Experteninterviews. Befragt wurden Forschende des Frauenhofer Instituts für graphische Datenverarbeitung, Hochschuldozierende psychologischer, didaktischer, bildungs- und informationstechnologischer, soziologischer, und pädagogischer Disziplinen sowie Praktiker aus den Bereichen VR- & MR-Training und des Business Coachings. Die Auswertung der Daten erfolgte nach dem Schema von Gläser und Laudel (2010, S. 199 ff.).

Treffen mit Avataren

VR bietet die Möglichkeit, ortsunabhängig in virtuellen Räumen zusammen zu kommen. Die Personen werden dabei als Avatare dargestellt. Das sind computergenerierte Figuren, die sich individualisiert erstellen lassen. Eine eins-zu-eins-real-Abbildung der eigenen Person ist derzeit nur mit hohem technischem und finanziellem Aufwand möglich. Da die VR-Brille einen Großteil des Gesichts im Bereich um die Augen vollständig verdeckt, kann auch keine externe Kamera die Gesichtszüge auf den Avatar projizieren. Die Mimik ist daher nicht auf dem Avatar abbildbar. Diese ist jedoch für die Beziehungsgestaltung und die emotionale Einschätzung von Coach und Coachee essenziell.

Eine bessere Möglichkeit bietet hier die MR. Halbtransparente Brillen, mit eingebauter Kamera zur Registrierung der Umgebung, ermöglichen einen besseren Blick auf die Gesichtszüge. Gleichzeitig kann eine externe, im Raum aufgestellte, Kamera die körperlichen Bewegungen und Gesichtszüge aufnehmen. So ist es möglich, mit dem Bildschirm der halbtransparenten MR-Brille ein reales Avatar-Abbild der ganzen Person in den eigenen Raum zu projizieren (Abb. 1). Noch befindet sich die Entwicklung dieser technologischen Möglichkeit in den Kinderschuhen.

Abb. 1: Teilphysische Präsenz durch MR an zwei unterschiedlichen Orten (Gonzalez, 2017).

Derzeitige MR-Brillen wie die Microsoft Hololens 2 überdecken noch einen großen Teil des Gesichts und datenschutzrechtliche Fragen sind noch ungeklärt. Allerdings befindet sich Apple in der Entwicklung einer eigenen MR-Brille, die eine Erweiterung der Smartphone-Benutzeroberfläche darstellen soll (Grau, 2022). Sollte der Consumer-Markt hierdurch eine Innovation erfahren, wird auch die technologische Entwicklung der benötigten Software angekurbelt. Mittelfristig könnten Treffen und soziales Lernen in ortsunabhängiger virtuell-physischer Präsenz durch MR Möglichkeit werden.

Mit diesem Hintergrund wären beide Situationen A und B aus Abb. 1 darstellbar und sogar von der physischen Präsenz entkoppelt und damit ortsunabhängig. Darüber hinaus ließen sich alle Wirkfaktoren erfüllen. Lediglich Methoden, bei denen der körperliche Kontakt essenziell ist, wie bspw. beim Ankern, sind nur in abgeänderter Form durch die Erklärung des Coaches zur Selbstdurchführung denkbar.

Transfer durch Simulationen

Je nach Komplexität der Problemsituation ließe sich ergänzend dazu mithilfe von VR die Umsetzungsunterstützung üben. Die Simulation bietet dem Klienten einen geschützten und kontrollierbaren Raum. Der Coach kann das Verhalten des Coachees dialogisch begleiten und reflektieren. Autorensoftware im Baukastensystem, wie die Entwicklungsplattform ‚unity.com', ermöglichen bereits die Erstellung von VR- und MR-Simulationen durch vorgefertigte Bausteine und Szenarien. Dadurch ist die Gestaltung einer VR und MR vereinfacht und benötigt nicht mehr zwingend tiefgreifende IT-Kenntnisse. Entsprechend lassen sich VR-Trainings bereits jetzt von Coaches einsetzen, die sich auf ein eng umrissenes

Problemthema spezialisiert haben. Durch das Wachstum des VR- und MR-Marktes, wird solche Software konstant weiterentwickelt, sodass in den nächsten Jahren stetig individualisierbarere und komplexere Szenarien erstellt werden können, bei gleichzeitig steigender Barrierefreiheit.

Arbeit in einer neuen Welt

Die sich durch VR und MR ergebenen Möglichkeiten sind höchst spannend und es stellt sich die Frage, welchen Einfluss diese Entwicklungen auf die Dienstleistung Business Coaching haben werden. Gemäß den Experten des Fauenhofer Instituts für graphische Datenverarbeitung erzielt MR-Training bessere Resultate in der Erinnerung und in den Lernergebnissen als analoge Methoden (Dürr, 2020, S. LIV & LVII). Durch diesen optimierten Praxistransfer wird die Qualität von erlernten Kompetenzen erhöht. Coachees werden zukünftig damit ihre neuen Verhaltensweisen sicherer, selbstbewusster und flexibler sowie nachhaltiger einsetzen können.

Bei steigenden Entwicklungsbudgets begünstigt der wachsende VR- und MR-Markt die Vereinfachung und Leistungsfähigkeit von Software sowie die Anwendungsfreundlichkeit der Hardware. Wer keine MR- oder VR-Brille besitzt, könnte in Zukunft sein Smartphone in eine brillenartige Vorrichtung (Headset) einsetzen und damit Simulationen per App erfahren. Der Vorteil: Durch die eingebaute Kamera sind MR-Szenarien darstellbar. Hierin sehen die Experten ein enormes Potenzial hinsichtlich der Akzeptanz und Verbreitung von VR- und MR-Anwendungen. Solche Vorrichtungen und einfache VR-Erlebnisse gibt es bereits in Form von 360°-Videos oder -Bildern. IKEA verwendet MR beispielsweise, um ein Möbelstück im eigenen Raum zu simulieren (Bezmalinovic, 2021). Selbst wenn Klienten also keine entsprechende Brille zur Hand haben, wird der Einstieg in VR- oder MR-Anwendungen via Smartphone in Zukunft zunehmend einfacher.

Beschleunigter Lerntransfer

VR-Simulationen bilden einen für den Klienten geschützten und gleichzeitig kontrollierbaren Raum, in dem Trainingssituationen beliebig oft durchlebt, aktualisiert und zukünftig zunehmend individueller angepasst werden können. Es müssten künftig nicht mehr zwingend Fahrtwege für physische Treffen aufgenommen und Trainingssituationen aufwendig gesucht oder gestaltet werden.

Verschiedene Experten betonen bereits heute, dass eine kognitive Beschleunigung des Lerntransfers möglich ist, da VR eine stärkere Erlebnistiefe und -qualität, Abrufverfügbarkeit und Implikation von didaktisch-pädagogischen sowie lernpsychologischen Indikatoren erlaubt (Dürr, 2020, S. 87). Dafür werden inhärente Simulationsmodalitäten benötigt, darunter die Plausibilität des Abstraktionsgrades, eine vorbereitende Psychoedukation sowie emotionale Anschlussfähigkeit über Reize plus Interaktionen und Haptik innerhalb der VR (Dürr, 2021. S. 52). Es ist auch von einer zunehmend methodischen Beschleunigung des Kompetenzlernens mit VR und MR auszugehen, da die Technologien grundsätzlich eine hohe iterative Wiederholungsfrequenz von individuellen Schwierigkeitsgraden und die Skalierung von Simulationsinhalten bei Trainings ermöglichen sowie eine potenziell ortsunabhängige Verfügbarkeit haben (Dürr, 2020, S. 87). Durch die Möglichkeit, einen größeren kognitiven Input bei gleichzeitig erhöhter Trainingstaktung zu generieren, könnte das für das Business Coaching von Morgen bedeuten, dass die Sitzungsanzahl und die Dauer derselben kürzer als zuvor ausfallen. Coaches könnten dadurch mehr Klienten in engmaschigerer Taktung betreuen.

Die nächsten Schritte in der Entwicklung von VR und MR sind neben den oben beschriebenen Aspekten, die Verstärkung der Immersion durch Hardwareerweiterungen. Bereits heute wird pro Hand ein VR-Controller verwendet, um die Bewegungen der Gliedmaßen innerhalb der VR zu simulieren, mit der Umgebung rudimentär zu interagieren und über einen Joystick sich darin fortzubewegen. Wer tiefer in die Tasche greift, erhält bereits spezielle Laufbänder, um sich noch realistischer innerhalb der VR-Umgebung zu bewegen. Handschuhe mit Widerstandsmotoren, um Objekte innerhalb der VR zu simulieren, befinden sich noch in der Entwicklungsphase. Laut den Expertenmeinungen (Dürr, 2020), könnten in weiterer Zukunft Full-Body-Suites zum Einsatz kommen, um auch körperliche Berührungen darzustellen. Darüber hinaus äußert sich rund die Hälfte meiner Befragten zu MR als der zukünftig vorherrschenden Technologie, da MR eine fließende Überblendung der Wirklichkeit erlaubt. Problematisch ist dabei aktuell das fehlerfreie und adäquate Umgebungstracking realer Objekte zur Verbindung mit simulierten Inhalten. Die andere Hälfte der Experten sieht dagegen VR als dominante Zukunftstechnologie. Sollte die Hardware zukünftig einen Fotorealismus erreichen und durch die Individualisierung der Software menschliche und soziale Grundbedürfnisse abbilden können, sehen einige Experten darin ein enormes Verführungspotenzial. Ergänzend dazu sind ethische, psychologische sowie philosophische Fragestellungen Gegenstand weiterer Forschungsgebiete.

Künstliche Intelligenz als ergänzende Technologie

Da es sich bei VR- und MR um computerbasierte Technologien handelt, stellt sich in diesem Zusammenhang die Frage, inwiefern künstliche Intelligenz (KI) eine Rolle spielt. Es existieren bereits Coaching-Plattformen zum Kompetenzaufbau, bei denen Chat-Bots und -Algorithmen zum Einsatz kommen. Laut Wahlster (2016) sind uns künstliche Intelligenzen kognitiv in Form von Datenbanken und neuronalen Netzwerken bereits weit überlegen. Nahezu jedes Wissen kann von überall aus abgerufen werden – Schachcomputer, wie AlphaZero, sind von Menschen unbesiegbar. Anders verhält es sich bei der emotionalen und sozialen Intelligenz. Hierin leistet KI derzeit kaum einen bis gar keinen Mehrwert. Es wäre aber denkbar, dass langfristig Coaches die emotionale und soziale Intelligenz ihrer Coachees fördern, damit verbundene Probleme, Konflikte oder Mängel lösen und ein KI-geleitetes Kompetenztraining in VR oder MR ergänzend zum Einsatz kommt. Damit würde die derzeit gewohnte Präsenz von Coaches weiter zurückgefahren werden können.

Quo vadis

Wie könnte das Coaching der Zukunft also aussehen? Auf dem Hintergrund der hiesigen Erkenntnisse und aktuellen Forschung treffen sich Coach und Coachee via MR zur Problemklärung und -bearbeitung. Anschließend wird eine VR-Simulation geladen, in der der Coachee einen Kompetenztransfer erfährt. Die Evaluation übernimmt die KI. Anschließend begleitet der Coach seinen Coachee mittels MR in die Problemsituation als Beobachter. Daraufhin treffen sich beide via MR zur Prozessreflexion.

Wie wir gesehen haben, bieten VR und MR zukünftig nicht nur die Möglichkeit, ein Coaching und den damit verbundenen Kompetenztransfer zu verkürzen, sondern gleichzeitig auch zu beschleunigen. Die Wirkfaktoren lassen sich in VR und MR abbilden und sogar vertiefen. Betrachtet man die Immersion bei der Problemreflexion, das Voraugenhalten eigener Stärken als

Ressourcenaktivierung in VR-Simulationen, die Umsetzungsunterstützung im gesicherten und individualisierbaren VR-Szenario sowie die Verlaufsevaluation durch einen vollständigen Mittschnitt und die Möglichkeit, zeitglich Feedback geben zu können, so verstärkt sich der positive Lerneffekt. Die Marktakzeptanz und die Entwicklung von VR und MR werden voraussichtlich weiterhin exponentiell ansteigen. Prognosen zufolge soll sich der Absatz von VR- und AR-Brillen von 7,06 Milliarden Euro im Jahr 2020 bis ins Jahr 2024 mehr als verzehnfachen (IDC, 2020). Zudem erhoben die Bitkom Research zusammen mit ARIS ein konstant steigendes Interesse an der Nutzung von VR-Ausgabegeräten (Bitkom e.V., 2021, S. 33).

Das Business Coaching von heute täte daher gut daran, sich VR und MR als Hilfsmittel zunutze zu machen. Zum einen, um die zunehmende Digitalisierung als Chance zu betrachten, um selbst die eigene Kompetenz und Professionalität weiterzuentwickeln. Zum anderen, um auf die Bedürfnisse der Klienten von Morgen noch besser einzugehen und von den Vorteilen dieser Technologie zu profitieren.

Literatur:

Bachmann, T. & Steinke, I. (2019). Coaching-Prozesse. In Deutscher Bundesverband Coaching e.V. (DBVC) (Hrsg.): Leitlinien und Empfehlungen für die Entwicklung von Coaching als Profession. Kompendium mit den Professionsstandards des DBVC (5., aktualisierte Auflage). Osnabrück: DBVC. S. 75-96

Becker, E.S. & Hoyer, J. (2005). Konfrontationsbehandlung bei Spezifischen Phobien. In P. Neudeck & H.-U. Wittchen (Hrsg.): Konfrontationstherapie bei psychischen Störungen. Theorie und Praxis. Göttingen: Hogrefe. S. 67-94

Bendel, O. (2021). *Virtuelle Realität. Definition* [wirtschaftslexikon.gabler.de]. In Gabler Wirtschaftslexikon online. Verfügbar am 08.02.2022 unter https://wirtschaftslexikon.gabler.de/definition/virtuelle-real
itaet-54243/version-384511

Bezmalinovic, T. (2021). IKEA Studio: Neue AR-App nutzt Lidar-Scanner des iPhone 12 [mixed.de]. Verfügbar am 21.12.2022 unter https://mixed.de/ikea-studio-neue-ar-app-nutzt-lidar-scanner-des-iphone-12/

Bitkom e.V. (2021). *Die Zukunft der Consumer Technology – 2021. Marktentwicklung & Mediennutzung, Trends & Technologien.* Berlin: Bitkom e.V.

Dürr, T. (2020). *Virtual & Mixed Reality im Business Coaching – Simulationsgestaltung als Indikator zur Sicherung und Beschleunigung von Lerntransfers.* Masterarbeit, Euro-FH Hamburg.

Dürr, T. (2021). Virtual und Mixed Reality im Business Coaching. Sicherung und Beschleunigung des Lerntransfers. In *Coaching Magazin*, 1, 2021. S. 49-53

Gläser, J. & Laudel, G. (2010). Experteninterviews und qualitative Inhaltsanalyse (4. Auflage). Wiesbaden: Verlag für Sozialwissenschaften / Springer Fachmedien.

Gonzalez, D. (2017). Looking to the future of mixed reality – Part I [blogs.unity3d.com]. Verfügbar am 15.02.2022 unter https://blog.unity.com/technology/looking-to-the-future-of-mixed-reality-part-i

Grau, T. (2022). Apple Glasses – das wird die AR-Brille von Apple können [deutscheoptiker.de]. Verfügbar am 11.02.2022 unter: https://www.deutscheoptiker.de/ratgeber/apple-glasses/

Grothus, A., Thesing, T. & Feldmann, C. (2021). *Digitale Geschäftsmodell-Innovation mit Augmented Reality und Virtual Reality. Erfolgreich für die Industrie entwickeln und umsetzen.* Berlin: Springer Gabler/Nature.

IDC (2020). *Prognose zum Absatz von Virtual-Reality-Brillen weltweit bis 2024* [statista.com]. Verfügbar am 08.02.2022 unter https://de.statista.com/statistik/daten/studie/539653/umfrage/prognose-zum-absatz-von-virtual-reality-hardware/

Lindart, M. (2017). Den Blick auf die wirksamen Dinge richten! Neue Erkenntnisse aus der Coaching-Forschung. In Coaching Magazin [coaching-magazin.de online]. Verfügbar am 15.02.2022 unter https://www.coaching-magazin.de/wissenschaft/wirkfaktoren-coaching

SkillsLab Essen (o.D.). (Notfall-) Echokardiographie Basic Augmented Reality (AR) [uni-due.de]. Essen: Medizinische Fakultät Universität Duisburg-Essen / Universitätsklinikum Essen. Verfügbar am 09.02.2022 unter https://www.uni-due.de/~ht0209/lab2014/studierende/kurse/echokardiographie-basics/

Wagner, S. (2019). Virtuelle Konfrontationstherapie. Mit Virtual-Reality-Brille gegen soziale Phobien [deutschlandfunk.de]. Verfügbar am 13.07.2020 unter https://www.deutschlandfunk.de/virtuelle-konfrontationstherapie-mit-virtual-realitybrille.676.de.html?dram:article_id=457374

Wahlster, W. (2016). Künstliche Intelligenz: Overhyped oder unterschätzt? – CeBIT future talk, 14. März 2016. Verfügbar am 31.01.2022 unter https://www.youtube.com/watch?v=77QhkWNOqS8

Kapitel 7
Denken in Szenarien:
Perspektiven einer neuen Coaching-Welt

Uwe Böning & Frank Strikker

Zukunft des Coachings: Glaskugel, Spekulation oder realistische Szenarien?

Wie wir schon am Anfang unseres Buches näher ausführten: Business Coaching hat sich bekanntlich seit den 80er Jahren des letzten Jahrhunderts als Instrument der Personalentwicklung in Unternehmen und öffentlichen Organisationen fest etabliert.

Diese erfreuliche Entwicklung sieht sich nach unserer Einschätzung aktuell mit ungewohnten Herausforderungen konfrontiert, die sich aus politischen, gesellschaftlichen, ökonomischen, ökologischen und demografischen Veränderungen ergeben. Wie die Zukunft des Business Coachings aussehen wird, ist nur schwer abzuschätzen, dennoch ist es notwendig und sinnvoll, verschiedene Perspektiven zu antizipieren und zu prüfen. Denn daraus sind praktische Konsequenzen ebenso zu ziehen wie ausbildungsbezogene, wissenschaftliche, verbandspolitische und gesellschaftlich-politische.

Wenn Coaching eine Zukunft haben will, dann geht es nicht nur ums Nachdenken, sondern auch ums Handeln – für die einzelnen Coaches wie auch für die Kunden und Nutzer von Coaching: ob Einzelpersonen oder Unternehmen und andere Organisationen!

Deshalb haben wir zehn Szenarien aufgestellt, die nach unserer Auffassung realistische Möglichkeiten darstellen, wie sich Coaching, vor allem Business Coaching in den nächsten Jahren entwickeln könnte. Sie sollen zur Selbstreflexion anregen wie zur kritischen Auseinandersetzung mit dem eigenen Handeln – um Wunschvorstellungen und reale Ergebnisse zur Übereinstimmung zu bringen. Das sagen wir als wissenschaftsorientierte Praktiker und praxisinteressierte Wissenschaftler sowie als Beteiligte der Szene.

Selbstverständlich haben wir diese Szenarien nicht völlig frei erfunden, sondern aus eigenen Überlegungen und Anstößen entwickelt – nicht zuletzt von den im Buch vertretenen Autor:innen angeregt.

Was wir vorstellen, soll die Leser:innen animieren, vielleicht auch aufregen. In jedem Fall aber anstoßen, nicht nur die eigene Praxis und die eigene grundlegende theoretische Konzeption, sondern auch die von Kolleg:innen, Befürworter:innen der eigenen Position wie auch glühenden Vertreter:innen anderer Positionen zu überprüfen – natürlich auf Ihre Überlebensfähigkeit (nicht der Personen, sondern der Positionen).

Szenario 1: **Kontinuität – weiter so!**
Der Markt, Unternehmen und einzelne Menschen werden weiterhin Coaching suchen und einfordern. Die Gesamtnachfrage steigt kontinuierlich in kleinen Schritten. Apps und Digitale Coaching Plattformen erweitern das gesamte Angebot an Coaching. Die Verbände werden über unterschiedliche Qualitätsstandards diskutieren, ohne sich – wie bisher – einigen zu können. Im Gegenteil, der Roundtable Coaching verliert an Mitgliedsverbänden und an Stellenwert. Der deutsche Sonderweg im Coaching mit vielen Verbänden sowie einer gegenseitig kritischen Distanz zwischen Praxis und Wissenschaft bleibt erhalten, obwohl sich einzelne deutsche Verbände an internationalen Entwicklungen orientieren werden. Coaching entwickelt sich in Unternehmen zu einer erwünschten und notwendigen Managementkompetenz. Das 1x1 des Coachings wird von Führungskräften als grundlegende Fähigkeit erwartet. Business Coaching wird von Coaching im Alltag förmlich überrannt. Die Zahl der qualifiziert ausgebildeten Coaches wird sich nicht nur auf die aktiven Coaches in und für Unternehmen konzentrieren. Coaches bevölkern den Markt in vornehmlich kleinen Gruppierungen oder als Einzelunternehmen. Die Offenheit des Begriffs „Coaching" und das Fehlen von staatlich anerkannten Zulassungsvoraussetzungen werden dazu führen, dass sich Coaches in allen möglichen Anwendungsfeldern tummeln werden und jede Form von Beratung und Hilfe mit dem Wort Coaching verknüpft werden wird. Agile Coaches werden die Methoden weiterhin z.T. gravierend verdrehen und sich persönlich mit dem Begriff per Selbsternennung adeln.

Szenario 2: **Abstieg**
Der Coachingbedarf steigt und forciert dadurch die Verwässerung und Unkenntlichmachung von Coaching. Coaching ist nicht nur ein

Containerbegriff, Coaching wird zum Alltagsbegriff und jede Form des Zuhörens, Ratgebens und Miteinander-Redens wird als Coaching bezeichnet. Dabei verliert das Coaching jeden professionellen Charakter. Erfahrene und erfolgreiche Coaches entdecken für ihre Aktivität einen neuen Begriff, um sich von den populistischen, unerfahrenen, scharlatanerieverdächtigen und naiven Coaches abgrenzen zu können. Die extrem steigenden Zahlen des Allgemeinen oder des Life Coachings in der Form von weltweit agierenden Coaching Plattformen (siehe z.b. Happyfy, BetterUp, BetterCoach, CoachHub etc.) weisen genau auf diesen Weg hin. Coaching ist überall, verliert aber dadurch seine Spezifika, seine Professionalität, verflüchtigt sich als Begriff und wird unkenntlich. In fünf Jahren jungen Menschen zu erklären, was Coaching ist, wird ein vergebliches Unterfangen werden, weil es Tausende von unterschiedlichen Verständnissen und Qualifikationen gibt. Vielleicht werden sie assoziieren, dass Coaching dann einfach der Überbegriff für jede Art von Gespräch ist. Damit hätte die Verbreitung des Begriffs „Coaching" einen ungeahnten Erfolg, das professionelle Anliegen von Coaching hätte sich aber aufgelöst im Nirwana der alltäglichen Interaktionen.

Szenario 3: **Coaching als Medizin**

Die Auswirkungen der VUCA Welt spüren Mitarbeitende und Führungskräfte gleichermaßen, vor allem müssen sie sich mit zunehmender Unschärfe, Unsicherheiten, Flexibilität und Ambiguitäten beschäftigen. Coaching kann dem Individuum zwar einen persönlichen Halt bieten und die Burnout Rate reduzieren, die Form der Zusammenarbeit jedoch, den ökonomischen Druck und den Wettbewerb im Markt nur im Rahmen der Gegebenheiten beeinflussen. Coaching wird in Organisationen genutzt, um Menschen resilienter und agiler zu machen, um ihre Fähigkeiten zu stärken, in schwierigen Zeiten gute Entscheidungen treffen zu können und um Führungskräfte prophylaktisch auf Krisen und Konflikte vorzubereiten. Selbstverständlich wollen die Unternehmen die Zusammenarbeit der Mitarbeitenden zum Erreichen von erfolgreichen Leistungen verbessern. Ähnlich wie in der Medizin, die zum einen eingesetzt wird als Impfung, um den Körper gegen potenzielle Krankheiten zu immunisieren oder zum anderen als Heilung, wenn sich im Körper bereits eine Krankheit ausgebreitet hat, könnte Coaching beide Felder abdecken – Impfung wie Heilung. Im Kern stehen – wieder ähnlich zur Medizin – Prophylaxe oder Gesundung im Hinblick auf die Leistungsfähigkeit für das Unternehmen. Die

Neurowissenschaften generieren permanent erstaunliche Erkenntnisse über die Arbeits- und Lernweise des Gehirns – vor allem bei der Diagnostik-, die sukzessiv in die Arbeit von Coaches einfließen. In Anlehnung an die Medizin werden personalisierte Dareichungsformen an Stellenwert gewinnen. Dies wird durch Sammlung ungeheuer vieler Daten in Coaching-Prozessen durch personalisierte Coaching-Formate via Digitalisierung ermöglicht.

Szenario 4: Aufspaltung des Marktes (für Business Coaching)
Die Differenzierung des Coachingmarktes schreitet voran und bewirkt eine Aufspaltung des Marktes in sieben z.t. sehr unterschiedliche Segmente, wobei sich drei Segmente auf den mehr oder weniger bekannten Bereich des Business Coachings beziehen:

1. Niederschwellige Angebote mit niedrigem Honorar, Coaching Apps und den bevorzugten zeitlich begrenzten Angeboten der DCPs besonders zur allgemeinen persönlichen Entwicklung in neuen herausfordernden Situationen
2. Qualifiziertes Coaching als hybrides oder überwiegend digitales Format für Führungskräfte bis zur mittleren Führungsebene
3. Hochqualifiziertes Coaching für Top-Führungskräfte in nur z.T. hybriden Formaten mit exklusiven Coaches
4. Coaching in der Arbeitsmarktpolitik mit eigener gesetzlicher Zielsetzung und Legitimierung
5. Schillerndes Coaching von Coaches/Coachinnen mit unklarer Qualifikation und Zielsetzung
6. Fachbezogene Beratung mit lediglich laviertem Coaching-Anspruch, d.h. Fachberater verschiedener Couleur, die ihre klassische Fachberatung mit dem Begriff Coaching deklarieren
7. Avatar-avisierendes Coaching auf KI-Basis als experimentelle Zukunftsvision technologischer und gesellschaftlicher Entwicklungen

Im Coachingfeld gewinnt Business Coaching als hochgeschätztes Statussymbol weiterhin an Bedeutung: Wer sich einen (menschlichen) Coach ‚leisten kann', steht oben auf der Anerkennungsleiter.

Außerdem verschiebt sich die Diskussion über Qualität und Zielsetzung von Coaching zunehmend von der eher betulichen und selbstgenügsamen aber betont werteorientierten Ausbildungsorganisation in der Fach-Szene hin zum ungesteuerten Markt und einer medialen Öffentlichkeit, die immer mehr anhand einer verbalen

Marketing-Artistik über Erfolg und Aufträge entscheidet. Bisherige Zertifikate, Coaching-Ausbildungen oder Credits von Hochschulen sind nur ein erster formaler Zugang in einen offenen und turbulenten Markt. Netzwerke, Referenzen, Erfahrungen, Kontakte und gutes Marketing beeinflussen den Erfolg der Coachingaktivitäten am Markt deutlich stärker als wissenschaftliche Ergebnisse. Die Themen und Zielgruppen im Coaching aber werden gleichzeitig immer weiter differenziert, wobei die Frage ist, ob und wo hier eine akademisierte Ausbildung zu verorten ist – und für wen sie wichtig oder gar ausschlaggebend sein wird.

Als Hauptmerkmal entwickelt sich ein doppelter Fokus: ein Massenmarkt für das normale Coaching und ein exklusiver Markt für Top- und Seniormanager.

In diesen Teilmärkten werden Marketing-affine Coaches – zumindest auf ihrer Homepage – ihren jeweiligen USP und ihre Spezialkenntnisse betonen. Die Inhalte und die Bewertungen von Coaches werden im Internet zunehmend durch Algorithmen bestimmt, veröffentlicht und letztlich gesteuert, von denen nur wenige wissen, wie sie überhaupt zustande kommen. Irgendwann dürfte die Sternchen-Bewertung von Restaurants und Ärzten zum Vorbild auch für die verschwiegen kaufbaren Coaching-Bewertungen werden.

Das vierte Segment aber speist sich aus dem ganz anderen Feld: dem Feld der Arbeitsmarktpolitik. Bemerkenswert sind die folgenden Tatsachen: Es gibt die schriftlich fixierten Koalitionsvereinbarungen der aktuellen Bundesregierung (siehe den Koalitionsvertrag von 2021, S. 76), das „Teilhabechancengesetz" von 2019 und den aktuellen Entwurf zum Bürgergeld, die Coaching als eine Aktivität benennen, die ausgewählten Personen, meist jungen und Orientierung suchenden Menschen oder Langzeitarbeitslosen helfen soll, im Arbeitsmarkt überhaupt oder wieder Fuß fassen zu können. Dabei wird „Coaching" in diesem Feld als ganzheitliche beschäftigungsbegleitende Betreuung verstanden (Teilhabechancengesetz, S. 15) und unterscheidet sich damit grundlegend vom herkömmlichen und üblichen wissenschaftlichen Verständnis des Business Coachings bzw. von Coaching überhaupt in den anderen Feldern und in der Fachliteratur: Coaching wird hier z.B. explizit mit Sanktionen in Verbindung gebracht (Koalitionsvertrag 2021, S. 76).

Szenario 5: **Professionalisierung der Coachingqualifikation**
Coaching-Aus- und Weiterbildungsinstitute, Hochschulen und Verbände vernetzen sich, stimmen ihre derzeit unterschiedlichen Qualifikationsvorstellungen miteinander ab und formulieren einen verbindlichen Standard für Qualität und Professionalität. Es werden Mindestanforderungen zeitlicher, formaler und inhaltlicher Art fixiert. Aus diesen Diskussionen heraus entwickelt sich ein Curriculum, das den Schutz der Profession Coaching sehr gut begründen kann. Coaching erhält die Anerkennung als eine Profession für Selbständige und Freiberufler. Staatliche Anerkennungen sichern den Titelschutz und eine hochwertige Qualifikation der Coaches. Möglicherweise gibt es etwas Vergleichbares auch für firmenintern arbeitende Coaches. Die EU wird der Treiber dieses Prozesses sein, dem die Mitgliedsländer nachfolgen werden. Bereits aktive Coaches erhalten in einer Art rückwirkender Amnestie ihren Schutz als Professionelle, alle neu hinzukommenden Coaches benötigen eine klar definierte Ausbildung, wenn sie Coaching als Dienstleistung anbieten wollen. Mit dem Schutz des Begriffs bzw. der Tätigkeit entstehen völlig neue Ausbildungsangebote mit Modulen und aufbauenden Qualifikationen mit Zertifikaten nicht nur privater Ausbilder, sondern mit staatlich anerkannten Abschlüssen. Bei diesem Szenario ist vorstellbar, dass insbesondere das Gesundheitscoaching noch weiter expandiert und als Angebot von Krankenversicherungen berücksichtigt wird, was zur Einführung einer tariflichen Regelung führen könnte.

Szenario 6: **Relaunch von Business Coaching**
Wenn das Coaching Kommunikation und Zusammenarbeit in Organisationen verändern will, muss es sich inhaltlich und vom Selbstverständnis her anders aufstellen: Vom affirmativen Mitläufer und Optimierer bestehender Verhältnisse wird das Coaching zum gewichtigen Influencer der persönlichen Entwicklung und zum erfolgsbeitragenden Faktor in Unternehmen und Organisationen werden. Coaching wird sich stärker inhaltlich positionieren, einen umfassenden Wertekanon entwickeln, klare Ausbildungsstandards formulieren, sich abgrenzen von reinen Selbstsoptimierungsanliegen der Kund:innen – und sich hinwenden zu einer gesellschaftlichen Orientierung, die Nachhaltigkeit, sozialen Ausgleich und individuelle Zufriedenheit gleichermaßen verknüpft. Da wissenschaftliche Untersuchungen mittlerweile klar nachweisen können, dass und wie Coaching wirkt – und damit das Legitimationsproblem von Coaching ad absurdum geführt haben –, könnte sich Coaching

(laut-)stärker „einmischen". Einmischen würde als erste Forderung bedeuten, die scheinbar ‚vornehme' inhaltliche Zurückhaltung des „Hilfe-zur-Selbsthilfe"-Verständnisses aufzugeben, sich nicht den Anliegen, Zielen und Wünschen von Kund:innen „einfach" unterzuordnen', sondern Kund:innen inhaltlich zu fordern, ggf. zu konfrontieren und nicht nur auf ihr persönliches Verhalten und Wohlbefinden reflexiv anzusprechen. Darüber hinaus übernimmt Coaching die Aufgabe, die Kund:innen auf die Wirkung ihres Verhaltens und ihrer Entscheidungen im Hinblick auf die gesellschaftliche, ökonomische und ökologische Umwelt aufmerksam zu machen – und diese kritisch zu hinterfragen. Coaching könnte die Chance nutzen, selbst Einfluss zu nehmen und damit im Rahmen seiner professionellen Rolle auch Verantwortung zu übernehmen. Coaching verbindet sich mit PE- und OE- bzw. Change-Konzepten zu neuen Produkten und Formaten, die einen Rahmen bilden von der Arbeit mit Einzelnen und Teams bis hin zu Unternehmen/Organisationen, denen permanente Einstellungs- und Mindset-Veränderungen bevorstehen. Coaches werden sich zu einer Position bekennen, wenn sie Personen coachen, die bedenkliche bis hin zu sozial, ökonomisch oder ökologisch schädliche Zielsetzungen verfolgen. Wohlgemerkt, wir sprechen hier insbesondere von Business Coaching und den Kund:innen in diesen Aktivitätsfeldern. „Einmischen" würde als zweite Forderung bedeuten, dass die Verbände ihre Stimme bei gesellschaftlich relevanten Veränderungen erheben. Corona hätte bereits viele Chancen geboten, sich als professionelle Verbände zu Wort zu melden. Aus dieser Perspektive könnten die Coaching-Verbände die beobachtbaren Veränderungen im Alltag, im Zusammenleben und -arbeiten der Menschen von Homeoffice, über Vereinzelung bis hin zu digitalen Arbeitsprozessen öffentlich und medial kompetent kommentieren. Ein Beispiel: Eine Kernkompetenz von Coaching ist, verschiedene Perspektiven zu betrachten, zu reflektieren und auszuwerten. Diese Kompetenz zu nutzen und auf eine gesellschaftliche wie politische Kultur rechtzeitig vor und in Krisen anzuwenden, wäre eine verdienstvolle Aufgabe. Der aktuelle gesellschaftspolitische Diskurs angefangen von den finanzielle Unterstützungsprogrammen für Griechenland über Corona bis zur Ukraine zeigt, mit welchem Tempo einerseits (vor-) schnelle Bewertungen um sich greifen und andererseits ein erstaunlicher Konformismus entsteht.

Szenario 7: **Disruptive Veränderung**

Coaching erlebt durch die Digitalisierung einen neuen Hype. Jüngere Führungskräfte und Mitarbeitende nutzen eine Coaching-App, um sich selbst zu optimieren. Ebenso greifen sie niederschwellige Angebote der Digitalen Coaching Plattformen/Provider auf. Die Unternehmen lassen ihre Coachings durch die Digitalen Coaching Plattformen/Provider organisieren und nutzen diesen Outsourcing Prozess, um in einem zweiten Schritt alle Human Ressource Aktivitäten an eine Plattform ihrer Wahl zu übergeben. Kleine Coachingunternehmen werden zunehmend aus dem Markt gedrängt. Einzelne Coaches können nur noch über eine Digitale Coaching Plattform an Kund:innen herantreten. Es bedeutet eine „Ubernisierung" des Coachingmarktes, d.h. einzelne selbständige Coaches ‚verkaufen' sich an eine oder mehrere Plattformen/Provider und verlieren den Marktkontakt zum Kunden. Die Atomisierung der Coaches nimmt ihren Verlauf, inclusive aller Risiken, denn – die DCPs werden zwar den Markt regulieren, aber kaum/keine Coaches anstellen. Die Plattformen definieren durch die Auswahl der Coaches vorerst ihre eigenen Qualitätsansprüche, später bestimmen sie generell die Qualitätsansprüche im Coachingmarkt. Die Plattformen werden anhand der von ihnen selbst definierten Algorithmen Rankings veröffentlichen, bei denen die Bewertungskriterien nur teilweise bekannt sind. Coaches können sich einkaufen, um im Ranking besser platziert zu werden. Die Steuerung des Verhaltens folgt den Algorithmen der großen IT- / Social Media-Konzerne, die den Verkauf neuer Produkte mit sozialer Kontrolle und Lebensgefühl-Dienstleistungen mit Coaching-glänzender Oberfläche adeln.

Da Plattformen primär an monetären Gewinnen interessiert sind, wird ein Wettbewerb entstehen, der den üblichen kapitalistischen Marktprozessen entspricht: Fusionen, Aufkäufe, Pleiten, Neugründungen, Erwartungen von Kapitelgebern, Return on Invest etc. Datenschutz existiert nur offiziell und formal in den rechtlichen Vereinbarungen. Da andererseits ohnehin alle Informationen im Netz zu finden sein werden, erscheint Datenschutz als ein Relikt von „Old School" – besser gesagt: der „Old -World" des noch animalischen Menschen vor der transhumanistischen Veränderung.

Die Digitalisierung von Coaching impliziert auf Dauer eine Digitalisierung und Vereinzelung von Lernen und Weiterbilden in den Unternehmen/Organisationen. Lernen, Weiterbilden, sich Verändern geht in die reine Eigen-Verantwortung des Einzelnen über. Unternehmen begrüßen die Aktivitäten des Einzelnen zwar, fühlen sich aber als Organisation nur noch verantwortlich für dringend notwendige Maßnahmen, die der Wertschöpfung des Unternehmens dienen. Coaching fördert singuläre Zielsetzungen von Menschen, die sich in einer spezifischen Fähigkeit verbessern wollen (z.B. bei einer Rede oder bei der Bearbeitung von Konflikten). Das Interesse, sich selbst als Gesamtpersönlichkeit zu entwickeln, geht in diesem Prozess der individuellen und partiellen Selbstoptimierung verloren. Optimiert werden soll nur, was sich auch ‚auszahlt' bzw. „valorisiert" wird (Reckwitz 2017/19). Die digitale Lernform forciert das Lernen in kleinen Häppchen wie bei YouTube. Jüngere Personen werden beim Lernen die direkte Verwertbarkeit in den Vordergrund stellen und werden wissen, wie sie diese Lernsequenzen im Dschungel der Coachingangebote virtuos und präzise abrufen können. Coaching wird als Produkt digitalisiert, standardisiert und verkürzt – und damit Ausdruck einer konformistischen und konsumorientierten Massengesellschaft. Leicht verständliche Erkenntnisse der Neurowissenschaften finden Eingang in die Szene. Vor allem Influencer und Konzerne nutzen die Möglichkeiten des operanten Konditionierens, des Modellernens und der Digitalisierung. Sie tragen zur Entwicklung einer einfach positiv denkenden und selig lächelnden Massengesellschaft bei.

Szenario 8: **Coaching als Seismograf**
Veränderungen in zwischenmenschlicher Kommunikation und Interaktion erleben wir bereits heute. Homeoffice und social distancing zeigen auf, wie Menschen in den letzten zwei Jahren die Handhabung ihrer Kontakte verändert haben. Distanz über Entfernungen im virtuellen Raum und Distanz bei Nähe in einem analogen Raum beeinflussen zumindest in unserem Kulturraum die Bildung von Vertrauen, Vereinbarungen und Verlässlichkeit. Unternehmen können bei Homeoffice zwar finanzielle Ausgaben für Büroräume etc. sparen, spüren aber auch, wie die Qualität der Zusammenarbeit sich substanziell verändert. Analoge Treffen und Beziehungen sind anders als virtuelle. Allen Lobeshymnen zum Trotz, was im digitalen Raum alles möglich ist, wird sich die Zusammenarbeit der Menschen verändern. Coaching könnte hier einen Weg weisen, wenn es gelingt, die Unterschiede zwischen analogem und digitalem Coaching präzise zu beschreiben, den jeweiligen Nutzen herauszustellen und nicht in vereinfachte und pauschale Bewertungsmuster abzugleiten. Die Kompetenz von Coaches, die aufgrund ihrer Qualifikation und Professionalität Expert:innen sind für Sprache, Körpersprache, mentale Prozesse etc., könnten von großem

gesellschaftlichem Nutzen sein. Coaching und vor allem seinen professionellen Vertreter:innen könnte es gelingt, die Auswirkungen, Vor- und Nachteile der einen wie der anderen Art der Kommunikation und Interaktion herauszuarbeiten und damit unsere Gesellschaft seismografisch und rechtzeitig auf die begrenzten bis radikalen Veränderungen aufmerksam zu machen – und so gesellschaftliche Verantwortung mit Nachhaltigkeit verbinden.

Szenario 9: **New World**
Coaching entfaltet sich nur noch im digitalen Raum, weltweit, ortsunabhängig, zeitlich flexibel. Avatare bestimmen das Coaching, Algorithmen steuern den Matchingprozess zwischen Kund:innen und Coach – oder gibt es gar keinen Coach mehr? Die Künstliche Intelligenz (KI) erledigt alles, vom Erstkontakt über den Coachingprozess bis zur Abrechnung. Ob ein realer Mensch überhaupt involviert ist, erfährt der/die Kund:in nicht mehr. Es ist ihr/ihm wahrscheinlich sogar egal, Hauptsache, sie/er kann sein Anliegen realisieren. Coaching wird in Form der VR- Technologie nur noch technisch verfeinert. Einen gewissen Einfluss haben die Erkenntnisse der Neurowissenschaften, die auf Veranlassung von Psycholog:innen von den Programmierer:innen unmittelbar in die Coachingprogramme eingearbeitet werden. Da kein Coach mit einem Avatar und der Kompetenz der KI konkurrieren kann in Diagnostik, Gesprächsführung wie auch der Coaching-Intervention selbst, wird sich bei dieser Zukunftsperspektive die Zahl der Coaches radikal reduzieren. Schließlich bleibt ihnen als Berufsperspektive nicht viel mehr übrig als die Karriere von Fußpflegern oder Lieferando-Selbstständigen.

Szenario 10: **New Culture**
Nicht Coaching verändert sich! Die Kommunikation von uns allen verändert sich! Informationen, Ratschläge, Hinweise, Reflektionen: alles das holen wir uns konsequent aus dem Netz. Immer dann und zwar sofort, wenn wir es gerade als notwendig erachten. Coaching braucht niemand mehr, da ja alle Informationen jederzeit abrufbar sind. Coaching wird nur noch interessant für den, der sich selbst coachen will. „Ich" muss also nur lernen, wie ich im Netz die Dinge finden kann, die mich berühren, interessieren, voran bringen. „New Culture" bedeutet: „Anything goes". Eine begriffliche Zuordnung, was Coaching ist und was nicht, wird völlig überflüssig. Die Gesellschaft wird digitalisiert, sie kommuniziert über viele Kanäle. Im Homeoffice bzw. von zu Hause bin ich im Kontakt weltweit mit Freundinnen und Freunden. Die virtuelle Welt ermöglicht, diese

Kontakte dauerhaft zu halten. Reisen ist schön, aber nicht mehr notwendig. Doch der weltweite Kontakt absorbiert meine Energie und ich verliere den Kontakt zu meinen Nachbarn und im Quartier. Analoge Treffen werden die Ausnahmen sein und sogar als ungewöhnlich charakterisiert. Warum sollte man sich ‚der Gefahr' eines direkten persönlichen Kontaktes ausliefern, wenn virtuell und mit KI doch alles ausgetauscht und besprochen werden kann? Vertrauen, Zusammenarbeit, Kollaboration, Verbindlichkeit, Dinge, die dem ‚analogen Menschen' wichtig waren, verschieben sich von den an die Person gebundenen Charaktereigenschaften hin in das Netz. Das Vertrauen in die digitale Technik, in ihre Verbindlichkeit, ihre Kollaborationsmöglichkeiten und ihre Leistungsfähigkeit wird die menschlichen Komponenten übertreffen. Als Kriterium für die Messbarkeit von Vertrauen gelten nicht mehr der Blick in die Augen des Gegenübers oder der Handschlag oder eine komplizierte Art der zwischenmenschlichen Kommunikation. Es kristallisiert sich heraus, dass bei New Culture etwas entscheidend wichtiger sein wird: Nicht mehr die animalische Menschenähnlichkeit aus dem vorigen Jahrhundert, sondern die Fähigkeit, mit den zeitgemäßen, innovativen und professionellen Tools und der entsprechenden Software zu arbeiten, bestimmt den Alltag. Und die Maschinen erinnern sich fröhlich daran, dass es früher vor vielen Jahren eine Spezies gab, die schon gewisse Ähnlichkeiten mit ihnen selbst hatte.

Conclusio: Szenarien bieten die Freiheit, das Risiko und die Offenheit der Betrachtung. Ob sie eintreten werden oder als verquere Gedanken abgetan werden können, wird sich zeigen. Es kann auch gut sein, dass wir verschiedene, vielleicht sogar einander widersprechende Entwicklungen im Coaching und im Business Coaching im Speziellen erleben werden.

Literatur

Koalitionsvertrag 2021
Teilhabechancengesetz BT DRS 19/4725
Reckwitz, A. (2017): Die Gesellschaft der Singularitäten. Berlin. Suhrkamp
Reckwitz, A. (2019): Das Ende der Illusionen. Berlin. Suhrkamp

Uwe Böning & Frank Strikker

Schlusswort:
Aufforderung zur Diskussion

Was soll man als Herausgeber am Ende eines Sammelbandes wie dem vorliegenden noch sagen, was nicht schon von den anderen Autor:innen selbst ausgesprochen wurde?

Die Vielfalt der Perspektiven, Aussagen und Schlussfolgerungen sind so reichhaltig – und an vielen Stellen auch überschneidend, dass eine bloße Zusammenfassung als zu wenig erschiene. Also geht unsere Intention dahin, eine inhaltliche Struktur zu entwickeln, die über die bloße Benennung der Kapitel und ihrer zentralen Inhalte hinausgeht.

Es bestätigt sich in der Wiederholung vieler Aspekte ein Bild, das die Kenner:innen der Szene nicht überraschen kann:

Einladung zu nachdenkenswerten Beobachtungen und Annahmen

Teil A: Die Digitalisierung

- Eine heterogene Szene, die in der Vielfalt der benannten Aspekte des Coachings nur noch schwer überschaubar ist.
- Als einer der Haupttrends der letzten 2 – 3 Jahre wird die durch die Corona-Krise disruptiv befeuerte Digitalisierung des Coachings und die langsame Vorbereitung auf die virtuelle Welt der Arbeit wie des Privatlebens sichtbar.
- Die Vorteils- und Nachteilsabwägung der unterschiedlichen Formate Face-to-Face-Coaching im Unterschied zum Digitalen Coaching weicht spürbar einer wachsenden Aufnahme und Umsetzung der Coaching-Tätigkeit in der digitalen Variante: An dieser technischen Entwicklung geht kein Weg mehr vorbei. Die vermutlich umfangreichsten Auswirkungen werden in den nächsten Jahren die Aktivitäten von Metaverse, ehemals Facebook, mit sich bringen.
- Die Bewertungs-Auseinandersetzungen über den Weg zeigen eine sich verändernde Tonalität: Der persönlichen Begegnung im Coaching mit einem gewissen Erlebnischarakter wird zunehmend eine zahlenmäßig geringere

Ausbreitung und inhaltliche Bedeutung zugeschrieben zugunsten einer funktionalen Machbarkeit und Nachbildbarkeit des zwischenmenschlichen Erlebens in einer virtuellen bzw. fiktionalen Welt. Anders gesagt: Das Erleben wandert von der analogen in die virtuelle Welt.

- Es nähert sich dem Unterschied zwischen Film und Wirklichkeit. Oder dem Unterschied zwischen Sexualität mit körperlicher Berührung oder dem in der Vorstellung. In beiden Fällen sind innere Berührtheit, Bewegung und reale Folgen zu beobachten. Ob sie sich aber annähern oder gar gleichen, hängt stark vom Erlebnisbedarf und der Erlebnisfähigkeit der Beteiligten ab.
- Ähnlich dürfte sich die künftige Entwicklung im Markt für Coaching abspielen: Eine Spannung zwischen der Demokratisierung des Coachings einerseits und der Bildung spezifischer Milieus oder Eliten andererseits ist nicht zu übersehen.
- Die Marketingformen und Werbeversprechen gleichen sich entsprechend an. Die „Feindbilder" der unterschiedlichen Milieus ebenfalls: Erinnerungen an das anscheinend vergehende Zeitalter des Humanen auf der einen Seite und paradiesische Versprechungen über das glückliche Leben in den virtuellen Welten und den technischen Möglichkeiten auf der anderen Seite. Old School vs. New Work könnte man auch sagen. Oder, um ein Bild aus der Konsumwelt heranzuziehen:
Manufaktum vs. High-Tech-Coffee-Shop von Starbucks in Shanghai.

Teil B: Der künftige Markt

- Einzelhandel, vielleicht sogar vornehmer Einzelhandel gegen Discounter oder Großhandel? So könnte man den gerade gespürten Sprung von den Solounternehmern im Coaching in das Zeitalter der Coaching-Plattformen (DCPs) auch beschreiben.
- Es scheint sich hier eine Frontlinie zu wiederholen, die wir schon im Verhältnis zwischen dem traditionellen Coaching und dem Digitalen Coaching gesehen haben:
Ein kurze Zeit des Gegenüberstehens und des ablehnenden Vergleichs mit jeweils selbstrechtfertigenden Begründungen – und nun, kaum hat man sich näher kennengelernt, schon findet ein Run auf die angebliche, vorgegebene, zumindest aber vorgestellte Zukunft statt: Kaum hat man die

Marktmacht der Plattformen gespürt und die eigene Akquisitions-Ablehnung wie Akquisitions-Schwäche registriert, schon findet eine fast jubelnde Zustimmung statt – zumal man die eigene Organisations- und Abrechnungs-Aufgabe gerne delegieren möchte: Warum nicht an die Plattformen?
- Der lange gehegte Traum von der erfolgreichen Soloselbständigkeit, die sich in der Realität nur schwer umsetzen ließ, weicht dem Traum von der besseren Auftragslage durch eine mächtigere Marktmacht als man sie selbst aufbringen könnte.
- Wird dies wirklich die Realität des sicheren Hafens – oder bleibt es nur der Traum von einem besseren Arbeiten mit „Digital von Home-Office und New Work"?
Kann man sich glücklich schätzen, als freier Selbständiger mit niedrigerem Honorar wenigstens gute Arbeit zu machen oder droht morgen vielleicht schon die eigene wirtschaftliche Situation von modernen Lieferando-Essensfahrern, die an die Rikscha-Fahrer in Asien erinnern, die gut betuchte Mental-Touristen zum nächsten Erfrischungskurs in Resilienz und Work-Life-Balance fahren... ?
- Zu erwarten ist die Aufteilung in mehrere große thematische Schwerpunkte, zu denen die folgenden gehören:
  1. Der Gesundheits- und Wellness-Markt
  2. Der HR-Markt mit outgesourcten HR-Bereichen
  3. Der Business Markt mit integrierten Diagnostik-, Coaching-, PE- und OE-Leistungen
- Oder führt die Marktentwicklung der Plattformen über Coaching hin zu einem differenzierten Leistungsangebot für die künftig verödeten HR- Bereiche von Unternehmen – oder gar zu deren Outsourcing? Vermutlich: ja! (Strikker 2022)
- Business Coaching wird sich öffnen und erweitern müssen um die Kenntnisse, Erfahrungen und Learnings aus Organisationsentwicklung und Change Management. Die Verbindung, Integration und Synergien der leider oft getrennt gedachten Themen- und Aktivitätsfelder könnte einen Schub für alle generieren.
- Eine weitere Option bieten die Erkenntnisse der Neurowissenschaften, die die Wirkung von Coaching begründen oder auch verwerfen können. Medizinische und neurowissenschaftliche Innovationen werden Coaching positiv ‚unter Druck' setzen und die Verwendung wie Begründung von

- ausgewählten Tools, Interventionen, Übungen etc. neu reflektieren lassen.
- Es ist anzunehmen, dass sich Plattformen in Richtung einer verstärkten Kombination – oder besser gesagt: Integration – von Coaching, Personal- und Organisationsentwicklung entwickeln. Aus der ökonomisch getriggerten Verknüpfung dieser unterschiedlichen Bereiche könnte eine verstärkte praktische wie theoretische Neukonzeption des Veränderungsmanagements werden, die aus dem zufallsbedingt abgerufenen Einzelwissens-Beständen und -Techniken von Solokünstlern des Coachings eine unternehmens- bzw. eine organisationsbezogene Gesamtkonzeption für die Veränderung von Organisationen schmiedet.
- Abzuwarten bleibt, ob aus der ungeliebten Zusammenarbeit von Solokünstlern, die eher Unternehmen vermieden haben oder aus ihnen geflüchtet sind, um als Selbständige dorthin wieder phasenweise zurückzukehren zu dem, was sie eigentlich suchen: nämlich die Zusammenarbeit mit Menschen, um in deren Unterstützung den Purpose für ihr Leben zu finden.
- Plattformen könnten u.U. zur Schmiede von Teamarbeit und Methodenintegration werden mit dem Ziel, machtvolle und effektvolle Verbesserer der permanenten Entwicklungsarbeit der Einzelnen im gesamthaften Auftrag von Organisationen werden. Die Plattformen also als Ankerstellen für das künftig neu organisierte lebenslange Lernen und Arbeiten von Beratungsleistern, die ohnehin ihre Arbeit für Coaching nur zu etwa einem Drittel ihrer Arbeitszeit aufwenden. Zumindest lassen die Daten aus den beiden letzten Umfragen von Rauen (2021: 33,19 %) und Middendorf (2022: 30%), die sich beide auf das Jahr 2021 beziehen, diese Interpretation zu.
- Bleiben die Abschlussfragen: Wer macht die strategischen Pläne der Plattformen? Und über welche Strategie-Kompetenzen verfügen die heutigen Coaches?
- Bemerkenswert und in einer gewissen Hinsicht erfreulich ist es, dass Coaching im Rahmen der Gesetzgebung immerhin schon genannt und verwendet wird. Kritisch muss aber aus einer fachlichen wie politischen Perspektive bemängelt werden, dass hier im arbeitsmarktpolitischen Zusammenhang eine klare Definition und eindeutige qualitative Kriterien für Coaching fehlen. Die Arbeitsmarktpolitik hat die fachlichen Diskussionen der „eigentlichen"

Coachingszene schlicht überholt und setzt Fakten (Teilhabechancengesetz), die nur wenigen Beteiligten bekannt sind. Gerade die angesprochene Verbindung mit Sanktionen (Koalitionsvertrag 2021, S. 76) zeigt bei aller Werthaltigkeit der sozialen Unterstützung deutlich, dass sich die ‚klassische' Coachingszene der im Business Aktiven und der in der Arbeitsmarktpolitik Aktiven in ihrem Verständnis von Coaching grundlegend voneinander entfernt haben. Es ist durchaus keine Übertreibung, hier von Parallelwelten zu sprechen, wenn Coaching einerseits in einem Gesetz bzw. den weiteren Erläuterungen genannt wird, andererseits aber die entsprechenden Definitionen wie fachbezogenen (Qualifikations-) Regelung fehlen und in der Fachöffentlichkeit wenig bis gar nicht bekannt sind!

Die hier auftauchende Frage ist, welcher Verband oder wer von den anderen Szene-Beteiligten diese politischen Entwicklungen und ihre fachlichen wie politischen Implikationen mitbekommen oder vielleicht sogar mitbedacht und mitgestaltet hat?

Und die andere spannende Frage ist natürlich, wie sich die hier aufgerissenen Fakten und Tendenzen in der Zukunft weiterentwickeln werden. Anders gefragt: Wer und was wird sich in Bezug auf Coaching durchsetzen in den fachlichen, marktbezogenen, politischen und rechtlichen Regelungen, die das Coaching in der Zukunft ausmachen werden? Man darf nicht nur gespannt sei: Wir sind es!

Teil C: Die politisch-gesellschaftlichen Rahmenbedingungen

- Im einführenden Teil unseres Buches haben wir die Entwicklung des Coachings als ikonografische Kulturfigur der Werteentwicklung unserer westlichen Gesellschaft in den vergangenen 40-50 Jahren skizziert: Ein halbes Jahrhundert im Zeichen des sich entwickelnden Wertesystems, das sich auf das Individuum konzentrierte und seine Potentialausschöpfung nicht nur in großer Freiheit zuließ – sondern sie auch wollte und suchte.
- Während der Corona-Pandemie hat es genügend Anlässe gegeben, sich aus Coaching-Sicht mit den gesellschaftlichen Folgen und den politischen Abläufen der Pandemie-Bewältigung auseinanderzusetzen und sich kritisch zu positionieren. Aus unserer Sicht wäre das eine wesentliche Aufgabe der Verbände gewesen, denn diese politische

Positionierung hätte aus unserer Sicht überhaupt nichts mit der gebotenen Neutralität der Coaches gegenüber den Coaching-Partnern im einzelnen Coaching-Prozess zu tun gehabt.

- Noch bis zum Jahr 2021 gab es in verschiedenen Fachgruppen des DBVC Veranstaltungen und Diskussionen über die weitere Entwicklung des Coachings. In diesen haben wir persönlich die Notwendigkeit einer vertieften Auseinandersetzung mit den politisch-gesellschaftlichen Rahmenbedingungen betont. Dabei wurde als Einstieg gerade das Thema Nachhaltigkeit diskutiert, über das Böning, Möller und Giernalzcyk in der OSC (2021) einen entsprechenden Artikel veröffentlicht hatten. Unsere Erfahrungen lassen sich vereinfacht, aber zutreffend auf den folgenden Nenner bringen: Die politische Debatte ist aufgrund der Entwicklung in den vergangenen Jahren wieder zurück auf dem Parkett.
Waren es in den 60-er Jahren in den USA die Bürgerrechtsbewegung und der Protest gegen den Vietnam-Krieg, so waren es in Deutschland neben dem Vietnam-Krieg vor allem die Auseinandersetzung mit den alten Autoritäten der Nazi-Zeit, die Auseinandersetzung der Friedensbewegung mit der Wiederbewaffnung und der Atomwaffenstreit. Erst in den 70-er Jahren wurden die Hinwendung zum persönlichen Wachstum und der Potential-Entwicklung des Individuums als Thema dominant.
- Jetzt in einer disruptiven Zeit ist nach den möglichen gesellschaftlichen Folgen dieser dramatischen Entwicklung zu fragen. Können Entwicklungen wie diese letztlich auch das Coaching, gerade auch das Business Coaching zu neuen Ausrichtungen oder Richtungen führen oder sogar zwingen?
- Laut einer aktuellen Umfrage des SPIEGEL (Beyer et al. 2022, Der Spiegel, 13 S.17-21) fühlen sich 41% der Deutschen durch den Ukraine-Krieg auch psychisch belastet: Die zweite große politisch-gesellschaftliche Belastung mit all ihren Ausweitungsgefahren trifft auf eine Gesamtgesellschaft im Allgemeinen und eine strapazierte junge Generation im Besonderen, die noch nie seit den letzten fast 80 Jahren eine solche Belastung und Herausforderung zu bewältigen hatten. Die Folgen sind heute schon zu beobachten: Ängste, Ohnmachtsgefühle und Schlaflosigkeit. Und ganz praktisch sagen die Befragten in der gleichen

Untersuchung, dass sie jetzt eine andere Haltung zu hohen Verteidigungsausgaben haben als vor dem Krieg.
- Die grundsätzlich pazifistische Einstellung der Deutschen, die ihre Verankerung in der Kriegsschuld für den 2. Weltkrieg hat, wird einer harten Prüfung unterzogen: Nicht allein die wirtschaftliche Bedrohung spielt hierbei eine große Rolle, sondern auch die Notwendigkeit, politisch Farbe zu bekennen, Haltung zu zeigen und Partei zu ergreifen. Liegen da nicht geforderte Konsequenz und Härte in der Luft? Klare Entscheidungen zu fällen und Verteidigungs- bis Kampfbereitschaft zu zeigen? Behalten in einer solchen Situation die Werte der Selbstentfaltung und Selbstoptimierung noch ihre bisherige Bedeutung vor gesellschaftlicher Verantwortung und traditionellen Werten wie Disziplin und Pflicht, wenn fast nur Mütter und Kinder fliehen dürfen, während die Männer und Väter in der Ukraine kämpfen müssen oder wollen? Sind „Wir" darauf vorbereitet und können, wollen oder müssen wir nicht auch umschalten?
Ein 100 Milliarden-Euro-Programm für die Bundeswehr und das hierzu erforderliche Umdenken bei der Umsetzung dürften nicht ohne Folgen bleiben für die weitere mentale Ausstrahlung in andere gesellschaftliche Bereiche. Wird die massive politische und private Hilfe wie Unterstützung der Flüchtlinge z.B. in Polen und Deutschland, mit der nicht nur Empathie und persönliche Großzügigkeit aktiv gezeigt, sondern kompensativ auch Ohnmachtsgefühle abgearbeitet werden, auf Dauer halten? Oder wird diese Haltung bei anhaltender Bedrohung oder Kriegsausbreitung in eine sich wehrende, abgrenzende und auch kämpferische Grundstimmung umschlagen, zu der auch Vorurteile und schnelle Schuldsprechungen gegenüber „den auf der anderen Seite" gehören?
- Ganz aktuelle Fragen und Themen liegen auf dem Tisch: Achtsamkeit in Zeiten des direkten oder indirekten Krieges könnte in Zeiten von Inflation, Energiekrise und Sorge um den eigenen Lebensunterhalt und in Zeiten der immer deutlicher werdenden Klimakrise! Die Erwartung nach weniger Hierarchie in den Unternehmen könnte sich wieder in die gegenteilige Richtung bewegen. Und die Work-Life-Balance könnte in Zeiten der gesellschaftlichen Bedrohung auch zu anderen Rollenerwartungen führen, wie die zurückgetretene Familienministerin der aktuellen Ampelkoalition jüngst deutlich erlebte, weil sie in ihrer früheren

Funktion als nordrhein-westfälische Fachministerin zur politisch falschen Zeit in den Entspannungsurlaub gefahren war. Selbstorganisation und Agilität, in denen Führungskräfte und Mitarbeitende auch schon mal schnell die Rollen wechseln können, werden vermutlich mindestens auf den Prüfstand der Idylle gestellt werden.

- Die Vermutung liegt nahe, dass angesichts dieser breiten gesellschaftlichen und politischen Veränderungen auch Business Coaching sein Selbstverständnis bewusst oder unbewusst überdenken muss und wird.
- Dazu kann auch die eigene Positionierung als Dienstleistung im Feld der Beratung gehören. Wobei der Aufbau neuer Grenzbereiche, Überschneidungen und Überlappungen von der Therapie auf der einen bis zur spezifischen Beratung auf der anderen Seite noch zu den überschaubaren internen Fachaspekten gehören würden.
- Die Frage wird sein, ob sich aus diesen „zweiten Anfängen", die nach unserer Auffassung schon den schwachen Signalen aus den „ersten Anfängen" der letzten Jahre folgen, auch weitere gesellschaftsinterne Zuspitzungen ergeben werden wie z.B. in Frankreich, Polen, Ungarn oder den USA, um nur einige Länder mit gesellschaftlichem Konfrontationskurs zu nennen.
Die Frage ist, ob angesichts dieser Brandherde noch Schlimmeres verhindert werden kann. Aber eine realistische Betrachtung der eigenen Reichweite tut ebenfalls not! Gleichwohl: Angst und Hoffnung geben hier die letzte Antwort!

Auf jeden Fall ist aus unserer Sicht diese Diskussion nach einem künftigen Selbstverständnis und einer möglicherweise neuen praktischen Theorie des Coachings des Coachings sinnvoll, notwendig – und überfällig!

Für die Zukunft stellt sich die Herausforderung, Selbstoptimierung mit gesellschaftlicher Verantwortung zu verbinden. Nicht nur Eigentum verpflichtet, auch eigene Potenziale verpflichten und erst recht die Optimierung von Fähigkeiten. Dieses Potenzial für eine ökologische, friedliche und sozial ausbalancierte Gesellschaft zu nutzen, ist eine Aufgabe, zu der Coaching seine Beiträge leisten könnte. Und auch sollte!

Literatur

Böning, U., Möller, H. & Giernalzcyk, Th. (2021): Neuorientierung für das Business Coaching. Anfragen zur gesellschaftlichen Verantwortung. In: OSC 28/2021. S. 425-443

Ehrenberg, A. (2004) *Das erschöpfte Selbst*. Berlin. Suhrkamp

Han, Byung-Chul (2010): *Die Müdigkeitsgesellschaft*. Berlin. Matthes & Seitz

Koalitionsvertrag 2021

Middendorf, J. (2022). *20. Coaching-Umfrage Deutschland.* managerSeminare. Büro für Coaching und Organisationsberatung (BCO) https://coachingumfrage.wordpress.com/startseite/umfragen/

Rauen, C. (2021). *RAUEN Coaching-Marktanalyse 2021: Version vom 02.09.2021* https://www.rauen.de/cma

Strikker, F. (2022): Der Coaching-Markt und seine disruptiven Veränderungen. In: Hägerbäumer, M. & Thelen, U. (Hrsg.): HR-Management und Corporate Learning im Zeichen der Digitalisierung. Ansatzpunkte, Konzepte und Perspektiven in Unternehmen und Organisationen. Lemmens Medien (edition Wissenschaftsmanagement). S. 84-104.

Teilhabechancengesetz BT DRS 19/4725

Autorinnen- und Autorenliste

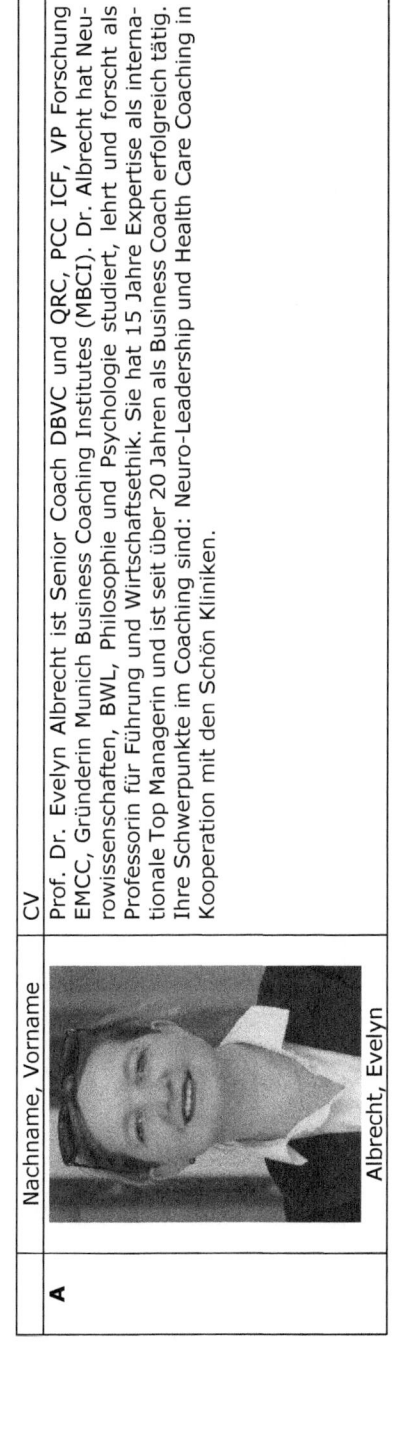

Nachname, Vorname	CV
A Albrecht, Evelyn	Prof. Dr. Evelyn Albrecht ist Senior Coach DBVC und QRC, PCC ICF, VP Forschung EMCC, Gründerin Munich Business Coaching Institutes (MBCI). Dr. Albrecht hat Neurowissenschaften, BWL, Philosophie und Psychologie studiert, lehrt und forscht als Professorin für Führung und Wirtschaftsethik. Sie hat 15 Jahre Expertise als internationale Top Managerin und ist seit über 20 Jahren als Business Coach erfolgreich tätig. Ihre Schwerpunkte im Coaching sind: Neuro-Leadership und Health Care Coaching in Kooperation mit den Schön Kliniken.

 **B**	PD Dr. Thomas Bachmann, Dipl.-Psych., Coach und Berater, Universitätsdozent, Founder und Partner der artop GmbH; Studium der Arbeits- und Organisationspsychologie, Klinische Psychologie sowie Informatik, wissenschaftl. Mitarbeiter am Lehrstuhl für Methodenlehre und Statistik, 1997 Promotion in der Kognitiven Psychologie, 2019 Habilitation zu Systemtheorie und Gestalttherapie. Seit 1993 Berater, Trainer und Coach (DBVC, ICF), seit 2001 Ausbilder und Lehrtrainer für Coaches und Berater. Forschungsschwerpunkte sind die Professionalisierung von Coaching, New Work und Gruppendynamik.
Bachmann, Thomas	
 Berninger-Schäfer, Elke	Prof. Dr. Elke Berninger-Schäfer ist Professorin an der HdWM (Hochschule der Wirtschaft für Management in Mannheim), Diplom-Psychologin, Senior Coach DBVC, Senior Coach IOBC, Lehrcoach und Supervisorin. Als Inhaberin des Karlsruher Instituts mit den Schwerpunkten Führung, Coaching und Gesundheit bietet sie Weiterbildungen und Zertifikatsstudiengängen zum „Business-Coach" und „Gesundheitscoach", sowie in „Online-Coaching" und in „Leadership online" an. Sie ist Gründerin und geschäftsführende Gesellschafterin der CAI GmbH und Mitherausgeberin der ersten deutschsprachigen, wissenschaftlichen Coaching-Zeitschrift Coaching|Theorie und Praxis (CTP).

 Borcherding, Sylvia	**Sylvia Borcherding** ist Arbeitsdirektorin bei 50Hertz und Mitglied der Geschäftsführung für das Personalressort und den Bereich Corporate Governance, der auch den Gesundheits- und Arbeitsschutz beinhaltet. Der Schwerpunkt ihrer Tätigkeit liegt auf der Transformation, Organisations- und Kulturentwicklung des Unternehmens, das sich in einem von der Energiewende geprägten, international dynamischen und gleichzeitig hoch regulierten Umfeld bewegt. Vor ihrem Wechsel zu 50Hertz war **Sylvia Borcherding** bis Ende 2018 in leitenden Positionen bei mittelständischen Unternehmen sowie in großen Konzernen tätig, u.a. Personaldirektorin und Mitglied der Geschäftsleitung des Personaldienstleisters Capita Nach ihrem Studium (M.A.) hat sie darüber hinaus freiberuflich Transformationsprojekte durchgeführt.
 Böning, Uwe	Coaching-Pionier in Deutschland, Management-Berater und Senior-Business-Coach auf Top-Management-/Executive-Ebene in Dax-Unternehmen + Mittelstand, Umsetzung von Change-Projekten, Geschäftsführender Gesellschafter der Böning-Consult® GmbH, Diplompsychologe und Klinischer Psychologe (DGVT), Lehrbeauftragter verschiedener Universitäten / Hochschulen (Fontainebleau, Osnabrück, Freiburg, Mannheim, Frankfurt). Autor von 11 Büchern + einer Vielzahl von Fachartikeln Lebenssinn: Unternehmer sein und die Kompetenzen der Psychologie, Philosophie und Soziologie in praktische Arbeit umsetzen für eine sinnhafte Arbeit mit Menschen in Unternehmen!

D	
Deutsch, Tina	Tina Deutsch ist Strategic Advisor bei CoachHub, der weltweit führenden digitalen Coachingplattform, die im Februar 2022 das Coaching-Geschäft des österreichischen Marktführers Klaiton übernahm, den Tina Deutsch als Co-Founder & Managing Partner aufbaute und leitete. Zuvor war Tina Deutsch über 10 Jahre in internationalen Konzernen und Beratungsunternehmen tätig. Sie ist selbst ausgebildete Coach und studierte Applied Economics & Finance sowie International Management in Kopenhagen, Wien, Prag und Paris.
Dürr, Timon	Timon Dürr ist freiberuflicher Wirtschaftspsychologe (B.A.) sowie Business Coach und Change Manager (M.A.). Seine Wurzeln hat der gebürtige Schwabe im familiären Handwerksbetrieb. Mit Kreativität und Neugier, die er zuvor als Journalist, Vertriebsmitarbeiter, Musiker und Schauspieler zum Ausdruck brachte, begleitet er jetzt Unternehmen im Wissenstransfer und bei innovativen Vorhaben.

		Nach jahrzehntelanger Konzerntätigkeit als Führungskraft mit speziellen Ausbildungen und Verantwortungen im General Management, HR-Business Partner, in Management-Coaching/-Diagnostik und Organisationsentwicklung begleite ich seit 2015 Führungskräfte und ihre Teams mit eigener Firma EYKCON speziell in Veränderungsprozessen. Ich bin seit Timen 2009 Präsident der EMCC Deutschland e.V. und akkreditierter Master Coach. Als Experte für die Anliegen von Führungskräften sind meine Spezialitäten das Leadership Sparring bei aktuellen besonderen Herausforderungen, die akkreditierte Ausbildung „Manager als Coach" und Seminare zu „MentalFitness4Manager".
	Eyk, Peter van	
F		Dr. oec. Margret Fischer ist Wissenschaftsexpertin (DBVC), Managementberaterin, Senior Business Coach, Lehrcoach (EASC), Lehrsupervisorin (EASC) und Lehrtrainerin (EASC). Als Diplom-Volkswirtin und MSc in Communications setzt sie Schwerpunkte auf Entrepreneurship, Führung, Change-Management und Persönlichkeitsentwicklung. Bei echt. coaching® lernen Kunden nach Ihrer wissenschaftlich fundierten Methode schnell und praxisnah. Frau Fischer bietet seit 2005 Weiterbildungen zum „Business-Coach" und „Supervisor:in" an und leitet u. a. den Zertifikatslehrgang „Agile Coaching". " Mit dem Leitbild „Ihren. Zielen näher kommen. Beratung, Strategie und Umsetzung für Mensch und Unternehmen." berät Frau Fischer Unternehmen verschiedener Branchen und Größe.
	Fischer, Margret	

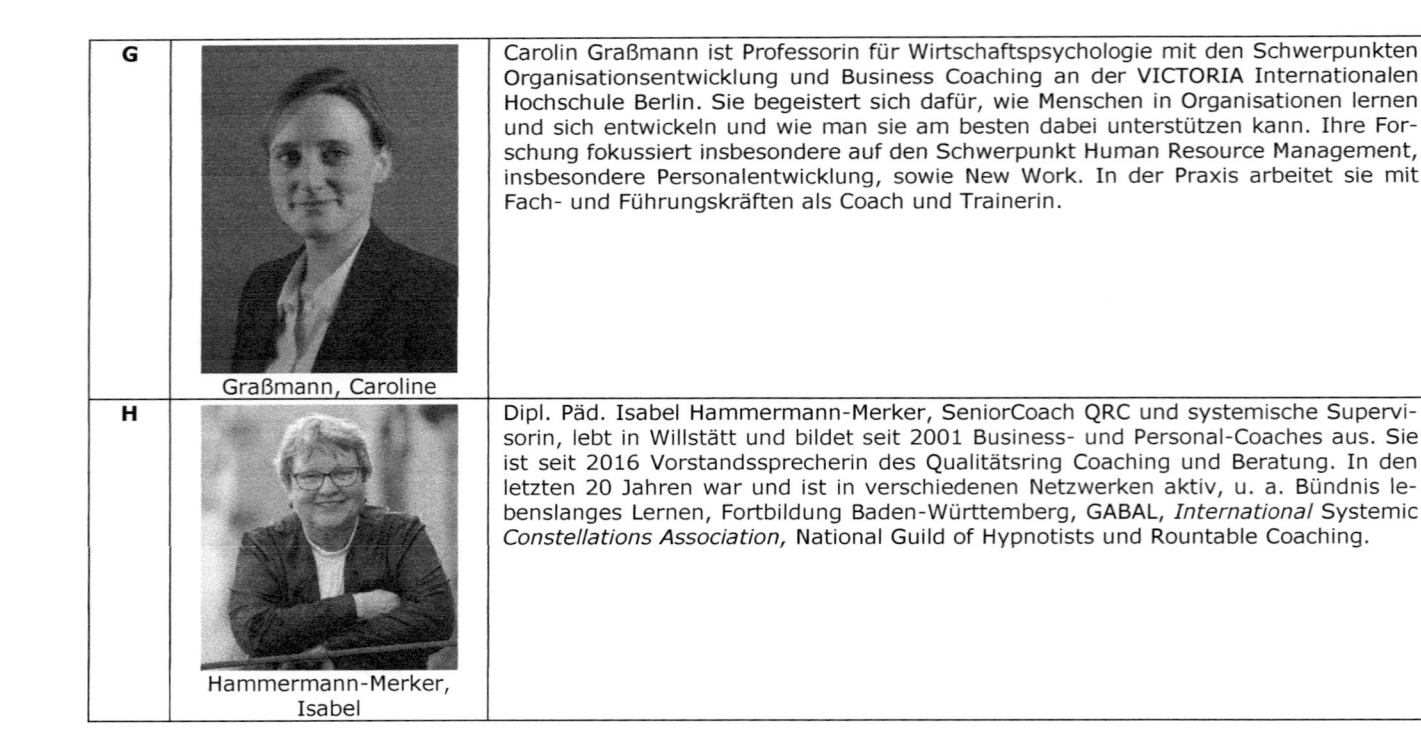

G	Graßmann, Caroline	Carolin Graßmann ist Professorin für Wirtschaftspsychologie mit den Schwerpunkten Organisationsentwicklung und Business Coaching an der VICTORIA Internationalen Hochschule Berlin. Sie begeistert sich dafür, wie Menschen in Organisationen lernen und sich entwickeln und wie man sie am besten dabei unterstützen kann. Ihre Forschung fokussiert insbesondere auf den Schwerpunkt Human Resource Management, insbesondere Personalentwicklung, sowie New Work. In der Praxis arbeitet sie mit Fach- und Führungskräften als Coach und Trainerin.
H	Hammermann-Merker, Isabel	Dipl. Päd. Isabel Hammermann-Merker, SeniorCoach QRC und systemische Supervisorin, lebt in Willstätt und bildet seit 2001 Business- und Personal-Coaches aus. Sie ist seit 2016 Vorstandssprecherin des Qualitätsring Coaching und Beratung. In den letzten 20 Jahren war und ist in verschiedenen Netzwerken aktiv, u. a. Bündnis lebenslanges Lernen, Fortbildung Baden-Württemberg, GABAL, *International* Systemic *Constellations Association*, National Guild of Hypnotists und Rountable Coaching.

K	 Klein, Susanne	Dr. Susanne Klein, akkreditierte Master Coach, begleitet seit 1994 Führungskräfte in Unternehmen. In ihrem Coaching College bildet sie Interessierte zu Business Performance Coachs und zu New Work Coachs aus und begleitet Organisationen und Teams auf dem Weg zu einer modernen Form der Führung und Zusammenarbeit. Ihr Ausbildungsprogramm „Business Performance Coach" wurde als erstes deutsches Programm im Dezember 2007 vom EMCC auf dem Post-Graduate-Level zertifiziert. Das Foundation Programm folgte 2010. Die Programme wurden 2021 rezertifiziert. 2012 gewann der Business Perfomance Coach den 20th Anniversary Award des EMCC in Bilbao. Von 2010 bis 2015 leitete sie die Internationale Gruppe für Akkreditierung im EMCC. Hier wurden die wesentlichen Qualitätsstandards für Coaching weltweit definiert. 2015 wurde sie zum Vice President Accreditation im EMCC Deutschland gewählt. Psycholinguistik und Psychologie sind ihre Basis, lösungsorientierte Ideen, Systemische und Hypnosystemische Ansätze sowie Provokation und Humor ihre Leidenschaft. Den HP-Schein hält sie seit 2007.
	Krimphove, Martin	Martin Krimphove ist der (SE-) Europabetriebsratsvorsitzender der Uniper SE. Nach seinem Maschinenbaustudium (FH) arbeitete Martin Krimphove zunächst in der Inbetriebnahme von kohlegefeuerten Kraftwerksblöcken, um sich anschließen der Wasserstoff- und Brennstoffzellentechnik bei E.ON zu widmen. Er wechselte 2000 in der Mitbestimmung und ist seit 2006 freigestellter Betriebsratsvorsitzender. Zunächst war er als Vorsitzender der Ingenieurssparte bei E.ON tätig. Bei der Abspaltung der Kraftwerkssparte von E.ON zu Uniper verhandelte Martin Krimphove als Verhandlungsführer die SE Vereinbarung, eine rechtliche Voraussetzung zur Bildung einer SE.

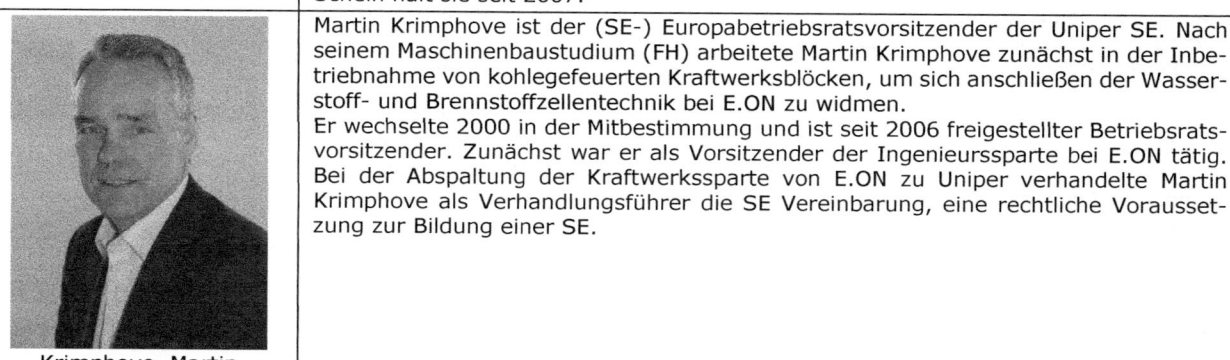

 Mählmann, Simone	Simone Mählmann ist, studierte Diplom-Psychologin und zertifizierte Business Coach. Sie arbeitet als Managerin für die HR-Beratung Kienbaum sowie als Head of Coaching für den digitalen Coachinganbieter evelop_me, einem Angebot von Kienbaum. Sie ist Senior Coach im DBVC und ICF Professional Certified Coach (PCC). In ihren bald 15 Jahren Erfahrung mit Schwerpunkt im Bereich der Führungskräfteentwicklung und Transformationsbegleitung hat Simone ihre Coaching-Expertise in verschiedenen Rollen gelebt. Als Coach begleitet sie in verschiedenen Organisationen Führungskräfte aller Ebenen in ihrer Entwicklung. Simone verantwortet bei Kienbaum das Thema Coaching und hat die vergangenen Jahre als Head of Coaching Kienbaums digitalen Coachinganbieter evelop_me aufgebaut. Neben ihrer Tätigkeit bei Kienbaum und evelop_me engagiert sich Simone für die Professionalisierung von Coaching, insbesondere dem digitalen Coaching.
 Mundelsee, Lukas	Lukas Mundelsee ist Psychologe (M.Sc.), systemischer Berater (SG) und wissenschaftlicher Mitarbeiter an der Universität Erfurt. Er forscht u.a. zu den Themenfeldern Online-Beratung und Schüchternheit. Darüber hinaus ist er Lehrtrainer für Online-Coaching und -Supervision (u.a. ISH Bochum, https://super.vision). Gemeinsam mit Beraterkollegen gründete er 2020 die Plattform coachingspace und begleitet diese wissenschaftlich.

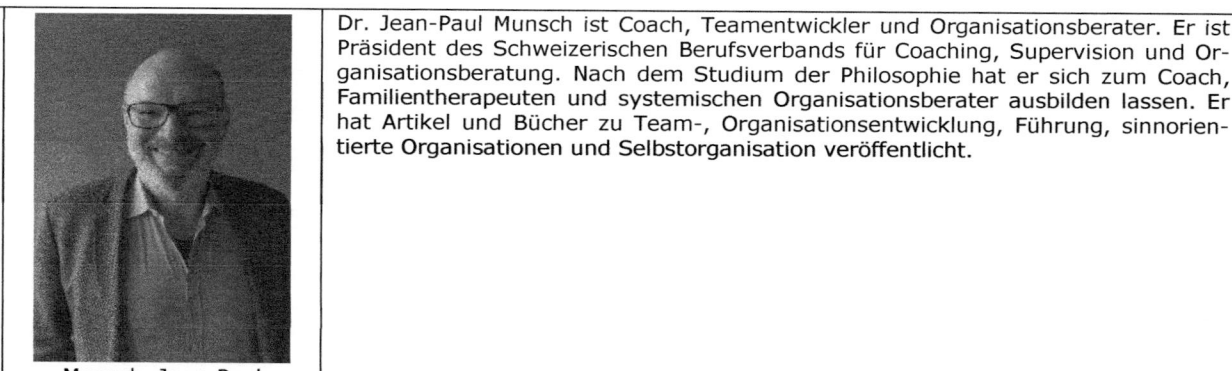

	Munsch, Jean-Paul	Dr. Jean-Paul Munsch ist Coach, Teamentwickler und Organisationsberater. Er ist Präsident des Schweizerischen Berufsverbands für Coaching, Supervision und Organisationsberatung. Nach dem Studium der Philosophie hat er sich zum Coach, Familientherapeuten und systemischen Organisationsberater ausbilden lassen. Er hat Artikel und Bücher zu Team-, Organisationsentwicklung, Führung, sinnorientierte Organisationen und Selbstorganisation veröffentlicht.
P	 Piehler, Christian	Studium Maschinenbau (Dipl.-Ing.) und Promotion Bauingenieurwesen (Dr.-Ing.) an der RWTH Aachen, Studium Business Coaching & Change Management (M.A.) an der Euro-FH Hamburg. Führungsfunktionen in Forschung und Forschungsmanagement, zuletzt Programmdirektor. Seit 2018 Leiter Inhouse Coaching und Lead Coach im Deutschen Zentrum für Luft- und Raumfahrt (DLR). Langjährige Erfahrungen als Coach und Berater.

R	Radloff, Rainer	Rainer Radloff ist seit 1990 Geschäftsführer von arbeitsmarkt- und wirtschaftspolitischen Organisationen, zur Zeit Geschäftsführer des Jobcenters Arbeit*plus* Bielefeld, zugleich ist er Supervisor, Coach und Ausbilder (EASC) und als OE – Berater tätig. Er hat Wirtschaftswissenschaften studiert.
	Rieger, Susanne	Soziologin, Coach, Supervisorin (EASC) und interkulturelle Trainerin. Geboren in Deutschland mit langjähriger Auslandserfahrung in vielen europäischen Ländern. Seit über zwanzig Jahren europaweit tätig für multinationale Firmen und staatliche Institutionen, Führungskräfte und Privatpersonen. Dozentin and Universitäten. Inhaberin des Instituts für berufliche und persönliche Aus- und Weiterbildung Indiálogo in Barcelona. Vorsitzende der EASC.

S	Salamon, Lutz	Lutz Salamon, Dipl.-Ing. für Elektrotechnik, Fach- und Führungspositionen in Konzernen der Automatisierungsindustrie (1991-2005); Schiedsperson der Stadt Wülfrath seit 2016; Senior Manager Talent and Career, von Rundstedt GmbH (seit 2004), selbständiger Coach (seit 2002) und Lehrcoach (seit 2006); Gründungsmitglied des Deutschen Coaching Verbandes e.V. (DCV) 2005, Ehrenmitglied des DCV, stellv. Sprecher der Zertifizierungskommission des DCV, Delegierter des DCV im Roundtable der Coachingverbände (2006-2015), Sprecher des RTC (2015-2020), Vorstandsvorsitzender des Roundtable Coaching e.V. (RTC) seit 2020.
	Schäfer, Erich	Professor und Studiengangsleiter des Masterstudienganges Coaching und Führung der Ernst-Abbe-Hochschule Jena, (Lehr-)Coach (DGfC), Organisationsberater und Vorsitzender des Instituts für Weiterbildung, Beratung und Planung im sozialen Bereich iwis e.V. sowie stellvertretender Direktor des Instituts Für Coaching und Organisationsberatung (ICO-Jena) an der Ernst-Abbe-Hochschule Jena.

Schermuly, Carsten	Prof. Dr. rer. nat. habil. Carsten C. Schermuly, Diplom-Psychologe, Vizepräsident für Forschung und Transfer an der SRH Berlin University of Applied Sciences sowie Direktor des Institutes for New Work and Coaching (INWOC). Zu seinen Forschungsschwerpunkten gehören die Konsequenzen von Diversität in Arbeitsteams, die Qualität von Personalauswahl- und Personalentwicklungsmaßnahmen sowie die psychologische Perspektive auf das Thema New Work (psychologisches Empowerment). Als Seltenheit in der deutschen Personalforschung hat er zum Thema Empowerment und New Work habilitiert. Für seine Forschung wurde er mit dem Erdinger Coachingpreis, dem Deutschen Coaching-Preis des DBVC sowie mit Preisen der Harvard Business School (2017) sowie der Henley Business School (2020, 2021) ausgezeichnet. Seit über zehn Jahren ist er zusätzlich als Trainer und Organisationsberater tätig. Seine praktischen Tätigkeiten orientieren sich an seinen wissenschaftlichen Schwerpunkten. Er ist ehemaliger Stipendiat der Studienstiftung des deutschen Volkes und wissenschaftlicher Beirat z.B. beim Dachverband der deutschen Führungskräfteverbände (ULA) und der Zeitschrift Organisationsberatung, Supervision, Coaching. 2021 wurde er in die Gruppe der 40 führenden HR-Köpfe in Deutschland gewählt.
Schneeweis, Heike	Heike Schneeweis verantwortet in der BMW Group das „Personalwesen für Obere Führungskräfte". Sie war in ihrer Laufbahn in verschiedenen HR Funktionen im In- und Ausland für BMW tätig. Mit Blick auf das große Ganze lag ihr Fokus dabei immer auch auf der Entwicklung interner Talente. Hier setzt sie verschiedene Instrumente und Qualifizierungsformate u.a. Einzelcoaching und Peercoaching für eine gezielte Entwicklung dieser Top Talenten ein.

Schneider, Swen	Prof. Dr. Swen Schneider ist Direktor des Instituts für Data Driven Business und Professur für Wirtschaftsinformatik an der Frankfurt University of Applied Sciences, im Rahmen dessen er sich mit Themen wie Digital Business, Geschäftsprozessmanagement und angewandte Künstliche Intelligenz, sowie Mobiles Internet beschäftigt. Er berät Unternehmen bei der Digitalisierung von Geschäftsprozessen und forscht über den Einsatz von Bots und Vertrauensbildung im Internet (UI/UX).
Schnell, Anna & Nils	Anna und Nils Schnell sind seit 10 Jahren zertifizierte Coaches mit internationalen Erfahrungen im Business Coaching. Als Geschäftsführenden der Modern Work Agentur MOWOMIND begleiten Privatpersonen und Unternehmen dabei, sinnstiftende Weiterentwicklungen erfolgreich zu gestalten. Sie sind Autoren der "New Work Hacks" und "Die Modern Work Tour - eine Weltreise in die Zukunft unserer Arbeit" sowie von zahlreichen Fachartikeln. Sie arbeiten als DozentenIn für verschiedene Hochschulen und halten Vorträge zum modernen Arbeiten weltweit, Methoden und Formaten neuer Arbeit sowie der Zukunft der Arbeit. Sie sind InitiatorIn des internationalen Modern Work Awards. Die Schnells sind aus diversen, großen Fachzeitschriften und Magazinen bekannt.

Reinhard Stelter, Dr. der Psychologie, Professor für Coachingpsychologie an der Universität Kopenhagen, Gastprofessor an der Copenhagen Business School. Akkreditierter Coachingpsychologe. Nebenberuflich tätig in eigener Praxis. Honorary Vice-President der International Society for Coaching Psychology. Founding Fellow des Institute of Coaching at Harvard.

Stelter, Reinhard

Stefan Stenzel absolvierte sein Studium der Arbeits- und Organisationspsychologie mit dem Nebenfach Betriebswirtschaft in Heidelberg und Mannheim. Nach einer Tätigkeit als Trainer Consultant in einer Unternehmensberatung arbeitet er seit 2001 bei der SAP SE als HR Senior Expert Consultant in den Rollen eines Projekt- und Programmmanagers, Instructional Designers, Moderators, Trainers im Bereich Führungskräfteentwicklung im globalen Kontext. Dies gilt auch für seine Tätigkeit als interner Coach bei der SAP SE seit 2002. Konkret war und ist er neben laufenden Projekten und oben genannten Tätigkeiten nahezu durchgängig zuständig für die globale Bereitstellung externer Coaching-Services für alle Managementlevels der SAP SE. Seine erste Coaching-Ausbildung durchlief er 1998. 2004 war er erweitertes Gründungsmitglied bzw. erster Unternehmensvertreter (FCIO) im DBVC e.V. Dort ist er heute Co-Lead im Fachausschuss Forschung und Mitglied des Sachverständigenrats (SVR) sowie der Fachgruppe der Unternehmensvertreter (FCIO). In Intervallen ist er Jury-Mitglied für den Coaching-Award des ICF Deutschland.

Stenzel, Stefan

 Stephan, Michael	Universitätsprofessor Dr. Michael Stephan ist Inhaber des wirtschaftswissenschaftlichen Lehrstuhls für Technologie- und Innovationsmanagement an der Philipps-Universität Marburg. Einer seiner Forschungsschwerpunkte liegt auf wissensintensiven Dienstleistungen (insbes. Coaching). Michael Stephan ist einer der ersten Wirtschaftswissenschaftler, der sich mit dem Thema Coaching aus einer ökonomischen Perspektive heraus auseinandersetzt. Er ist Initiator und verantwortlicher Leiter der Marburger Coaching-Studie, die seit Mitte der 2000er Jahre in periodischen Abständen die Entwicklung des Coaching-Marktes im deutschsprachigen Raum untersucht.
Strikker, Frank	Prof. Dr., Leitung Masterstudiengang Business Coaching und Change Management an der Euro-FH in Hamburg; Geschäftsführender Gesellschafter von SHS CONSULT GmbH; Studium der Germanistik, Pädagogik und Sportwissenschaft, Promotion über Arbeitsmarktpolitik, 2001 bis 2009 Vertretungsprofessur an der Universität Bielefeld, Fakultät für Erziehungswissenschaft, AG Weiterbildung und Bildungsmanagement, 2010/11 Professor an der Fachhochschule der Wirtschaft, Paderborn, Leitung MBA General Management; seit dreißig Jahren als Trainer, Berater und Coach aktiv, Mitglied im Fachausschuss Forschung des DBVC.

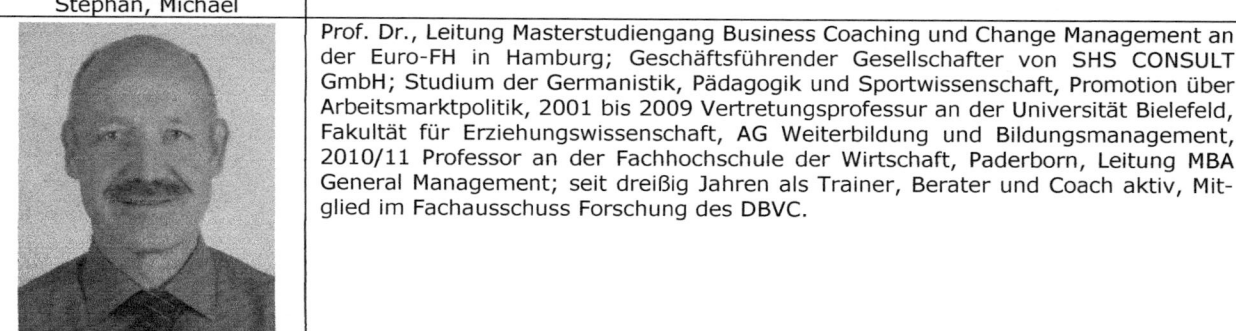

Strikker, Heidrun

Geschäftsführende Gesellschafterin SHS CONSULT GmbH Bielefeld, didaktische Leitung des Masterstudiengangs Business Coaching und Change Management an der Euro-FH in Hamburg; Studium der Germanistik, Geschichte und Pädagogik, Betriebspädagogin in der beruflichen Bildung, Referentin Zentrale Weiterbildung Bertelsmann AG, Leiterin Personalentwicklung des Bertelsmann Buchclubs Deutschland; seit 1992 Lehrbeauftragte der Universität Bielefeld; seit zwanzig Jahren als selbständige Trainerin, Beraterin und Coach aktiv. Veröffentlichungen zu Coaching und Change Management

Stroh, Dominique

DOMINIQUE STROH ist studierte Betriebswirtschaftlerin mit einem Masterabschluss in Business Coaching und Change Management. Sie lehrt an der Hochschule Fresenius in Wiesbaden, ist Autorin und Unternehmensberaterin in Agilitätsfragen mit Schwerpunkt New Work, unter anderem als Chefberaterin bei der DB Systel GmbH.

Symanski, Ute	Dr. Ute Symanski ist Kommunikationswissenschaftlerin und Organisationssoziologin und berät als Coachin, Supervisorin und Mediatorin Leitungspersönlichkeiten und Leitungsgremien in Wissenschaft, Politik und Verwaltung insbesondere zum Umgang mit Macht und Mikropolitik und zur Stärkung von Kooperationskultur. Sie ist Lehrbeauftragte für Coaching an der Hochschule Osnabrück und Mitglied im Coachingnetz Wissenschaft e.V. Zudem ist sie als Gutachterin tätig (u.a. DFG, DAAD und Stifterverband). Das Thema Nachhaltigkeit liegt Ute besonders am Herzen. Sie wirkt mit in der Jury für den Deutschen Nachhaltigkeitspreis (DNP), ist Mitglied der Deutschen Gesellschaft für Nachhaltigkeit an Hochschulen (DGHochN), und wurde in den Beirat des netzwerk n berufen. Sie hat mit SciencemanagersForFuture.de einen eigenen Podcast zur Nachhaltigkeit an Hochschulen.

ibidem.eu